左手阳明心学，右手稻盛哲学

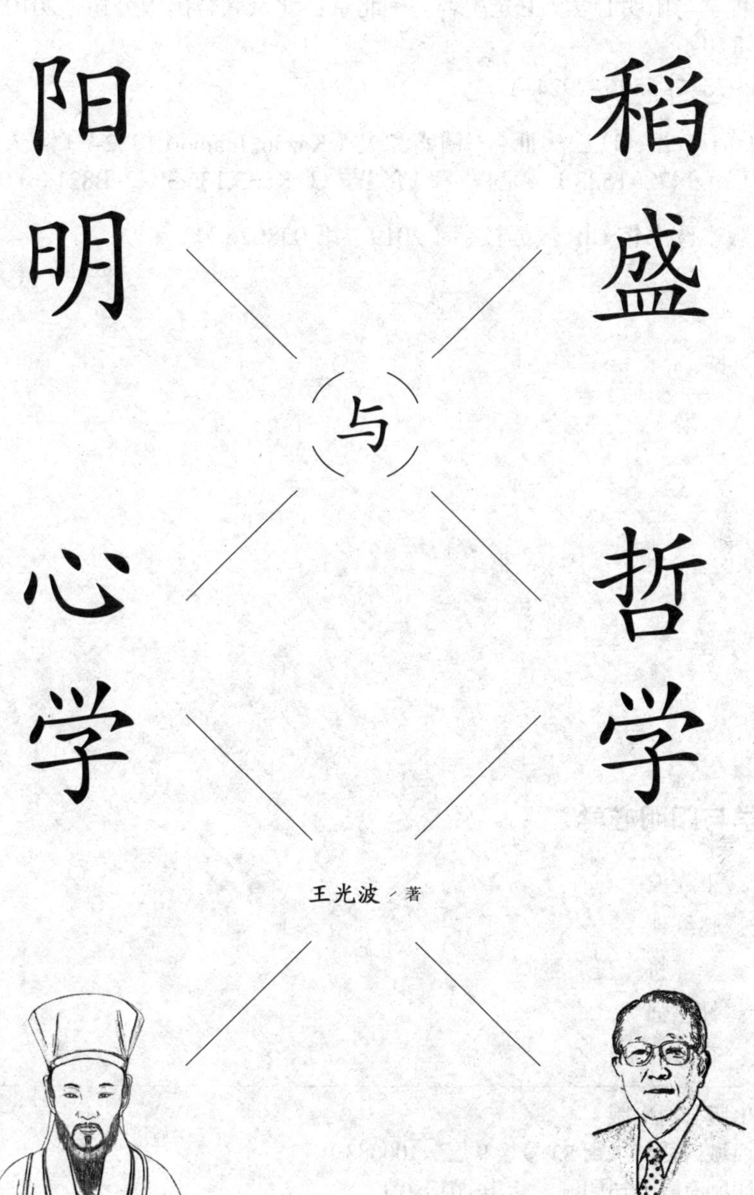

阳明心学与稻盛哲学

王光波／著

北京联合出版公司
Beijing United Publishing Co.,Ltd.

图书在版编目（CIP）数据

稻盛哲学与阳明心学 / 王光波著 . — 北京：北京联合出版公司，2019.3（2024.5 重印）

ISBN 978-7-5596-2924-1

Ⅰ . ①稻… Ⅱ . ①王… Ⅲ . ①稻盛和夫（Kazuo, Inamori 1932- ）– 人生哲学 – 研究②王守仁（1472–1528）– 心学 – 研究 Ⅳ . ① K833.135.38 ② B821 ③ B248.25

中国版本图书馆 CIP 数据核字（2019）第 038026 号

稻盛哲学与阳明心学

著　　者：王光波
出 品 人：赵红仕
责任编辑：龚　将　夏应鹏
封面设计：韩立强
内文排版：李丹丹

北京联合出版公司出版
（北京市西城区德外大街 83 号楼 9 层　100088）
河北松源印刷有限公司印刷　新华书店经销
字数 550 千字　720 毫米 ×1020 毫米　1/16　27.5 印张
2019 年 3 月第 1 版　2024 年 5 月第 3 次印刷
ISBN 978-7-5596-2924-1
定价：68.00 元

前言

PREFACE

人应该怎样活着，人生的目的到底是什么？当有人问稻盛和夫“人为什么来到这个世上”时，他毫不夸耀地回答“是为了比出生时有一点点的进步，或者说是为了带着更美一点、更崇高一点的灵魂死去”。具体怎么做才能砥砺人格，磨炼精神呢？是否需要身居山中或逆流搏击等特别的修行呢？稻盛和夫认为：人生的修行并不需要脱离世俗社会，一心扑在工作上是最重要的。专心致志于眼前所从事的工作，是提高自我身心修养、磨砺人格的最重要、最有效的方法。通过每天辛勤的工作，就一定能在形成高尚人格的同时获得一个美好的人生。在稻盛和夫眼中，做企业就是做人，或者说人生和经营是相通的。企业的命运就是人的命运，保持怎样的想法就有怎样的结果。树立超乎常人的信念，并为之付出不亚于任何人的努力，就一定能成功。

这些就是稻盛哲学，它囊括了稻盛和夫对于工作、对于企业经营、对于个人立业、对于与他人相处的全部智慧，这些思想精髓在当下有着十分重要的现实意义。立定做人的正确活法，并贯彻到底，正是当务之急。唯有如此，才是让人生走向成功与荣耀、让社会走向和谐与幸福的不二法门。

王阳明出生于明朝中叶，在那个社会动荡、政治腐败、学术萎靡的时代，他怀着成为圣贤的抱负，以天下苍生为己任，创下了令人瞩目的世功和学说。在学术思想方面，他继承宋代大儒陆九渊的“心学”，以自己的体悟加以完善，形成了独具一格的“心学”体系。纵观王阳明的生命历程，虽然一路坎坷，但他世功显赫，学名昭昭，成为中国历史上在立德、立功、立言三方面都有显著作为的大家。

阳明心学大致可分为三个部分：心即是理的人生论、知行合一的认识论、致良知的修养学说。心是天地万物的主宰，心外无理、心外无物，是心学说的基本观点。王阳明认为人心是根本的问题，是产生善与恶的源头。任何外在的行动、事物都是受思想支配的，一切统一于心。阳明心学流传千古，享誉中外，不仅张居正、曾国藩、章太炎、康有为等人都从中受益，而且“王学”对日本等国的思想界影响极大，现在每年都有一些日本学者前来阳明洞朝圣参拜，日本三岛毅博士有诗云“龙岗山上一轮月，仰见良知千古光”，而有着“日本经营之神”之称的稻盛和夫也将王阳明视为精神偶像，他的经营哲学中无不渗透着王阳明“致良知”的思想。

本书从现代人立身处世的需要出发，以通俗易懂的文字深入阐释了稻盛和夫与王阳明在立志、修心、管理、经营等方面的人生智慧，以期帮助读者正确地理解稻盛哲学与阳明心学的基本宗旨，将二者结合起来，用稻盛哲学与王阳明心学解决工作、生活中的难题。我们不应像浮萍一样漫无目的地漂泊，内心充满惶恐和迷惘。所有的一切都在召唤心灵的回归。稻盛哲学与阳明心学就这样重新出现在人们的视野中，那么从容和安详，用智慧的双眼打量众生，每个人都可以从中获得养分，各取所需。稻盛哲学与王阳明心学对于我们为人处世的引导，让我们每个人都感觉到它的深邃与宽广，而它们对我们心灵的荡涤与关怀，又使我们感觉它离我们很近，温馨而质朴，毫无艰深晦涩之感。

目 录

CONTENTS

上篇 稻盛哲学

下篇 阳明心学

上篇

稻盛哲学

稻盛和夫，1932年出生于日本鹿儿岛。在日本经济界，稻盛和夫称得上是一位白手起家创业成功的本土派传奇人物，也是日本战后经济奇迹的缔造者和重要的见证者之一。他从技术员做起，一生成就了两家全球500强大企业。27岁时创办京都陶瓷株式会社，52岁创办第二电电，两大企业都以惊人的速度发展。

稻盛哲学涵盖了生活态度、工作态度、自我管理、企业经营、伦理观等多个方面，其思想与王阳明的心学极有相通之处。

第一章
人皆可圣：人生的目的在于追求美好心灵

拼尽全力，活在当下这一刻

人生悟语

做好眼前的事，才能创造出最有希望的生活和最有价值的人生。

所有的一切都发生于当下，过好每一天，才能找到真正的力量，发现通往幸福之路的入口，不会把握当下的人，即使有多宏伟的目标也只是夸夸其谈，如沙漠中的海市蜃楼，无法企及。

稻盛先生告诉我们，做好眼前的事，才能创造出最有希望的生活和最有价值的人生。持续过好内容充实的“今天”这一天——这个观点在京瓷的经营中无时无刻不体现出来。

稻盛和夫的京瓷公司创建至今，从来不做中长期经营计划。新闻记者采访他的时候，经常提出想听一听他们的中长期经营计划。而当稻盛回答“我们从不设立长期的经营计划”时，他们便觉得不可思议，露出疑惑的神情。

稻盛对此作出了解释：因为说自己能够预见到久远的将来，这种话基本上都会以“谎言”的结局而告终。他认为“多少年后销售额要达到多少，人员增加到多少，设备投资如何如何”这一类蓝图，不管你怎样着力地描绘，但事实上，超出预想的环境变化、意料之外事态的发生都不可避免地会出现。这时就不得不改变计划，或将计划数字向下调整。有时甚至要无奈地放弃整个计划。这样的计划变更如果频繁发生，不管你建立什么计划，员工们都会认为，“反正计划中途就得变更”，他们就会轻视计划，不把它当回事。结果就会降低员工的士气和工作热情。

同时，目标越是远大，为达此目的，就越需要持续付出不寻常的努力。但是，人们努力，再努力，如果仍然离终点很远很远，他们就难免泄气。“目标虽然没达成，能这样也就可以了，差不多就算了吧！”人们常常就在中途泄气了。从心理学的角度看，如果达到目标的过程太长，也就是说，设置的目标过于远大，往往在中途就会遭遇挫折。与其中途就要作废，不如一开始就不要建立。

自京瓷创业以来，稻盛和夫只用心于建立一年的年度经营计划。3 年、5 年之后的事情，谁也无法准确预测，但是这一年的情况，他都能大致看清，不至于太离谱。只要做好这一年的年度经营计划中每个月、每一天的工作，成功也就离你不远了。

在稻盛先生的经验中，做年度计划，就要细化成每个月，甚至每一天的具体目标，然后千方百计努力达成。活在当下这一刻，过好这一刻无论是对我们的事业还是日常生活都有很重要的意义。

清晨，当我们睁开眼睛的时候，深吸一口新鲜空气，抱着这样一个心态：今天一天努力干吧，以今天一天的勤奋就一定能看清明天。这个月努力干吧，以这一个月的勤奋就一定能看清下个月。今年一年努力干吧，以今年一年的勤奋就一定能看清明年。

就这样，每天在“拼尽全力，活在当下这一刻”的自我暗示和勉励下，每一瞬间都会过得非常充实，就像跨过一座一座小山。小小的成就连绵不断地积累，无限地持续，这样，乍看宏大高远的目标也一定能实现，正如荀子在《劝学》中所说“不积跬步，无以至千里；不积小流，无以成江海”。

“拼尽全力，活在当下这一刻”在稻盛和夫的人生理念中，就是最确实的取胜之道。

人生是为心的修行而设立的道场

人生悟语

人生是为心的修行而设立的道场。人生的目的就是在灾难和幸运的考验中磨炼自己的心智、磨炼灵魂，造就一颗美丽的心灵。

生活中，我们无休止地追求金钱、地位、名誉，乐此不疲。此外，盼望出人头地，也是人生的动力之一，这当然不应一律加以否定。但是在我们拼命追逐这些东西的时候，也时常会向自己提出这样的疑问：

“人类活着的意义、人生的目的到底是什么？”

对于这个最根本的疑问，稻盛和夫作出了直接回答，那就是提高心性，修炼灵魂。

稻盛先生认为，人生是为心的修行而设立的道场。人生的目的就是在灾难和幸运的考验中磨炼自己的心智、磨炼灵魂，造就一颗美丽的心灵。他认为人之所以来到这个世上，是为了比出生时更为进步，或者说是为了带着更美一点、更崇高一点的灵魂死去。

人生在世苦难多，正是这样的苦难，才是对修炼灵魂的一种考验，也是锻炼自我人性的绝对机会。所谓今生，是一个为了提高身心修养而得到的期限，是为了修炼灵魂而得到的场所。在稻盛先生的人生经历中，除了取得事业上的巨大成功，他一直践行着“提高身心修养，磨炼灵魂”。

稻盛和夫在 42 年的商业人生中，缔造了京瓷和第二电电两个世界 500 强公司。稻盛留给世界的财富，是在追求全体员工物质和精神两方面幸福的同时，要为人类社会的进步和发展作出贡献。

京瓷尽量让员工持有股份，这是因为稻盛不单单把员工当作劳动者，更是把他们视为同志和合作伙伴。1984 年，稻盛把自己 17 亿日元的股份赠予 12 万名员工。稻盛的做法十分罕见。与美国梦大相径庭，稻盛和夫的想法和做法，纯粹是一个“日本梦”，让满怀理想振兴企业的人有了一个新的坐标。

在1985年，他投入所持京瓷公司的股票和现金等个人财产200亿日元成立稻盛财团，创设了“京都奖”。每年在全球挑选出在尖端技术、基础科学、思想艺术等各个领域取得优异成绩、作出杰出贡献的人士进行表彰，颂扬他们的功绩。

1997年，65岁的稻盛和夫身患胃癌，匆忙手术的两个月后，宣布退居二线，只担任名誉会长，并正式皈依佛门。自皈依佛门后，稻盛和夫将大部分时间用于慈善事业和到世界各地演讲。

稻盛先生有着“奉献于社会、奉献于人类的工作是一个人最崇高的行为”的个人信念，他不仅在事业上取得了巨大的成功，而且在这个过程中也磨炼了自己高尚的灵魂和崇高的人格，受到人们的尊敬。

无论一个人创造了多少物质财富，它们都只限于今生，即使积攒再多也带不到来世去。今生之物只限今世。如果说今生之物中有一样永不灭绝的东西，那就是“灵魂”，正如稻盛和夫所说：“人生是为心的修行而设立的道场。”只有属于灵魂的才是永远的。

好坏交替才是完整的人生轨迹

人生悟语

好坏交替才是完整的人生轨迹。人生的道路布满了荆棘，同时也有快乐的时光，有让我们感到幸福与成功的时刻，关键是保持正面的看法，用毫不动摇的决心、努力去面对人生中的失败与成功。

人生难免有挫折，我们总会抱怨人生事事都不如自己所愿，有的时候，会感觉怀才不遇，施展不开；有的时候会感觉不受重视，所有的努力，做出的成果，不受肯定，无人欣赏。挫折，确实是人生中不可避免的，关键是我们如何对待这些挫折，俗话说，上帝为你关上一扇门，他一定会为你打开一扇窗。

在稻盛先生看来，好坏交替才是完整的人生轨迹。人生的道路既布满了荆棘，同时也有快乐的时光，有让我们感到幸福与成功的时刻，关键是保持正面的看法，用毫不动摇的决心、努力去面对人生中的失败。

这是发生在稻盛年轻时的事，当时的他在事业上一路碰壁，十分无助。

稻盛年轻的时候一直运气不好，做什么都不顺利。但他相信上苍一定会一视同仁。23岁以前，他遭遇许多不幸，后来，大学的竹下老师给稻盛和夫介绍了京都的“松风工业公司”——一家制造输电用绝缘瓷瓶的企业。竹下先生说:“在那里，我有熟人，已同意录用你，你看怎样？”他当即低头表示感谢:“那就拜托您了。”心里说不出的高兴。

但是，瓷瓶以及陶瓷属于无机化学的领域，和稻盛的专业有机化学不对口。这家公司需要研究陶瓷的毕业生，于是他就急忙找了一位无机化学的教授，以鹿儿岛“人来”这个地方出产的一种优质黏土为对象，进行了半年的研究，作为研究成果，写了篇毕业论文。

决定去就职的“松风工业”，是日本第一家制造耐高压绝缘瓷瓶的企业，过去曾经风光一时。听说是京都的“名门企业”，而且是制造瓷瓶的有实力的公司，他父母就放心了。

稻盛带着手头仅有的一点钱，从鹿儿岛来到京都，进入“松风工业公司”。但他很快发现这家公司的经营状况非常严峻，等候发薪的一个月内，凑合着好歹熬过去了，但到发薪日，公司却告之说:“发工资的钱还没准备好，请大家再等一星期。”无奈等了一个星期，公司又说还要再等一个星期——公司的资金周转十分困难。

带着父母兄弟的鼓励和期望，好不容易来到京都，稻盛和夫想不到自己职业生涯的开始竟如此寒酸，如此狼狈。

稻盛先生的前半生，正如故事中所展现的那样，可以说是挫折连连，真是干什么都不如意。但是现在回头看，他意识到，这种种挫折乃是上苍为提升自己而特意赐予的磨炼和考验，人的能力正是在这种磨炼和考验中才得以无限伸展。

在事业上屡屡受挫、困难重重的时候，稻盛先生没有气馁，而是用正确的态度面对考验，最终迎来了成功。稻盛先生的经历给我们的启示是，即使是在最难熬的逆境中，也要永远保持快乐的心情、积极的态度，并充满热诚。要拥有开阔的心胸，时时不忘实现自己的目标。不要因为接踵而来的挑战，就朝负面的方向想，变得悲观而愤世嫉俗，而要把所有的疑虑、负面的想法从心中根除，请牢记稻盛和夫的话："好坏交替才是完整的人生轨迹。"

持有正面的思维方式就会有幸福的人生

人生悟语

人生和事业的成功需要保持正面的思维方式，充满热情，提升能力。持有正面的思维方式显得极其重要，因为有了正面的思维方式，才会有幸福的人生。

两个人被关在同一间监狱里，在一个晴朗的夜晚，他们同时向窗外望去。快乐的人抬起头：啊，好美的星空，我出去后一定要好好享受这样的美景！苦恼的人低下头：怎么又是黑漆漆的泥土！

对于这个故事，我们一定不会陌生。但是生活中的你，是一个快乐人还是苦恼人呢？

不同的人在同样的环境中对待同样的事物，有着截然相反的想法，这是他们对待事物的态度和思维方式不同造成的差异。

思维方式对人们的言行有决定性的作用，正面思维有利于我们处理任何事情时以积极、主动、乐观的态度去思考和行动，促使事物朝有利于自己的方向转化。它使人在逆境中更加坚强，在顺境中脱颖而出，变不利为有利，从优秀到卓越。

稻盛先生在北京大学的演讲“经营为什么需要哲学”中提出：人生和事业的成功需要保持正确的思维方式，充满热情，提升能力。持有正面的思维方式显得极其重要，因为有了正面的思维方式，才会有幸福的人生。

一切文明成果都是正面思维的结果，正面思维的本质就是发挥人的主观能动性，挖掘潜力，体现人的创造性和价值。它帮助人们从认知上改变命运，每个人都应该学会用正面思维来管理自己。

稻盛先生向我们列举了许多正面思维方式的表现：积极向上、具有建设性；善于与人合作，有协调性；性格开朗，对事物持肯定态度；充满善意；能同情他人、宽厚待人；诚实、正直；谦虚谨慎；勤奋努力；不自私，戒贪欲；有感恩心，懂得知足；能克制自己的欲望；等等。

稻盛先生指出，人生很多的失败，往往是因为“思维方式”变成负值，这类负面的“思维方式”如果不改正，不管你有多少财富，你都不可能有幸福的人生。要度过幸福的人生，要把工作做到最好、事业做到最大，就无论如何都要具备正确的、正面的“思维方式”。

看看下面这个关于思维的寓言故事。

为了改变一个乞丐的命运，上帝化作一个老人前来点化他。

上帝问乞丐：“假如我给你1000元钱，你如何用它？”乞丐马上回答说拿到钱，马上买个手机。上帝很纳闷，问为什么。乞丐说：“我可以用手机同城市的各个地区联系，哪里人多，我就可以到哪里去乞讨。”

听了乞丐的回答，上帝很失望，但他没有死心，而是继续问道：“那么，如果给你10万元钱，你想做什么？”乞丐这回更高兴了，他说：“那我可以买一部车，这样我以后出去乞讨就方便多了，再远的地方也可以很快赶到。”

上帝这次狠了狠心，说：“给你1000万元钱呢？”乞丐听罢，眼里闪着光亮说：“太好了，我可以把这个城市最繁华的地区全买来。”上帝听完很高兴，以为这个乞丐突然间开窍了，没想到乞丐说了这么一句：“到那时，我就把我领地里的其他乞丐全部撵走，不让他们抢我的饭碗。”上帝无奈地走了。

故事中的乞丐，面对机遇，始终改变不了一个乞丐的思维，他想到的只是如何更好地为行乞创造条件，却没有想过抓住这个机遇，通过自己的努力来改变成为乞丐的命运，而想不到有了钱还用行乞吗？这注定他无法改变行乞的命运。故事向我们说明了一个道理：思维决定人生。

思维的正与负是人生成与败的分水岭。有了正面思维，负面思维就没有了立足之地。正面思维是负面思维的天敌，克制负面思维，用正面思维来置换负面思维，是事业成功和自我实现的唯一途径。

正面思维是人生路上的一盏指航灯，在这个过程中秉持积极向上、具有建设性，善于与人合作，有协调性，性格开朗，对事物持肯定态度的思维，正面面对自己的工作，把工作做得更出色，正面面对自己的生活，把日子过得更充实。如果能做到这些，我们的人生无论是轰轰烈烈还是平平淡淡，一定会硕果累累，一定会幸福美满。

即使处于最低潮，也不能失去对明日的希望

人生悟语

我们无法彻底免于痛苦和担忧。但是，即使是在人生最低潮时，也不要失去愉快的心情和对明天的希望。

人的一生，失败、挫折皆为常事，有的人可以扛下来，有的人却受不了。能够扛下来的人不是他有什么神力，而是他心中有着坚定的信念，这种信念给了他希望，即使在极其艰难的环境中也决不放弃，让他看着美好的未来，而不是活在痛苦的失败里。

有句话说得好：这个世界上没有谁能使你倒下，如果你的信念还没倒的

话。生活还得继续，就算为了可能的绽放，我们也不能放弃希望。有时候会感觉到，人生就是爬坡，放弃比选择更难。未来是美好的！

稻盛先生说过：我们无法彻底免于痛苦和担忧。但是，即使是在人生最低潮时，也不要失去愉快的心情和对明天的希望。

稻盛先生的一生经历了无数的挫折和考验，有痛苦，有失望，今天，他仍然相信人生可以如我们想象的那般美好。但是，在他就业之初，却丝毫不抱有这种想法，当时他觉得自己所做的每件事都出了差错。然而，他并不放弃希望，并尽量满怀欢欣；就是因为这点，才有今天的一切，对于这一点，稻盛先生一直牢记在心。

希望就是力量。在很多情形下，希望的力量可能比知识的力量更强大，因为只有在有希望的背景下，知识才能被更好地利用。

一个人，即使他一无所有，只要他有希望，他就可能拥有一切。反之，若一个人拥有一切，却唯独不抱有希望，那就可能丧失他已经拥有的一切。

鲁迅曾经说过："希望是附属于存在的，有存在，便有希望，有希望，便是光明。"人生要是没有了对未来的希望，就会像失去控制的小船，随波浮沉。若有了希望，便有了前进的动力，有了战胜困难的勇气，有了奋勇拼搏的力量。稻盛先生指出，希望是热情的源泉，它孕育着荣誉，孕育着力量，孕育着生命；它使濒临死亡的人看到了生存，使屡遭挫折的人看到了成功，使身处绝境的人看到了力挽狂澜的可能。

希望在任何时候都是一种支撑生命的力量。如果我们不放弃心中的希望，那么苦难都会被我们克服。每天给自己一点希望，我们就能够充满信心地面对自己的生活，而不是将时间花费在无尽的悲哀和苦闷上，我们就能够拥有一个丰富多彩的人生。

人的一生不可能一帆风顺。历数古今，无数成功人士的成功道路上都会遇到各种各样的挫折。但是，成功的希望总能给他们以巨大的力量。相反，有许多曾经胸怀大志的人却最终一事无成，其中一个重要原因是，在困难面前他们失去了希望。西班牙思想家松苏内吉曾说过："我唯一不能缺少的东西就是希望。”当一个人拥有了希望，无论身处怎样的黑暗之中，他都能看到光明；无论经受怎样的痛苦，他都能咬牙坚持下去。在漫漫的人生道路上，希望就像是无边大海中的灯塔，指引着我们前进。

每个人都有自己的梦想和目标，圆梦是为了成就自身的圆满，但是追梦过程可能遭遇风险，要想将它们实现，你必须承担得起“永不放弃希望”。

不屈服于逆境，就能成为有价值的人

人生悟语

一个人是否能够走出逆境，在于他的内心，在于他能否勇敢地直面挫折，永不言弃。在逆境中，我们必须比任何人都相信自己，要鼓励自己，给自己一个提示，去催发我们内心深处潜伏的力量，让这力量引领我们走出绝境。

当狂风在你耳边呼啸的时候，你只当它是微风拂面；当暴雨在你眼前倾泻的时候，你只当它是屋檐滴水；当闪电在你头顶肆虐的时候，你只当它是萤火流逝。正如稻盛先生指出的，这是一个勇者、成大事者应有的心态。人，绝不能在逆境面前屈服。

天空阴雨绵绵之时，脚下总有泥泞，在曲折的山路上行走，难免会有绊脚石，但是，请勿忘记，绊脚石也许正是激励你爬上巅峰的指挥棒。只要付出不亚于任何人的努力，自己的人生就一定会朝好的方向转变，自己也会成为一个有价值的人。这是稻盛先生想让我们铭记的道理。

稻盛先生在成长的过程中，曾经历过难以想象的挫折：刚上小学的那年末染上了当时难以治愈的肺结核；遭遇大空袭；初中、大学、就职考试都不合格；进入的第一家公司是一家亏本企业等。但不管被逼入何种境地，他都能积极向前，不断努力，靠着这种信念的支撑才有了现在的稻盛先生。

作家贾平凹说："人活在这个世上，苦也罢，乐也罢，最重要的是心中要有一泓清泉。"这泓清泉就是一颗在逆境之中绝不屈服的心。对一个在生活风雨中飘摇、闯荡的人来说，没有什么比心中的那泓清泉更重要。

在一次火灾中，一个小男孩被烧成重伤。虽然经过医院全力抢救脱离了生命危险，但他的下半身还是没有任何知觉。医生悄悄地告诉他的妈妈，这孩子以后只能在轮椅上度日了。

一天，天气十分晴朗。妈妈推着他到院子里呼吸新鲜空气，然后有事离开了。一股强烈的冲动从男孩的心底涌起：我一定要站起来！他奋力推开轮椅，然后拖着无力的双腿，用双肘在草地上匍匐前进，一步一步，他终于爬到了篱笆墙边。接着，他用尽全身力气，努力地抓住篱笆墙站了起来，并且试着攀着篱笆墙向前行走。没走几步，汗水便从额头滚滚而下，他停下来喘口气，咬紧牙关又拖着双腿再次出发，直到走到篱笆墙的尽头。

就这样，每天男孩都要抓紧篱笆墙练习走路。一天天过去了，他的双腿仍然没有任何知觉。他不甘心困于轮椅的生活，一次次握紧拳头告诉自己：未来的日子里，一定要靠自己的双腿行走。终于，在一个清晨，当他再次拖着无力的双腿紧抓着篱笆行走时，一阵钻心的疼痛从下身传了过来，那一刻，他惊呆了。他一遍又一遍地走着，尽情地享受着别人避之唯恐不及的钻心般的痛楚。

从那以后，男孩的身体恢复得很快，先是能够慢慢地站起来，扶着篱笆走上几步。渐渐地，他便可以独立行走了。有一天，他竟然在院子里跑了起来。自此，他的生活与一般的男孩子再无两样。到他读大学的时候，他还被选进了学校田径队。

如果这个孩子甘心接受命运的摆布，在逆境中无法自拔，他将永远只是一个无法站立的人；可是，当他勇敢地抗争、奋斗，挣扎着走出逆境的时候，他竟然创造出了一个医学奇迹。

一个人遇到一次不幸，坚强地挺下去并不难，难的是能够以一颗坚韧的心抗争每一处逆境。逆境对于一个真正坚韧的人来说，是一把打向坯料的锤，打掉的是脆弱的铁屑，锻成的是锋利的钢刀。每一次锤打都是痛苦的，但历经的锤打越多，这把钢刀就越锋利，最终承受锤打的人会手持这把钢刀划破不幸的胸膛！

人们在遇到挫折与困难时，会很容易把自己投入一个臆造的所谓绝境中。然而，谁能为绝境划一个明确的界限？谁又能确定处在绝境中就没有任何转机？只要有心，只要不屈服于现实，每个人都能在绝境中为自己找到一个出口。古往今来，那些勇于扼住命运的咽喉、善于在绝境中寻找出口、用心探寻希望的人，他们每个人身上都会有一串神奇的故事，都会有一种令我们叹服与感动的精神。

一个人是否能够走出逆境，在于他的内心，在于他能否勇敢地直面挫折，永不言弃。在逆境中，我们必须比任何人都相信自己，要鼓励自己，给自己一个提示，去催发我们内心深处潜伏的力量，让这力量引领我们走出绝境。

为了谋生，为了追求自己所热爱的戏剧事业，莎士比亚独自一个人来到伦敦闯天下，好不容易才在别人的介绍下，找了一份能够保证温饱的工作。为了实现自己的梦想，工作之余，莎士比亚不顾一天的劳累，每天到伦敦各戏院去寻找工作，最终如愿以偿。

音乐大师巴赫 9 岁时就失去了母亲，10 岁又失去了父亲。为了学习音乐，还是孩子的巴赫独自一人步行 400 多公里到汉堡去拜师求艺。为了学习名家名曲，他想借哥哥的曲谱，可他哥哥坚决不同意，他就偷偷地抄曲谱，一抄就是半年。虽然哥哥不支持他学音乐，但他对音乐情有独钟，矢志不渝，含辛茹苦，勤奋追求，终于获得了成功。

心理学家研究发现：人在面对逆境的压力和困苦时，有了坦然正视的心态，才会作出理性的分析、正确的抉择，从而引发潜力，化逆境为顺境。

在生活和工作中，我们经常会遇到各种各样的困难，有时是逆境漂流，有时甚至会坠入绝境。但是，从另外一个角度来说，在这个世界上，从来没有真正的绝境，没有过不去的坎，只要心灵不干涸，再荒凉的土地，也会变成生机勃勃的绿洲。而心中的那泓清泉，将是滋润我们心田，引领我们走出绝境的力量。

莎士比亚、巴赫，他们是生活的勇者，在困难和绝境中锻造了璀璨的人生。每个人都有不同的人生之路，我们可能成为不了如他们一般伟大的文学家、音乐家，我们可能像大海中的一朵浪花、森林中的一片绿叶那样平凡，但是，人生难免有挫折，在逆境面前，我们同样可以拥有一种不服输的勇气。当有一天，蓦然回首，看到以前跨过的坎，你可以摸着自己的脉搏平静地说一句“我是一个勇者”，你的人生就无悔了。

第二章
敬天爱人：生命就是以心思善

人的进步就是心境比降临人世之初时更美好

人生悟语

人的进步就是比降临人世之初心境变得美好，人生的磨难重重，命途多舛，就是为了使人的心灵更美好。

泰戈尔曾说：只有经历地狱般的磨炼，才能练出创造天堂的力量；只有流过血的手指，才能弹出世间的绝唱。

在人短暂的一生中，或许我们曾经沉溺于荣华富贵，陷于争权夺利而无法自拔，但是当岁月无声地流逝时，有一天，我们蓦然回首：当死神降临的时候，我们还剩什么？

稻盛先生在某次演讲中回答了这个问题：人的进步就是比降临人世之初心境变得美好，人生的磨难重重，命途多舛，就是为了使人的心灵更美好。

孙佳星，曾经是青少年羡慕的小偶像。

当年，她在中外众多青少年小歌手中确实是一颗“佳星”。在别人看来，孙佳星是一个“幸运儿”，有着令人羡慕的天资，但是又有多少人知道她生活中也曾遭受过不幸和挫折。

孙佳星出生于 1976 年，降生后赶上大地震，从小就没有奶吃，瘦弱得抬不起头。当她 3 岁时，亲生父亲抛弃了她。

由于家庭的特殊，孙佳星承受了许多其他孩子无法想象的痛苦。4 岁半，孙佳星报考中央音乐学院附小，主考老师问她："你爸爸是干什么的？"她聪明地当众回答："我爸爸到别人家看别人的孩子去了。"回答得虽然很巧妙，但她眼里含满泪水。

上小学后，老师非常喜欢她，但有时她常遭到不太懂事的孩子们的欺负。当别的孩子取笑她没有爸爸时，她伤心极了，大声哭着往家跑。

但是她不畏困难，不怕挫折，昂起头走路，昂起头生活，昂起头歌唱。在和母亲相依为命的 8 年里，她取得了令人惊讶的成功：许多出版公司、声像艺术公司等为她录制了多盘磁带，其中，《孙佳星影视歌曲专辑》还荣获了全国首届"通美杯"金银榜盒式音带大奖赛银杯奖；在全国通俗歌曲研讨会上，她的《找爸爸》被誉为少年通俗演唱法的"佳例"。

这是一个真实的故事，这是一个感人的故事，一个小女孩在挫折面前不动摇，勇敢地克服困难，最终成长的故事。

当然我们不能像有些文艺作品里所写的那样，要锻炼自己的意志，就睡在钉尖林立的床板上，弄得鲜血淋漓，为了使自己坚韧不拔，戴上脚镣，在沙漠中边走边鞭打自己。但是，一旦遇到挫折和不幸，应当不悲观，不动摇，并珍惜挫折给自己带来的锻炼机会。感谢挫折的磨砺，我们的心灵就会慢慢地成长。

人生的最大意义就是当自己死亡时，心灵会比出生的时候变得更加美好。换而言之，就是抑制自私、冲动的自我，心态更加平和与包容，利他之心开始萌芽。

那么，怎样才能砥砺心智，提升灵魂，使我们的心境变得更加美好呢？

作为砥砺心灵的指针，稻盛先生根据自身的经验总结出以下"六个精进"来磨炼自己的心境，这六个精进分别是：

1. 付出不亚于任何人的努力。比任何人更多地钻研，而且一心一意保持下去。如果有闲工夫抱怨不满，还不如努力前进，提高，即使只是一厘米。

2. 戒骄戒躁。"谦受益"是中国的古语，谦虚之心能招来幸福，净化灵魂。

3. 每天自我反省。每天检查自己的行动和心理状态，是否只考虑了自己的利益，是否有卑怯的举止等，自省自戒，努力改正。

4. 感谢生命。只要活着就是幸福，培养对任何细小的事情都心怀感激的心情。

5. 行善积德。“积善之家庆有余”，提倡行善积德，特别注意要有同情心，行善积德有好报。

6. 摒弃感性所带来的烦恼，不要总是愤愤不平，杞人忧天，自寻烦恼。相反，为了不致事后后悔，要更加全身心地投入。

稻盛先生经常把这“六个精进”说给自己听，并且有意地实践，将这些看似平凡、理所当然的东西，一点一点坚持实践下去，直到融入生活当中，以此来磨炼自己的心境。

在漫漫的历史长河中，人生也许只不过是短暂的一瞬，让生命即将结束时的价值高于生命开始时的价值，这就是我们生命的意义和目的。再进一步说，在为此所付出努力的过程中，就有人的尊严、生命的本质。

人的生命只有一次。我们每个人都会体尝各种艰辛、悲痛、烦恼，也会体验到生的喜悦、欢乐和幸福。

把这些体验、过程作为自我心灵的砥砺，使人生落幕时的灵魂比开幕时的灵魂更加高尚，如果能做到这一点，可以说我们的人生就有了足够的价值。

追求人间正道——单纯且强有力的信念

人生悟语

如果要寻求我成功的理由，也许就是这一点。亦即，也许我的才能存在不足，但是，我有一根单纯而坚强地追求人间正道的指针。

稻盛先生曾经说过：“如果要寻求我成功的理由，也许就是这一点。亦即，也许我的才能存在不足，但是，我有一根单纯而坚强地追求人间正道的指针。”

现代社会竞争激烈，人们为名为利忙碌着竞争着，在残酷的竞争里有泪有歌，有哭有笑。很多时候，无情的竞争充斥着整个社会，人们活得很累，很郁闷。许多时候，金钱并不能给人带来快乐，对名利的过分追逐，往往会失掉善良的本性，唯利是图，不惜丢掉亲情，丢掉友情。

时间能磨灭人的躯体，但磨灭不了人的智慧和灵魂。一个没有灵魂的人，无论多么年轻都只不过是具行尸走肉而已。所以，在这短暂的一生中，要使自己的人格更加丰满，应该有一个正确的目标，在正确的价值观引导下，一步步将目标实现，追求真诚、善良与道德。舞动自己的青春，浇灌爱人的心田，感染朋友的情绪。用感悟和感恩装点自己的人生，让我们把年轻的意义看得更加广义和广泛，即使我们在慢慢变老，即使有一天我们都会逝去，也一定要潇洒地在这个世间好好地走一回。

稻盛先生一直坚持着一种单纯且强有力的信念——追求人间正道的做人准则，竭尽全力、真挚、认真地活着。

诚然，世上千人千面，各有各的活法。人生单纯而又复杂，经不住利益的诱惑的人，往往会走上失败的道路，最后变得无法挽回。

在社会不断进步、经济不断发展的同时，企业因行贿被曝光和遭到制裁的事件层出不穷，从“沃尔玛案”“朗讯案”“西门子案”，一直到“阿斯利康案”“戴姆勒案”，几乎每隔几个月就会出现一起大的外企“贿赂”事件。

美国政府指控戴姆勒公司为得到价值数亿美元的合同，在1998年至2008年间向22个国家的政府官员行贿数千万美元，戴姆勒公司由此深陷“贿赂”丑闻。不仅企业形象受到严重的损害，戴姆勒公司还为此向美国支付了1 85亿美元的和解费。

我们不禁发问：这个世界怎么了？

马克思曾经说过：“如果有百分之五十的利润，它就铤而走险；为了百分之一百的利润，它就敢践踏一切人间法律；有百分之三百的利润，它就敢犯任何罪行，甚至冒绞死的危险。”

许多企业行贿的行为，是源于自身对超额利润的追逐，希望获得最大的利润。为了追求超额利润，它们宁愿触碰道德底线，触犯法律规定。难道企业仅仅是为追求超额利润而存在的吗？我们都知道，企业存在的目的是提供合适的产品和服务，来满足社会的需求，改善大众的生活质量。倘若企业为了追求高额利润而不择手段，那么市场经济规则将不能得到遵守，“公平竞争、优胜劣汰”的竞争法则也将被“关系和利益”所取代，伴随而来的是恶性竞争的不断膨胀，最终将导致企业信用缺失，良好形象不复存在，无法赢得客户的认可，使企业不断壮大发展的蓝图更是空想。

有一句话是这样说的：做企业如同做人。从长远利益来看，企业只有真正遵循市场竞争的规律，固守道德和法律的底线，洁身自好、阳光营销，自觉抵触非法的、违反道德的营销手段，才能获得健康的、持久的发展，才能创造出成功的企业。

如果一个企业的创办和发展只是经营者为了谋取个人的利益，那么，这样的企业是无法生存和发展下去的。一个企业的领导不仅需要具备优秀的领导才能和管理才能，还需要具备优秀的人格，具有无私的精神，拥有为全体员工谋福利、为社会创造价值的奉献精神，这样的领导者才会使一个企业健康地发展下去。

需要磨砺、提高心智的不仅仅是领导。任何人都需要将心智朝好的方向提高，不仅要做一个有能力的人，还要做一个有人格的人；不仅要做一个聪明的人，还要做一个正确的人。可以说，这就是人生的目的、人生本来的意义。

在经营之道中，秉持人间正道是发展不可或缺的因素。同时，在日常生活中，坚持正道才能赢得所有人的尊敬，才能让我们的生活更加温馨和富有活力。

怀着一颗利他的心来对待身边的人，来处理我们所遇到的事，怀着一颗正义的心来对待周围的世界，这样你的生活将会有无限的惊喜。

感谢今日，振作明日，此为“君子之心”

人生悟语

活着，就要感谢，对一切都要说:“谢谢！”有了这样一颗能感受幸福的心，才能活得更加滋润，让自己的人生更加丰富。这是做人做事应该有的基本心态。

现代人脚步匆匆，流连世俗，恋于个人的享受和索取，大多轻视或忘却了感谢。难道含而不露就是深沉？难道默然麻木就是傲然？芸芸众生，无论是伟大还是渺小，悄然混同于陌路，使本应盈满感谢馨香的时节散发出久雨的霉气。

生活在世间，行走在路上，沐浴着阳光，享受着和风细雨，我们无论如何都要存有一颗感恩的心，要学会感谢!

在稻盛先生看来，活着，就要感谢，对一切都要说:“谢谢！”有了这样一颗能感受幸福的心，才能活得更加滋润，让自己的人生更加丰富。这是做人做事应该有的基本心态。

稻盛先生就是一个懂得感谢、懂得感恩的人。这是他亲身经历的一件事，当时的他还没有上小学。

稻盛的父亲出生在偏寂的山村深处，那儿住着稻盛的几位亲戚，他们偷着信佛。在明治时期，“废佛毁释”的政策使佛教受到了镇压，他们将佛龛和佛像藏在山里一间偏寂的房子的壁橱里。

稻盛的父亲曾带他去过那位亲戚的家，按照从前的传统，他们提着一盏灯笼，步履艰难地走在漆黑的山路上。最后，终于来到了深山里一间破旧的房子面前。进去一看，那里坐着一位和尚打扮的人，在念佛诵经。在他的身后，站着五个双手合十的孩子，他们都是小学生。

那位和尚对稻盛的父亲说，“这孩子没问题，以后不用再来了。说完后，他又面对着稻盛，说:“孩子，今生今世，只要你还活着，你就要念诵‘南曼、南曼，谢谢’，每天向佛陀表示感谢，绝对不能忘记呀。”

念佛时吟诵的“南无阿弥陀佛”，用鹿儿岛方言说就是“南曼、南曼”。然后，那和尚又朝向稻盛的父亲说道：“如果这个孩子能照我的嘱咐去做，他的人生会很顺畅。”最后，他用眼神示意他们，“你们可以回去了”。直到现在，当时的情景依然历历在目。

稻盛照着那位和尚的嘱咐做，一直坚持到今天，从不间断。现在，稻盛和夫皈依到禅宗的佛门之下，取得了僧人的资格。不过，禅宗里并不教大乘佛教里的“南无阿弥陀佛，谢谢”这样的内容，也不唱净土真宗的“南曼、南曼，谢谢”。但是，早晚两次，在家吟诵禅宗经书的时候，最后，稻盛一定说一声“南曼、南曼，谢谢”，现在依然如此。

这种感谢之心一直保持到今天，扩展到稻盛和夫的事业上，形成了“利他”的经营理念，正是这种虔诚的感谢心才造就了今天的稻盛，造就了今天的京瓷公司。

京瓷、第二电电，这些优秀企业的成功，这本来不是稻盛个人所能办成的事，是所有员工共同努力的结果，因此，他一直抱着感谢的心对待身边的人，用感谢的话语温暖大家的心。

我们要学会感谢周围的一切，这是理所当然的，因为我们不可能单身一人活在这世上。空气、水、食品还有家庭成员、单位同事，还有社会，我们每个人都在周围环境的支持下才能生存。这样想来，只要我们能健康地活着，就该自然地生出感谢之心，有了感谢之心，我们就能感受到人生的幸福。

“谢谢”这个词能在你周围制造出一种和谐的氛围，它能将你带进一个高尚的境界，也能给周围的人带来好心情。当你在公交车上给老人让座，那位老人会弯腰道谢：“谢谢，太感谢了！”这时，你和别人都会感到温暖，这样善意传染给了周围的人，善意还将循环下去。如果这样的好事不断地发生、这样的行为不断涌现的话，社会就会变得越来越美好。

感谢是一种财富。我们要牢牢把握住这种财富，并让它绽放出最耀眼的光芒。这是人生中不可缺少的重要财富，它能让我们在今天即将结束时，用良好的心态面对明天即将到来的挑战。

感谢是一种魅力。它以一种独特的方式向世人展现出人性中最闪耀的一面，它还能感染我们身边每个人。让我们铭记稻盛先生的话：感谢今日，振作明日，用感恩的心面对世界。

敬天爱人，以心为本

人生悟语

“敬天爱人”是一个企业获得发展必备的经营理念，同时也应该是人生应该有的心态。学会关心他人，为他人着想，也是一个人想要获得幸福的人生所需要的。只有一颗充满爱的心才能散发出明亮的光，在温暖他人的同时，也照亮自己的世界。

敬天爱人，直接的解释即敬畏上天，关爱众人。“敬天”，就是要敬重人类赖以生存和工作的大自然和社会，并自觉地遵从天道、公理；“爱人”就是要对社会和他人抱有真诚的关爱、帮助之心并付诸行动。这里的“人”，不仅指本企业的员工、顾客，也泛指社会上的普通人。“敬天爱人”也就是说敬畏上天，关爱众人。敬天就是依循自然之理、人间正道；爱人就是摒弃私欲，体恤他人。

“敬天爱人”是稻盛先生所创办的京瓷的核心价值，是他一直不断实践和行动的理念，这不仅是事业的经营上所需要的，也是每个来到世间的人所应该努力具备的品格。

一位著名的企业家曾经说：“企业的成功取决于经营者的品格，也就是经营者的德行。”作为一个经营者，应该树立一个良好的道德形象，不能只想着如何尽可能容易地赚到更多的钱，而应该在发展的同时也不忽略员工的利益，把员工的利益作为出发点，怀着“利他”的心来面对一切，这样才能得到员工的信任，形成一股强大的凝聚力，这对一个企业的长远发展来说，胜过一笔自私的交易所获得的巨大利润。

稻盛先生这样教导日本企业界：我们在经营中小企业，许多人认为我们的事业没什么了不起。但是，不管是 5 人也好，10 人也好，我们都有员工，员工又都有家属，保护员工及其家属的生活是我们的责任。经营者必须追求利润，为此，人们往往认为没有贪欲之心，做不到冷酷无情，就无法经营企业。然而，这是错误的。恰恰相反，如果没有同情和关爱之心，缺乏美好的心灵，经营就无法顺利进行。所以为了经营好企业，经营者必须提升自己的人格。利他之心非常重要，要经常思考“作为人，何谓正确”，在作出决策的时候，要扪心自问：自己是否“动机至善，私心了无”。人们要学会知足、利他，这是真正的“敬天爱人”。

也许有人会说，这四个字包含的意义太深，太广，好像离我们的生活太远。其实，敬天爱人，就是把我们日常生活中所说的关爱他人、互相帮助等充满爱心和感恩之心的思想高度浓缩了。对于一个普通人来说，做到敬天爱人其实并不难，最根本的就是从自己的内心出发，倾听内心最深处最真诚的声音，使自己度过一个有价值的人生。

天津宝成集团的董事长柴宝成，原来是天津的一名普通的农民，家里的生活并不富裕。结婚之后，他和妻子一起努力打拼，靠 2 万元起家，办起民用炉生产厂，艰苦奋斗十几年后，共同创办了天津宝成集团有限公司，并使企业跨入全国 500 家最大的私营企业行列，现有固定资产 7000 多万元。虽然柴宝成夫妇现在在别人眼里已经是家庭富裕，事业有成，然而，拥有几千万元资产的柴宝成夫妇，却依然过着俭朴的生活，他们和职工一起吃食堂，仍然是普通农民的本色。生活简朴的他们却极富爱心，尽他们最大的力帮助更多需要帮助的人，用爱心来回报社会。

当河北省南部发生严重水灾的消息传来时，柴宝成和张玉敏第一时间就积极组织职工募捐，不到两个小时就募集到 600 多件衣服。他俩还无偿为驻守津南区的武警部队营房安装了暖气，向天津咸水沽一中和蓟县三中各捐赠了一台价值20万元的采暖锅炉。

夫妻俩走上致富之路后，并没有忘记家乡贫困的父老乡亲。他们投资扶植村里经济的发展，在夫妻俩的帮助下，村里300多户家庭走上了致富路；他们还帮助附近两个陷入经营危机的企业摆脱了困境。每到春节，他们都不忘给村里的贫困户和敬老院的孤寡老人送去现金和礼品。为了改善家乡孩子的教育状况，他俩投资为村里盖了一所希望小学。此外，夫妻俩还以个人的名义为津南区私立南华中学建立了100万元教育教学奖励基金。

身边的人没有不为他们夫妻俩充满爱心、为他人着想的行动所感动的。当有人问柴宝成为什么这样做时，他深情地说："人的一生只有短短的几十年，多些奉献，少些索取，多为他人着想，这样活着才有意义。"

在我们的身边，其实不乏这样的人，也许他们所做的事并没有柴宝成夫妇这样伟大，但是小小的善举，也可以给需要的人带去温暖和鼓励。只要你的心里容纳的不仅仅是个人的利益和得失，只要你心里的某个角落，有一个充满温暖的地方，能给需要的人带去力所能及的温暖，你就是"敬天爱人"的践行者。

"敬天爱人"是一个企业获得发展必备的经营理念，同时也应该是人生应该有的心态。学会关心他人，为他人着想，也是一个人想要获得幸福的人生所需要的。只有一颗充满爱的心才能散发出明亮的光，在温暖他人的同时，也照亮自己的世界。

稻盛先生"敬天爱人"，慎言笃行，筑起了一座精神山脉，正可以给渴求的灵魂以甘露、阳光和力量。愿更多的攀登者能够沿着这条山路前进，欣赏到最美的风景。

平静的内心决定事情发展的方向

人生悟语

我们该保持一颗本然的心。若是让私欲出来兴风作浪，原本简单的问题也会弄得复杂难解。

时间在流逝，青春也从我们身边溜走。世间有很多美好的东西，但真正属于自己的并不多。喜欢幻想着自己梦想成真，喜欢幻想着那种种属于自己的欢乐，生活却常不如己愿。在人生的路途中，有笑，也有泪，有得到，也有失去，在这样的此起彼伏之中，我们的生命长河在流淌。

看庭前花开花落，宠辱不惊；望天上云卷云舒，去留无意。生活在这个纷扰的世俗世界里，能够学会用一颗平常心去对待周围的一切事物，也是一种境界。

稻盛先生曾这样说过："我们该保持一颗本然的心。若是让私欲出来兴风作浪，原本简单的问题也会弄得复杂难解。"用平静的心态对待事物，才能够看清事物，正确地了解事情的发展方向，这样才能够作出正确的决断。

人在面对各种挑战时，也许失败的原因，不是势单力薄，不是智能低下，也不是没有把整个局势分析透彻，而是把困难看得太清楚，分析得太透彻，考虑得太详尽，才会被困难吓倒，扰乱了自己原本平静的心，内心变得焦躁起来，无法洞悉事情的变化，找到解决的方法。由此可知，一颗平静的心对我们至关重要。

一个内心清净的人，能给周围的人带来温暖，让周围的人备感安全。一个内心清净的人是平静但不是心如止水的。一个内心和谐的人是心态平衡的，他对生活是心怀感激的，看到朋友、亲人过得好会满心喜悦，看到周围的人过得不好会尽力安慰并予以帮助。

遇到困难时，切忌事事埋怨，或忧心非自己所能控制之事，成天愁眉苦脸，应该用平静的心态来面对，丢掉那些让心沉重的负担。现在的煎熬都是成长必须经历的，让自己更加成熟，更加能够承受生活。同时全心全意投入，以免让自己有任何后悔的余地。

稻盛先生曾说："我们应该用平常心来看待事情，即使这么做看起来对我们个人有所不利。如果发现自己错了，就该承认错误。只有用无私的眼光来看待事情，问题才会豁然开朗，突然出现简单的解决方式。但是，若我们首先抛不开自大的天性，双眼就会被欲望的云层所蒙蔽，一味地追求快乐与奢华，真理还是难明。"

内心平和还要做到学会从他人的角度思考问题，这样更有利于解决问题。遇到不公正的事情，要坚定地纠正别人的错误，隐忍只能使错误更多地产生。

生活中难免会遇到一些让我们感到力不从心的难题，这些考验好比平坦大道上的独木桥，如果我们在走过人生的独木桥时，能够忘记背景，忽略险恶，怀着一颗平静的心，专心走好自己脚下的路，也许能更快地到达目的地。

以意志力除贪嗔痴

人生悟语

在生活中，许多聪明的人，有时却犯着鼬鼠一样的错误：因为缺乏坚强的意志力，被贪欲蒙蔽了双眼，最后只能落得一个可悲的下场。

贪嗔痴，是佛教中的三毒。贪，是对于喜好的过分偏执；嗔，是对于讨厌的过分偏执；痴，是根本的不明事理的实相而作出贪或者嗔的反应。

我们生活的这个世界里，存在着很多诱惑。有很多美好的诱惑，激励我们去追逐。但是，也有很多不良诱惑，妨碍了我们的成功，破坏了我们的幸福，甚至危害我们的身心健康。每一个障碍的克服，都离不开意志力；面对每一个所执行的艰难决定，我们依靠的是内心的力量。在面对人世间的权力、金钱等的诱惑时，我们会被头脑中的"贪、嗔、痴"念所左右，走上错误的路。

意志力是人格中的重要组成因素，对人的一生有着重大影响。人们要获得成功，必须要有意志力作保证。

对于如何克服人生中种种不良的想法和诱惑，稻盛先生认同的观点是：培养坚强的意志力，用意志力来排除思想中的贪、嗔、痴，进一步培养自己的品格。

在生活中，只有具有坚强的意志力的人才能抵制诱惑，选择正确的道路。有这样一个小故事：

在领导干部廉政培训班上，一位党校的老教授在给学员们讲课时讲到了一个关于内蒙古草原上的鼬鼠的故事。

他对学员们说："草原上有一种鼬鼠，它们一生储存着够十几只鼬鼠一生食用的粮食，然而，你们知道鼬鼠最后是怎么死的吗？"

"它们最后都是饿死的！"

"饿死的，这怎么可能呢？它们储存了这么多粮食。为什么还会饿死呢？"学员们感到非常不解。

老教授微笑着说："草原上的这种鼬鼠可以说是非常聪明而且勤劳的，它们整天忙忙碌碌，不停地寻找着食物，然后把吃不完的食物储存到洞穴里。据统计，鼬鼠一生最多要储存二十多个"粮仓"，这些粮食足够十几只鼬鼠毕生享用。"

老教授顿了顿，说："鼬鼠晚年走不动的时候，就会躲进自己的"粮仓"里，但它们必须经常啃咬硬物磨短两颗门牙，否则就会因门牙无限生长而无法进食。但它们早先在"粮仓"里并没有储存硬物，结果因没有硬物磨牙致使门牙不断生长，老长的门牙让鼬鼠无法进食，最后饿死在粮堆上。"

"这鼬鼠也太愚蠢了！为什么当初在储存粮食的时候不储存一点石子等硬物呢？"听到这里，学员们不禁感叹道。

老教授接着说："从储存粮食这一点上可以看出来，鼬鼠是一种很有灵性的动物。贪欲使它只看到粮食，而看不见石子，看不见粮食以外的任何东西，它陷入贪欲的陷阱，看不见隐患，看不见潜在的危机，看不见明天与未来。它们不是因愚蠢而饿死，而是死在了自己的贪欲上。”

的确，在生活中，许多聪明的人，有时却犯了同鼬鼠一样的错误，因为缺乏坚强的意志力，被贪欲蒙蔽了双眼，最后只能落得一个可悲的下场。

在稻盛先生看来，如果一个人缺乏意志力，那么，即使他生活的条件再好，天资禀赋再高，也难免遭遇困难和挫折。

人的一生不可能是一帆风顺的，总要经历各种困难。面对困难，有的人唉声叹气，畏缩不前；有的人精神振奋，意志坚强。只有不畏困难，才能达到成功的彼岸。

正如苏联著名作家奥斯特洛夫斯基所说的那样：“勇敢产生在斗争中，勇气是在每天对困难的顽强抵抗中养成。我们青年的箴言就是勇敢、顽强、坚定，就是排除一切障碍。”

生活的波涛汹涌澎湃，大浪和急流中携带着牺牲者的尸体，因为他们没有意志，只能随波逐流与海水化为一体。面对人生中的各种诱惑，要想有一面牢不可破的盾牌，就要站在自我之中。

一个牢固的三角，支持它的是形状；支持人的，则是人类坚强的内心。乔治·桑塔耶那曾经说：“意志力是幸福的源泉，幸福来源于自我约束。”磨炼自己的意志力是幸福的基础，用意志力的力量排除生活的诱惑。当你对待你自己和你朋友能够自律的时候，你就获得了宁静。

凭一颗纯粹而真挚的心便能打动人

人生悟语

真诚总能打动别人的心，把自己的真心捧在手心，别人就会推心置腹地与你畅谈。

曾经满怀壮志，曾经彷徨挣扎，曾经对酒当歌，曾经黯然落泪，生活是如此多姿多彩，别忘记执一颗真善的心去热爱生活，去对待身边的人。

世界是美好的，生命是美丽的，人生是美妙的。生活在世界上的每一个人，如果你能够真诚地对待生命中的每一天，对待身边的每一个人，那你的生活将会充满阳光和感动。

稻盛先生认为：真诚总能打动别人的心，把自己的真心捧在手心，别人就会推心置腹地与你畅谈。

只要怀一颗真挚的心，世界将到处都是风景。一颗真挚的心，好像春天的田野上一道绿色的风景，那绿色的小生灵踊跃着生命的节奏，它们在合唱一首美丽的颂歌，温暖我们的心灵。一颗真挚的心，犹如一泓涓涓的泉水，滋润我们干涸的心，让受尽煎熬的心重新燃起希望。

真挚，是人与人的交往中不可或缺的一种情感。在与人交流的过程中，拥有一颗纯粹而真挚的心，才能得到别人的信任。

家喻户晓的“三顾茅庐”的故事中，主人公刘备就是一个真诚的人：

东汉末年，天下大乱，当时曹操挟天子以令诸侯，孙权拥兵东吴，为了壮大自己的力量，巩固已有的权力，汉宗室豫州牧刘备一直广纳天下有志向、有才能的人士，他听徐庶和司马徽说诸葛亮很有学识，又有才能，于是就亲自和关羽、张飞带着礼物到隆中卧龙岗去请诸葛亮出山，希望他能够帮助刘备完成统一天下的大业。

第一次到诸葛亮的住所时，恰巧诸葛亮这天出去了，刘备只得失望地回去。不久，刘备又和关羽、张飞冒着风雪第二次去请，不料诸葛亮又出外闲游去了。张飞原本不愿意来，看到诸葛亮不在家，就催着要回去。刘备只得留下一封信，表达自己对诸葛亮的敬佩和请他出来帮助自己挽救国家危险局面的意思。这次去时大雪封山，马都走不了，但刘备还是执意要去，最后还因此生病了。

过了一些时候，刘备准备再去请诸葛亮。关羽劝刘备说诸葛亮也许是徒有虚名，未必有真才实学，不用去了，而且第三次去时正是刘备、关羽和张飞桃园结义纪念日。张飞主张由他一个人去叫，如果他不来，就用绳子把他捆来。刘备知道张飞的这种想法之后，把他责备了一顿，又和他俩第三次访诸葛亮。这次到达诸葛亮的茅庐时，诸葛亮正在睡觉。刘备不敢惊动他，一直站到诸葛亮自己醒来，才彼此坐下谈话。诸葛亮见刘备有志替国家做事，而且诚恳地请他帮助，于是就出来全力帮助刘备建立了蜀汉王朝。

刘备三次亲自敦请诸葛亮的这件事情，被称为"三顾茅庐"。刘备用一颗诚挚的心打动诸葛亮的故事被传为佳话，一直流传至今。

如果我们大胆想象，假设刘备只去了一次就没再去了，就请不出卧龙先生，也就不能成就一番惊天动地的大事业。"精诚所至，金石为开"，就是刘备真诚的力量使得诸葛先生被打动，从而答应出山助刘备一臂之力，兴复汉室。

后来，诸葛亮在北伐魏国给后主刘禅的信中说："臣本布衣，却被先帝三顾于茅庐之中，甚是感动，愿孝臣子之忠，今日北伐，兴复汉室天下。"是什么让卧龙先生如此忠诚于蜀国呢？是刘备的真诚，因为一颗真诚的心最能打动人。刘备真诚的心意感动了诸葛亮，才让诸葛亮出了山，并地蜀汉政权忠心耿耿，直至去逝。

如果你有一颗真挚的心，身边势力会有侠肝义胆的好朋友，他们将会是你宝贵的财富：当你伤心时，他们让你开怀；当你怯懦时，他们让你更勇敢。他们总是随时倾听你的忧伤。你需要他们的时候，他们会支持你，向你敞开心扉。这是具有真挚感情的朋友之间共享的快乐和幸福。

稻盛先生的一句话让人印象深刻：这个世界上生活的六十多亿人口，就是用真挚的感情维系起来的。真挚的情感让我们用云絮般的温柔擦拭哭泣的脸庞，真挚的情感让我们用不知疲倦的笑靥去面对每一次困难的降临，真挚的情感让我们用充满正义的心灵向每个人灌溉爱的思想。

在与人相处的时候，怀抱一颗真挚的心，一举手，一投足，一个微笑，一声问候，把温暖传递给身边的人，建起信任的桥梁。

奋斗使人生更多彩，人格更高尚

人生悟语

人生是一个奋斗的过程，我们生活一天，就得奋斗一天；生活一分钟，一秒钟，就得要奋斗一分钟，一秒钟。奋斗使人生更多彩，同时也能够锻造出一个人的高尚人格。

在最悲伤的时刻，不能忘记信念。最幸福的时刻，不能忘记人生的坎坷。人生的道路并非铺满了玫瑰花瓣，每天都会面临新的选择和挑战。

美学家朱光潜说："人生本来就是一种较广义的艺术。每个人的生命史就是他自己的作品。这种作品可以是艺术的，也可以不是艺术的，正犹如同是一种顽石，这个人能把它雕成一座伟大的雕像，而另一个人却不能使它'成器'，分别全在性分与修养。知道生活的人就是艺术家，他的生活就是艺术作品。"

人生，一个朴实而深刻的字眼。人生是一个为自己而创造的过程，人生是一个让自己发光发热的瞬间。人生如书，一本深沉厚重的书，一本一辈子才能写完，但并非所有的人都能写好，而又必须自己去亲自收写的大书。只有奋斗才能写好自己的人生，走好自己的道路。

稻盛先生认为，人生是一个奋斗的过程，我们生活一天，就得奋斗一天；生活一分钟，一秒钟，就得要奋斗一分钟，一秒钟。奋斗使人生更多彩，同时也能够锻造出一个人的高尚人格。

郭丽文出生于汕头市一个工人家庭，自小心灵手巧，喜欢做各种潮汕粿品小食。婚后数年，她已是三个孩子的母亲，但是为了更好地照顾家人，她暗下决心，要学一门手艺，摆脱贫困，做一番事业。

几经努力，她到了汕头大厦点心部，从一名勤杂工做起，但是她手脚麻利，不辞辛苦，又虚心学习，悟性较高，经过师傅指导和勤学苦练，郭丽文的糕点制作技术逐步提高了。

改革开放时，郭丽文开始把家庭小作坊的产品送到一些小商店售卖，很快脱销。她的信心更足了，她把小焗炉换成大焗炉，借外婆家做工场，三姐妹同时做饼，她还通过参加市里厨师培训和到广州拜师学艺，技艺精益求精。

1990 年，郭丽文以多年积蓄加上银行贷款和亲友集资，在中山公园月眉桥边开起了自己的月眉湾菜馆。2001 年末，坐落于海滨路 21 号的月眉湾酒楼新址开张。奋斗了大半生，一个在艰苦环境中勇往直前的女子，初步实现了自己的理想。

2007 年，郭丽文投资的“悦宴概念餐饮”正式拉开序幕。多国的美食、时尚的概念、超前的设计，开辟了汕头“无国界美食”的先河。“悦宴”受到了现代消费人群的欢迎，作为餐饮业的崭新形式，获得了“2007 粤东十大时尚品牌”称号。多年的努力，郭丽文播下的种子终于结成硕果。作为一位成功女性，郭丽文获得了无数的荣誉。她勤俭致富的初衷，固然是为了能让一家人过上好日子，但在奋斗的过程中，她更加理解了生活的不易，所以，在取得事业的成功后，她又积极地投入到公益事业中，用爱心回报社会。

“奋斗使人生精彩，使人格高尚”，郭丽文用她的人生经历证明了这一点，从一个普通的妇女蜕化为一位成功的充满爱心的企业家，用奋斗书写了精彩。

当我们看到一个名人的成功时，都不禁会起羡慕之心，但是他们事业的成功，无不是经过奋斗而来。

每当稻盛先生看到经受暴风雨洗礼之后顽强生长的小草，心里总是充满了敬佩之情，它虽然弱小，但是，当暴风雨来临的时候，它总是勇敢地面对，从不退缩，拼搏中透露出一种不屈的神态。此时的他想到自己应该做一株不畏艰险的小草，时刻迎接暴风雨的洗礼，为了人生的希望奋斗！

正如深邃的夜空星光点点，峻峭的山谷间流过一丝清泉，奋斗让人生获得快乐的满足，让坎坷的人生获得成功的喜悦，让受挫的人生重新斗志昂扬。人生其实就是向着一个个理想奋进，在成功与失败中不断有所收获的过程。如稻盛指出的那样，倘若一切完美无须奋斗，生活便无希望可言。

奋斗是落叶的飞舞，是与风吹雨打的较量，是寒冬蜡梅的风采。人生在于奋斗，奋斗在于成功，它们紧密联系在一起。奋斗因成功而有力，人生因奋斗而精彩。

第三章

纯粹至诚：用良心走向控制自我本能的人生

努力去遵守，努力去实行，就能得到救赎

人生悟语

即便是看似不可能完成的任务，只要能够坚持不懈地努力，加上不成功决不放弃的毅力，就能使自己收获更大的成功。

稻盛先生曾说：“成功和失败之间有一层障碍，虽薄如蝉翼，却难以穿透。”他认为这个不同点就在于坚韧与毅力，失败者一旦遇到一堵墙，就认为必定难以穿越并以此为借口选择了放弃，而成功者遇到这堵墙的时候，就会摒弃头脑中的“惯性思维”，抛开任何限制他进步的、先入为主的观念，努力坚持下去，努力地去遵守，努力地去实行，然后突破这一层障碍，迈向成功。

我国著名的生物学家童第周出生于一个贫困的农村家庭，由于没钱，只能边跟着父亲干活，边从父亲那学习点滴的文化知识，直到 17 岁才迈入学校的大门。

17 岁之前，由于童第周没有受过系统的教育，基础特别差，因此在读中学时，学习十分吃力，第一学期末平均成绩都不及格。学校令其退学或留级。在他的再三恳求下，校方同意他跟班试读一学期。

他想：“别人能办到的事，我经过努力也能办到。世上没有天才，天才是

用劳动换来的。”此后，他知耻后勇，努力学习。天蒙蒙亮，他在路灯下读外语；夜晚熄灯后，他在路灯下自修复习。功夫不负有心人，期末，他各科成绩名列前茅，令学校另眼相看。

在比利时留学时，他更是勤奋努力，向世界证明了中国人的智慧，获得了老师和同学的一致好评。

留学结束后，他回到了自己的祖国，由于当时国内正处于战乱时期，研究条件特别差。然而他并没有因此而气馁：没有电灯，他就在阴暗的院子里利用天然光在显微镜下从事切割和分离卵子工作；没有培养胚胎的玻璃器皿，就用粗瓷陶酒杯代替，所用的显微解剖器只是一根自己拉得极细的玻璃丝；实验用的材料蛙卵都是自己从野外采来的。就在这简陋的“实验室”里，童第周和他的同事们完成了若干篇有关金鱼卵子发育能力和蛙胚纤毛运动机理分析的论文。

生命不息，努力在童第周身上也没有停止。新中国成立以后，童第周担任山东大学副校长的同时，研究了在生物进化中占重要地位的文昌鱼卵发育规律，取得了很大成绩。到了晚年，他和美国坦普恩大学一名外国教授合作研究起细胞核和细胞质的相互关系，他们从鲫鱼的卵子细胞质内提取一种核酸，注射到金鱼的受精卵中，结果出现了一种既有金鱼性状又有鲫鱼性状的子代，这种金鱼的尾鳍由双尾变成了单尾。他的努力不仅成就了自我，还为中国的科学发展作出了巨大的贡献。

就像稻盛先生所说的，即便是看似不可能完成的任务，只要能够坚持不懈地努力，加上不成功决不放弃的毅力，就能使自己收获更大的成功。当你做一件事时，或许有人问你，成功的概率有多大，也许你答不上来，没关系，在成功和失败的世界里，统计数字代表不了什么，重要的是你有没有努力地去遵守，努力地去实行。

稻盛先生还提出了对现代年轻人的忧虑，他说，现在的年轻人从学校毕业以后，对毫不起眼、基层的工作总是觉得不耐烦，都想爬到高高的位置。然而，他们从来没有想过要通过自己的努力去追求他们的目标，实现他们的愿望。失去了努力，也就失去了支撑自己幸运和成功的优点。而有的人却能经受住考验，也能承受所有的痛苦，全力以赴，努力奋战，不断设法摆脱困境。巴雷尼就是这样的一个人：

巴雷尼小时候因为生病而成了残疾，幼小的巴雷尼只能躺在病床上不能和其他伙伴们享受纯真的童年。母亲强忍住自己内心的悲痛和眼泪，鼓励巴雷尼："孩子，妈妈相信你是个有志气的人，希望你能用自己的双腿，在人生的道路上勇敢地走下去！好巴雷尼，你能够答应妈妈吗？"母亲的鼓励，像铁锤一样撞击着巴雷尼的心扉，他扑到母亲怀里大哭起来。

巴雷尼深深地记住了母亲的话，发誓要靠自己的努力走向康复和成功之路。从那以后，妈妈只要一有空，就陪巴雷尼练习走路，练体操，每天练到满头大汗仍不休息。即使得了病，妈妈仍风雨无阻地努力改变儿子的命运，还是下床按计划帮助巴雷尼练习走路。黄豆般的汗水从妈妈脸上淌下来，她用干毛巾擦擦，咬紧牙，硬是帮巴雷尼完成了当天的锻炼计划。

就这样，在母子二人的共同努力下，巴雷尼终于挑战了极限，战胜了自己。体育锻炼弥补了由于残疾给巴雷尼带来的不便，让巴雷尼能像正常人一样生活，母亲的榜样作用，更是深深教育了巴雷尼，他终于经受住了命运给他的严酷打击。

巴雷尼刻苦学习，不仅行动上比正常人灵活，学习成绩一直在班上名列前茅。考大学，研究神经学，每一步都不缺席。最后，终于凭借自己的努力登上了诺贝尔生理学或医学奖的领奖台。

跟巴雷的刻苦学习一样，稻盛先生用自己的亲身经历告诫年轻人，只有不畏逆境，用朴实、开朗、健康的心态拼命努力地工作，日后才能够有大的成就。欠缺努力的人在做事情的时候，往往具有一种通病，心中总是盘算着："这件事做了对我有利吗，成功的话我能得到什么？万一失败，最好能找个理由推脱。"由于凡事只考虑自己的利害得失，而不努力地去实行，往往也失去了成功的机会。

人生本是无数个瞬间的积累，而成功便是无数个努力的积累。上帝不会去救赎一些好逸恶劳、不思上进的慵懒之人。

在稻盛先生看来，这是一个成功的规律，你只有努力地去遵守，努力地去实行，才能获得救赎。那些惊奇的伟业实际上几乎都是极为朴实的努力一步步累积而成的。人生不可能像喷气式飞机那样顷刻之间飞越千里，不管多么伟大的理想，都要靠一步一个脚印，孜孜不倦地、持续地努力才能实现。

总结成功的经验，稻盛先生说，只要你抱着强烈的愿望，并全力以赴，神才肯现身，才肯向你伸出援助之手。

社会人的职责：将“接受”转变为“给予”

人生悟语

一味贪图获取只能满足自己的私欲，而获取则必须善于给予，在给予中快乐倍增，在给予中得到幸福，甚至让你热泪盈眶。

“奉献于社会，奉献于人类”是稻盛先生在企业经营和人生哲学中不可或缺的关键词。在稻盛先生眼中，给小孩吃美味的食物，希望看见妻子喜悦的表情，让劳苦一生的父母过得舒适，对周围的人多一些体谅，多一些关心……这是一个社会人的职责，我们无时无刻不在接受社会的馈赠，当我们有机会有能力时，我们就要反哺社会，将“接受”转变为“给予”。稻盛先生把为社会、为他人做点什么的善良之心看作是人与生俱来的本性。

稻盛先生在欢迎新员工的典礼上说道：“以前，你们一直在父母和社会上形形色色的人们的关照下生活。从今以后，你们进入了社会，所以，现在该轮到你们回报社会了。作为社会人还希望别人为你服务的想法是不对的。必须从‘希望别人为你服务’的观念转变为‘希望为他人服务’。”

泰戈尔说过：“埋在地下的树根使树枝产生了果实，却并不需要什么报酬。”“夜把花悄悄地开放了，却让白日去领受谢词。”这与稻盛先生的经营理念和人生哲学不谋而合。

正如稻盛先生所说的，一味贪图获取只能满足自己的私欲，而获取则必须善于给予，在给予中快乐倍增，在给予中得到幸福，甚至让你热泪盈眶。

如果社会上的人只懂得接受，而又不受到节制，在这样的环境中，给予的人反而受害，于是不敢给予，这样的社会就是不合理的。一个优秀的灵魂，他明白自己对社会的职责，他最基本的品质就是给予他人，奉献社会。他对社会有一种感动，社会也感动着他，这样的人灵魂才能不断得到升华。

一个男孩，一棵高大的苹果树。

小男孩每天都喜欢跑到这儿玩，他爬到苹果树上吃苹果，在树荫里打盹儿。他爱那棵树，树也喜欢跟他玩。

小男孩渐渐长大。

男孩不想爬树了，想要玩具，于是他把树上的苹果摘光卖了钱买了玩具，然后离开树，就再也没有回来过，树很难过。

男孩长大成人，要买房结婚，可是没有钱，于是又找到了树，把所有的树枝砍个精光，为自己盖了一座大大的房子。树心满意足地看着男孩的背影，然而，从那以后，男孩再也没有回来。树再次寂寞和难过。

男孩到了中年，经历社会的风霜雨雪，身心俱疲，想乘船去远方逍遥一阵，他来到树的面前，砍下了树干，做成船出游去了。

多年以后，男孩已经年过花甲，又回来了。树说:“抱歉，我的孩子，能给的我都给你了，现在什么也没法给你了，我唯一留下的就是我的枯老的根了。”

树流泪了。

男孩感慨地说道:“经过这么多年，我太累了，只想歇歇脚。”

于是，男孩坐在了树根上，树感动得热泪盈眶:“孩子，这是你最好的歇脚之地。”

男孩和树根无语无声……

稻盛先生教育我们要做故事中的树，而不是一直只知道索取和接受的男孩。他说，站在“希望别人为你服务”立场的人，只注意不足之处，只是抱怨不公平不满意。但是，一旦进入社会以后，就要站在“希望为他人服务”的立场上，必须为周围作贡献。因此，人生观、世界观必须作180度大转变。他不断地告诫年轻人要为他人做点事情，即使是一点点的用心也是非常重要的。首先考虑的不是自己的利益而是他人的利益。即使有时作出自我牺牲也要为他人尽力。

歌德说过，若要重视自己的价值，就要为世界创造价值。稻盛先生把自己的事业做大时，没有忘记自己作为一个社会人的职责，到各地做慈善，教育年轻人。他已经形成了一种习惯，自己从社会上索取了很多，给予别人才能达到最大的快乐。人有利己本能，生物总是趋利避害的，这无可厚非。但按照这种思维，如果一个人只知道接受，就会跳不出动物这个概念，因为人不光有利己本能，还有奉献的本能，用孔子的话说即“己欲立而立人，己欲达而达人”。

默默行善的人，神明不会弃之不顾

人生悟语

善良的人在世间为自己找到天堂，恶毒的人在世间领受到自己的地狱，因为神明只呵护善。

稻盛先生深信因果报应法则，他认为目前我们所想的、所做的，可能在几年或几十年之后，时间虽然不确定，但一定会承受后果。现在造的业是因，其结果会显现于未来，到时候才后悔或悲伤已经晚矣。他希望每个人每天都有善行，并因此走向美好的未来，因为只要你默默行善，神灵不会弃之不顾。即使暗地里进行一些鸡鸣狗盗的勾当，神明都会看在眼里，该来的报应躲也躲不掉。下面是一个因人心善恶不同而报应不同的小故事：

甲和乙，神明出于对他们的考验，让他们都得上了一种被称为“不治之症”的慢性疾病。他们每时每刻都受着“生不如死”的折磨。机缘巧合，一天，两个人不期而遇，相见恨晚，便坐下喝起酒来，酒逢知己千杯少，两个人都喝醉了。于是他们谈起了他们的不治之症，谈起了他们共同的感受，并产生了强烈的共鸣。

甲问乙："如果上帝能让我们每人实现一个愿望，你会许一个什么愿？"

乙打着酒嗝说："我会祈祷上帝公平一些，让世间所有人都尝尝我们所受的痛苦！老兄，你会许个什么愿啊？"

甲抑制着眼泪说："我会祈祷上帝赐我医术或药方，能为世间所有人解除疾病的困扰，让大家都快乐地活着。"

同样的两个接受神明考验的人，却有不同的心灵。

酒后，两个人各奔东西，两个人依旧长期经受着疾病的折磨。但却因对人生截然不同的态度，他们有着不同的人生轨迹。

甲随时随地地关注并查阅相关方面的资料，用自己的身体去试药，逐渐地摸到了这种病的规律和性质，形成了一套针对这种病的用药和身体保养的综合治疗办法，治愈了自己的病，征服了这种"不治之症"。后来，又用这种治疗办法，为成千上万名患者解除了疾病的折磨。

而乙却因为对人生的失望和仇视，染上了酒瘾。疾病加酒精，使他的身体快速衰老。等到甲的治疗办法面世时，他已经病入膏肓，最后不治而亡。

神明惩罚了内心充满罪恶的人，而让内心充满善念并积极行善的人战胜病魔享受人生。

善与恶虽然总是形影相随，但却水火不容。他们不是左手与右手的睦邻关系，也不是男人与女人的情爱关系，更不是耕耘与收割的因果关系。他们就像奇峰与死谷、稻穗与稗草、甘露与尘埃的关系。当众人把恶当作救世主为其大唱颂诗的时候，善必然被困在荒野伤心地哭泣；善手擎生命的玫瑰在人群中热情奔走、传递福音的时候，恶正戴着枷锁等待审判。

一天，善与恶同去天堂申请定居，半路上碰到上帝。上帝告诉他们，通往天堂的路十分狭窄拥挤，路途坎坷，没有忍饥挨饿的牺牲精神是排不上号的，且需要严格的资格审查。

恶抬头远望，见天堂的门果然十分窄小，路也显得崎岖，便折回头来向地狱奔去。地狱近来生意冷淡，恶见门前无人把守，便一头扎了进去。

善在三天三夜后被天堂收留。

上帝得悉结果后一点也不惊讶，他寓意深刻地告诉人们——荆棘丛中结不出葡萄，蒺藜丛中长不出无花果，茁壮的树才能结出丰美的果实。凡是结不出好果实的树都得砍倒扔进火里焚烧，恶也不能例外！

这正好印证了卢梭的话：善良的人在世间为自己找到天堂，恶毒的人在世间领受到自己的地狱，因为神明只呵护善。

稻盛先生一直崇尚行善，这是信仰带给他的观念，稻盛先生进一步思考“人所应为之正确事情为何”。之所以提出这样的问题，是因为稻盛先生看到日本自从第二次世界大战后的60多个年头里，这一代的日本人有很多可以说根本没接受过什么道德教育，而作为在战前受教育的一代人，稻盛先生对此不乏了解。

稻盛先生非常赞同哲学家原猛先生说的话：“道德沦丧的根本原因，在于欠缺宗教信仰。”不仅如此，他还指出了日本过于重视“个性教育”的弊端，这使得教育疏忽了教导人所应懂得的基本规范与道德。甚至在幼儿园的学前教育阶段，都标榜“自由”，而对不懂事的幼儿采取放任的态度。这种教育带来了很坏的影响，使得日本的孩子在长大成人之前该懂得的最起码的规矩，也没有机会学会。

因此，稻盛先生呼吁日本社会对于身心都处于成长阶段的少年，给他们一个学习为人之道，并好好思考的机会，以磨炼他们的品性，净化他们的心灵，让他们懂得行善的意义，懂得行善一定会得到神明的呵护。

想追求之物不得时，要牢牢抓住已有之物

人生悟语

只要战胜了那个会涌出欲望与邪念的自己，不论工作还是人生都将会一帆风顺。因此，与欲望缠身的自己作斗争，能否“克己”为成败的关键。

稻盛先生从他的人生哲学和经营哲学里领悟到：求利之心对于人类生活和事业不可或缺，但这种欲望应适可而止。如果放纵欲望，就是过分自私，到了一定阶段，必将失败。这印证了中国的一句古话：罪莫大于可欲，祸莫大于不知足；咎莫大于欲得。故知足之足，常足。意思是说：罪恶没有大过放纵欲望的了，祸患没有大过不知满足的了；过失没有大过贪得无厌的了。所以知道满足的人，永远是觉得满足的、快乐的。

而现实中的人又有多少人能够牢牢抓住自己所拥有的，从而不被利欲熏心，去追求一些明知不可的东西。稻盛先生最崇拜的人西乡隆盛说过：凡人皆以克己成。

稻盛先生非常推崇这句话，意思是说，只要战胜了那个会涌出欲望与邪念的自己，不论工作还是人生都将会一帆风顺。因此，与欲望缠身的自己作斗争，能否“克己”为成败的关键。

佛教讲贪、嗔、痴三毒，倘若放任不管，这三毒便会攻入人的心头，只有将克己精神融入自己的品性、血肉当中，事到临头才不致想克制也克制不了。为此，需积以时日，不断在平时训练努力克制自己，抑制自身的欲望。佛教用戒律来控制自由和欲望的滥用，其实欲望本身并非罪恶，凭借欲望毫无节制地为所欲为才是罪恶。

稻盛先生呼吁人们要有一个引领自己走向正途的人生指南针，这个指南针就是自己的人生哲学。一个人本着什么样的人生哲学度过人生，有多大的欲望，将会决定他的人格。如果人生哲学扎根不深，这棵人格之树的枝干不会粗壮，也无法长成参天大树。当稻盛先生把人生的事业做到最辉煌的时候，他选择了出家，因为他深刻体会到了抓住已得之物的快乐，他能很好地把握自己的欲望，以至于不会迷失，更不会因好高骛远而心力交瘁，而是从纷纭世事中解放出来，享受一份恬静的快乐。

胡九韶，明朝金溪人。他的家境很贫困，一面教书，一面努力耕作，仅仅可以衣食温饱。每天黄昏时，胡九韶都要到门口焚香，向天拜九拜，感谢上天赐给他一天的清福。妻子笑他说：“我们一天三餐都是菜粥，怎么谈得上是清福？”胡九韶说：“我首先很庆幸生在太平盛世，没有战争兵祸。又庆幸我们全家人都能有饭吃，有衣穿，不至于挨饿受冻。第三庆幸的是家里床上没有病人，监狱中没有囚犯，这不是清福是什么？”

当然，稻盛先生所讲的抓住现有之物而不去追求已经得不到的东西并不是安于现状、不思进取、骄傲自满的态度，而是教给人们懂得如何努力而达到最理想的境地和懂得自己该处于什么位置是最好的，让人们学会透析自我，定位自我，放松自我。很多事情都是我们经历过了，才会懂得它的珍贵，最主要是我们遗落了那一份拥有时的心旷神怡。当你拥有你最该珍惜的、能让你最快乐的东西时候，又何必去追寻那些不可求而求之的虚幻呢？

稻盛先生以一个长者的身份教育我们，在物欲横流的年代，秉持一颗知足常乐的心，才不至于被现实压得喘不过气来。在前进的道路上，当我们取得一些成绩的时候，如果我们都能乐由心生，对待困难的工作情绪，就会如阳光般朗朗映照。

当我们追求而不得时，何不转过头来，欣赏一下自己拥有的风景，融入这片风景，你才能无忧无虑、心旷神怡。这样的生活会在烦躁与喧嚣中，过滤一种压抑与深沉，沉淀一种默契与亲善，澄清一种本真与回归，久而久之，人便会步伐轻盈，精力充沛。

莫思身外无穷事，且尽生前有限杯，这何尝不是一种让人神往的人生感悟。人生一世，草木一秋，生命本就短促，何必庸人自扰之，换一种思维风光无限，快乐无限。人人都能知足常乐，把握自己已经拥有的美好风景，世间便少一点横眉冷对，多一点笑脸相迎，让你的人生多一份从容，多一些豁达。

秉持仁慈之心，“宇宙般的性灵”必是一片坦途

人生悟语

越成功，越伟大，就越应该拥有一颗仁慈之心，因为这样的人仁慈的力量更强大，相反，恶念的破坏力也是超乎想象的。

2008年秋，从美国的次贷问题发端，金融风暴袭卷了整个世界，世界性的经济危机再度降临，这引发了稻盛先生对“我们怎样来和这个地球共生共存的”这个问题的思考。稻盛先生认为，经济危机的直接原因是金融衍生产品使用过了头，而本质上是人们为了满足自己的欲望，不择手段地追求利润的最大化，是失控的资本主义的暴走狂奔。从这个意义上讲，稻盛先生指出了一条道路，就是我们必须从仁慈、爱、同情及利他行善之心出发，终结依靠欲望和利己之心发展至今的现代文明，构建基于爱、仁慈之心的崭新的文明。

佛经里有这样一个小故事：

禅师在打坐的时候，一只鸟落在了禅师的怀中，小鸟被禅师的体温留住了，索性钻入禅师的衣袖中打起盹来。

禅师为了不惊动那只小鸟，静静地坐着，一动也不动。

夜幕降临，山风渐起，气温下降，小鸟在禅师的身上取暖，睡得很好。

第二天清晨，禅师仍然坐着，但他已经坐化了。

稻盛先生是信佛的，佛教希望这世间生灵的仁慈之心觉醒。儒家有言：“老吾老以及人之老，幼吾幼以及人之幼。”墨家讲过“兼爱非攻”，教世人博爱仁慈。仁慈是我们生命中不可或缺的元素，当我们向别人献出自己的那一份仁慈时，我们会从对方那儿得到一份无限的感激，在这份感激中，我们能欢快地感受到那一种对别人宽容后的欣慰，在这样的欣慰中，便能发展和传递出仁慈这份美德了。仁慈的力量高于权力，它不但传送幸福与受施的人，也同样传送幸福与施与的人。

丈夫和妻子坐火车，到了座位旁看到已经有位妇女坐到了自己的位子

上，丈夫示意妻子坐在那位妇女的旁边，自己却站在中间的道上而没有坐下。妻子刚要请旁边的妇女起来，丈夫使了个眼色，摇摇头，妻子这才发现原来旁边这位妇女的腿脚不是很方便。于是一路也没吭声。

下了车之后，心疼先生的太太就说：“让位是善行，但从起点一直站到终点，中途大可请她把位子还给你，换你坐一下。”

先生却说：“人家不方便一辈子，我们就不方便这三小时而已。”太太听了相当感动，觉得世界都变得温柔许多。

我们应该将这份仁慈传递给别人，让别人也感受到它的温暖。

稻盛先生遵从“敬天爱人”的先哲思想，在公司经营中和人生旅程中都秉持一颗仁慈之心，凡事力求做到利他。一个人的人生是短暂的，我们应该秉持一颗仁慈之心，更应该珍惜身边所有无价的仁慈。仁慈的力量是无限的，它是世界上最纯洁、最温暖、最不朽的，每个人都在仁慈的关爱之下成长，它时刻照亮我们前行的路，让我们勇往直前。

一个人倘若没有一颗仁慈的心，即便拥有巨额财富，建有丰功伟业，他走在街上，也一定会遭来厌恶的眼光。生命需要总结，只要我们肯敞开心扉，冷静思索，那些往事就会带给我们睿智的经验和质朴的真理。恶念往往是愚蠢的开始，我们应该撇开一切恶的因素，冷却心绪，让仁慈之心深入本质，洞悉世事，拯救在迷茫中前行的人。

在稻盛先生看来，越成功，越伟大，就越应该拥有一颗仁慈之心，因为这样的人拥有仁慈的力量更强大。相反，恶念的破坏力也是超乎想象的。正如中国古代的历代君王，凡是骄奢淫逸，暴虐无常的君主，往往对百姓生活、对国家发展造成巨大的破坏，而那些仁君则励精图治，百姓安居乐业，国家长盛不衰。因此，世界上最美好的东西是看不到也摸不到的，它存在于人们的内心。今天碰到的人，我们都要用一颗仁慈之心去对待他们，不在乎不同的肤色不同的信仰，不去批评与我们观点相悖的人，也不去歧视与我们性情不同的人。

仁慈，深藏在这个世界的每个角落，就看你有没有把它找出来，然后给予别人。世间的仁慈是永恒的，是不变的，是永存于世的。所有的惊人举动，都有仁慈的力量，都是仁慈创造出的，没有仁慈，就没有一切。甘愿给社会付出真情和爱的人，是最幸福的人，因为幸福总是偏爱那些热爱生活而乐于奉献的仁慈的人。

宇宙间静静存在着思想与爱的能量

人生悟语

因为有爱，生命才有价值，一个人的生命是这个世界给予的，最终还是属于这个世界的，是属于爱和思想的。

稻盛先生认为，宇宙间有一股力量，不断地将万物推向成长和发展的前进方向。这种力量就是爱和思想的力量。他说，宇宙间包罗万象的存在，并非是一成不变地存在，而是随时朝着成长和发展的方向流动着。与其谈生物的生存法则，倒不如思考宇宙间那股力量——能让万物诞生、繁衍、发展和进化的力量。

稻盛先生把这种力量称作是宇宙意志，这与佛家的“万般皆有佛性”的说法是一致的。佛教的一支“天台宗”也强调“山川草木皆成佛”。意思是说，人不能没有思想和爱。思想的力量是伟大的，如果你一心想着气愤，你就会体验到气愤；如果你有着兴奋的思想，你就会跟着兴奋；如果你想着快乐，你就会快乐；如果你有爱的思想，你就会体会到爱。爱是人类的本质，是宇宙间普遍存在的，走向爱的世界，我们必须要有爱的信仰和态度，你要相信，你需要的人一定会在最适当的时机、最适当的地点，进入你的生命。思想决定了行为，行动则产生行为，而行为则造就了我们的命运。在这些思想的力量下，你必须时刻自觉地思考爱对你的意义。因为思想和爱的力量是无穷的，不是简单的想象所能及的。

母亲节到了，一位绅士开车去花店打算为母亲买一束花，绅士挑好花后，让店主按照他写的地址给他母亲送过去，然后径直走出了花店。在花店门口，绅士看到路边一个小女孩手捧一束玫瑰花，便打开了车门。

“小姑娘，去哪儿，上车我载你一程吧。”绅士很有风度地说。

“那你送我去妈妈那里好了。可是叔叔，你要知道，我妈妈住的地方离这里很远。”小女孩带着乞求的目光说。

“嘿，早知道就不载你了。”绅士开玩笑地说。

绅士照小女孩说的路一直开了过去。走出市区的马路，穿过蜿蜒曲折的山路，竟然来到了墓园。小女孩把花放在一座新坟旁边，她为一个月前刚过世的母亲献上一束鲜花。这么远的路，如果没有绅士，小女孩也许就走过来了。绅士将小女孩送回家中，然后再度折返花店。

他取消了要寄给母亲的花束，而改买了一大束鲜花，直奔离这里有五小时车程的母亲家中，他要亲自将花献给妈妈。

绅士的行为正是受到这宇宙间静静流淌的爱的力量的影响而改变了他最初的意志，这种爱的力量的影响无声无息，无痕无迹，却是那么掷地有声。这恰好验证了稻盛先生的观点，即宇宙间遍布着爱，道旁的一草一木或一颗石子，里面皆存在着爱和思想，亦即宇宙意志。

因为有爱，生命才有价值，一个人的生命是这个世界给予的，最终还是属于这个世界的，是属于爱和思想的。我们如此平凡，我们没有预知世界的能力，连预知此时此刻要发生什么的能力都没有，更不用说去预知生命的长短。然而，只要我们拥有生命，我们就拥有思想，拥有爱，由此我们就不会寂寞，就知道感恩宇宙，感恩生命，感恩身边每一个人，让这种爱和思想继续传递，生生不息。

偏僻的山村里住着一对母女，父亲早逝，母女相依为伴。

母亲担心家里遭窃，每天晚上睡觉时，母女二人都要上三道锁才能睡得着。

女儿厌倦了枯燥的乡村生活，一心想要去大城市看看外面的花花世界，于是趁母亲睡熟之时离家而去。

十年之后，一个夜晚，在城市历经风雨，深陷苦海，无法自拔的女儿知道了自己的过错，遍体鳞伤地回到家，看到家门未锁心里顿生恐惧，赶紧跑到母亲的屋里，看到床上瘦弱的母亲不禁失声哭了起来。

女儿好奇地问：“妈，今天怎么没上锁啊，多危险啊？”

“我怕你晚上回来进不了门，十几年都没锁过。”母亲用颤抖的声音回答道。

这一天，母女团聚，门又锁上了，还是十年前的三道锁。

这就是爱的力量，它让母亲战胜了恐惧。

稻盛先生是一个超脱的人，是一个充满思想和爱的人，正是这种力量促使他从一个又一个的困境中走出，而走向自己人生和事业的巅峰。在这个物欲横流的时代里，面对五光十色的生活，无论是诱惑，还是压迫，总有一种东西让我们坚守最后的底线。别离、聚集；守望、缠绵……不悔不改，都是因为心中有爱。

爱于无形之中激励着我们一步步前行，尽管这个世界并非什么都是顺着自己的意愿去发展和前进的，尽管总有让人不顺心的事情占据着整个发展过程，背叛、伤害、误会、欺骗，但是我们应该看到这个世界是充满爱的，欢乐、感动、信任、幸福。我们不能因为一次的伤害而觉得世界充满了伤害，我们应该保持一颗纯洁的心去对待每个人和每件事。

稻盛先生的活法教人们如何找到生命的喜悦，享受幸福洋溢的人生，人生苦短，真正永恒不灭的是思想和爱。当有人问到他为何而来时，他毫不犹豫地回答说是为了做一个比降临人世之初更好的人而来。

我们每个人都是落入凡间的精灵，我们的内心其实是充满着爱的，只是在凡间我们不得不充当角斗士的身份，不断地奔跑，在这个过程中，有的人净化了心灵，而有的人玷污了灵魂。然而，宇宙间静静存在着思想和爱的力量，只要我们心中有爱，就能得到救赎，提高我们的心智，升华我们的灵魂，享受我们的人生。

第四章
场中央角力：运用正确思维放下无关杂念

若要有惊人的结果，一定要力求突破

人生悟语

最要不得的态度就是被“现在”和“常识”所束缚，自己给自己设置了一个玻璃天花板。

稻盛先生总是喜欢把目标设定在自己的能力之上；然后不遗余力地为着这个目标努力，不达到目标决不放弃。他认为，想要获得超出常人的成绩，就不能将能力定格在“现在”这个时间点上，而是要用“未来”去估算自己的能力；当完成一个新的目标时，不能就此满足，沾沾自喜，而是要继续发展达到更高目标的技术与能力，力求突破自我。

最要不得的态度就是被“现在”和“常识”所束缚，自己给自己设置了一个玻璃天花板。稻盛先生在鼓励团队不断突破进取时，讲过这样一个有趣的实验。

这个实验叫作“玻璃瓶子里的跳蚤”。把一只跳蚤放进玻璃瓶里，上面盖上一块透明玻璃片。敲击玻璃瓶，跳蚤受到惊吓就会往上跳，碰到玻璃它觉得疼，它跳了几下就不跳了。再敲击瓶子，跳蚤仍然跳；敲得越厉害，它跳得也越厉害；但是，再继续敲下去，跳蚤最后也不跳了。此时，拿掉玻璃片，跳蚤仍然不跳。

稻盛和夫对他的团队说：“我们在发展的道路上也会遇到许多困难，在实践目标时也会遇到瓶颈。但是，我们如果因此不去突破，就难以进步，更别说有什么惊人的成就了。很多时候，我们头上的透明玻璃片是自己设定给自己的。”

稻盛和夫还举了这样一个例子。

他说，很多公司的盈利率常年维持在 5%，不论经济大环境是良好还是恶劣。因为，经营者认为 5% 这个获利点是不可攻破的。当收益达不到这个数字时，他们会积极采取行动将盈利拉回到这个水平。但是这样一来，利润虽然稳定，却永远无法突破这个数字了。这些经营者在无形中已经将 5% 这个数字设定成了一个玻璃天花板，从未把盈利目标定在 10% 甚至更高。当经济环境大好，只要稍加努力就能提升盈利率的时候，他们也不会再想向高处攀登了，也就不会创造出惊人的佳绩。

稻盛先生所说的这些事例，都是在告诉他的团队：我们要成为世界一流的陶瓷公司，就不能止步不前，必须要敢想敢干，力求突破。京瓷公司能够创造几十年不亏损、保持强劲的发展动力，正是因为他们从未停下突破进取的脚步。

这样的成功例子在中国也有一个。

这家公司的名字叫作“突破电气”。1995 年，突破电气公司决定生产移动式插座，也就是我们常说的插线板。当时，插线板在人们的印象里是“低值易耗品”，没有统一的质量保证，毁坏速度和更新速度都很快。产品当时的市场价格一般只有几元钱，而且市场容量也很小，连销售量最高的北京西单商场，每个月插线板的销售额也不过只有千元左右。

但是，在这种情况下，突破电气却决心将不起眼儿的插线板打造成为具备高科技内涵的电器保护设备。

突破电气首先在技术上进行了大胆尝试与革新，采用了多孔技术专利。当时中国的进口电器很多，而国外的家电产品和国内家电产品的插头各异，能够两者通用的插座产品在市场上非常少见，突破电气的多孔插座正好可以满足这个要求。在外观上，突破电气的插线板，增加了各式各样的插孔，样子也由单薄变得丰富起来。更为重要的是质量上的飞跃。突破电气采用“PC合金”新型材料，里面含有由绝氧因子构成的阻燃成分，可以阻止插座燃烧，避免了普通塑料插座容易短路的危险。

1996年8月，突破电气的第一批移动式插座上市，定价198元，而当时市场上卖的最贵的插座仅仅只有19元钱，在整个行业市场引起了巨大的轰动。虽然价格不菲，但是突破电气的产品，因其优良的品质和完美的售后服务获得了消费者的青睐，上市当年在北京的销售额就达到了600万元。

能够将几元、十几元一件的插线板卖到一百多元，突破电气能够取得如此惊人的成就，正是因为它名字中的两个字——突破。

不仅仅是生存于市场经济环境中的企业，我们每一个人，也都是一样，如果想要创造出惊人的成绩，就不能没有力求突破的勇气和决心。

只有脚踏实地才是“梦想成真”之道

人生悟语

在人生追求中，守株待兔不行，揠苗助长更不行。杀鸡取卵、竭泽而渔、好高骛远，都会事与愿违，与理想背道而驰，与目标遥遥无期。有的人自命不凡，可是心比天高，眼高手低，大事做不成，小事不愿做，结果是竹篮打水一场空。

我们都需要华美的梦来装饰我们的生活，但要实现这一个个美丽的梦，需要我们脚踏实地。稻盛先生曾经说过：“很多年轻人都梦想在有生之年取得骄人的成就，我们应该鼓励所有的年轻人怀有这样的梦想。但年轻人必须明白的是：成就是靠每天一点一滴辛苦的工作累积下来的，是不能一蹴而就的。在人生旅途中，没有一步登天的魔梯。我们必须脚踏实地、点滴积累，不管是生活，还是企业管理，只有‘脚踏实地’才是梦想成真之道。”

人人都渴望成功，但真正成功的人却很有限，很多人都是碌碌无为地度过一生。仔细想想，不难发现，热情和脚踏实地的努力的错位是重要的原因。人在年轻的时候，往往心气很高，但常常由于眼高手低，不能脚踏实地做人做事，而与成功的机会擦肩而过；人到中年，虽然已经奠定了一定的基础，但往往又得过且过，由于缺乏继续向前的热情，从而永远无法感受到成功的喜悦与满足。有些人能有所作为，是因为他们从不轻易选择快捷方式，而是日复一日地持续努力，认真又脚踏实地地用坚持实践着自己的梦想，让明天比今天更好。因此，成功不是一蹴而就的瞬间辉煌，而是每一个平凡的“今天”的不断累积，脚踏实地的努力。

在钱锺书先生去世后不久，曾有人撰文纪念他“寂静”“勤于钻研”的一生，的确，钱锺书先生可谓是脚踏实地的典范，终生专注于学术研究，从不以口舌争名求利，从不为交游虚掷光阴，览古籍，做学问，写专著，他的一生都致力于将他对于学问的苛求付诸实践，刻苦、勤奋，造就了这个学贯中西的大学者。

试想，若没有脚踏实地的孜孜以求，钱锺书先生又如何能成为玩转中西文化的大师？司马迁含辛茹苦，埋头十几年，才一字一字地写出千古名篇《史记》；刘翔从小起步、不顾寒暑，勤学苦练，才一步一步地跑出 110 米栏世界冠军。这些事例生动形象地说明一个道理：成功没有捷径可走，追求的脚步必须扎扎实实。

英国剧作家莎士比亚曾向世人发出忠告：“要想登上陡峭的山峰，从一开始就需要有坚实的步伐。”一个人无论有怎样美好的追求，都不要心急火燎地去实现。而应该确定目标、探索方法、培养毅力、寻找机会，一步一个脚印地去操作去实践。

稻盛先生曾说，在人生追求中，有的人豪赌捷径，望梅止渴，画饼充饥，总是期待跨越发展，一夜成名，结果是偷鸡不成蚀把米。有的人投机取巧，不愿脚踏实地干，喜欢闭门造车，或者寻找旁门左道，结果是四处碰壁。还有的人把个人的追求和所从事的工作连在一起，总想三步并作两步走，一生目标一朝完，好大喜功、追名逐利，结果累得气喘吁吁、半途而废、无功而返。临渊羡鱼，不如退而结网。

一个真正为理想而追求、为事业而奋斗的人，一定懂得风物长宜放眼量、脚踏实地，埋头苦干。一定懂得不积跬步，无以至千里；不积小流，无以成江海的道理。从我做起，从当下做起，不被千难万险所吓倒，也不让声色犬马诱惑，静心屏气、沉着稳健，一步一步地向前走去。在实现人生追求的路途中，有毅力、有耐心，脚踏实地、任劳任怨、破釜沉舟、坚持到底。

人生就像爬坡，恒心架起通天路，勇气吹开智慧门。如果心旌摇荡，必将前功尽弃。春播、夏锄、秋收、冬储，是农业上的一个过程，如果从春天一步就迈进初冬的门槛，那么储存的也只能是一堆堆枯黄的叶子。即便你驾着汽车，在高速公路上行驶，也会被限制速度，因为超速预示着危险，也会受到惩罚。起点再美好，如果没有一个脚踏实地的过程，终点也将因此而黯然失色。

马克思曾经说过："在科学上面没有平坦的大道，只有不畏劳苦沿着陡峭山路攀登的人，才有希望到达光辉的顶点。"每个梦想的实现，都需要脚踏实地。善于积累，循序渐进，善于总结工作中的点点滴滴，善于学习积累成功经验，循序渐进开展工作。充实每一个今天，日复一日地积累，就会让梦想成真。

摒弃失败的恐惧

人生悟语

所谓的企业家就是要拥有毫不动摇的决心、努力和愿意面对无数危难，摒弃恐惧的精神。不要因为接踵而来的挑战，就朝负面的方向想，变得悲观而愤世嫉俗，每天提醒自己，快乐的心才能使成功到来。

很多人是因为看到蛇感到恐惧，但也有人恐惧的是想象中的蛇。有些人在生活中失败了，有些人在经受失败的威胁。这些恐惧和焦虑都有其客观方面的原因，这些恐惧，有些就是想象中的蛇。恐惧只是我们的一种情绪，我们都懂得要做情绪的主人这个道理，但遇到具体问题就总是知难而退，尤其是克服恐惧。“克服恐惧实在是太难了”，言下之意就是：“我是无法克服恐惧这种情绪的。”别小看这些自我否定的话，这是一种严重的不良暗示，它可以毁灭你的意志，丧失战胜自我的决心。

杰克住在波士顿的一个小镇上，他一直向往着大海。一个偶然的机会，他来到了海边，那里正笼罩着雾，天气寒冷。他想：这就是我向往已久的大海吗？他的希望和失望落差很大，他想：我再也不喜欢海了。幸亏我没有当一名水手，如果是一名水手，那真是太危险了。

在海岸上，他遇见一个水手，他们交谈起来。

“海并不是经常这样寒冷又有雾，有时，海是明亮而美丽的。但在任何时候，我都爱海。”水手说。

“当一个水手不是很危险吗？”杰克问。

“当一个人热爱他的工作时，他不会想到什么危险。我们家里的每一个人都爱海。”水手说。

“你的父亲现在何处呢？”杰克问。

“他死在海里。”

“你的祖父呢？”

“死在大西洋里。”

“你的哥哥呢？”

“当他在印度的一条河里游泳时，被一条鳄鱼吞食了。”

“既然如此，”杰克说，“如果我是你，我就永远也不到海里去。”

水手问道：“你愿意告诉我你父亲死在哪儿吗？”

“死在床上。”

“你的祖父呢？”

“也死在床上。”

“这样说来，如果我是你，”水手说，“我就永远也不到床上去。”

马尔登曾说过：“人们的不安和多变的心理，是现代生活多发的现象。”他认为，恐惧是人生命情感中难解的症结之一。面对自然界和人类社会，生命的进程从来都不是一帆风顺、平安无事的，总会遭到各种各样、意想不到的挫折、失败和痛苦。当一个人预料将会有某种不良后果产生或受到威胁时，就会产生这种不愉快情绪，并为此紧张不安，忧虑、烦恼、担心、恐惧，程度从轻微的忧虑一直到惊慌失措。最坏的一种恐惧，就是常常预感着某种不祥之事的来临。这种不祥的预感，会笼罩着一个人的生命，像云雾笼罩着爆发之前的火山一样。

稻盛先生曾经说过：“所谓的企业家就是要拥有毫不动摇的决心、努力和愿意面对无数危难，摒弃恐惧的精神。不要因为接踵而来的挑战，就朝负面的方向想，变得悲观而愤世嫉俗，每天提醒自己，快乐的心才能使成功到来。领导者的心态最为重要，不管是积极的还是消极的，都会直接影响到与员工、顾客及供货商之间的关系。”

很多人一旦失业，自信心就受到沉重的打击，感到自己是一个失败者，害怕自己在过去树立的高大形象坍塌，变成一个一无是处的人。这也许是失业所带来的最可怕的后果。

在竞争激烈的社会中，对许多人而言，这种恐惧感始终笼罩在他们的心头，令人忧虑重重。他们害怕不能实现自己的理想，害怕朋友们比自己更成功，更富有，更具有社会影响力。但是我们应该明确，某次事业上的受挫并不意味着自己一生的失败。

《简·爱》的作者曾意味深长地说：“人活着就是为了含辛茹苦。”人的一生肯定会有各种各样的压力，于是内心总经受着煎熬，但这才是真实的人生。既然人的一生有这么多的不确定和没把握，你不妨再试一次，人生有许多“柳暗花明又一村”的时候。在成长的过程中特别是幼年时代，遭受外界太多的批评、打击和挫折，于是奋发向上的热情、欲望被“自我设限”压制封杀，而又没有及时地得到疏导、排解与鼓励。对失败惶恐不安，又对失败习以为常，丧失了信心和勇气，渐渐养成不思进取、不敢拼搏的精神面貌，从而失去了自己的梦想。这就是我们平庸的原因，让我们看看成功人士是怎么面对失败的恐惧的。

1832年，林肯失业了，这显然使他很伤心，但他下定决心要当政治家，当州议员。糟糕的是，他竞选失败了。接着，林肯着手自己开办企业，可一年不到，这家企业又倒闭了。此时的林肯也像平常人一样，害怕再次失败，恐惧失败。但是他与我们平常人不一样的是，他随后再一次参加竞选州议员并且成功了。后来，他又竞选州议会议长，但是失败了。但是，他还是没有被失败的恐惧给吓倒，他又参加竞选美国国会议员，但是仍然没有成功。要是你碰到这一切，你会不会被失败的恐惧给吓住，开始放弃？林肯没有放弃，他说："我不能被失败的恐惧给压倒，我要战胜这一切，我一定能成功。"林肯一直没有放弃自己的追求，懂得摒弃失败的恐惧的道理，他一直在做自己生活的主宰。1860年，他当选为美国总统。林肯敢于这样一次次地尝试，就是因为他懂得成功人士的生活原则：摒弃失败的恐惧。摒弃失败的恐惧，成功就在你的脚下。一个人想干成任何大事，首先就得摒弃失败的恐惧。

在稻盛先生看来，过去不等于未来，未知或没把握不等于失败。过去失败了或是没做好，或是现在没把握，也不代表就要失败。成功和失败都不是最终的结果，它只是人生的过程，我们应该以平常心去看待它。每次失败都是在一定环境中由许多复杂因素组合而成的结果。而人们对于失败的恐惧，令我们错过了多少精彩的机会。

它让我们倦怠于尝试一些新鲜的事物，它让我们逃避来自贵人的帮助——那些可能对你即将取得成功有莫大帮助的人，它又让我们放弃了多少可能通向成功的想法，让我们持续地重复着导致失败的那种深深的败落情绪。所有这一切都是失败的胜利。稻盛先生认为，这样的人和这样的人生无疑是一场悲剧。

像所有的童话故事一样，如果你想娶公主，你就必须杀死妖魔。你要面对的最大妖魔就是你自己的恐惧。如果你能够学会摒弃恐惧，这个世界就是你的了。

从过去的失败中学会审视自己

人生悟语

要想成功，就得经历失败，要在失败中不断审视自己，总结经验，不断提高自己。

人人都渴望成功，渴望一帆风顺，心想事成。但如此幸运的人是少之又少。我们在生活中会遇到大大小小的失败，怎样面对眼前的失利，怎样从失败中汲取教训，在失败中让自己长大，这些决定了你未来的发展。

无论我们处于社会的哪个阶层，生活在什么样的环境中，我们都希望能够超越自身所处的层次，实现我们的理想，过上梦寐以求的幸福生活。但是，在我们身边，大多数人却总是一次又一次地归于失败，以至于定的目标总是那么遥不可及，在屡遭挫败之后，渐渐失去了继续拼搏的勇气，最终在默默无闻中度过了自己平凡的一生。

其实，大多人之所以不能摆脱失败的困境，总感觉找不到通向成功的道路，并不在于自己的能力有欠缺，而在于我们没能从失败之中审视自己。经常审视自己，能发现自己的不足之处。想要成功，一种最简便、有效的途径是在失败时审视自己。每当我们失败时，静下心来想想自己到底为什么没做好，想想自己的缺陷在什么地方，就很容易从这次失败中总结经验，等下次时做出改变。

人们常说失败是成功之母，成功是经过无数次失败才取得的，失败是成功前需要跨过的许多坎坷。但是，很多人失败了很多次还是没能成功，其实失败是挡在成功之前的一道障碍，一次考验。能不能成功，取决于人们对待失败的态度。

稻盛先生认为，有些人因为某一件事失败了，从此颓废，萎靡不振，不再相信自己，不敢再踏进这个雷区一步，甚至所有和这件事有关的东西都不敢再想，于是，他放弃了，和自己曾经的梦想分道扬镳，距离越来越远；有些人做某件事失败了，不气馁，仍然坚持自己的梦想，但是坚持了好长时间还是没能成功，原因是他不懂思索，不懂得从失败中学习，在失败中审视自己，一味地坚持原来的蛮干，最后他一次又一次地重复原来的错误，终有筋疲力尽的一天，无奈，放弃了，还是以失败而告终；有些人做事失败了，他不气馁不放弃，并且重新审视自己做事的过程，思考自己到底哪里做错了，从自己的失败中学习。然后，他们从自己的失败中学到了很多，也找出了失败的原因，并用改进后的新方法开始了新一轮的尝试。理所当然，他们最终获得了成功。

稻盛先生通过他的创业经历，告诉我们要想成功，就得经历失败，要在失败中不断审视自己，总结经验，不断提高自己。稻盛先生曾引用爱迪生的故事来加以说明。

爱迪生一生中的一千三百多种的发明更是离不开他的自我审视及经验总结。像灯泡，就是他经历了一千多次的失败才成功研制出的。当时，别人问他有何感想，他说，我虽然经历了一千多次的失败，但是我找出了一千多种做不出电灯泡的方法。

阿里巴巴集团董事局主席兼雅虎中国总裁马云先生在创业初期遭遇了接连的失败，但是他没有在失败中沉沦，而是认真分析自我，为成功积累经验。最终他把阿里巴巴打造成世界上仅次于谷歌的融资集团。正是由于在失败中不断地审视自己，总结经验，才促成了马云成熟的心智与敏锐的观察力，使他在商海的滚滚波浪中笑傲群雄。

我们不渴望失败，但我们要学会正视失败，如果你不能从失败中重新审视自己，只找一些无用的借口，那你永远只会在失败的泥潭中挣扎。成功诚可贵，失败更可贵，在失败中审视自己最可贵。不懂得从失败中学习的人，只能一次次重复着失败，永远也爬不到成功的巅峰。

失败并不可怕，可怕的是不懂得从失败中学习，在失败中审视自己，认真地思考每一次失败，并从中汲取教训。

稻盛先生曾说：低潮的时候其实是重建的良机。其实仔细一想，我们从成功中学不到任何东西，成长来自于失败，当然还需要你能正确地认识它，接受它。不要为失败而痛苦，要把它当成一个磨炼，从中找到可以学习的东西，找到提高自己的方法。

想好事，做好事，就会有好的结果

人生悟语

善行必会衍生出另一个善行，善行终会招来善报。

在看到需要帮助的人就本能地伸出援手的人，当自己遭遇困难时，通常也会适时地得到援助。我们相信好人有好报，想好事，做好事，就会有好结果。正如稻盛先生指出的那样，善行必会衍生出另一个善行，善行终会招来善报。

有一个小村庄住着一位年轻的女士，村人都不愿意和这个女士来往。她在很年轻的时候就死了丈夫，一个弱女子经营着贫困的农场，并且还要养育四个孩子。她得辛苦地从清早忙到半夜，才勉强能够过日子。她的隔壁住着一个单独生活的老农夫，因为患了癌症卧病在床。但是，除了这位带有四个孩子的年轻母亲，没有其他一个村人或是老人的亲戚，愿意为照顾他抽出一点时间。与之形成对照的是这位自己生活窘迫的邻居，即使再忙也设法抽空为他做饭。

老人在得到她的看护一年后去世。突然之间，老人的亲属们觉得好运到来，不请自来地跑去律师事务所。因为据说老人虽然过着节俭的生活，但生前却保有一笔相当大的财产，他们认为那些财产应该分给自己。可是他们最后连一分钱也没得到。

老人所拥有的钱、农场，以及其他的财产都依照遗嘱，赠给了照顾他的那位年轻女士。当律师宣布时，在场的所有人都发出了惊讶之声。老人深深明白这位女士的辛苦，而且理解她并不是出自一时的同情，她已尽全力实行了每天辛苦的看护计划。不用说，从此之后，这位女士的生活发生了重大改变。

她已不再需要为了养家而辛苦地工作了。除此之外，对于她来说，还有一项重大的变化，那就是以往她被村人排斥、嘲笑的情形也不再发生了。那位老人因为感激她最后服侍的善行，而将这位女士的善意和她所努力的事实公开，大家因此自然而然开始赞赏并尊敬她。

我们都很喜欢这样的故事，也希望自己做了好事之后，得到回报。但是一个人的善行，像这样的故事一样，获得报答，或是获得社会的赞赏毕竟是少的。帮助别人，不要图什么回报，但你会因为施善行后觉得自己至少是做了件好事，因而在私下会产生一种自我满足的喜悦。

稻盛先生非常推崇“想好事，做好事，就会有好结果”这一理念，经常在讲演以及著作中提到好人有好报的故事。这些浅显而寓意颇深的故事，正好符合稻盛先生关于命运和因果报应的思想。他认为，自己几十年的亲身经历，以及几十年来自己亲眼看到的各行各界许多人物、许多企业的荣枯盛衰，正好与这些故事的寓意相合。

想好事，做好事，要有愿意为别人服务的精神，俞敏洪就是因为为别人服务的精神而得到了“好结果”。

俞敏洪在北大当学生的时候，每天为宿舍打扫卫生，这一打扫就是四年。另外，他每天都拎着宿舍的水壶去给同学打水，把它当作一种体育锻炼。

又过了十年，到了1995年年底的时候新东方做到了一定规模，他想找合作者，结果就跑到了美国和加拿大去寻找他的那些同学。他说他自己当时为了诱惑他们回来还带了一大把美元，每天在美国非常大方地花钱，想让他们知道在中国也能赚钱。

他当时想的是大概这样就能让他们回来。后来他们回来了，但是给了他一个十分意外的理由。他们说回来是冲着俞敏洪过去为他们打了四年水。他们说，他们知道，俞敏洪有这样的一种精神，所以他们一起回中国，共同为新东方努力。正是由于俞敏洪的这种奉献精神才有了新东方的今天。

想好事，做好事，就会有好结果。一个人做一件好事并不难，难的是一辈子只做好事不做坏事，这是雷锋的朴实语言，它激励并影响着一代代国人。学习雷锋好榜样，是个永恒的主题。好人好报，是中国传统文化的体现，也是人们的衷心期望。

不可否认，人生有所谓命运的存在，但命运决非不可改变。稻盛先生说："佛教讲人生是'诸行无常''波澜万丈'，有幸运，也有灾难。幸运也罢，灾难也罢，都可看作上苍对我们的考验，是上苍给我们心灵成长的机会，因此我们要由衷感激。即使命运不济，也要心存善念，排斥恶意，并持之以恒，习以为常。这样，我们的人生就一定会变得更美好，更有意义。"

无私的思考方式引导我们走向真正的成功

人生悟语

贪婪会使最简单的问题变得复杂，无私的思考方式才能导向真正的成功。

在每个人体内，甚至在我们所做的每件事情中，都有两种不同的思考方式存在。一个是自私、势利，只会为自己的利益斤斤计较的；另一个则是无私、利人，会被他人感动、希望别人也能得到好处。我们想要成功就得放弃自私、势利的思考方式，做到无私、利人，才能真正取得成功。因为只有你帮助他人、懂得为他人着想，其他人才会在你遇到困难时伸出援助之手。

作为一个领导者更应该舍私利、断私欲、行正道。要做到这一点，就要克服与生俱来的自利的人性，很痛苦。但像稻盛先生这样，真正做到如此无私的人，才能建立真正伟大的企业。如果每做一件事情就问“我可以得到什么好处”，那样你将失去他人的信任。

稻盛先生认为，贪婪会使最简单的问题变得复杂，无私的思考方式才能导向真正的成功。他一生都相信人生可以转变成自己所想象的那种状态，只要你坚持无私的思考方式加上自己的努力。人生在世，在学着如何做人时，首先要学会无私的思考方式。无私的思考方式，是宽容，是爱心，是一种胸怀，一种博爱，一种境界。作为一名教师，要教会学生读书，更要教会学生如何做人，当老师带着一颗爱心为学生多想想，当学生学会了用爱心为别人多想想，如果我们能够这样，凡事学会以无私的方式思考，我们的生活一定会更充满光明和温暖。

无私的思考方式在许多精明人眼里显得愚不可及。但正是以无私的方式思考才成就了无数英雄的丰功伟业。“无私”就是人类最大的智慧。人要是以无私的方式思考，就会放弃很多复杂的想法，事情就能变得简单，就能更透彻地分析问题，解决问题。人类的大智慧绝不是三十六计、七十二变或其他什么别的名堂，而是以无私的方式思考。

西乡隆盛是稻盛和夫最佩服的人，正是以西乡为偶像，稻盛才取得了如此的成功。西乡的人生信条，最突出的就是“无私”二字。因为“无私”，所以关键时刻他勇于担当责任。当维新志士们围绕维新大政争论不休时，西乡一言九鼎：“讨论完毕。虽有异议，但若不断然实行此项改革则日本毫无未来可言。其后倘有意外，全部责任皆由本人承担。”全场为其勇气和魄力所慑服。几天后改革旧体制的“废藩置县”的天皇敕令正式颁布。当时的形势是，西方列强虎视眈眈，如果维新失败，日本将陷入混乱，这样日本就很可能像中国、印度和东南亚其他各国一样，遭受西方列强的侵略，甚至沦为欧美的殖民地。因为“无私”，西乡贯彻正道，矢志不渝。不管逆境还是顺境，不管失败还是成功，甚至淡看个人的生死，唯把贯彻正道视作人生最大的快乐和幸福，并认为若不达到此种境界，心志就必然动摇，就不可能将正道贯彻始终。

稻盛先生遵照西乡遗训，坚定了他的“无私”经营的信念。后来他设立“京都赏”，创办“盛和塾”，更是实践“无私”理念的典范。

稻盛常说“螃蟹只会比照自己壳的大小挖洞”，就是说企业家只有不断向“无私”的境界迈进，“心底无私天地宽”，才能把企业做大、做强，做长久。从这个意义上讲，稻盛创建的两家世界500强企业就是“无私”的产物。特别是稻盛在创建“日本第二电电”时，目的只有一个，非常鲜明，就是“降低国民的通信费用”，口号只有八个字，就是“动机至善，私心了无”。而正是这种高度的“无私”，才成就了他在完全陌生的领域很快获得了不可思议的巨大成功。

与消极情绪作斗争，该高兴就高兴

人生悟语

由于消极因素的影响，极大地影响和干扰了人们的思想，挫伤人的信心，使相当多的人滋生自我麻醉的思想，并因此而麻醉他人。

消极情绪常常不请自入，光顾我们的头脑。它们像毒菌一样侵害我们的心灵。如果不加抵制，它们便会迅速繁殖扩散，使我们整个人生走向困顿和失败。长期受多种消极情绪影响的人，几乎像得了癌症一样，从里到外，都表现出“我不能”“我不行”“我不要”等无能的症状。

有一对清贫的老夫妇，有一天，他们想把家中唯一值点钱的一匹马拉到市场上去换点更有用的东西。老头牵着马去赶集了，他先与人换得一头母牛，又用母牛去换了一只羊，再用羊换来一只肥鹅，又把鹅换了母鸡，最后用母鸡换了别人的一口袋烂苹果。

在每次交换中，他都想给老伴一个惊喜。

当他扛着大袋子来到一家小酒店歇息时，遇上两个英国人。闲聊中他谈了自己赶集的经过，两个英国人听后哈哈大笑，说他回去准得挨老婆子一顿揍。老头子坚称绝对不会，英国人就用一袋金币打赌，二人于是跟随老人一起回家。

老太婆见老头子回来了，非常高兴，她兴奋地听着老头子讲赶集的经过。每听老头子讲到用一种东西换了另一种东西时，她都充满了对老头的钦佩。

她嘴里不时地说着："哦，我们有牛奶了！"

"羊奶也同样好喝。"

"哦，鹅毛多漂亮！"

"哦，我们有鸡蛋吃了！"

最后听到老头子背回一袋已经开始腐烂的苹果时，她同样不愠不恼，大声说："我们今晚就可以吃到苹果馅饼了！"

结果，英国人输掉了一袋金币。

从这个故事中我们可以领悟到：不要为失去的一匹马而惋惜或埋怨生活，既然有一袋烂苹果，就做一些苹果馅饼好了，这样生活才能妙趣横生、和美幸福，而且，你才可能获得意外的收获。

稻盛先生指出，由于消极因素的影响，极大地影响和干扰了人们的思想，挫伤人的信心，使相当多的人滋生自我麻醉的思想，并因此而麻醉他人。

如果你整天带着消极情绪做事，那么你的效率就明显下降，很可能一整天下来，你什么事都没做好。但是，如果用积极的心态去看待世界上的事情，那么即使是挫折甚或是苦难，你也能从中找到快乐的理由，进而化解挫折与苦难。

中国古代有一个国家叫杞国，这个国家的人总担心有一天天会塌下来，一整天地提心吊胆，惶惶不可终日。于是后人流传下一句话："杞国无事忧天倾。"后来又由此造出了"杞人忧天"的成语。杞国人为什么会担心天塌下来？就是因为他们带着消极悲观的情绪去看世界，这样，这世界在他们的心目中就会变得越来越坏，越来越不可收拾。据一份调查显示，大多数精神疾病患者，都是由于自寻烦恼，把很小的挫折和点滴的痛苦想象成了巨大的灾难，因而感到心理难以承受所致。

古今中外，凡是有所建树的人，无一不是积极与消极情绪作斗争，以乐观从容的心态看待世界，从而铸造一个不平凡的人生。稻盛先生就是这样一个人，他不管是在生活中还是在工作中始终是以积极乐观的情绪生活、工作。

消极情绪，会让你感到焦虑，紧张和压抑。他们会导致身体不舒服或疾病。消极情绪总是造成一种分离的感觉，一种被孤立的感觉。他们就像一堵石墙——阻碍了通往快乐真我的通道。这些情绪会非常有效地阻碍积极的能量流向你的生活，而且只会吸引更多的消极能量。甚至有人因为消极情绪，而失去了自己的生命。

路易斯·福克斯是台球高手，每次比赛都是当仁不让的那个冠军。但是就是这样一个“常胜将军”，却因为一件小小的事情，而葬送了自己。

比赛的最初，他的成绩远远领先于对手，只要顺利发挥一下，再得几分便可登上冠军宝座。这时一只苍蝇落在了主球上。路易斯挥了挥手赶走苍蝇，但是没多久，这只苍蝇又落在了球上。他又挥了挥手将苍蝇赶跑。随着他的动作，观众席上发出了阵阵笑声。

这只苍蝇似乎有意要跟他过不去似的，正当路易斯俯身准备击球的时候，这只苍蝇又落在了主球上，这样，路易斯和苍蝇之间的周旋，惹得现场的观众笑得前仰后合。

路易斯的情绪因为这只苍蝇恶劣到了极点，当那只苍蝇又落在主球上时，路易斯终于失去了冷静和理智，愤怒地用球杆去击打苍蝇，一不小心球杆碰动了主球，裁判判他击球，他因此失去了一轮机会。

此时，原本对他的竞争对手约翰·迪瑞不利的局面顿时朝着有利他的一面发展。约翰·迪瑞连连过关；而路易斯却接连失城。最终约翰赶上并超过路易斯，获得了世界冠军。路易斯沮丧地离开赛场，第二天早上有人在河里发现了他的尸体。他投水自杀了。

一只小小的苍蝇却击败了一个世界冠军！不仅令人扼腕长叹，更令人震惊深思。我们惋惜这个生命的同时，也知道消极情绪带给我们的种种不利，任何不舒服的感觉也不能成为“避风港”和“防空洞”，如果你能想到任何事情的发生，都有它的合理性，就不会再以沮丧和烦恼来惩罚自己。如果你已经深深地陷入到消极的情绪中，那么现在就是你要赶紧行动的时候了，放开消极情绪，释放这些旧有的思想和行为模式，生活在当下。继续关注你的消极情绪，只会继续将更多消极和不健康的环境拉进你的生活。

你需要为你想要吸引的积极情绪和经历预留空间。稻盛先生指出，生活在持续的快乐之中。你的情绪点燃你的能量，你的能量点燃你的未来。美好的降临并非不可能，失误也许是成功的前奏。当你下意识品尝生命的欢愉时，美好就会出现。当你积极地看待生活，并以此作为你的日常准则时，你就会找到生活的真谛。

第五章
心性“大本营”：内心的样貌会反映在现实上

如果你有善心，地狱也会变成天堂

人生悟语

心存“奉献于社会，奉献于人类”的精神，怀着一颗善心对待人和事，心态不同，同样的事情就会有截然不同的结果。

中国有句古话，叫作“积善之家有余庆”，意思是，多行善，多做好事就会有好报。不仅当事人，就连家人、亲戚也有好报。一人行善，惠及全家以至亲朋好友。

在日常生活中，人们总是习惯于依据自己的得失、胜负而采取行动，就是说被利己心所左右，只为自己个人考虑。在稻盛先生看来，以亲切、同情、和善、慈悲之心去待人接物，至关重要，多做好事就能使命运朝着好的方向转变，使自己的工作朝着好的方向转变。做人做事首先考虑的不是自己的利益而是他人的利益，即使有时作出自我牺牲也要为他人尽力。因为这种行为，一定会给你带来莫大的幸运。

四十多年前稻盛先生创立的京瓷公司还是一个中小企业，在欢迎新员工的典礼上，他引用圆福寺的长老们曾经给他讲述的一个故事，阐述了这种利他之心的重要性。

在某个寺院，一位在寺院修行的行脚僧向寺院的长老请教：“听说在那个世界有地狱和天堂，地狱到底是什么样的地方呢？”老师回答说：“在那个世界确实既有地狱也有天堂。但是，两者并没有太大的差异，表面上是完全相同的两个地方，唯一不同的是那儿的人们的心。”

长老看了看这个年轻的修行僧，语重心长地继续讲道：“地狱和天堂里各有一个相同的锅，锅里煮着鲜美的面条。但是，吃面条很辛苦，因为只能使用长度为一米的长筷子。住在地狱的人，大家争先恐后想先吃，抢着把筷子放到锅里夹面条。但筷子太长，面条不能送到嘴里去，最后抢夺他人夹的面条，一幅你争我夺的惨烈画面就出现了，大家你争我夺，面条四处飞溅，谁也吃不到自己跟前的面条。美味可口的面条就在眼前，然而每个都因饥饿而衰。这就是地狱里的情景。

与此相反，在天堂，同样外部的条件下情况却大相径庭：任何人一旦用自己的长筷夹住面条，就往锅对面人的嘴里送，‘你先请’，让对方先吃。这样，吃过的人说‘谢谢，下面轮到你吃了’作为感谢和回赠，帮对方取面条。所以，天堂里的所有人都能从容吃到面条，同时心里也感觉到一股暖意，每个人都心满意足，出现的是一片和谐、融洽的光景。”

即使居住在相同的世界里，对他人是否热情、关心就决定那里是天堂还是地狱，天堂和地狱的区别在于“善心”。这就是这个小故事想要告诉世人的道理。

在经营企业的过程中，稻盛先生努力实践着“利他”这个基本原则，心存“奉献于社会，奉献于人类”的精神，怀着一颗善心对待人和事，心态不同，同样的事情就会有截然不同的结果。在这种理念的指导下，稻盛先生缔造了巨大成就，成为一大传奇人物。

“为了让人生更幸福，为了让经营更出色，希望大家多行善事，多做对他人有益的事”这是稻盛和夫对我们的期许，就像这个故事中的天堂一样，依善而行，我们就可以构筑起一个极其美好的世界。

人生就是每一个“今天”的累积

人生悟语

持续就是力量，抓紧“今天”这一天，认真地过日子。假如每天都努力工作，并设法改善一些事情，或许就能预见明日的光景。一天天累积起来的就已非常可观，五年、十年后的成就必然会辉煌。

人们常说：“成功，就是每天进步一点点。”然而实际情况是，我们会经常忽略这样的积累过程：当下这一秒累积起来成为一天，而一天一天下来会累积成一个星期、一个月、一年。蓦然回首时，不知不觉已站在高不可攀、伸手也无法企及的山顶上。

在激烈的竞争中，就算你想在短时间内克敌制胜，也别忘了明天不可能跨越今天而直接到来，别妄想一步登天，行走千里也得从跨出第一步开始，无论多么远大的梦想，也要靠一步接着一步、一天一天的累积，才可能成就。

稻盛先生指出：持续就是力量，抓紧“今天”这一天，认真地过日子。假如每天都努力工作，并设法改善一些事情，或许就能预见明日的光景。一天天累积起来的就已非常可观，五年、十年后的成就必然会辉煌。

专心致志于一行一业，不腻烦、不焦躁，埋头苦干，你的人生就会开出美丽的花，结出丰硕的果实。下面这件稻盛先生亲历的事充分说明了这个道理。

多年以前，在京瓷滋贺县的工厂里，有一个工人，他初中学历，但做事认真，踏实。只要是上司布置的工作，他日复一日，不厌其烦地认真完成。在工厂里他毫不显眼，一直默默无闻，但从无牢骚，也从无怨言，兢兢业业，孜孜不倦，努力地做好每天的工作，持续从事着单纯而枯燥的工作。

20 年后，当稻盛和夫与这个工人再次见面时，稻盛大吃一惊，那么默默无闻、只是踏踏实实从事单纯枯燥工作的人，居然当上了事业部长。令稻盛惊奇的不仅是他的职位，而且言谈中可以体会到，他已经是一个颇有人格魅力、且很有见识的优秀的领导。

“取得今天这样的成就，你很棒！”稻盛和夫由衷地赞赏他。

作为一名企业经营者，稻盛和夫任用过各种各样的人才，其中不乏“聪明伶俐”的人。这种人头脑敏捷，对工作要点领会很快，是所谓“才华横溢”的人物，同时，他的公司也招聘了一些“笨人”，他们反应迟钝，理解事情缓慢，可取之处只是忠厚老实，起初稻盛认为经营者看重、赏识的人才当然是前者而不是后者。如果企业不得已要辞退职工，首先遭殃的肯定是后者而不会是前者。他曾认为，前者当中特别能干的人，“将来在公司里可以委以重任”。现实情况恰恰相反，在多年的商路历程中，他体会到，那些头脑灵活、思维敏捷的人才，正因为他们聪明，成长很快，或许就会认为眼前的工作太平凡，待在公司里大材小用了，于是不久就会辞职离去。所以，最终留在公司里的、有用的，恰是那些最初不被看好，这些“头脑迟钝”的人，他们做起事来不知疲倦，孜孜以求，10 年、20 年、30 年，像尺蠖虫一样一寸一寸地前进，刻苦勤奋，一心一意，愚直地、诚实地、认真地、专业地努力工作。稻盛和夫为自己曾经的“短见”感到羞愧。

这位工人之所以能成功，是因为他懂得持续的力量，能将“平凡”变为“非凡”，在每一天的积累的基础上，逐步走上了成功之路。

所谓人生，归根到底，就是“一瞬间、一瞬间持续的积累”。每一秒钟的积累成为今天这一天；每一天的积累成为一周、一月、一年，乃至人的一生，细数那些成功人士的成功经历，他们的“伟大的事业”也是“朴实、枯燥工作”的积累，他们创造出的让人惊奇的伟业，实际上，几乎都是极为普通的人兢兢业业、一步一步持续积累的结果。

因此，与其为明天而烦躁，汲汲营营计划未来，不如把力量放在充实每一个今天上，把握每一天，过好每一天，这才是让梦想成真的最佳方法。

始终以“受教者”的姿态对待自己

人生悟语

一个人不管有多忙，不管在何处，还是应该从有限的时间中挤出一点来读一本好书，并因此有所领悟。当然，生命里最宝贵的一课，还是从经验中学习得来的。

稻盛先生是一个热爱学习的人，他认为阅读不只是为了得到乐趣，而是应该凭借阅读来提升、完善自己，该养成找好书、认真地从中汲取精华的习惯。稻盛先生总是在下班后腾出一定的时间来读书，或是为客户朗读一段精彩的文字，即使是在夜半时分也沿袭着这一习惯。稻盛在卧室里摆放着许多自己收藏的古典文学和哲学书籍，他甚至在洗澡时也读书。每逢周末，他最大的爱好就是读书。

他经常对身边的人说，一个人不管有多忙，不管在何处，还是应该从有限的时间中挤出一点来读一本好书，并因此有所领悟。当然，生命里最宝贵的一课，还是从经验中学习得来的。“纸上得来终觉浅，绝知此事要躬行。”但是，通过阅读，可使这些经验更有意义。此外，书本可以给予我们精神上的“激发”，告诉我们那些没有机会亲身经历的体验。

一个人无论取得了多大的成就，都应该以“受教者”的姿态对自己，每个人学到的知识都是有限的，通过自身的经验和学习得来的他人的经验，可使我们建立起引领人生走向成功的精神架构。这是稻盛和夫先生用行动告诉我们的道理。

一个博士生以优秀的成绩毕业后被分到一家研究所，并且成为同事中学历最高的一个人。

有一天他到单位后面的小池塘去钓鱼，正好正副所长在他的一左一右，也在钓鱼，他只是微微对他们点了点头，觉得和这两个本科毕业生没什么可聊的，而且还有失自己博士的身份。

不一会儿，正所长放下钓竿，伸伸懒腰，噌噌噌从水面上如飞地走到对面上厕所。博士眼睛睁得快掉下来，水上漂？不会吧，怎么可能？这可是一个池塘啊，但是正所长上完厕所回来的时候，同样也是噌噌噌地从水上漂回来了。

怎么回事？博士心里十分纳闷，但又怕丢面子，没有开口。

过了一阵，副所长也站起来，走几步，噌噌噌地漂过水面上厕所，这下子博士更是差点昏倒，心想：不会吧，到了一个江湖高手集中的地方？

博士也想上厕所了，但是这个池塘两边有围墙，要到对面上厕所非得绕十分钟的路，而回单位上又太远，怎么办？博士也不愿意去问两位所长，憋了半天后，也起身往水里跨，我就不信本科毕业能过的水面，我博士就不能过吗？

只听到咚的一声，博士栽到水里去了，两位所长把他拉了出来，博士不甘心地问道：“为什么你们可以走过去呢？”两位所长相视一笑：“这池塘里有两排木桩子，由于这两天下雨涨水正在水面下，我们都知道这木桩的位置，所以可以踩着桩子过去，你怎么也不问一声呢？”

这则小故事告诉我们：一个人学到的知识是有限的，在生活中应该学会不耻下问，尊重别人的经验，善于向他人学习，才能少走弯路，自满自大的人总有一天会吃亏的。

子曰：“敏而好学，不耻下问。”“问”是作为一个为学者首要具备的，我们要勤学好问，每个人都不是完人，每个人都会遇到或多或少的问题，这时，我们应该以“受教者”的心态虚心请教。“三人行，必有我师焉。”我们不懂的问题，他人总有能够解决的。

在科学技术迅猛发展的信息时代，知识更新越来越快。个人用十几年所学习的知识，会很快过时。生活在这个时代的我们如果不再学习更新，马上就进入所谓的“知识半衰期”。据统计，当今世界90%的知识是近30年产生的，知识半衰期只有5~7年。人才学上的“蓄电池理论”告诉我们，一块高能电池的蓄电量是有限的。只有不断地进行周期性充电，才能可持续地释放能量。那种一次性“充电”即可受用终生的时代，已成为历史。因此，对每一个人来说，学习是永远没有止境的。我们一定要坚持不断地为自己“充电”。

“书山有路勤为径，学海无涯苦作舟。”人生是一座高峰，在我们一步一个脚印地往前攀登的过程中，在我们披荆斩棘，于困难中疲乏无力的时候，学习，就像一股清泉注入我们体内，在之后的路上我们的脚步将会更加坚定。请牢记稻盛先生的话：始终以“受教者”的姿态对待自己。你的人生将是另外一片天地！

真诚带来爱与和谐

人生悟语

你的存在，就是我之所以存在的原因。这么想才能得到和谐与平和。

稻盛先生在一次演讲中曾说过一句发人深省的话：“你的存在，就是我之所以存在的原因。这么想才能得到和谐与平和。”这是他对真诚的理解。

稻盛先生强调，真诚是一切关系的基础。只有拥有真诚的心才能得到幸福和成功。

什么是真诚？真诚的关怀，温暖芳香；真诚的赞扬，催人向上；真诚的交流，获取信任；真诚的合作，赢得成功……真诚是春风，它拂去了心灵的微尘；真诚是雨露，滋润着友谊的花朵。真诚给我们希望给我们力量，真诚不是智慧却常常放射出比智慧更诱人的光芒。

在美国南北战争期间，有位年轻人找到林肯，要求他开一张去南方的通行证。林肯说：“战争正在进行，你去南方干什么呢？”

年轻人说：“去探亲。”

“那你一定是个北方派，你去劝说一下你的亲友们，让他们放下武器。”

林肯高兴地说。

那年轻人说："不！我是个南方派，我要去鼓励他们，要他们坚持到底。"

林肯很不高兴："那你来找我干什么？你以为我能给你通行证吗？"

年轻人沉着地说："总统先生，我在学校读书时，老师就给我们讲诚实的林肯的故事，从此，我便下定决心要学习林肯，一辈子不说谎。我不能为了一张通行证而改变自己说话做事都要诚实的习惯。"

林肯被年轻人真诚的话语打动了："好吧，我给你开一张。"说着，在一张卡片上写下了这样一行字："请让这位年轻人通行，因为他是一位信得过的人。"

这位年轻人用他的真诚打动了林肯。人生的道路上会有许多波折，然而真诚最终总能穿过重重障碍，直到理想的彼岸，因为它首先穿过的，就是人们的心灵。

为人处世不仅需要一定的技巧，更要付出真诚，因为真诚是一把金钥匙，能为你打开一扇扇成功之门。

李嘉诚曾经说过："可以毫不夸张地说，个人企业就像一个大家庭，每一个员工都是家庭的一分子。就凭他们对整个家庭的巨大贡献，他们也实在应该取其所得，所以说，是员工养活了整个公司，公司应该多谢他们才对……对我自己来说，股东相信我，我能为股东赚钱则是应该的。我一向这样想：虽然老板受到的压力较大，但是做老板所赚的，已经多过员工很多，所以我事事总不忘提醒自己，要多为员工考虑，让他们得到应得的利益。"

在工作中，如果管理者能够真心诚意对待员工，一定会激发下属的无限潜能；反之，员工可能会给你制造一些麻烦。在实际工作中，管理者对待员工最重要的是真诚地关心下属，要设身处地为他着想。

这是一个发生在英国的真实故事。

有位孤独的老人，没有子女又体弱多病，他决定搬到养老院去。老人宣布出售他豪华的别墅。购买者闻讯蜂拥而至。别墅底价 8 万英镑，但人们很快就将它炒到了 10 万英镑，而且价钱还在不断攀升。

老人静静地坐在沙发上，满目忧郁。是的，要不是孤苦伶仃，疾病缠身，他是不会将这栋陪他度过大半生的住宅卖掉的。一个衣着朴素的青年人来到老人跟前，低声说："先生，我好想买这栋住宅，可我只有 1 万英镑。""但是，它的底价就是 8 万英镑啊，"老人淡淡地说，"现在它已经升到 10 万英镑了。"青年并不沮丧，诚恳地说："先生，如果你把住宅卖给我，我保证会让你依旧生活在这里。和我一起喝茶、读报、散步，天天都快快乐乐的——相信我，我会用我的整颗心来时时关爱你。"老人面带微笑聆听着。突然，老人站起来，挥手示意人们安静下来："朋友们，这栋住宅的新主人已经产生了。"老人拍着身旁这位青年人的肩膀说道，"就是这个小伙子！"

青年令人不可思议地买下了别墅，成了别墅的主人。

与人交往若是离开了真诚，就没有友谊可言，一个真诚的心声，才能唤起一大群真诚人的共鸣。我们待人接物时应秉持真诚的品性。只有这样，心灵才会美好，才会愉快地生活每一天。

一个人如果有了真诚，就会变得心灵善良，变得心胸宽阔，变得心底坦荡；用真诚来对待一切，同时也会获得真诚的收获。

在拥挤的公共汽车上，经常可以听到这样的对话："哎，真对不起！踩着您了！""没关系，没关系！"被踩着了是常有的事，有时还挺疼，但这不要紧，因为有那句悦耳的"对不起"。也许这是一句很轻很轻的话语，可分量却是沉甸甸的，你会感到对方发自内心的真正歉意和诚挚的问候，心里仅存的怨气便宛如云烟散去。有人说，人与人之间的真诚好说难觅，其实只要你用心，真诚也不难寻找：忙碌中送上一杯清水，遇见时主动一个微笑便可换来另一杯清水和另一个真诚的笑容；真诚也在和朋友们相处的日子里。一个眼神、一个微笑，甚至是一张小小的字条，都可以让人无比欣喜，因为那里面包含了太多的坦诚与希望。

正如那句名言所说："如果你心灵不美，你就看不见美好的事物。"如果你不主动付出真诚又如何能期待着他人真诚地向你付出呢？

修身养性的关键在于克己

人生悟语

“修身，齐家，治国，平天下”，这是儒家所奉行的人生之道，也是我们现代人所追求的境界。当我们迈出脚步的时候，需要征服一座山，那就是我们自己。

古人有云：“人能克己身无患，事不欺心睡自安。”

金无足赤，人无完人。人性中有很多弱点，好吃懒做、自私自利、贪婪无度、骄傲自满……在漫长的一生中，正如稻盛和夫先生所说的那样，一个人的最大成就就是使自己的心性较出生之时变得更加美好。这也是生命的任务。

稻盛先生曾指出：“修身，齐家，治国，平天下”，这是儒家所奉行的人生之道，也是我们现代人所追求的境界。当我们迈出脚步的时候，需要征服一座山，那就是我们自己。

征服自己是最重要的。第一位成功征服珠穆朗玛峰的新西兰人埃德蒙·希拉里对此体会深刻。“如果不能很好地掌握自己，你将没有机会把所有潜能发挥出来，你也就很难改变你的人生。”在他之前，那么多勇敢的登山者都失败了，但是，希拉里成功了。在被问起是如何征服这世界最高峰时，希拉里回答道：“我真正征服的不是一座山，而是我自己。”这种优秀的品质就叫作意志力、自制力或克己自律。

雪崩、脱水、体温降低，以及 29000 英尺高的缺氧，加上生理和心理上的极度疲劳，在希拉里通往这座世界最高峰的路上障碍重重，但是，在这个艰难的过程中，他克服了外部的艰苦环境，同时也克服了自己心里的恐慌，怯懦，想要退缩的心理，在经过一番挣扎之后，他选择了坚持。实际上，他在完成这件很难做到的事情时，在“磨炼法则”的作用下，也开发出自己更强的意志力、自制力等。

克己，是自制力的一种表现，自制不仅仅是在物质上克制欲望，对于一个要想取得成功的人来说，精神上的自制力也是重要的。

如果你今天计划做某件事，但早上起床后，因昨晚休息得太晚而困倦，你是否义无反顾地披衣下床？如果你要远行，但身体乏力，你是否要停止旅行的计划？如果你正在做的一件事遇到了极大的、难以克服的困难，你是继续做呢，还是停下来等等看？

像这样的问题，若在纸面上回答，答案一目了然，但若放在现实中，你身在其中，自己问自己，恐怕也就不会觉得很容易了。

中华传统文化非常强调修身，并强调“壹是皆以修身为本”。提高自身价值要通过修身，修身才能使人超越原生状态而进入自觉追求崇高的境界。修身离不开克己。克己并不是叫人一味逆来顺受、忍让退避。要知道一切进德修业的积极行为都免不了要克服自己身上的弱点。

生活在社会中，为了更好地适应社会，取得事业上的成功，我们有必要控制自己的情绪情感，理智地、客观地处理问题。感情是可贵的，但不能感情用事。如果说感情能骤然爆发出事业成功的力量，那么理智则是通向事业成功的桥梁。感情一旦失去了理智的约束，就难免会把人带入失败的深渊。

克己，是制怒的前提。克己就是克制自己的激愤情绪。

在影片《林则徐》中，有这样一个镜头：

林则徐为了禁烟来到广州，获悉：广东海关督监豫坤和洋人内外勾结、狼狈为奸，破坏禁烟。林则徐怒不可遏，把茶碗用力一掷，当茶碗在地上碎裂时，他一抬头，看到自己挂在正堂中的一幅字——“制怒”。

林则徐由此而警觉，恰当地控制住自己的情绪。第二天，他若无其事，依然热情接待豫坤，经过巧妙周旋，终于让豫坤交出了修建虎门炮台的银两。

从林则徐制怒的故事里，我们可以得到一个启示：怒是可以克制的。这里主要讲的是克制自己的情绪。通过加强自身修养，提高文化素质，就可以逐步达到“每临大事有静气”。

我们要学会克制在人与人正常交往中所不应发之怒，以及在大是大非面前保持冷静的头脑，作出理智判断的处理方法，这样才能为成功提供保障。

克己，不仅仅是人的一种美德，在一个人成就事业的过程中，它也可助我们一臂之力。有所得必有所失，这是定律。因此说，一个人要想取得并非是唾手可得的成功，就必须付出自己的努力。

稻盛先生说，人最难战胜的是自己。的确，一个人成功的最大障碍不是来自于外界，而是自身，除了力所不能及的事情做不好之外，自身能做的事不做或做不好，那就是自身的问题，是自制力的问题。

一个成功的人，应该是一个能够克己的人：大家都做但情理上不能做的事，他自制而不去做；大家都不做但情理上应做的事，他强制自己去做。做与不做，能否克己而为，就是取得成功的因素。

地狱天堂之别在于人心

人生悟语

同样的条件，同样的设备，为什么一些人把它变成了天堂而另一些却经营成了地狱？关键就在于，你是选择共同幸福还是独霸利益。懂得关心别人、与别人合作的人，终会有人来报答他的。

人生好比一个实验厂，它既有实验地狱的可能，也有实验天堂的可能，至于你想要活在天堂或地狱，就看你自己的选择了。

地狱与天堂的区别是什么呢？对此，稻盛和夫先生为我们作出了解答：人生是由人的心态所决定的，可为地狱，也可为天堂。

稻盛先生认为，一个人无论物质多么富裕，如果获取利益的欲望无止境地膨胀，贪念无法满足，那么他也就永远不会幸福。而如果生活不甚富裕，但心存善念，充满希望，这样的人们却能感受到幸福。

英国哲学家詹姆斯·艾伦将人的心灵比作庭院，作了如下阐述：

“如果自己的庭院里没有播种美丽的花草，那么无数杂草的种子必将飞落，茂盛的杂草将占满你的庭院。如果我们想要一个美好的人生，我们就要翻耕自己心灵的庭院，将不纯的思想一扫而光，然后栽上清纯的、正确的思想，并将它培育下去。”

同样的条件，同样的设备，为什么一些人把它变成了天堂而另一些却经营成了地狱？关键就在于，你是选择共同幸福还是独霸利益。懂得关心别人、与别人合作的人，终会有人来报答他的。

那么，什么是生活里的天堂呢？那就是人要有一颗开悟的、善良的、智慧的心，懂得给别人带来欢乐，带来美好。其实，天堂与地狱，它们之间的距离是那么近，近到我们都分不清楚的地步。它近到一念之间，取决于我们的内心在几秒钟之内作出的决定。

在得克萨斯州的一所小学里，一群天真无邪的孩子经常向玛琳娜老师询问天堂在哪里。为了满足孩子们的好奇和求知欲望，玛琳娜老师请来了莫迪神父。

莫迪神父首先在黑板中间画了一条线，把黑板分成两边，左边写着“天堂”，右边写着“地狱”，然后对孩子们说：“我要求你们每一个人分别在‘天堂’和‘地狱’下面写下与你们的想象或期望相符的内容。”

孩子心目中的“天堂”就这样呈现出来了：花朵、欢笑、树木、天空、爱情、阳光、诗歌、春天、音乐……

在“地狱”这一边，孩子们写下了这样一些字眼：黑暗、肮脏、恶魔、哭泣、残杀、恐怖、仇恨、流血、丑陋……

等孩子们写完之后，神父对他们说：“正如大家所知道的，天堂是具备了一切美好事物与美好心灵的地方，这个地方有人叫作天堂，有人叫作天国，或者净土、极乐世界。地狱呢？正好相反，是充斥了一切丑恶事物与丑恶心灵的地方。那么，有没有人知道：人间在哪里呢？”

孩子们说：“人间是介于天堂与地狱之间的地方。”

神父说："错了。"

孩子们露出不解的神色。

神父告诉孩子们："人间不是介于天堂与地狱之间。人间既是天堂，也是地狱。当我们心里充满爱的时候，就是身处天堂；当我们心里怀着怨恨的时候，就是住在地狱！"

所谓人性的"地狱"即是人性中最为阴暗的部分，这部分是隐秘的，但又会通过各种形式表现出来，比如说肮脏、残杀、恐怖、仇恨，等等。身处人性的"地狱"，人总是不能理智行事，总是在不觉中让自己的行为滑向人性的深渊。当然，凡事都有对立的一面，"天堂"也是存在于人性当中的，是人性中美好的一面，也是我们要提倡和追求的部分。

究竟你生存的世界是地狱还是天堂，完全取决于自己。你凸显人性中黑暗的一面，那么它就是地狱；当你与人性中光明的事物为伍，那么幸福也就降临了。

一念善天堂、一念恶地狱，心善为天堂，心恶为地狱。痛苦就是地狱，开心快乐就是天堂。佛不是在天上成佛的，而是在人间修成正果的。所以天堂与地狱都是在你的心念中的。

生命的可贵也许就是人们在成长的过程中，它太容易逝去，太容易错过美好吧！所以我们很渴望能生活在天堂里，可以无忧无虑地过活，可以不遭受冷遇，遭受黑暗，遭受折磨，可以尽情地和相爱的人厮守，没有遗憾，没有痛苦。

天堂与地狱也就是人心里的阳光与黑暗，心里的阳光多了，就可以把一切都照亮了，就可以做出很多有意义的事，就可以把生命的精彩发挥得淋漓尽致。

正如稻盛先生告诉我们的，身处同一个世界，是天堂还是地狱，就看你是否拥有一颗为他人着想的心。

第六章

锻造美心：人的进步就是比降世之初更美好

心胸开阔，才能察觉出生命的至福

人生悟语

用开阔的心胸容人容事，是一种精神、一种品质、一种境界，它使人们具备一个比海洋、比天空更为宽广的内心世界。

一个人生活在社会的大家庭当中，总要与人相处，与外界发生着各种联系。学会与他人和谐共处，建立融洽的人际关系，是幸福与成功的必要条件，在这个过程中，最重要的是豁达大度，要善于容纳与自己志趣、爱好和风格不同的人。

法国大文学家雨果曾经说过："世界上最宽阔的是海洋，比海洋更宽阔的是天空，比天空更宽阔的是人的胸怀。"

一个人，如果真的拥有了比天空和海洋还宽广的胸怀，那他遇到什么矛盾和难题，都会想得通，都会正确地处理，这种宽宏大度是一种美德，是一种风度，是一种仁爱的无私境界。

心胸开阔，才能察觉出生命的幸福与美好，人生之路要以宽待人，成功之路更是要以宽广的心来对待。这是稻盛先生想要告诉我们的一条处世哲学。

中国有一句古话："海纳百川，有容乃大；壁立千仞，无欲则刚。"心胸宽阔，是中国人的传统美德。

古代有个叫张崇的人，年轻的时候在山坡上放牛，没多久张崇便不知不觉地打起盹来。这时，他被一声牛叫惊醒，他看到自己的邻居蹑手蹑脚地抓起缰绳，把自己家的牛牵走了。

张崇并没有马上喊叫起来，他很了解这个邻居的情况，由于家里贫困，邻居家已经很久没吃上肉了。张崇从地上起来，不动声色地跟在邻居后面。

到了邻居家后，张崇看到邻居正在磨刀，看样子是要宰牛。此时，邻居发现张崇立在一旁，顿时满脸羞愧，拿刀的手不知往哪里放。张崇并没有责怪邻居，而是对他说了一个故事。

原来，张崇小时候家里的日子过得很艰难，常常吃了上顿没下顿，一次，他跑到一户人家的地里，偷了一个西瓜，主人发现后并没有说什么，而是从地里又拿来个西瓜给张崇吃，临走还让他捎上几个。

过了十几年，张崇在京城当了官，经常对手下人讲起这两个故事，说："我用我自己的行为去感染对方，这要比责骂杀头有用得多，如果天下人都这么做，那么我们就能看到太平之世了。"

在事业上，一个优秀的领导者用人需要雅量，用人的时候，不是看谁跟你有过节，谁跟你关系最好，而是看谁最有能力，谁才是你最需要的人才，一个企业领导，只有有了开阔的心胸，才会客观公正地评价人、举荐人、选拔人、使用人，才会科学地办好事、办实事；有了开阔的心胸，才会有威信，才能感召部属、团结同志，把全体员工的力量聚集起来大家心往一处想，劲往一处使，"山不辞土，故能成其高；海不辞水，故能成其深"。无论一个人还是一个集体，要成就大事业，创造骄人的成绩，必须有高山的气度、大海的胸怀，勇于吸收好的东西，使之为我所用。山锐则不高，水狭则不深。心胸狭隘，是难有大作为的。

稻盛先生认为，用开阔的心胸容人容事，是一种精神、一种品质、一种境界，它使人们具备一个比海洋、比天空更为宽广的内心世界。拥有开阔心胸，能容纳万事和万物，能化解冲突和误会，能平衡喜怒和哀乐，能经受胜利和挫折，能善待艰难和幸运，能战胜狭隘和固执，能超脱世俗和诱惑，能丢弃烦恼和失落，能保持清醒和愉快，能拥有朋友和交流。

宽广的胸怀能包容大千世界，使千差万别迥然不同的人和谐地融为一个整体，能化解矛盾的芥蒂，消除猜疑、嫉妒和憎恨，做一个心胸宽广的人。当人类从“小我”中走出来，精神升华净化了，就会心态平衡，不会再小肚鸡肠，不再为烦恼所困，在这个和谐美好的世界里你将会嗅到幸福的芳香。

最尊贵的行为，就是为他人奉献

人生悟语

人活一生，并不是非要做出惊天动地的大事才有意义，我们不能使自己伟大，但可以让自己崇高，平凡的工作岗位同样能够体现一个人的价值，忠于自己的本职，尽最大努力对社会做出奉献，就是一个了不起的人。

高尔基曾说：“你要记住，永远要愉快地多给别人，少从别人那里拿取。”在现代的生活中，在日趋激烈的竞争旋涡中，很多时候，我们变得以自我为中心，总想着别人应该给我们什么，却很少去思考自己应该为别人奉献什么。

稻盛先生认为，人活一生，并不是非要做出惊天动地的大事才有意义，我们不能使自己伟大，但可以让自己崇高，平凡的工作岗位同样能够体现一个人的价值，忠于自己的本职，尽最大努力对社会做出奉献，就是一个了不起的人。

“利他，学会奉献”同时也是稻盛先生的经营之道，在获取个人利益的同时，也不忘奉献社会。

京瓷公司的经营理念是：“在追求全体员工物质和精神两方面幸福的同

时，要为人类社会的进步和发展做出贡献。”企业经营的首要目的是实现员工的幸福生活。但是，如果仅仅如此的话，那将是为某一个企业牟利的自私行为。作为社会的公器，企业有为世界、为人类尽力的责任和义务。

正因为如此，京瓷公司在开展后来业务时也很顺利。这时，从利己经营转变为利他经营，这种经营理念正在传播开来。

创业伊始，稻盛和夫就用心这样来经营。创业数年后，公司经济基础得到稳固时，把年终奖金交到员工的手里以后，建议他们考虑一下拿出奖金的一部分捐献给社会。职工拿出一点点钱，公司也提供与其等同额度的钱，捐献给那些连新年年糕都买不起的穷人。员工们对此很赞同，爽快地捐献了一部分奖金。这是京瓷公司今天所从事的各种社会贡献事业的开端，这种精神今天仍在继续没有改变。

也就是说，从创业不久起稻盛和夫就努力实践利他精神，即把自己辛勤汗水的结晶哪怕是一小部分用于他人，使它有益于社会，为他人做出奉献。

出于“奉献于社会、奉献于人类的工作是一个人最崇高的行为”的个人信念，在 1985 年，稻盛和夫创设了“京都奖”。投入他所持京瓷公司的股票和现金等个人财产 200 亿日元成立稻盛财团，挑选出尖端技术、基础科学、思想艺术等各个领域取得优异成绩、做出杰出贡献的人士进行表彰，颂扬他们的功绩。

由于京瓷公司发展的结果，稻盛和夫的个人资产也与日俱增，但是他知道这是在大家的支持和帮助下获得的，绝不能据为私有，稻盛认为，社会给他的、或者说社会暂时给他保管的资产要以有益于社会的形式还原于社会才符合道理。

在稻盛和夫的企业经营取得巨大成功的同时，他的社会慈善事业受到高度评价，在 2003 年，他被卡内基协会授予“安德鲁·卡内基博爱奖”。在过去的获奖者中，有比尔·盖茨、乔治·索罗斯、特德·塔纳等世界级慈善家。稻盛和夫作为第一个获此殊荣的日本人，在颁奖仪式上这样说道：

“我是工作‘一边倒’的人，我创办了京瓷和第二电电两家企业，并幸运取得了超出预想的发展，也积累了一大笔财富。我对卡内基说的‘个人的财富应该用于社会的利益’这句话十分认同。因为我自己以前也有这样的想法，财富得自于天，应该奉献于社会、奉献于人类，因此我着手开展了许许多多的社会事业和慈善事业。”

俗话说“君子爱财，取之有道”，稻盛和夫认为，除此之外“君子疏财亦有道”，在他的人生中，“用利他精神赚取的钱财应该以利他的精神使用”，这是他一直坚持的信念，怀着一颗乐于奉献的心，用这样正确的“散财”方式为社会作贡献。

最尊贵的行为，就是为他人奉献什么。虽然不是每个人都可以取得像稻盛一样的伟大成功，但以奉献的名义，我们应该身体力行的是：以仁爱之心待人，以敬重的态度从业；善待自己，尊重他人；付出你应该付出的，给予你能够给予的。实实在在地做人，兢兢业业地做事，力所能及地给予，在奉献的过程中塑造我们美丽的心灵！

为什么要重视道德

人生悟语

第二次世界大战之后的日本，都市化为废墟，经济处于瘫痪的状态，人们的生活十分困难，面对一个百废待兴的严峻状况，当时的日本正处在重大的历史转折关头。然而，重新认识和思考道德，对于今后的日本而言，极为重要。

道德，是一种美德，是一种财富，更是一种智慧。

道德是一双温柔的手，推开封锁在心里的窗；道德是一扇窗，窗外是美好的天空；道德是一片晴朗的天空，它孕育着无数纯洁的心灵。道德是社会中自然而然形成的一个行为规范，获得别人信任的一个标准。

康德曾说："这世界上只有两种东西能引起人心的震动。一个是我们头上灿烂的星空，另一个是我们心中崇高的道德。"

稻盛先生是个重视道德的人，在一次演讲中，他曾这样对正在成长的青少年说："青少年朋友们，在今后的人生中你们要学习许多东西，其中切不可忘记的就是要提高自己的品格。'人品好、人性好'这是做人最高的价值所在。比起具备一些知识以及创造性，更为重要的是人的品格，重视提高道德修养。"

在学习中，在一个班级里，若是有人跋扈、欺骗别人、使坏心眼，其他同学的心情就会不愉快。走上社会，如果周围的人总是说别人的坏话，那样的气氛将令人窒息。

为了达到理想中的生活目标，我们必须增加自身的创造力、提升自己的创造性，但是，在努力提高自己创造性的时候，如果不顾他人，放纵自己为所欲为，那你的事情绝不会进展顺利。这时候需要学习的就是"道德"。

回顾历史就会明白，生活在一个国家或社会里的人们，如果他们的道德意识薄弱，这个国家就会衰落，治安就会恶化，国力也将衰退。相反，道德意识强的国家，即使一时经济困难，因为国民都认真努力，将来也必然会有大的发展。

稻盛先生曾讲过这样一段话：

战败后的日本，城市都化为废墟，但此后国民齐心协力、拼命工作，取得了惊人的发展。

特别是产业的发展引人注目，在汽车领域、电器产品领域，日本企业创造了卓越的技术和产品，对世界经济的发展作出了巨大的贡献。为创建高度的信息化社会、电脑社会，由日本大量生产和提供的高性能电子零部件，也作出了巨大的贡献。

同时，随着制造业的发展，金融和流通等服务性行业也得到了长足的发展。就这样，战败后的日本，全体国民认真地、拼命地努力工作，获得的经济发展被人们称为“奇迹般的复兴”，一个小小的岛国变成了世界第二经济大国。在这期间支撑日本经济发展的，就是每位国民的勤奋、进取心、积极性，而所有这一切的基础就是道德。

在人类原本具备的道德心中，最重要的是对对方的关爱之心。“想对别人有所帮助”，“想为社会、为世人做点什么”，这种想法中所体现的道德，是当今这个世界最为需要的。

现今的学校里，道德教育的时间越来越少。在日常的生活中，道德这个词也已经很少听到。一听到道德这个词，很多时候都给人一种过分严肃的印象，许多人敬而远之。

有些人以为做一个有道德的人很难，任何事情都在于实践，其实只要你去做了，就会发现其实也很简单，道德有时是渺小的，多做一个动作，多说一句话，你就已经获得了道德。

一个有道德的人，不一定要气壮山河，不一定要惊天动地，我们可以从小事做起。为公共汽车上的老人让座，扶携正要过马路的盲人，为迷路的人指引方向，甚至还可以为自己的敌人献上一束鲜花，以真诚的心，满怀着美好去对待每个人，让你我之间的距离不再遥远，当你真正做到的时候，你就会发现——做一个有道德的人，很简单，我们能做的，还有很多。

在春天，道德是一片金灿灿的油菜花，闪耀着夺人眼球的金光；夏天，道德是遍布池塘的荷花，让人丝丝凉爽；秋天，道德是菊花，绽放它美丽的花瓣，让人尽情地感受道德带来的那份高尚；冬天，道德化作腊梅花，屹立于寒风大雪之中……

在自己的心中留出一片净土，播下道德的种子，让它慢慢生根，发芽，开出绚丽的花朵，这样，你的人生将会芳香四溢。

虔诚的感恩发自内心最深处

人生悟语

我们之所以能够生存下去，不是依靠我们自身的力量，而是应该感谢宇宙万物。

每棵小树的成长，离不开阳光雨露的滋润；每朵鲜花的盛开，离不开青枝绿叶的陪伴。所以，树会感恩，它撑出一片绿荫，给人一片阴凉。所以，花会感恩，它“化作春泥更护花”。

那将是一件多么幸福的事情，一大早出门，看到周围的人，脸上都洋溢着善意的笑容；坐上公交车，为一个老人让座，一句轻轻的，发自内心的“谢谢”，如一阵暖风将因拥挤而产生的烦躁之气吹散，怀着一颗感恩的心开始一天的新生活。

韦利是一个患有先天性心脏病的小男孩，但他开朗活泼，和所有的人都能成为朋友。正是因为他的乐观和快乐，很少有人知道他是一个可能随时离开人世的高危病人。

韦利有早起晨练的习惯，尽管医生不让他做高强度和剧烈的运动，但是韦利还是愿意早起看看太阳，看看一天的开始是如何的美丽。那是一个薄雾和轻烟笼罩的早晨，韦利走到城市中央广场的时候，发现一个人倒在地上，脸色发紫、呼吸微弱，显然他正处在危险之中。韦利早已知道心脏病发作时的痛楚，他对这个陌生人的痛苦感同身受。四周很静，真正晨练的人一般不会来这里，而韦利知道自己一个人无论如何也扶不起地上这个身材高大的人，怎么办？时间来不及了，韦利顾不上医生的警告俯身拉起他的衣服。就这样，12 岁的韦利用尽全身力气一点点地把这个人在地上拖行了 200 米。终于有人发现了他们，韦利只说了“快送他去医院”，便昏倒在地。

韦利醒来后看到的是陌生人一脸的关切和自责，他说自己因贪杯醉倒在街头，如果不是韦利救了他，医生说他会冻死在那里。陌生人愧疚地说：“对不起，医生告诉我心脏病差一点就要了你的命，你是在拿你的命救我。真不知道该如何感谢你！”韦利笑了：“我现在没事了，你也没事了。这就是最好的感谢！”陌生人一定要报答韦利。韦利想了想说：“我真的不需要你对我有什么报答，只是希望你能像我救你一样，尽自己的所能，去救助比自己的处境还要差许多的陌生人，我想这就足够了。”

许多年过去了，韦利活过了比医生的预言长数倍的时间。他还是和以前一样乐观，并且真诚地对待每个人，在别人需要的时候尽自己所能帮助别人。但是病魔还是在一个冬天的早晨将他击倒。当时韦利正在一个很偏僻的地方散步，忽然感到心口一阵剧烈的疼痛，韦利挣扎了几下终于支撑不住倒在了地上。

韦利醒来时发现自己躺在医院里，身边站着一个十几岁的男孩，正瞪着一双大眼睛关切地看着他。韦利很感激地握住男孩的手说：“谢谢你，孩子，你救了我。你是怎么发现我的？”男孩很开心的样子：“我早上要去爷爷家陪他，正好路过那个地方，看到你躺在地上，我就想起了爷爷说他年轻的时候被一个和我一样大的男孩救起的事。我想我也一定能够做到，于是，赶紧叫来了救护车，回去后一定要告诉爷爷，他告诉我要尽力帮助每位需要帮助的陌生人，我今天做到了。”

那个男孩的爷爷，正是韦利当年救起的醉汉。韦利不知道该如何形容自己的心情，一次对人施与援手竟会带来一生受用不尽的恩惠。

对生活怀有一颗感恩之心的人，即使遇到再大的灾难，也能熬过去。感恩者遇上祸，祸也能变成福，而那些常常抱怨生活的人，即使遇上福，福也会变成祸。

感恩是爱的根源，也是快乐的源泉。如果我们对生命中所拥有的一切能心存感激，便能体会到人生的快乐、人间的温暖以及人生的价值。班尼迪克特说：“受人恩惠，不是美德，报恩才是。当他积极投入感恩的工作时，美德就产生了。”

稻盛先生曾经说过：“我们之所以能够生存下去，不是依靠我们自身的力量，而是应该感谢宇宙万物。”这种感恩之情是内心的自然流露。

在稻盛先生的人生理念中，企业家道德价值要有七种品质，首先就是要学会感恩。在他看来，企业家所获得的一切成就都是社会赐予的，应当从内心里感谢社会和他人给你的厚爱。

无论在事业上还是在日常生活中，感恩应该是发自内心的。俗话说：“滴水之恩，涌泉相报。”你可曾想过，在成长过程中，父母，亲友，朋友，老师……为你付出的不仅仅是“一滴水”，而是一片汪洋大海。当父母为了你辛苦工作了一整天，拖着疲惫的身子回家时，你有没有递上一杯暖茶？当父母生日的时候，你是否记起，并为他们送上节日的祝福？当父母心情失落的时候，你有没有奉上温暖的问候？他们往往为了我们倾注了心血、精力，而我们何曾体会他们的劳累，何曾察觉到他们鬓角的缕缕银丝，何曾察觉到他们额头的那一道道皱纹？感恩需要你们用心去体会，去报答。

学会感恩，应该是学会做人的一条最基本的标准。

在 2010 年温哥华冬奥会女子短道速滑 500 米决赛中，王濛以 43 秒 48 的成绩夺得金牌，成为中国冬奥会历史上第一位成功卫冕的冠军。

当王濛冲过终点之后，先与场边的教练李琰击掌相庆，再次侧身而过时她奋力冲向护栏与眼睛湿润的李琰紧紧地抱在一起。高举着五星红旗绕场一周向观众致意之后，她又滑到教练席跟前，双膝跪地，用中国人的最高礼仪向领导、教练、队友们磕了两个响头。那一刻，让我们感动的，不仅仅是她喜悦的泪水，还有她诚挚的感恩。

赛后，王濛解释了夺冠后下跪这一举动：“这是我感谢教练的方式，她让我知道了短道速滑 500 米到底该怎么滑。这两个头一个感谢教练，一个感谢我的领导、我的队友和医务人员。”

2006 年的那一幕我们仍然记忆犹新：初出茅庐的王濛一鸣惊人，在都灵冬奥会上夺得女子短道速滑 500 米冠军，颁奖时她一个鱼跃跳上领奖台，傲然独立，颇有初生牛犊不怕虎的气势。但今年成功卫冕后，她放弃了唯我独尊的姿态，先与获得银牌和铜牌的选手握手，然后才站上冠军的领奖台。此时的她，懂得了感恩。

懂得发自内心地感恩，使得王濛显得更加成熟和大气，也赢得了观众更多的掌声和尊重，帮助她在人生的道路上走得更远。

人总要长大的。换言之，是自己慢慢学着长大。在人生的道路上一步一个脚印，或深或浅记录着芸芸众生成长的深度。成长越慢的人往往受的伤就会越多，面对种种伤痕我们要做的不仅仅是承受，更多的是要感恩。大树对滋养它的大地感恩，白云对哺育它的蓝天感恩，感谢那些帮助过我们的人，因为感恩才会有这个多彩的社会，因为感恩才会有真挚的感情。

每天都心存感恩，回报世界

人生悟语

感恩之心是我们的生活中不可或缺的阳光雨露，无论你尊贵还是平凡，无论你生活在何处何地，只要你心存感恩，随之而来的便是温暖、自信、坚定、善良等美好的处世品德，一旦拥有了这些品德，你的路将越走越宽。

稻盛先生曾说：人一出生，就无法独立于人世之外。这是生命的任务。

人生在世，都与周围有着联系，小时候，我们离不开父母的养育；长大了，离不开别人的帮助，我们吃着别人生产的粮食，穿着别人缝制的衣服，住着别人建造的房子；生病了，还要别人照顾。在成长过程中，我们很多时候都在接受别人的帮助。因此，学会感恩，是生活中应有的心态。

相信很多人都曾听说过“乌鸦反哺”的故事。因为小乌鸦心存感恩，在母亲的哺育下长大后，当母亲年老体衰，双目失明飞不动的时候，小乌鸦便将觅来的食物喂到母亲的口中，回报母亲的养育之恩。这个外表丑陋入不了水墨丹青的小动物因感恩丰盈而生动起来，焕发出无与伦比的光彩。

感恩之心是我们的生活中不可或缺的阳光雨露，无论你尊贵还是平凡，无论你生活在何处何地，只要你心存感恩，随之而来的便是温暖、自信、坚定、善良等美好的处世品德，一旦拥有了这些品德，你的路将越走越宽。

一个人应该对生活怀有感恩之心，稻盛先生在他总结出的磨炼心智的六项精进中强调：只要活着一天就心存感谢，无论事情大小，培养事事感恩的心。

感恩是一个人与生俱来的本性，是一个人不可磨灭的良知，也是现代社会成功人士健康性格的表现，一个连感恩都不知晓的人必定是拥有一颗冷酷绝情的心。

有一个关于美国前总统的故事：

某天，罗斯福家失盗，被偷去了许多东西，一位朋友闻讯后，忙写信安慰他，劝他不必太在意。罗斯福给朋友写了一封回信："亲爱的朋友，谢谢你来信安慰我，我现在很平安。感谢上帝：因为第一，贼偷去的是我的东西，而没有伤害我的生命；第二，贼只偷去了我部分东西，而不是全部；第三，最值得庆幸的是，做贼的是他，而不是我。"对任何一个人来说，失盗绝对是不幸的事，而罗斯福却找出了感恩的三条理由。

怀着一颗感恩的心，感谢身边的事，生活将更加精彩。就像罗斯福那样，换一种角度去看待人生的失意与不幸，对生活时时怀一份感恩的心情，则能使自己永远保持健康的心态、完美的人格和进取的信念。

感恩，是一种无私的表现，学会敬重别人、包容别人，常怀一颗慈悲的心去帮助别人。要把关怀别人、救助别人当作自己的天职。正所谓："予人玫瑰，手有余香。"心存感激，在付出的同时，也会有美丽的收获。

在一个闹饥荒的城市，一个家庭殷实而且心地善良的面包师把城里最穷的几十个孩子聚集到一块，然后拿出一个盛有面包的篮子，对他们说："这个篮子里的面包你们一人一个。在上帝带来好光景以前，你们每天都可以来拿一个面包。"

瞬间，这些饥饿的孩子仿佛一窝蜂一样涌了上来，谁都想拿到最大的面包。当他们每人都拿到了面包后，竟然没有一个人向这位好心的面包师说声谢谢，就走了。

但是有一个叫依娃的小女孩例外，她既没有同大家一起吵闹，也没有与其他人争抢。她只是谦让地站在一步以外，等别的孩子都拿到以后，才把剩在篮子里最小的一个面包拿起来。她并没有急于离去，她向面包师表示了感谢，并亲吻了面包师的手之后才向家走去。

第二天，面包师又把盛面包的篮子放到了孩子们的面前，其他孩子依旧如昨日一样疯抢着，羞怯、可怜的依娃只得到一个比头一天还小一半的面包。当她回家以后，妈妈切开面包，许多崭新、发亮的银币掉了出来。

伊娃把银币送还给面包师，面包师慈爱地说："不，我的孩子，这没有错。是我把银币放进小面包里的，我要奖励你。愿你永远保持现在这样一颗平安、感恩的心。回家去吧，告诉你妈妈这些钱是你的了。"她激动地跑回了家，告诉了妈妈这个令人兴奋的消息，这是她的感恩之心得到的回报。

一个懂得感恩的人永远不会孤独无依，他的美好心灵也将会有美好的回报。这是伊娃的故事让我们懂得的道理。

生活中，应该学会感恩，感谢父母给了我们鲜活的生命，无论贫穷与富贵，高尚与卑微，珍惜活着的感觉真好；学会感恩，感谢你身旁的每一个人，无论是帮助过你关心过你指点过你，还是怨恨过你伤害过你抛弃过你的人，毕竟都是你短暂人生回忆中的精彩部分。

在我们身边，每天都有感恩的故事发生，只要用心去体会，时时都会有终生难忘的温馨。天天都有感恩之心，将会拥有一个幸福、清净的世界。

以谦卑的心对待一切

人生悟语

权力与权威会使人道德沦丧、骄矜自大，或以高傲的姿态面对众人。在这种人的领导之下，一个团队或许能够获得短暂的成功，但不能持续地成长。最后，团队的人都不想再合作下去了。唯有谦卑的领导者才能创造出一个合作的团队，并引导其走向和谐、长远的成功。

有一种石头，它隐于山林，没于草间，不为人知，它长得普普通通，并不像周围的同伴般棱角分明。经过千百年的风吹雨打日晒，它仍保持着秉性，谦卑地隐藏于草莽。将它精心地雕刻成一座石像，立于万人之前，就会受人膜拜敬仰。

有一条小溪，它流过小村地头，流过顽石水草。它知道在它的前面，还有大江大河，还有大海。它知道它的渺小，于是它谦卑地流着，流向大河，又让大河载着它奔向大海。于是，它清澈的小水滴，也成了凝聚大海广阔胸怀的一部分。小溪的水，也由此得到永恒的价值。

有一棵小草，它与同伴长于山冈，看着日出日落，吮吸着大地乳汁。小草不想长高，它想避免与同伴争夺阳光与雨露，它想同伴先长高长大，它再开始成长。同伴没有等它，渐渐将其遮掩。小草不再挺立，小草渐渐枯黄。小草最后只化为泥土中的养分，为同伴的成长尽一份力。

人生，其实也是如此。怀着一颗谦卑的心，在喧闹浮躁的社会，默默地向着宁静的地方前进，要保持着一颗向上却不浮华的心，这样的人，他谦卑，结果他得到认可和提拔。

有一种态度，叫谦卑。适当的谦卑，会给你一片天。

一位出身富有的学生趾高气扬地夸耀他家在雅典拥有一望无边的肥沃土地，老师拿出一张世界地图请他指出亚细亚在哪里。

“这一大片全是。”这个学生指着地图扬扬得意地回答。

“希腊在哪里？”老师又问。学生好不容易把希腊找出来。

“雅典在哪里？”老师再问。“好像是在这儿。”学生指着地图上的一个小点说。

“你家那一望无边的肥沃土地在哪里？”老师问他。这个学生尴尬极了，他不可能在地图找出这一片肥沃的土地。

在生活中类似的现象很多，有的人往往把他所拥有的看得很大。其实不管我们拥有什么，拥有多少，和整体比起来都是极渺小，而不值得夸耀的。无论对待什么，都持一颗谦卑的心。

在稻盛先生看来，谦卑不仅仅是一种美德和修养，它还是一种社会意识、一种政治智慧、一种人生感悟、一种哲学思考。

当整个欧洲大陆都在赞美牛顿的时候，他谦卑地说：我之所以比别人看得远，是因为我站在巨人的肩膀上。

“世界水稻之父”袁隆平的伟大之处，不仅在于他在世界粮食科学研究上的巨大贡献，而且在于他表里如一和自始至终的谦卑。虽然贵为中国工程院院士，但他毫不掩饰地说：我就是一个农民的儿子，没什么了不起。

伟大而谦卑的人物，并非出于纯粹的谦虚谨慎和常规的礼节礼貌。他们的智慧与胆略超越了常人，他们的思想与品德超越了平凡。他们因谦卑而伟大；他们又因伟大而谦卑。谦虚谨慎，似乎人人皆可做到；但谦卑却非常人所及。

有这样一个哲理小故事：

南泉普愿禅师将圆寂的时候，首座弟子问道：“师父百年后，向什么处去？”他说：“向山下作一头水牯牛去。”弟子说：“我随师父一起去。”禅师说：“你如果想随我去，必须衔一茎草来。”在举世滔滔求净土的时代，愿做一头山下的水牯牛，这是真正的谦卑。

作家林清玄说过：“我要谦虚卑微一如山上的一株野草。谦卑的野草是自在地生活于大地，但野草也有高贵的自尊，顺着野草的方向看去，俯视这红尘大地，会看见名贵高级的人住在拥挤的大楼，只有一个小的窗口。我不要人人都看见我，但我要有自己的尊严。”

谦卑让我们的双脚真正立于坚实的大地上，谦卑让我们的眼界真正放在广袤的宇宙间，谦卑让我们懂得了天有多高、地有多厚。

谦卑出于博大的胸怀、伟大的理想、深邃的远见、高尚的情操和科学的理性。

没有谦卑，也许我们照样可以活得挺好；没有谦卑，太阳依旧东升西落，地球照样旋转，江河依旧奔腾。但终将有一天，自高自大、自以为是和自我陶醉的我们，会被历史的车轮压得粉身碎骨，会因当初的自大悔恨不已。亲爱的朋友，你是选择谦卑还是自大呢？

要解决复杂的事情，必须先提高心灵的层次

人生悟语

一个人内心的美丽与丑陋，影响着他的人生观、世界观以及与他人的相处、处事方式和行事作风，对一个人的人生方向具有导向的作用。

有一句英国谚语这样说道："良好的心是花园，良好的思想是根茎，良好的说话是花朵，良好的事业就是果子。"

若想在花园中种出最美丽的果实，就必须拥有美丽的心灵。

"磨砺心智，努力提高心灵的层次"，这是稻盛和夫先生对我们人生发展的诚恳建议。他认为，具有纯朴的心地，美好心灵的人就是好人，就会散发人性的魅力。人生的道路都是由心来描绘的。所以，心灵是我们做好一切事务的基础。

自省与人格磨砺是自我提升心灵层次的一个重要途径。作为砥砺心灵的指针，稻盛先生根据自身经验总结出以下"六个精进"，告诉给周围的人。这六个精进分别是：付出不亚于任何人的努力，戒骄戒躁，每天自我反省，感谢生命，行善积德，摒弃掉感性所带来的烦恼。

将这些看似平凡、理所当然的东西，一点点坚持实践下去，直到融入日常生活中。重要的不是把名家名训装裱进镜框之中，高悬于家壁之上，而是落实到日常的生活当中去，这样对我们的发展一定有很大的益处。

稻盛先生在一次演讲中强调，作为一个领导者，应该具有良好的品德和美好的心灵。他指出了现在许多企业中存在的问题。

在一些有传统、有业绩的大型企业中，组织规范和伦理的要求好像完全松懈了一样，丑闻事件层出不穷。另外，那些代表国民处理国家公共事务，被老百姓用血汗钱供养起来的官僚们却在利用自己的特权干损公肥私的事。大企业的头头、干部、官僚都有超过常人的能力。

发生丑闻事情的精英全都具有超常的能力。他们有热情、有使命感，一

定也作出了超常的努力。但是，因为在重要的“思维方式”上存在问题，所以拥有的超常能力和热情没能朝正确方向发挥。因此，不仅会犯错误，贻害社会，甚至自己给自己的脖子套上绞索。

这里说的思维方式，是指生活态度，也就是指哲学、思想、伦理观等，也指涵盖了所有这些因素的“人格”。谦虚的美德也可以算作其中之一。人格如果歪曲、邪恶，即使有再大的能力和再高的热情，或者说越有能力和热情，带来的结果“负值”就越大。

由此可见，一个具有健全人格和美好心灵的人对企业的发展有极其重要的作用。在企业里经营者被授予极大的权力，但是这种权力的行使，应该是为了保护员工，为员工创造幸福；而不可以用来压制员工，不可以用来满足经营者个人的欲望。作为经营者自己要率先垂范带头实践这种哲学，不断努力提升自己的心灵层次。如果这样做，企业就一定能发展，而且能够长期持续繁荣昌盛。

存着一颗美好心灵的人，又怎么会没一个美好的人生呢！

稻盛先生说，一个人的内心的美丽与丑陋，影响着他的人生观、世界观以及与他人的相处、处事方式和行事作风，对一个人的人生方向具有导向的作用。

如果没有良好的心灵层次，那么你就不能身心合一地去执行你的信念；如果没有良好的心灵层次，你就不能从容自然地在所有环境中坚强而有力量地成长；如果没有良好的心灵力量，也许一阵风雨就可让你摇摇欲坠，随时堕落。

不管处于什么位置的人，都需要持续地提升心境，否则外界的信息影响就会很容易摇动你心中的帆！只有美好的心境才会拥有美好的目标，这样才会实现美好的愿景。

第七章
与宇宙相和谐：提升灵魂不可或缺的修行

将今天一天作为“生活的单位”

人生悟语

在自然界中，所有的生物都在赋予它的时间里、在一个个有限的瞬间中，尽最大努力认真活着。通过努力过好“现在”，就能把小小的生命与明日连接起来。

努力过今天一天很重要。无论树立怎样大的目标，如果不认真面对每日的工作，不积累业绩就不可能取得成功。伟大的成果除了努力积累外别无他法。

稻盛先生用自然界的法则来阐述他所认为的应该努力度过此时此刻的观点。

宇宙间的些许变化，也在时刻对我们的内心进行着潜移默化的教导。我们可以看到，在短暂的夏季，处于北极圈冻土地带中的很多植物一齐发芽，尽可能多开花、多结果，聚集所有力量度过稍纵即逝的一生。这么做，是为了度过严寒而做准备，继而把自己的生命传递给下一代。

稻盛先生认为，在自然界中，所有的生物都在赋予它的时间里、在一个个有限的瞬间中，尽最大努力认真活着。通过努力过好“现在”，就能把小小的生命与明日连接起来。植物尚且如此，我们人类岂能输于花草。所以不要虚度每一天的光阴，必须认真地活着。这也许是让我们来到世上、让人生有价值的宇宙和我们人类之间的一项约定，也是使人生这台戏充实圆满的必要条件。

梦想与现实存在着遥远的距离，但急功近利不是通往成功之路的捷径。人生只能是“每一天”的积累与“现在”的连续。一秒钟聚集成一天，一天聚集成一周、一个月、一年，等发觉时，已经站在了先前看上去高不可攀的山顶上。这就是我们人生的状态。

中国有句古话：“千里之行，始于足下。”无论多么伟大的梦想都是一步一步、一天一天积累，最终才能实现的。古往今来，能够在事业上取得成就的人是很多的。他们的成就和荣誉，往往令人敬佩、羡慕，人们也常渴望着能取得他们那样的成就。每个人的理想有所不同，有的远大，有的现实，但无论哪个有志者，都应该牢记住：千里之行，始于足下。

这与稻盛先生的观点是一致的。稻盛先生认为，人们应该把握今天，把握当下，过好今天。

对待生命最虔诚态度就是实实在在地过好每一天，一天天的努力构成整体的生命之链。生活的质量往往是生活态度的投影，最无益的生活态度莫过于留恋过去和痴迷未来。沉湎往事，懊悔或欢欣，都是以消耗今日的宝贵时光为代价的；痴念未来，陶醉或担忧，都是以不愿正视时下的生活来换取的。前者使我们固守过去，裹足不前；后者让我们沉溺于梦幻，习惯于憧憬和等待。二者都无端地销蚀我们的生命，让我们滋生懒惰的心理。

欲图事业成功者，必须把握生命中的每一天，埋葬昨天，遮断明天，注重今天，立刻着手去做好眼下的事。每个新的一天都是等待我们去填充的生命时空，将记载着我们的生命质量。认真地对待每个今天，专心专意去做好当下必须做的事，便是对生命最严肃的态度，亦是最虔诚和最平常的成功心。

美国作家迪斯也说过：“昨天过去了，今天只做今天的事，明天的事暂时不管。”换句话说，就是说要把握现在。在生活中，有许多这样的例子，我们为昨天而失落，喋喋不休，然而却察觉不到，就在这埋怨、追悔与兴奋中，我们也失去了最宝贵的今天，也许明天还会重蹈覆辙，昨天是失去的今天，明天是未来的今天，今天才是我们所真实拥有的。

一个青年去寻访住在深山里的智者，想向他请教一些人生问题。“请问大师，在人的一生中哪天最重要？是生日还是死日？是初恋开始的那天，还是事业成功的那天？”“都不是，生命中最重要的是今天。”智者不假思索地回答。“为什么？”青年甚为好奇，“今天发生了什么惊天动地的大事吗？”“今天什么事也没有发生。”“那今天重要是不是因为我的来访？”“即使今天没有任何来访者，今天仍然很重要，因为今天是我们拥有的唯一财富。昨天不论多么值得回忆和怀念，它都像沉船一样沉入海底了；明天不论多么辉煌，它都还没有到来；而今天不论多么平常、多么暗淡，它都在我们手里，由我们支配。”青年还想问，智者收住了话头说：“在谈论今天的重要性时，我们已经浪费了我们的‘今天’，我们拥有的‘今天’已经减少了许多。”青年若有所思地点点头，然后下山了。

这个故事告诉我们世界上有很多事情是无法提前的。脚踏实地地把握好今天，才是面对人生最正确的态度。我们不知道明天会发生什么事，发生什么变化，如果一个人总是期待明天，那么就会在无意中浪费今天，失去今天存在的意义，错失珍贵的机缘，使今天的美好时光在漫不经心中白白度过。对我们每个人来说，今天都是我们唯一的资本，也是我们唯一的机会。那么，现在我们最应该做的就是：忘记昨天，忘记明天，牢牢地把握住今天。

稻盛先生的人生经验是：认真过每一天。他说，他从来不做长远的计划。假如连今天工作的结果以及明天的一切都不知道的话，如何能预见未来十年的情形呢？他告诉自己：“要认真地过日子。”假如每天都努力工作，并设法改善一些事情，或许就能预见明日的光景。一天天累积起来就已非常可观——五年、十年后的成就必然会辉煌。

对稻盛先生来说，认真地过每天，要比担忧未知的明天更重要。他一直坚信并践行着这个理念。他说只有认真地度过今天，推断明天的准确性才可能达到较为精确的程度以便于最终了解未来趋势的走向，不要把今天不当一回事，如果认真、充实地度过今天，明天就会自然而然地呈现在眼前了。如果认真地度过明日，那么就可以看见一周。如果认真地度过一周那么就可以看见一个月……他的成功也是在于一天一天的日积月累中取得的。

稻盛先生一直坚信，人不应该急功近利，努力、认真过好每一天，明日自然就会来到。与其徒然为明日烦恼，不如倾注全力充实每一个今天。这才是实现梦想的最佳有效途径。

忍辱负重，才能淬炼我们的人格

人生悟语

人们从事的工作，并不一定都是自己喜欢的，而很多时候是不喜欢但不得不去做。而且在工作中，肯定会因为存在某些抵触的情绪，让人感到厌烦，但如果抱着忍辱负重，积极向前的心态，势必会导致人生的根本改变。

人生在世，波澜万丈，将遭遇各种各样的苦难。但是，不屈服，不逃避，忍耐并不断努力才能锻炼我们的心智，磨炼我们的人性。

对于做大事者来说，忍辱负重是成就事业必须具备的基本素质。孟子说："天将降大任于斯人也，必先苦其心志，劳其筋骨，饿其体肤，空乏其身。"能在各种困境中忍受屈辱是一种能力，而能在忍受屈辱中负重拼搏更是一种本领。小不忍则乱大谋，凡成就大业者莫不如此。

谚语云："世事多因忙里错，好人半自苦中来。"要成就一件事情，须观察时机，等待因缘，急不得的。受苦忍耐是一种承担、一种处理、一种等候，也是对因缘法的认识。许多事业有成者都是在忍耐多次失败后，愈挫愈勇，最后取得成功。因此幻想一夕有成，不如在艰难困苦当中忍耐、涵养，一旦时机成熟，必然水到渠成。

"一忍，可以当百勇；一静，可以制百动。"一个人胸怀坦荡磊落，能无所不包、无所不容，那就无事不能成、无功不可就了。古代所谓的豪杰人物，都有超过常人的修养，更有着忍耐一般人所不能忍的工夫。心字头上一把刀谓之忍，你若挨得过这把刀，寸寸心血会教你成功。“必有容，德乃大；必有忍，事乃济。”能包容一切，方能接受一切、忍耐一切，然后必能改变一切、克服一切，成为成大功立大业的强者。

韩信很小的时候就失去了父母，主要靠钓鱼换钱维持生活，经常受一位老妇人的周济，屡屡遭到周围人的歧视和冷遇。一次，一群恶少当众羞辱韩信。有一个屠夫对韩信说：你虽然长得又高又大，喜欢带刀带剑，其实你胆子小得很。有本事的话，你敢用你的剑来刺我吗？如果不敢，就从我的裤裆下钻过去。韩信自知势单力孤，硬拼肯定吃亏。于是，当着许多围观人的面，从那个屠夫的裤裆下钻了过去。史书上称“胯下之辱”。后来，韩信忍辱负重，发奋图强，终成一代名将。

稻盛先生曾经以工作为例，阐述过在对待工作的态度上也需要人们有这种精神。他说，人们从事的工作，并不一定都是自己喜欢的，而且很多时候是不喜欢但不得不去做。而且在工作中，肯定会因为存在某些抵触的情绪，让人感到厌烦，但如果抱着忍辱负重，积极向前的心态，势必会导致人生的根本改变。稻盛先生在他的书中也曾提到过乙武洋匡的著作《五体的不满足》，他被乙武阳光的个性所吸引。乙武洋匡所背负的是常人所难以体会到的痛苦，承受着一般人无法承受的压力，但他最终没有向这些压力屈服，反而用他的坚持，他的能力，忍辱负重，将自己的人格提高到更高的境界，令人折服。

在逆境中，忍辱负重，势必会将人们的人格提升一个境界，会看到光明的前途。

稻盛先生认为我们无法彻底免于痛苦和担忧。但是，即使是在人生最低潮时，也不要失去愉快的心情和对明天的希望。在惊涛骇浪的人生中，好坏的境遇，都是造物主给我们的考验。幸运的际遇和不幸的灾难都是造物主给我们的考验。幸运的际遇与不幸的灾难本质上都是考验。一个人如何面对这样的考验，将进一步决定他未来的人生将会产生怎样的变化。

困境其实是一种挑战。人们一定要培养精神上的力量与意志力，不断向极限挑战。要有力量和勇气来驱使自己向极限迈进，就好比在富裕的世界中另辟一条新路。

稻盛先生说，人生只是宇宙造物者赐给人类用来提升心智的修炼场，也就是佛教所说的修行道场，别无其他。而我们眼前这一世所经历的全数体验，也都是宇宙造物者为了塑造我们的人格利用种种不同的道具给予我们的训练而已。造物者为了帮助个人向上提升自己的人格，制造出很多穷困潦倒的窘境，来考验人类能否在逆境中继续奋斗，并保持屹立不倒的意志。

但是一些人面对打击时意志动摇了或者崩溃了甚至会走上结束自己生命的道路，相反，也会有很多人敢于直面困难，忍辱负重，咬紧牙关坚持了下来，通过披荆斩棘不断提升自己的人格。

克制烦恼，端正自己的言行举止

人生悟语

活着，就会有苦恼，但是越是面临这些障碍，不让感性的烦恼困扰自己，朝前看，坚强地活下去，这才是最重要的生存之道。

稻盛先生曾经提到过，“欲望”“恼怒”“愚痴”这三者都是卑怯之心，是让人陷于烦恼的最厉害的东西。它们纠缠于人的内心，要驱赶也驱赶不走。它们是将人的行动导向错误道路的万恶之源。

人们经常会为满足不了的欲望而痛苦，为不公平的待遇而感到恼怒，以至于深深陷入其中不可自拔。往往倾向于把事情考虑得过于复杂化，其实事情的本质是很单纯的。“想获取比别人更多的金钱”“想得到比别人更高的评价”“想得到自己目前没有能力得到的东西”，几乎每个人心里都潜伏着这样的欲望。当这种欲望得不到满足时，人们就会“恼怒”。“为什么这么不如意？”人们接着就会发泄不满。

有这样一则小故事，就告诉人们如果不克服、不重视羁绊我们前进的烦恼，最终可能会毁掉整个人生。

在科罗拉多河畔的山坡上有一棵死了的大树。根据生物学家的估计，这一株大树已经在那个地方屹立了400多年了。当初哥伦布在圣萨尔瓦多登陆的时候它就存在了。在漫长的四个多世纪中，无数次的雪崩和风暴它都傲然挺过来了，然而最后在一群很小，不起眼的昆虫的攻击之下，它却倒下了。这些小昆虫穿刺了它的树心，用它们微弱然而不间断的进攻瓦解了它的战斗力，就是这棵雷电劈不死，飓风刮不倒的巨树，却让一群小得可怜的虫子给征服了。

在人生中，每个人就犹如一棵树。往往不是外面的巨大压力令人们屈服，而是来自于内心的烦恼令人们窒息，最终让自己失去强健的体魄和前进的勇气与能力。因此消除这些烦恼的羁绊是必要的。

稻盛先生觉得，人们即使不能完全消灭但也应该要尽可能消除这三种情绪的羁绊，努力自我控制并抑制这些烦恼。

但同时，稻盛先生也觉得，人生在世又少不了这些烦恼。它们如果根本不存在，人就无法生存。因为人有血肉之躯，为了生存，这些烦恼又是必要的，是自然赋予人的本能。

稻盛先生曾经历过这样一件事，让他对克服感性的烦恼有了新的认知。

当时，京瓷在研制人工膝关节时，销售必须经过厚生省的批准，为此，必须进行临床试验，然后将有关数据提交给厚生省，需要很长的时间。然而，医生们都认为：陶瓷股关节效果非常好，已经积累了几百个成功病例，同样，用陶瓷制作膝关节不会有任何问题。为了那些因为膝关节不好而痛苦的人们，希望他们尽快开发出新产品。他们公司的技术人员也认为：既然如此，就应该研制人工膝关节，提供给患者使用。正当他们制作时，遭到了一些人的质疑和攻击。

媒体也出来指责他们为赚大钱不惜以病人为诱饵。每当此时，媒体的电视摄像机就摆开阵势，稻盛觉得自己的名誉、信用都受到了莫大的伤害。

稻盛坐立不安，心里非常痛苦。那时，他就想到了临济宗妙心寺派圆福寺的西山片雪老师，向他倾诉了自己的痛苦和委屈。

“稻盛君，之所以你会感受到这样的苦恼，那是因为你还活着。如果你死了的话，就没什么苦恼了。正因为活着才会有苦恼，这不是件好事吗？因为人工膝关节的问题，你受到了严厉的批判，你感到痛苦和烦恼。但是，这种程度的挫折就能把事情了结，就能将你过去的罪孽一笔勾销……稻盛君，该庆祝一番才对啊！”

稻盛先生后来总结说，活着，就会有苦恼，但是越是面临这些障碍，不让感性的烦恼困扰自己，朝前看，坚强地活下去，这才是最重要的生存之道。

稻盛先生认为，烦恼是人类不能完全排除的，但人们却必须做出努力让毒素消失。而要达到这个目的，具体方法上没有捷径。平日勤勤恳恳地积累诚实、感谢、反省等“平易的修行”，或者要求自己平日养成理性判断的习惯。坚持认真地投身于自己的工作，长此以往，人就能很自然地抑制自身的烦恼。此外，热衷于工作，还能镇住愤怒之心，也会无暇发牢骚，日复一日努力工作，还能一点一点提升自己的人格。全身心地投入工作能够磨炼人格的修行，能磨炼我们的心智，促进我们成长。而通过这种心智的提升，我们每个人的人生价值也能随之提升。

稻盛先生觉得，利他之心对于人控制自己的欲望来说至关重要，一旦产生这种利他之心，人类就能不受世间欲望的迷惑而生存。人若想要提升心智，重要的是要抑制自己的邪恶之心。那么，有了利他思想，烦恼的毒素才能消失，欲望的污秽才能被消除。

总之，担心、烦恼、失败等，是人生的常事。但是，覆水难收，总为过去的失败而悔恨，毫无意义。老是闷闷不乐会引起心病，接下来会引发身体的毛病，最终给自己的人生带来不幸。简单地做人做事。把“什么才是正确的做人准则”这个极其简单的要点作为判断标准，并自始至终坚持用正确的方法做正确的事，拥有一个正确的人生风向标，不要总让已经过去的事再困扰自己，心里要想新的事情，新的想法要转移到新的行动上去，这一点很重要。

观察自己，集中精神，将摇摆的心坚定下来

人生悟语

当一个人观察自己，发掘自己的可能性之后，要像锥子一样，集中全部力量在一个目标上，就一定能成功。

一个人要学会观察自己，发觉自己的“可能性”。如果根据现在的能力判断自己“行还是不行”，那就永远也做不成新的事情或困难的事情。相信自己的可能性，给自己规划一个超出现有能力水平的更高目标，集中精神，坚定信念，并为在未来某一时刻实现目标而倾尽全力。这样成功或成绩才有可能如期而至，自己的能力也能够得到提高。

稻盛先生觉得，当一个人观察自己，发掘自己的可能性之后，要像锥子一样，集中全部力量在一个目标上，就一定能成功。

历史上凡是成功的人士都在执着地追求着自己的事业，把全部精力集中于一个目标上。

在现实中，我们做事之所以会半途而废，这其中的原因，往往不是因为难度较大，而是因为目标不够明确，意志不够坚定。只要我们集中精神，坚定地奔向自己的目标，就一定会达到成功的终点。

有这样一则小故事，说明了集中精神，观察适合自己的方法，坚定朝自己设定的目标努力，那么胜利就在前方。

1984 年，在东京国际马拉松邀请赛中，名不见经传的日本选手山田本一出人意外地夺得了世界冠军，并在随后的意大利国际马拉松邀请赛上再次获得世界冠军。所有的人都觉得不可思议。10 年后，这个谜终于被解开了，山田本一在自传中是这么说的：每次比赛之前，我都要乘车把比赛的线路仔细地看一遍，并把沿途比较醒目的标志画下来，比如第一个标志是银行；第二个标志是一棵大树；第三个标志是一座红房子……这样一直画到赛程的终点。比赛开始后，我就奋力地向第一个目标冲去，等到达第一个目标后，我

又以同样的速度向第二个目标冲去。40多公里的赛程，就被我分解成这么几个小目标轻松地跑完了。起初，我并不懂这样的道理，我把我的目标定在40多公里外终点线上的那面旗帜上，结果我跑到十几公里时就疲惫不堪了，我被前面那段遥远的路程给吓倒了。

稻盛和夫先生认为，人的注意力是有限的，总是集中精神做一个事情是困难的，但是，如果用心就能抓住事物的本质和核心，具备准确的判断能力，最终知道自己该做什么，能够做什么，全力以赴地认真去做这件事情，这是成功不可或缺的要求。并且，锲而不舍必定成功。当人们找到目标之后，就要全力以赴地去奋斗，而不能左右摇摆，并且坚信自己能够实现它。

具备同等能力，做出相同程度的努力，有的能够成功，有的以失败告终。其差别是什么呢？人们往往容易把原因归结于命运、运气，其实主要是由愿望的大小、高度、深度、热度的差别造成的。为了变不可能为可能，就要有近似于“发疯”似的强烈的愿望，坚信目标一定能够实现并为之不断努力奋勇向前。无论是人生还是经营，这是达到目标的唯一方式。

规范天地自然的道理便是你生活的智慧

人生悟语

宇宙具有促成万物的生成与发展的意志和力量，它是一种“善意”力量，使宇宙中的一切事物都通向“善意方向”。因果报应之所以能够成立是因为它顺应了自然的法则。

如果说自然的智慧是大海，那么，人类的智慧就只是大海中的一小滴水，而且人类的智慧绝不是宇宙中唯一的智慧，也远不是最高的智慧。规范天地自然的道理，是我们不断汲取智慧之源。

人类是自然界中的一个存在个体，人类的生长过程是与自然的规律相一致而发展生存；这就决定了人不可能脱离自然之外去空谈存在。

稻盛先生认为宇宙中的一切事物不断成长、发展是必然的，我们人类也不例外。如果思维方式、生活态度与宇宙的意志相同，工作和人生必定都会通畅顺达。

稻盛先生说，在自然界中，人类具有“高度的”智慧，能够大量生产粮食和工业制品，并拥有提高生产效率的技术。但是，久而久之，人类智慧就会演变成傲慢，产生了意在支配自然界的欲望。同时，知足的节制崩溃，还想要更多，还想更富有，终于陷入威胁地球环境的恶性循环当中。为了说明这一点，稻盛先生以自然界中动植物的生存之道为例，阐述了他提倡“知足”和“利他”的观点：

自然界中有知足生活方式的模型。食草类动物吃植物，食肉类动物吃食草类动物，食肉类动物的粪、尸体回归土地，滋养植物——站在宏观角度来看，弱肉强食的动植物世界也是处于“调和的”生物链中。但是，与人类不同，动物不会自己破坏生活链。食草类动物如果被欲望驱使吃光植物，食物链被切断，别说自己的生存，后面的生物也将面临灭顶之灾。于是，它们本能地节制，没有超出自身需求的贪婪。雄狮在饱腹时不掠取猎物。这既是本能，同时又是造物主给予的“知足”的生存方式。

正因为掌握了知足的生存方式，自然界才得以长久保持协调和稳定。人类也应该学习自然界中的“节制”。人类原本也是居住在自然界中的，曾经从自然界摄理，把自己也作为生物链中的一环。后来，人类从食物链的桎梏中解放出来，在摆脱了生物循环法则的束缚的同时，也丢掉了与其他生物共存的谦虚态度。人类应该把自然给予的智慧当作真正的睿智，掌握如何控制自私欲望的艺术，实践“知足”精神及知足的生活方式。

稻盛先生一直强调“利他”之心，他曾经举过这样一个小例子：

鲑鱼离开自己出生成长的河川，经过漫长的旅行，最后还是回到自己出生的地方，在那儿产卵，留下子孙后代而死去。看那鲑鱼的表情，就会感觉到，它是带着完成任务后满足的心情死去的。可见，在动物的身上也隐藏着

“利他”的本能，靠着这种本能它们才能延续生存至今。

人类的欲望不断膨胀，让象征母爱的“利他之心”变得淡薄。用教育的方法将“利他之心”呼唤回来，乃是当务之急。

稻盛先生认为，宇宙具有促成万物的生成与发展的意志和力量，它是一种“善意”力量，使宇宙中的一切事物都通向“善意方向”。因果报应之所以能够成立是因为它顺应了自然的法则。从长时间跨度来看，善因招恶果，恶因招善果，那样因果关系扭曲的事不会发生，所有的一切都是善有善报，恶有恶报，因为那是天意。

善思善行本身就符合向善的宇宙意志，因此带来好结果，取得优异成果也是理所当然的。理解了这个自然之理之后，人们就应该感谢、诚实，应当勤奋工作，拥有率真之心，不忘反省，不去憎恨，秉持利他之心，这些善思善行都是顺应宇宙意志的行为，所以，必将引导人们走向成功，命运也将变得更好。或者说，与宇宙的意志或趋势和谐与否将决定人生或事物的成败。

只有拼命地前进，才不会输给别人

人生悟语

竭尽全力，认真专注地工作，还有一个功效就是每天都聚精会神，全身心投入工作的时候，低效的、漫不经心的现象就会消失。真挚、认真、不懈地努力，走投无路也不言放弃。上帝看到你这么努力，这么执着，便会慷慨赐予你新的智慧、新的灵感、新的启示。

在这个充满竞争的社会，我们就是一群正在“奔跑中”的人，如果不努力，那么就是原地不动，而相对而言，比起努力着的其他人，我们已经落后了。

稻盛先生认为，自然界存在的前提，就是一切生命都在拼命寻求生存。在自然界中的动植物，它们都在竭尽全力，拼命地寻求生存，而人类则会在自己的事业稍稍有起色的时候偷懒，而这种浅薄的想法就是只有我们人类才有。每天认真坚持不遗余力地工作，应该是做人最基本、最必要的条件。而竭尽全力，付出不亚于任何人的努力，乃是自然界中所有生物被赋予的理所当然的义务。

上帝给了鸡和雄鹰同样的翅膀，让它们享受天空，然而，鸡只知就近觅食，目光仅仅满足于眼前的地面，以孩子多要看护、没有时间为借口，不去努力，不去行动，将搏击长空的美丽翅膀日复一日地退化为一种装饰物！

一只雄鹰偶然看见一只母鸡正领着自己的孩子们悠闲地晒太阳，于是飞了过去，落在最近的一个枝头上，问道：

“鸡妈妈，你也有翅膀，为什么不能像你的祖先一样在天上飞呢？天上很快乐！”

“哦！谢谢你！”母鸡转身看着自己的孩子们，流泪对鹰说，“你看，我有这么多的孩子需要看护，我没时间呀！等它们长大了飞吧。唉！我这辈子是没指望了！”

鹰只好飞走了。

第二年，鹰再次飞过时，又发现了一只母鸡带领着它的孩子们在散步，它就是去年鹰见到的鸡妈妈的一个女儿，现在它长大了，更健壮、更丰满！

鹰飞到它身边问道：

“孩子，你也有翅膀，为什么不能像你的祖先一样在天上飞呢？天上很快乐！”

“谢谢你！”母鸡流着泪答道，“你看，我已经老了，飞不动了，还是等我的孩子们长大以后让它们飞吧！唉！我这辈子是没指望了！”

鹰只好飞走了。

第三年，鹰经过时，依旧看见一只新母鸡带领自己的孩子在山坡上觅食，但它再也不愿下去劝它了。原本鸡可以像鹰一样在天空翱翔，但它对地面的生活很满足，并以诸多理由拒绝飞翔。鹰好意相劝，但鸡仍不动心，最后它的翅膀成为装饰，只能在地面上度过自己的一生。

一位哲人这样说，“我知道，这世间最可依赖的，不是别人，而是我自己。所有这一切，都是个人奋斗所必需的。”在我们每个人的心中，都应该铭刻这样一句话：行动决定成败，而进取心是行动的指南针和灯塔。把进取心植入心口，去奋斗，去努力，就从现在开始，一天也不要虚度。

稻盛先生提到，他曾经看过一个电视节目：在环境严酷、灼热的沙漠里，一年也会下几场雨。有些植物趁着这雨，很快发芽、长叶、开花、结果，然后枯萎，生命过程只有短短的几周。它们在沙漠里顽强地生存，尽管生命短暂，为了留下子孙，只要有一滴雨水，它们就要开花结果，把种子留在地表，以待来年下雨时再次发芽。尽管生命只有短短的几周，它们照样拼命地生存并留下后代。无论植物还是动物，它们都在严酷的条件下顽强地生存，世上没有浑浑噩噩、好吃懒做的动植物。遵照自然界生存的规律，我们人类在地球上生存，也必须认认真真、竭尽全力。

有这样一则小故事，也印证了需要拼命努力才能生存的重要性：

在非洲的大草原上生活着羚羊和狮子。清晨，太阳光芒惊醒了地上的所有动物，羚羊从睡梦中醒来后，马上奔跑起来，它想：“我必须比跑得最快的狮子还要快，否则，我就会被它吃掉。”而狮子睁着蒙昽的睡眼，也开始跑了起来，它也在想：“我今天必须比跑得最快的羚羊还要快，不然我就得不到今天的美餐。”

在广袤无垠的大草原上，无时无刻不在演绎着这种惊心动魄的生死搏杀。人类社会又何尝不是如此。面对日益激烈的竞争，这条优胜劣汰的自然法则也体现得淋漓尽致。而只有不断地努力才能不输给别人。

成功有许多办法，但在稻盛看来，抛弃“竭尽全力，拼命工作”这一条，就不可能有什么成功，特别是在严峻的经营环境之下，加上可能出现的大萧条，在不利条件下寻求生存和发展，这一条是不可或缺的。

稻盛先生认为，竭尽全力，认真专注地工作，还有一个功效就是每天都聚精会神，全身心投入工作的时候，低效的、漫不经心的现象就会消失。真挚、认真、不懈地努力，走投无路也不言放弃。上帝看到你这么努力、这么执着，便会慷慨赐予你新的智慧、新的灵感、新的启示。上帝之所以赐予人原本并不具备的卓越的想法和智慧乃是一种回报，是人们拼命努力的结果。

富兰克林的座右铭是：“你热爱生命吗？那么别浪费时间，因为时间是组成生命的材料。”而拼命地努力，则是珍惜时间的最好方法，也是取得成功的重要途径。

在稻盛先生看来，认真地过好每一天是人生最重要的原则之一。这就譬如剑术，练习时不用竹剑而用真剑。又譬如拉弓，必以满月之势，不松弛、不懈怠，在极度的紧张中有的放矢。总是以如此拼命、认真、奋力的思想准备，面对每天的生活和从事每天的工作，这样我们就可能按照我们自己设计描绘的那样去度过人生。缺乏认真和热情、懒惰松弛地度过人生，没有什么比这更浪费的了。为了使人生这台戏内容厚重而又充实，必须尽全力以认真的态度度过每天的每个瞬间。

第八章 成功的配方：成功 = 能力 × 努力 × 态度

没有努力，再好的远见也是空想

人生悟语

努力、努力、再努力，今天的不可能、做不到都会变成明天的我可以、我能行。

稻盛先生曾经多次强调清晰而具体的远见对于人生经营的重要性。好的远见之于人，就像远航时彼岸的灯塔一样，给人以正确的方向，能够引导我们向着成功迈进；它给人以坚持拼搏的信心，它给人以希望，每时每刻都鼓舞着我们朝着更高的目标迈进。

然而，如果没有努力，就算是再好的远见也都是不切实际的空想。建筑师将奇思妙想勾画成美妙绚丽的设计蓝图，如果不付诸努力一砖一瓦地加以建设，那再伟大的设计也只是一纸空谈。

这是一个稻盛先生在实现他的伟大远见过程中的一个小故事，那时他的京瓷公司还是一个名不见经传的小公司，争做世界一流的远见、客户苛刻得几乎无法完成的订单要求，梦想与现实之间的距离，仿佛无法超越。

稻盛和夫先生在京瓷公司创立之初，就有着一个伟大的远见——要将京瓷发展成为“世界第一大陶瓷公司”。然而，当时京瓷只是一个新兴的中小企业，为了拿到项目，为了把他们的远见变成现实，稻盛和夫先生经常承担一些被大型企业拒绝的高技术要求的项目。

京瓷公司在第一次接到IBM公司的大量元器件采购订单的时候，公司上下都非常高兴，因为对于当时毫无名气、规模较小的京瓷公司来说，这是一个提高知名度、宣传品牌的绝佳机会。不过，他们没有高兴太久，看到IBM的规格书时，京瓷的员工们表情凝重了起来。一般的规格书仅仅是一张纸而已，而IBM的规格书足足有一本书那么厚，内容详尽而精确，IBM对零件要求的苛刻程度可见一斑。

京瓷公司经过多次试产，都无法达到IBM的精度要求。终于制成了他们自己以为合格的产品，可是还是被IBM贴上不合格产品的标签退了回来。看着费尽心力却被退回的产品，面对消极气馁的员工，稻盛和夫先生曾经也想过，也许他们真的完成不了。但是想到争做世界一流的远见，稻盛和夫先生认为，他们还要继续努力，要付出百分之百的努力，竭尽所能地、不遗余力地投入，如果做不到这种程度的努力，那么他的远见永远只能存在于脑海中。于是，他鼓舞员工们打起精神，再一次开始了技术攻坚战。

尽管如此，项目进展还是不尽如人意。在公司士气跌入低谷时，稻盛和夫先生对员工表示，我们一定要“竭尽全力”！至于最终的结果如何，既然已经尽人事，剩下的就听天命好了。

又经过了许多次的努力，他们终于攻克了技术难关，成功制造出了高技术难度的、完全符合标准的精密产品。之后的两年里，京瓷的工厂满负荷运作，订单都在要求的供货期内顺利出厂了。

在欢送最后一辆装满精密产品的卡车离开车间时，稻盛和夫先生不禁感叹:“人类的力量真是难以估计啊！”

在稻盛先生朝着自己遥远的梦想前进的路途中，还发生了许许多多这样的奋斗故事。但是，从这一个小片段中我们就可以明白，努力、努力、再努力，今天的不可能、做不到都会变成明天的我可以、我能行。

在人生的道路上，没有人能一步就到达成功的终点站。正所谓“锲而不舍，金石可镂”，只有努力不懈，才能达成目标。爱迪生如果不是经过了上千次的实验，那么电灯也只能是他脑中一个虚幻的概念。那些伟大但又遥不可及的远见，只要我们坚持不懈、毫不退缩、一路向前，倾注我们全部的热情与精力，就能使我们的潜能迸发出来，最终完成原本不可思议的任务。

清楚自己的缺点，并极力弥补

人生悟语

第二电电非常清楚自身的缺点，如果不是有克服缺点的勇气，那么第二电电根本不会加入到通信事业的竞争中去；如果不是全力以赴地用足够的热情和干劲儿去弥补缺点，那么第二电电也不会取得成功。

歌德曾说过：一个目光敏锐、见识深刻的人，倘若又能承认自己有局限性，那他就离完人不远了。芸芸众生之中，能够达到或者接近“完人”境界的人，少之又少。人，最难的就是有自知之明，清楚明白地知道自己的缺点、敢于承认自己的缺点，不是一件容易的事。

正所谓“知人者智，自知者明”，想要成为一个明智的人，不是随随便便就能做到的。正确地认识自己难，清楚地认识自己的缺点更难。老话说：金无足赤，人无完人。我们身上都有优点，也都有缺点。面对缺点，既不能自以为是、无视缺点的存在；也不能畏缩不前，被缺点束住手脚。摆正心态，用一颗平和宽广的心去发现缺点，并努力去克服、去弥补，唯有这样，个人才能进步，社会才能发展。

稻盛先生从不认为自己能力超群，为何能力普通的他能取得常人不能及的成就、能够成为对社会有贡献的人呢？让我们看一看稻盛的计算方法。

稻盛和夫认为：工作结果 = 思维方式 × 热情 × 能力。

比如，高智商的人可能在能力这一项上可以得到 90 分，但是他骄傲自大、不屑于努力，只有30分的热情，两者相乘，只得到2700分。

相反，一个人可能资质平平，没有接受过高等教育，在能力上只能勉强达到60分的水平；但是他能够认识到自己的不足，用认真和努力去弥补，以90分的热情投入到工作中，那么，他的得分就是5400分，同前者相比，多出了足足一倍的成果。

稻盛和夫一直以这个计算方法作为事业发展的思想基石，用得分高的因素去尽力弥补因为缺点而导致低分的因素，两者相乘，最后的结果未必不好。

1984年，随着通信自由化成为发展趋势，京瓷和其他两家企业都报名参与通信事业。当时的舆论并不看好京瓷，认为京瓷在这三家竞争企业中处于绝对的劣势。因为当时创办的第二电电以京瓷为母体，京瓷本身规模较小，在争夺市场、获取订单方面比较困难；京瓷的管理者稻盛和夫本人又没有通信事业的经验；更重要的是，京瓷没有通信技术的基础，一切都要从零开始，单独开辟自己的通信网络、一步一步地建设基础设施。而其他两家公司只要利用现有的公路和铁路，就能够铺设光缆。然而，第二电电后来却成为这三家企业中最成功的一家。

虽然第二电电在硬件上有诸多缺陷，这也没有，那也没有，但是稻盛和夫能够清楚地认识到他们的不足，并用“软件”来弥补——他们以最高的热情和最强烈的愿望投入到这项新事业当中，快速积累了所需要的技术和经验，取得了惊人的成果。

第二电电非常清楚自身的缺点，如果不是有克服缺点的勇气，那么第二电电根本不会加入到通信事业的竞争中去；如果不是全力以赴地用足够的热情和干劲儿去弥补缺点，那么第二电电也不会取得成功。

我们在工作和日常生活中也是一样，在学业上，如果智商平平，就用汗水来弥补、争取好的成绩；在市场竞争中，如果实力不足，就用诚意去感动客户；在待人接物时，如果不擅言谈，就用行动说明一切。总之，我们首先要有认清自身缺点的诚心和虚心，还要有极力弥补缺点的恒心和决心，能做到这些，成功也就不远了。

反省就是耕耘、整理心灵的庭院

人生悟语

成功者不是完美无缺、不犯错误，而是他们善于、乐于进行深刻的自我反省，他们是不辞辛劳的园丁，不断将杂草和毒苗从精神的庭院中拔出，发现自身的德之缺憾，智之不足，从而总结教训、不断改进，才一步步地迈向了成功。

人类之所以能够不断地修正错误、不断地取得进步、不断地完善自我，是因为人类能够在人生的道路上不断地进行自我反省。稻盛先生年轻时提出的推动事业成功和创造美好人生的“六项精进”中，就提到了“要每天反省”。

正如我们的面庞每天都会蒙上灰尘、天天需要洗脸一样，生活在尘世之中，人的心灵也会沾染污垢，需要自我反省来净化。稻盛先生在很多次演讲中向大家介绍了英国人詹姆斯·艾伦在《原因与结果的法则》一书中所讲的关于反省的道理：

人的心灵像庭院。
这庭院，既可理智地耕耘，也可放任它荒芜，
无论是耕耘还是荒芜，庭院不会空白。
如果自己的庭院里没有播种美丽的花草，
那么无数杂草的种子必将飞落，
茂盛的杂草将占满你的庭院。
出色的园艺师会翻耕庭院，除去杂草，
播种美丽的花草，不断培育。
如果我们想要一个美好的人生，
我们就要翻耕自己心灵的庭院，将不纯的思想一扫而光，
然后栽上清纯的、正确的思想，
并将它培育下去。

稻盛先生说，当年在读到这些话时，不禁感叹："就是这个道理！""反省就是耕耘、整理心灵的庭院"，詹姆斯·艾伦表达所说的这个道理令人顿悟。在心灵的庭院中，我们播种正确的思想就能收获美好的果实，我们播种错误的思想或者管理，那么收获的就是恶果和杂草。

稻盛先生曾说，"要在悔悟中生活"，指的就是每天都真诚地进行自我反省。

稻盛有一个特别的习惯，就是每天面对镜子进行自我反省。

每天早晨，他都会站在盥洗室的镜子面前，面对镜中的自己，将前一天的事情如电影镜头一般一一在脑海中回放，回想自己是否有不当的言行，是否表现过傲慢的态度，是否犯了不该犯的错误。

若是有过，他就会对着镜子大声道歉："老天，对不起！"

"很抱歉，我对我的错误态度和行为道歉！"

稻盛的这个习惯已经保持了 30 年。他说，不知道从何时起，只要他在家里的盥洗室中，家人就不会去打扰他。

这就是稻盛先生自创的每日反省法。或许我们每个人反省的方法千差万别，但是，最重要的不是方法，而是我们是否真正明白反省的重要、是否经常坚持自我反省。

人性总是让我们容易拜倒在金钱和荣耀的脚下，容易屈服于本能的欲望和周围的环境。不论我们取得了多么大的成就，如果不能够坚持自我反省，那么骄傲、自大、虚荣、贪婪这些杂草将侵占我们的心灵庭院，原来所得到的一切都有可能失去，而我们的人生也会偏离正道。

每日的反省，能够帮助我们拔出心灵的杂草，对人格的塑造尤为重要。每天都给自己留出一点时间，静静地反省：今天的工作我是否尽职尽责？面临的机会有没有抓住？待人接物是否坚守诚信？牵扯到小惠小利有没有做到低调忍让？在挫折面前是否坚韧顽强？心态是否良好平和？追求成功的信念有没有过动摇？

就这样自我反省，一旦有了不好的念头、做了不好的事情就立即改正。将自省作为每天的必修课，在每天的自省中，不断修正错误的、巩固正确的；通过反省净化灵魂、磨砺心智、提升人格，将心灵庭院中的杂草一一拔出，播种正确积极的思想和善良的种子，辛勤地耕耘、整理我们的心灵庭院，必将收获满是鲜花的乐园。

态度是消极的，结果亦将为负

人生悟语

企业的经营者，即使身处最难熬的逆境中，也要保持积极的态度。

“态度决定一切！”这是美国著名演说家诺曼·文森特·皮尔的一句名言。态度是一种神奇的力量，它扎根在人的思想深处，左右着我们的每一次选择。如果说人生就是由每一次选择构成的方程式，那么态度最终也决定了人的一生。

积极的态度能够点燃我们内心的希望，激发沉睡的潜能，让我们在面对顺境时保持清醒、不骄不躁，让我们在面临逆境时保持乐观、不气不馁；消极的态度却让我们经不起一点风浪，在困难和不幸面前缴械投降，不思如何解决问题、挣脱苦难，却把时间浪费在悲叹和抱怨上面。

稻盛先生曾多次强调乐观态度的重要性，尤其是企业的经营者，即使身处最难熬的逆境中，也要保持积极的态度。稻盛和夫的这些感悟和他的人生经历有着很大关系，当初，他也是从悲观的人生态度中走出来的呢！

稻盛和夫先生年轻时的路程走得不太顺利：怕发生什么偏偏发生什么；想做的事情也大多事与愿违。

中学升学考试失败之后，他就感染了结核病。虽然当时结核病不是绝症，但是他的家族里有两位叔叔和一位婶婶都被结核病夺去了生命，他的家族因此被人称为“结核病家族”。

结核病带来的病痛和死亡，使恐惧和悲伤在他心里久久挥之不去。他非常害怕被感染，当初叔叔在家中疗养时，他总是避之不及，躲得远远的。结果后来，在叔叔身边看护着的父亲没有被感染、对结核病不以为意、认为不会轻易被传染的哥哥也好好的，只有他被感染了。

稻盛和夫想起邻居阿姨送给他的《生命的真相》一书中提到过："我们内心有个吸引灾难的磁铁。生病是因为有一颗吸引病痛的羸弱的心。"他感到费解：为什么偏偏是自己病了呢？也许真的像书中所说的那样，自己消极的心引来了病痛。

稻盛和夫的结核病好不容易治愈了，终于可以回到学校读书了。可是，战胜了病痛的稻盛并没有从此摆脱失败和挫折的纠缠。满心期待的大学入学考试不合格，没有考入第一志愿的大学。进入了本地的大学之后，成绩一直不错，以为可以找到一份称心的工作；可是，毕业时赶上了经济大萧条，参加多次就业考试，屡战屡败。在大学老师的关照下，他终于在京都的电磁制造厂谋得了一个职位；然而，这个公司简直就是一个烂摊子，说不定什么时候就会倒闭，到期发不出工资是家常便饭，管理公司的家族不但不努力思考让公司起死回生的办法，反而在闹内讧！

"为什么！为什么倒霉的总是我？好事不敲门，坏事却不断。费尽心力进入的公司竟然是这般样子！"稻盛心中的不满和怨恨越来越多。和稻盛同期进入公司的同事们每天都在商量着什么时候辞职。不久，同事们都跳槽离开了，只剩下稻盛一个人留在公司。他也不是没有过离开的念头，只是当初因为恩师的关系才能进入公司，虽然有抱怨有不满，却不能这样就放弃。

中国有句话叫作"置之死地而后生"，当稻盛跌入了人生低得不能再低的低谷时，他的心态反而有所转变了。他想，与其抱怨时运不济、怀才不遇，还不如好好工作，也许还有改变现状的可能。之后，他的心情豁然开朗，一心一意进行研究，成果有目共睹，随之获得上司的好评。而这些积极的成果推动他更加认真地工作，取得更好的结果，从此稻盛进入了"积极——努力——收获——更积极——更努力——更多收获"的良性循环。

稻盛先生的人生经历告诉我们，命运并没有既定的轨道，不同的态度决定了人生的不同方向，积极的态度能推动人们迈向成功，消极的态度只会使人陷入恶性循环的怪圈。态度生长在我们的思想深处，它影响着我的思维和判断，控制着我们的情感和行为，牵引着我们的人生方向。在人生的数轴上，消极的态度只会将我们引向负无穷，让我们在“负”的路上越走越远。

事实上，与其扼腕哀叹，不如挽起袖子努力工作；与其抱怨时运不济，不如打起精神、做好准备等待机会的到来。无论何时，保持积极的态度，即使我们一无所有，至少还能以乐观的态度去生活。

永怀乐观向上的心态

人生悟语

快乐的心才能使成功到来。即使是在人生的最低谷，也要保持乐观向上的心态，将心中的疑虑、失望、自暴自弃统统清除，坚信只要坚定不移、奋起拼搏，逆境和痛苦终会过去。

稻盛先生相信：我们无法选择出生于什么样的年代，我们也无法改变整个社会和所有人；但是，我们可以选择对待生活的态度，我们可以改变自己的思考方向。佛家有云：物随性转、境由心生。如果一个人心中是快乐的、积极的，那么事物在他眼里都会有美好的形态；如果一个人心里装的是悲观和消极，那么事物也都面貌可憎。

有一个老太太，大家都叫她“哭婆婆”，因为她整天都坐在路口哭。

一天，一位禅师路过此地，就问她缘由。老太太告诉禅师：她有两个女儿，一个嫁给了卖鞋的，一个嫁给了卖伞的。晴天的时候，她就想起了卖伞的女儿，担心她的伞会卖不出去，因此伤心而哭；雨天的时候，她又想起卖鞋的女儿，想她的鞋一定不好卖，因此也伤心落泪。所以，不论晴天下雨，她总是哭。

禅师听罢，对婆婆说：你为什么不这样想呢？晴天的时候，你那个卖鞋的女儿生意好；雨天的时候，你卖伞的女儿生意好，不论晴天还是雨天都值得高兴啊！

听了禅师的一番话，老太太顿悟。从此，街头便有了一个总是乐呵呵的“笑婆婆”。

有时候，事物的好坏其实在于我们内心的想法。就算是半杯水，悲观的人看到了会说：真倒霉，只剩下半杯水了；乐观的人会说：真幸运，居然还有半杯水。

相信每朵乌云都镶有金边，相信风雨过后一定有晴美的天空——这就是乐观。乐观是一种积极的人生态度，它能够让人拥有身处逆境而不抛弃、不放弃的坚定信心和旺盛斗志，让人在纷争杂乱的现实中保持快乐的活力和豁达的心境。

纵观我们周围，但凡有建树的成功人士，无不有着乐观向上的精神。

稻盛在一次记者会上谈及领导者心怀乐观向上态度的重要性。

“领导者的态度对于组织来说极为重要，不管他的态度是消极的还是积极的，都将对组织的生产力、员工、客户和投资方产生直接的影响。领导者必须保持乐观向上的心态，才能坚定继续前进的决心，才有面对危机的勇气。

“在经济萧条时，领导者的乐观心态就更为重要。以一颗乐观的心去接受现实，并冷静地制定策略去改变现实或者改变被动的局面，相信一定有否极泰来的一天。只有领导者乐观、冷静、沉稳，才能带领整个组织朝着正确的方向走。”

有记者问及稻盛，这种乐观的概念是否可以应用在日常生活中，稻盛引用了作家罗伯特·舒勒在《成功无终结，失败非绝对》一书中的话：

“对人生保持正面的看法是成功的先决条件。”

稻盛先生说，永怀乐观向上的心态、相信人生终将如你所愿，这是很重要的。从期待一个好的结果开始，不是很好吗？

在风云变幻的商海沉浮中，稻盛先生之所以能成为日本乃至世界家喻户晓的经营大师，其中不可缺少的条件就是乐观向上的心态。

这样的例子古今中外不胜枚举。

当年苏轼被贬黄州，仕途失意、路上逢雨，却吟咏徐行，作出一首《定风波》：“莫听穿林打叶声，何妨吟啸且徐行。竹杖芒鞋轻胜马，谁怕？一蓑烟雨任平生。料峭春风吹酒醒，微冷，山头斜照却相迎。回首向来萧瑟处，归去，也无风雨也无晴。”这是怎样一种胜败两忘的乐观、笑看风雨的气度！这又是怎样不畏艰难、胸怀激荡的乐观精神。

或许我们很难成为征战商场的企业家，也不能成为名垂青史的伟人，但是只要保持乐观向上的心态，我们就能战胜困难、就能大胆拼搏，成为最成功的自己。

用心渴望的目标才可能达成

人生悟语

内心不渴望的东西，永远不可能靠近自己。你达成的事情都是你曾经在心底里渴望过的；如果没有过渴望，那就即便是能够实现的事情也实现不了。

稻盛先生相信：内心不渴望的东西，永远不可能靠近自己。你达成的事情都是你曾经在心底里渴望过的；如果没有过渴望，那就即便是能够实现的事情也实现不了。

我们在祝福别人做事顺利的时候都会说“心想事成”。所谓“心想事成”，是说我们心里所想的都会成功。这种“想”，就是强烈的渴望。

在我们周围，具备同等的能力也付出了同样的努力，有的人成功了，有的人却没有。其中的差距在哪里呢？有的人说是运气不同，其实更重要的原因是对目标的渴望程度不同。曾有人说：“人的能力的唯一限制就是他渴望的程度。”虽然这样说有些绝对，但是其中的道理却是值得我们思考的。

我们每个人都有自己的目标，也希望达成。但是，只是一般的“想”是不够的。很多时候，我们只是想要，而没有告诉自己说一定要；很多时候，我们只是渴望拥有，却没有努力创造；很多时候我们只是想着“如果能够这样就好了”，只是抱着可有可无的心理，而没有痛下决心不达目标绝不止步。

只有用心渴望的目标才可能达成，只有近乎疯狂的强烈的愿望才能让我们不论何时何地，哪怕是最凄凉、背运的时候也能够守护心中不灭的热情，去努力、再努力。

曾经有一位美国的年轻人，他穷困潦倒，有时候实在揭不开锅了，甚至想过把自己的爱犬卖掉。但就是这样，他仍然坚守着自己的梦想，渴望有一天能够实现。他希望自己能够进入好莱坞拍电影，成为一名出色的演员。

但是，他的试镜总是失利，因为他的眼睑下垂、声音也不够高亢。他想，我没有办法改变自己的外形，那么就另寻一条通往梦想的路吧。由此，他开始为自己量身定做剧本，希望通过好的剧本打开梦想的大门。

在一个纠结抑郁的晚上，他满怀心事地换着看电视频道。偶然间转到了一次拳击比赛的直播，他看到了阿里与一位毫无名气的拳击手查克·威普勒对决的画面，灵感瞬间而至！他用了 3 天时间就写出了新的剧本，并带着新剧本去拜访好莱坞的电影公司。

当时，好莱坞有 500 家电影公司，他一一拜访，却没有一家公司对他和他的剧本表示出兴趣。面对这百分之百的拒绝，他没有放弃，对梦想的渴望不允许他放弃。他打起精神，又从第一家开始，继续第二轮、第三轮、第四轮的拜访和自我推荐。在遭到了 1849 次拒绝之后，在第四轮行动的第 350 次拜访中，电影公司的老板终于答应先看看他的剧本。

几天后，这家公司看中了他的剧本，想要将其拍成电影，条件是让一个更有名气的明星来演男主角，甚至开出了 1.8 万美金想买断他的剧本，但是他没有被金钱打动，坚持要自己出演。后来这部电影的票房超过了 2.25 亿美元，一举斩获当年奥斯卡最佳影片和最佳导演奖，成为最大的一匹黑马。

这部电影叫《洛奇》，这位年轻人就是美国电影巨星西尔维斯特·史泰龙。

史泰龙的成功告诉我们：莫在倦时退场，力量来自渴望！强烈的、近乎疯狂的渴望，能够坚定我们的信念，在我们遭遇挫折时、在我们灰心丧气时给我们前进的力量。

想要达成目标、想要成就事业就不能没有这种强大的力量。我们对目标的渴望必须是每分每秒、无时无刻不在的，要将这种渴望融进我们的血液、浸入我们的骨髓，仿佛呼吸的空气中都是对目标的渴望。

对目标的渴望达到了这种“狂热”的程度，我们身上的雷达就会全面启动，映入眼帘的每件事物、敲击耳膜的每个声音，我们都会将之与渴望着的目标相联系。在派对上远远看到的某个人，能够帮助你达成目标，那么他就成了你全力去接触的人；别人不经意的一句话，其他人听到没有想法，说不定就能给你带来新的灵感。

正如稻盛先生所说的：“绝妙的机会总是在最不起眼之处，只有强烈地渴望自己目标的人才能看得见。”

凭一股傻劲迎向困难和挑战

人生悟语

认真、拼命、努力工作，这些看似平凡，却是我们成功的真谛。

稻盛先生认为，认真、拼命、努力工作，这些看似平凡，却是我们成功的真谛。正如龟兔赛跑当中那只傻傻的乌龟，明知道以自己的速度根本赢不了健步如飞的兔子，可就是硬凭着一股子傻劲一步一步地“跑”在了兔子前面。我们小时候唱的儿歌《蜗牛与黄鹂鸟》，蜗牛背着重重的壳一步一步地往葡萄树上爬，黄鹂鸟嘲笑它：“葡萄成熟还早得很哪，现在上来干什么？”蜗牛傻傻地答道：“阿黄阿黄鹂儿不要笑，等我爬上它就成熟了。”

我们身边一定有这样的例子。有的人认真学习能得到 80 分，有的人头脑聪明却不好好学，但也能拿到60分。后者说前者是个“只知道傻读书的呆子”，“我要是认真读书，拿100分也都不在话下”。

可是，实际上在工作和生活中，能取得成功并不是只凭聪明，那些天生愚笨却能凭着一股傻劲拼命努力、硬是克服困难、硬是战胜了挑战的人，也大多都获得了成功。

2007年一部叫作《士兵突击》的电视剧占据了中国各大电视台的黄金强档，2007年有一个叫作“许三多”的士兵走进了人们的心田。《士兵突击》就是讲述这个叫作许三多的农家娃子是怎样用一股傻劲儿成长为“兵王”的故事。

许三多有很多外号，“许木木”“许三呆”，因为所有接触过他的人，班长、连长、战友，都觉得这个人实在是太傻了。确实，许三多很傻，傻到连向后转都会拧着腿，傻到他的连长只拿他当半个兵看。

因为新兵训练表现不好，他被分到了五班。这个班在远离人烟的地方驻守着重要管道，这个班被称为“孬兵的天堂”，这里都是即将退役的老兵，仅有几个人的五班每个人都做一天和尚撞一天钟，没有人再重视训练和纪律了。只有许三多，傻乎乎地不在乎新战友的眼光，一个人在草原上踢正步，一个人坚持着早起、训练和打扫；因为班长老马的一句话，他就在驻地的空地上硬是用石头修成了一条路。正是这样的傻劲儿感动了团长，让他进了响当当的钢七连。

在钢七连里，许三多并不招人待见，身为坦克兵的他竟然晕车，大大拖累了他所在的三班的成绩。为了治好他这个晕车的毛病，三班长史今建议他练习腹部绕杠。当时，腹部绕杠这样的技能是七连人人都会的，可是许三多却连单杠都爬不上去。在大家的帮助下，他终于能够做27个腹部绕杠了。后来，三班长为了改变连长对他“半个兵”的看法，让平时最多只能做27个腹部绕杠的他做50个。连长不相信这“半个兵”能战胜自己，答应只要他做到50个就把三班失去的先进集体还给他们。

就这样，许三多在单杠上如上了发条一样不停地绕着，早就超过了50了，班长告诉他，还差得远呢，他就继续做，一直做了333个，打破了全连的纪录！战友、班长都被他的意志打动了，连长也因此对他刮目相看。

“安静，安静，只有风只有我，我一直在飞，一直在飞。”

“人前的眩晕和说不出的苦处，这就是成功的味道吧。”

这就是凭着一股傻劲儿在单杠上不停绕着的许三多当时所想。

后来，他还是凭着这股傻劲在改编后的钢七连坚守了半年的营房；凭着这股傻劲，在特种兵的训练演习中，穿越一次又一次精心设计的圈套，经历一次又一次残忍的折磨，从高空跌下时还依然保持着战斗的状态。

许三多的傻劲，不是愚笨，而是一种坚持，是执着、是认真、是奋进、是乐观，用钢七连的话说就是“不抛弃、不放弃”。

许三多说，好好活就是做有意义的事；有意义的事就是好好活。让我们向这个一身傻劲的士兵学习吧，凭着一股傻劲和拼劲去战胜困难和挑战，赢得最精彩的人生！

人生是一个大舞台，人人都有自己的角色，人人也都有自己的表演方式。天生有着好形象的演员固然能够得到一时的青睐，成为“偶像派”；但是如果想要在人生的舞台上演一出精彩的戏、想成为主角，即使你是天生有着好条件，也必须用一种不达目的绝不止步的“傻劲”去提升自己的表演能力，将自己打造成一个“实力派”，只有这样才能不被命运这位导演赶到跑龙套的位置。

以策略取胜的成功难长久

人生悟语

正如人生需要策略一样，企业经营中也需要策略；但是，这是指企业在正确的轨道上进行自我规划和发展的战术战略，而不是不择手段地用阴谋诡计打击对手。

在人生的路途中，我们总是会不可避免地遇到这样那样的困难、面对随时都可能出现的挑战。为了生存，为了达到我们的目标，我们通常都会制定一些策略来应对困难和挑战。描绘我们人生的发展愿景、制定实践理想的计划和步骤、思考克服障碍的方案等等，这样的策略在生活和工作中是必要的，也是重要的。

但是，不乏有些急于求成、自认聪明的人，耍花招、玩阴谋、走“捷径”，以此来达到目标。这样的人最终是否能够保持成功呢？也许我们从大自然的一些例子中能够得到一些启发。

墨斗鱼能够在水下喷出一团黑色的墨液来隐藏自己。在遇到危险逃跑时，它使出这个诡计，就可以搅浑海水，顺利逃脱；在进攻时，它同样也会施展喷墨液的诡计，不费吹灰之力，便能捕住小鱼小虾。

本来，渔民们要想捕捉到墨斗鱼并不容易。但是墨斗鱼喷出的墨液会浮上水面，渔民们根据水下冒出来的一团团墨液，就能精准地确定墨斗鱼的位置，据此位置撒下大网，轻而易举就能捕到墨斗鱼。

卷叶虫是一种树虫，有手指那么大，卷叶虫没有嘴，它的整个身体就是一张大嘴。卷叶虫也有自己的计谋：它常常会把自己缩成一团儿，伪装成树上的一片卷起来的叶子，并且吊在树枝上。那些需要做窝的虫子们，经常会以为这是一片卷起来的叶子，于是便爬过来，钻到里面，开始在里面做窝，却不知已经爬进了卷叶虫的大嘴里。卷叶虫只要将身子缩紧，就将钻进来的虫子吃掉了，简直再简单不过了。

但是，卷叶虫的诡计却骗不过黄翅鸟。黄翅鸟专门观察树叶中有哪一片是吊在树枝上卷成一团儿的，它专门挑这样卷起来的叶子吃。卷叶虫自然逃不过死亡的命运了。

据一项调查表明，世界上那些喜欢利用诡计生存的动物反而更容易受到威胁，它们遭遇危险的概率或者它们被其他动物吃掉的概率，总是大于那些没有伎俩可施的动物。

从动物界的例子思考人类社会的现象，是不是能够有所悟呢？确实，靠着阴谋诡计即使能够得到一时的成功，也难以保证不被自己的诡计所害。

阴谋诡计终不能长久，攻于计谋者终被计谋所误。在稻盛先生看来，靠着策略取得的成功终难长久。

商场如战场，在残酷的市场竞争中，胜者为王、败者为寇就是潜在的规则。为了生存，更为了发展，人人都想方设法在竞争中获得有利位置，其中一味追求自身利益而不惜要弄手段、玩阴谋诡计的人并不少见。在“生存”大旗的掩盖下，用些狡猾甚至卑劣的办法进行“自我保护”好像都成为正大光明的事情了。商海沉浮几十年，稻盛先生对此却不以为然。

稻盛先生认为，正如人生需要策略一样，企业经营中也需要策略；但是，这是指企业在正确的轨道上进行自我规划和发展的战术战略，而不是不择手段地用阴谋诡计打击对手。处心积虑、费尽心思去给竞争对手设置圈套，可能一时会得利；但是对方也一定以其人之道还治其人之身，用陷阱回敬。如此一来，先前得到的一点小成功可能毁于一旦不说，还很可能陷入无尽无休的诡计大战中，在这种不良竞争的泥沼中越陷越深，导致对公司核心业务发展投入的精力不足，最终吃苦头的还是自己。

也许，要一些狡猾的“策略”确实能够快速地获得想要的成功；但是，这样的成功绝不会长久。

有时，用点“策略”走捷径确实能够更快地抵达成功；不过，踏踏实实地走正道，可能是有些绕远，却能够保证成功的稳定性。做人做事，都要谨记一个道理：人间正道是沧桑。

第九章
“晚稻人”成长法：必有雄心壮志方能一见青天

我们无法致力于连自己都不相信的事

人生悟语

唯有相信，才能有梦想成真的那一天。

小时候不幸感染结核病，康复之后又遭遇了升学考试的失利，毕业后遇上经济萧条，好不容易就职却进入了一家连年亏损、随时可能倒闭的公司。这样一路跌跌撞撞走过来的稻盛和夫最终还是取得了成功。如果要问及他成功的最大因素，一直强调“信心”“热情”的稻盛先生也许会给我们这样的答案：“因为我相信自己，相信自己能够成功。”

“相信自己能行”，稻盛先生的这个理念也是从经营之神松下幸之助先生那里学到的。

大概在 20 世纪 60 年代的时候，稻盛和夫去听了松下幸之助题为“企业管理的贮存法”的演讲。松下幸之助说：“经营企业一定要善于做好贮存工作，就像是一个蓄水池需要保持一定的蓄水量一样。”

在自由提问环节时，一位听众站起来说：“松下先生，我非常赞同您的这个观点。可是，我总是缺少资金。在资金缺乏的情况下，我要怎么样进行贮存呢？”

松下先生笑着对这位听众说："这个问题我也解答不出来。但是，你还是要相信贮存的重要性，总有一天，你要用到它的。"

听到这样的答案，大家都感觉好笑；但是有一个人却很认真地记下了这些话，他就是稻盛。他从中听出了这样的道理：我们一定要相信，事情是可以做到的。

的确，稻盛先生如果不相信他能够成功，就不会创立京瓷公司，就不会带领着京瓷跻身世界一流公司的队列中，也不会成为今天的经营大家了。

如果我们总是对自己说："这简直是异想天开！这件事情根本不可能完成！我根本做不到！"那么，就真的永远做不到了。我们无法致力于连自己都不相信的事情，既然不相信，就难以有持久的动力；既然不相信，就没有对抗各种困难的决心；既然不相信，又何来开拓创新的勇气呢？

唯有相信，才能有梦想成真的那一天。稻盛和夫的这个理念，影响了成千上万的人，其中，也包括下面这个 13 岁的小姑娘。

她叫野上田女，在小学五年级时，她听到了学校新来的音乐老师演奏的爵士乐。爵士乐丰富多彩的和声效果和自由活泼的节奏感，令野上深深着迷。"能演奏出如此美妙的音乐将是一件多么幸福的事啊！"野上由此萌发了加入学校吹奏乐器部爵士乐队的想法。

可是，当时的野上田女，没有一点音乐基础，更别说学过什么乐器了。她在乐队里担任鼓手，但实际上她接触打鼓的机会少之又少。一切从零开始，什么时候才能演奏出一首完整的曲子啊？野上对此充满了无力感。

但是，她没有放弃。她不停地告诉自己：我可以的，我相信我能行！她每天握着鼓槌敲击隔壁屋子里的桌子，把这当成是基础训练。当隔壁传来同学演奏的优美曲调，而她面对着毫无生气的桌子拼命地练习，有过多少次，她都泪流满面，想要甩手不干了。每到这个时候，心里的声音都会响起：相信自己吧，你一定能成功的！

这个信念支持着她度过了艰苦的基础训练期，当她第一次演奏成功时，兴奋得手舞足蹈。一年后，她作为乐队的骨干之一，和同学们参加了全国性的音乐比赛。舞台上的她，再也不是满眼泪光的练习生，而是一个技术成熟、全心投入的演奏者。最后，他们获得了那次比赛的最高演奏奖。

现在的野上已经是初中一年级，在爵士乐演奏方面获得的成绩让她对其他事情也都抱有信心。她参加了学校的网球组，在网球运动方面也定下了很高的目标；她还想学英语，希望以后能够从事国际性的工作。

她说："也许现在看来我的理想都有些不切实际，但是我相信，我能行。"

这位野上田女是稻盛先生的读者，稻盛读了她的故事之后，被她的故事深深感动。稻盛在写给野上的评语里说，野上是个有着美好心灵和坚韧毅力的孩子，他相信野上现在所描绘的梦想一定能够实现。

如果你现在也在为梦想努力，如果你也有想要放弃的时候，那么请在心里记住这样一句话吧："我相信我可以！我一定能做得到！"

水手和死亡的间隔，只有一块甲板的距离

人生悟语

在晴天修屋顶，永远不等到雨天。不论市场如何变化，我都坚持在企业中储备一定的现金。有了雄厚的积累，再遇到危机，我都有体力支持下去，找到机会，转危为安。

稻盛先生曾多次告诉人们：要时刻保持危机意识。就像那句流传在海员中的俗语所说："水手和死亡的间隔，只有一块甲板的距离。"危机越远，越容易让人产生懈怠。曾经有这样的一个实验，把青蛙丢进滚烫的沸水中，它一下就跳了出来；但是，如果把它放进温度舒适的温水中，它不但没有跳出来，反而在水中悠然自得地游起泳来，将水慢慢加热，青蛙浑然不觉，最后被活生生地烫死。

很多企业也是如此，新创立的公司面临设备、资金、客户、市场等各方

面的危机，总是能够抱着时时刻刻战战兢兢、时时刻刻如履薄冰的态度，不断去创新、提升、拓展。然而，当公司发展到一定规模，有了高级的设备、充裕的资金和稳定的市场之后，反而丧失了在危机下做事的那种拼劲儿和干劲儿，没有了力争上游的积极态度和对工作的高度热诚，这才是最大的危机。

和稻盛一样，许多成功的大企业家都认为危机意识不可少。比尔·盖茨曾经说过："我们离破产永远只有 90 天。"许多知名大型企业都在增强危机意识方面下了功夫。

世界上最大的航空制造公司——著名的波音公司，为了增强员工的危机意识，别出心裁地摄制了一部模拟公司倒闭的电视片。这部片子的主要内容是：在一个天空昏暗的日子里，波音公司一派颓废景象，厂房高处挂着一块牌子，上面写着刺眼的大字"厂房出售"；扩音器中传来带着悲痛的声音："今天是波音公司时代的终结，波音公司已关闭了最后一个车间。"员工们一个个垂头丧气地离开了工厂。波音公司将这部电视片在员工当中反复播放，员工们都受到了巨大的震撼，激起了公司上下的危机感。员工们在危机意识的推动下，不断开拓创新，使波音公司一直走在世界前列。

波音公司的这个做法告诉我们，企业也好，作为个体的人也好，要想不被打垮、永远立于不败之地，就必须时刻保持危机意识，居安思危、防患于未然。

如果连危机意识都没有了，那么危机就会像潮水一样铺天盖地地向你袭来。危机并不可怕，只要准备充分、调整好心态、应对得当，危机也会变成生机；丝毫没有危机意识，才是最大的危机。

稻盛先生在一次讲座中谈到了"危机"这个话题。

稻盛说："在豪华巨轮上的乘客和在简陋船板上的人，对危机的想法难免会有不同。但是，如果没有忧患意识，危机却不会对他们区别对待。"

在残酷的市场竞争中，如何能够使企业保持发展力、如何能够规避那些威胁企业的暗礁，稻盛有自己的原则和做法。

"我做事的原则就是，在晴天修屋顶，永远不等到雨天。不论市场如何变化，我都坚持在企业中储备一定的现金。有了雄厚的积累，再遇到危机，我都有体力支持下去，找到机会，转危为安。”

稻盛先生的做法，其实就是中国古语中常说的“未雨绸缪”。时刻保持危机意识就会迎来“生机”，没有危机意识就会面临“杀机”。

伊索寓言里有一则这样的故事：有一只野猪对着树干磨它的獠牙，一只狐狸看到了就问它：“现在没看到猎人，你为什么不躺下来休息享乐。”野猪回答说：“等到猎人和猎狗出现时再来磨牙就来不及了。”如果不是这样时刻做好面临危机的准备，等到猎人出现，野猪也就难逃死亡的命运了。

其实，不论是国家、企业，还是个人，未雨绸缪、保持危机意识，都是规避危机的最好方法。国家如果没有危机意识，那么这个国家在世界舞台上将难以得到重视；如果一个企业没有危机意识，那么这个企业在经济全球化的浪潮中，如何经得起一次又一次的挑战呢；如果一个人没有危机意识，也将变得不堪一击。

以热情和热忱为动力，让不可能成为可能

人生悟语

能够完成一件新工作的人首先要坚信自己是有成功“可能性”的人，对自己即将要从事的工作充满饱满的热情，才能最大程度地发挥自己的潜能，取得卓越的成绩，让不可能变成可能。

美国著名作家爱默生说：“有史以来，没有任何一项伟大的事业不是因为热忱而成功的。”成功的事业需要全身心地投入，而全身心地投入，则需要依靠发自内心的激情。对成功而言，热忱或激情是必不可少的。要想取得成功，每个人都要有足够的热情和热忱，成功者一定要有强烈的好胜心，这点不只表现在田径场上，在商场上更是如此。

稻盛先生告诫我们要坚持锲而不舍必定成功的信念。能够完成一件新工作的人首先要坚信自己是有“可能性”的人，对自己即将要从事的工作充满饱满的热情，才能最大程度地发挥自己的潜能，取得卓越的成绩，让不可能变成可能。

稻盛先生指出，所谓可能性，是指“将来的能力”。如果根据现在的能力判断自己“行还是不行”，那就永远也做不成新的事情或困难的事情。

在追求成功的过程中，稻盛和夫始终保持足够的热情与热忱，把一个个其他人看来不可能的事变为可能，一个起初微不足道的小公司，如今已立足于世界五百强。

像稻盛先生一样用自己的热情和热忱创造奇迹的还有很多。

拿破仑发动一场战役只需要两周的准备时间，换成别人会需要一年。之所以会有这样的差别，正是因为他那无与伦比的热情。战败的奥地利人目瞪口呆之余，也不得不称赞这些跨越了阿尔卑斯山的对手：“他们不是人，是会飞行的动物。”

拿破仑在第一次远征意大利的行动中，只用了 15 天时间就打了 6 场胜仗，缴获了 21 面军旗、55 门大炮，俘虏 15000 人，并占领了皮德蒙德。

在拿破仑这次辉煌的胜利之后，一位奥地利将领愤愤地说：“这个年轻的指挥官对战争艺术简直一窍不通，用兵完全不合兵法，他什么都做得出来。”但拿破仑的士兵也正是以这么一种根本不知道失败为何物的热情跟随着他们的长官，从一个胜利走向另一个胜利。

我们敬佩拿破仑，但我们更应该赞美拿破仑手下那些具有无比热情的士兵，他们才是最伟大的人。对工作、生活的热忱态度可以激发自身的活力。

心理学家威廉·詹姆斯在 1878 年写给妻子的一封信里，表现出这种思想：“我经常想，为一个人的品格下注脚的最好方法，应该是去找出他的精神或态度来，尤其是发生某些特别事件的时候，使他能感觉到自己最深刻、最活跃的生命来。在这种重要时刻，通常会有一种声音在他内心深处呐喊：‘这是真正的我啊！’”也就是说，兴奋时刻会把我们的真正面目呈现出来。因为，感觉到“最深刻、最活跃的生命”，正是最令人兴奋的事。

热忱的态度是我们工作能否成功的重要因素，因为情绪的动力是促成我们向前进的力量。

彭奈连锁店业的创始人彭奈经常到分公司去视察业务。他检查下面的工作，不像其他老板那样查问账目，甚至连经营情况也不过问，而是在营业最忙的时间到店里去进行实地考察。

一次，他到爱达荷州一个分公司去视察。下午4点正是生意最忙的时候，他一到那里，没去找分公司经理，直接就到店里“逛”了起来。

他来到食品部，看到卖罐头的店员正同一位女顾客谈生意。顾客认为这里卖的罐头较贵，店员因说话没有技巧而打消了顾客的兴致，她连已经挑好的罐头也不要了，掉头就走。

“这位女士请留步，”彭奈赶上去说，“你不是要青豆罐头吗？我来给你介绍一种又便宜又好的产品。”女顾客不好意思走开，店员虽然不认识彭奈，但看他的气度，既热情又那么在行，也就按他的要求，从货架上取下彭奈所介绍的罐头。

彭奈拿起青豆罐头说：“这种牌子是新出的，它的容量多一点，味道也不错，很适合一般家庭用。刚才我们店员拿的那一种，色泽是好一点，但多半是餐馆用，他们不在乎贵几分钱，反正羊毛出在羊身上，家庭用就不划算了。”

“是嘛，”女顾客看着罐头，插上话来，“家里用，色泽稍差一点倒也无所谓，只要不坏就行。”“质量方面请您大可放心，您看，这上面有检验合格的标志。”

这笔生意顺利谈成了，顾客高兴地购货回去。他又很耐心地给这位员工讲起了卖货的技巧，告诉员工要根据顾客的需求来推荐货物，公司的每种产品都是好的。

彭奈虽然读书不多，但他有非常可贵的热情的态度，很快就赢得了顾客的心。彭奈公司之所以能由一个零售店变成连锁店遍布全美的大企业，靠的就是彭奈这种对客户、对工作非常热情的态度。

爱默生说："一个人，当他全身心地投入自己的工作之中，并取得成绩时，他将是快乐而放松的。但是，如果情况相反的话，他的生活则平凡无奇，且有可能不得安宁。"

没有热情的生活，就无法完全体验生活的奇观异景、喜怒哀乐和悲欢离合。饱含热情的生活会使你体会到你的心智正在发挥到极致，热情就是驱使你超越障碍、实现梦想的能量所在。如果你将热情持续地注入你的生活和事业中，想象一下，你的生活将变得多么丰富多彩。当你根据你的人生目标确定了你的活动和计划并发扬你天生的强项和喜好后，热情将随期而至。此时你将开始用睁大的眼睛，看着充满希望、奇迹和喜悦的每一天。

每个人的热情都是与生俱来的，我们之所以不能始终保有热情，就是因为我们在屡屡遭遇不公，屡屡碰壁，屡屡体味失败之后，而逐渐远离了它。而回视我们的点滴成功，无不是热情坚持带来的。正如一位伟人所言："任何一个伟大事业的成功都是一次热情的胜利。"

当然，高昂的激情来自强烈的责任心。责任是一个人立身与做事的基本条件，从创业初期起，公司业绩很不景气，面临很多在当时看来无法克服的困难，但如果你不这样去做，作为一家没有业绩的新兴中小企业，你就根本拿不到项目，这就意味着有更多的人面临失业。

稻盛先生说，很多项目我们没有指望做成。但是，我绝对不说"我做不到"，也不含糊其辞地说"也许可以"，而是鼓起勇气断言"我能行"，每个困难的项目承揽下来，每一次稻盛的部下都不知所措，畏缩不前，他给部下出主意让他们如何去做，并饱含热情地告诉他们如果该项目成功的话将给公司带来多大的好处，用自身的热情鼓励员工，激发他们的热情，使所有相关人员产生饱满热情，努力接受挑战。

京瓷公司取得如今的业绩，是坚持以热情和热忱为动力，将一个个不可能变为可能。我们要想在人生道路上取得成功，就需要在工作中培养激情，在激情中愉快工作，提高的不仅仅是工作质量，而且还有人生的境界，做人的价值。热情的工作态度成就着我们的事业，而激情的人生将使我们得以永恒，实现一个个不可能的可能。

把跨栏的高度设置在比现在能力高两三成的高度

人生悟语

在设定目标时，要根据你未来的能力来定，而不是着眼于现在的能力。不要觉得目标高就是不切实际，我们现在做的很多工作，在三五年前看来，不也是抱着怀疑的态度说“不可能”“完成不了”吗？但是现在看来，只不过是简单的工作而已，因为我们的能力已经发展到了能够完成这些工作的程度。

稻盛先生相信人的能力是可以无限延展的，要用“将来时”看待能力，而不是“现在进行时”。假设你的能力可以达到 10，而你在设定目标时只定在 9 或是 8，以此来保证自己一定能够达到目标。长此以往，你确实是可以达到预期的目标了，可是能力却止步不前，甚至会倒退：长久不去做完成 10 这个标准的目标，久而久之也就消磨了原本能够达到 10 的那些能力。反过来想，如果你的能力是 10，你在设立目标时总是比 10 高，而且付出更多的努力去达成，那么你今后的目标就可以越来越有挑战性，你的能力随着目标的升高而提高，你自然会逐渐进步。

稻盛先生就是用这样的方法使他的京瓷公司走上了成功之路。

京瓷公司刚成立初期，最开始生产的产品是提供给松下电子工业的用于电视机显像管上的绝缘零件。为了让公司摆脱只生产单一产品的经营危险，稻盛决定开拓业务范围。他多次向东芝、日立等大型电子企业进行宣传，称京瓷拥有高新技术，能够生产新型陶瓷绝缘产品。稻盛的这个办法并没有奏效，因为这些大企业都有长期合作的陶瓷厂家，况且，京瓷当时还是一家名不见经传的小企业，大企业的工程师们，谁也不放心把订单交给稻盛。

于是，这些工程师们就会问："既然你们有这种新型陶瓷的制作技术，那么这样的产品你们可以吗？"他们给出的都是其他陶瓷厂家不肯接受的高难度、高要求的产品订单。稻盛面对这些订单都十分肯定地回答："我们可以！"

他的做法让京瓷的员工们感到十分费解，明明是不可能做到的事情，为什么要接下这样的订单？稻盛自己也很清楚，以京瓷当时的技术实力确实不太可能完成这些订单的高难度要求。但是，如果说做不出来，京瓷从此就不会再有大客户，企业的前途堪忧；既然答应能做，就必须做出来，否则得到的也将是永远失去这些客户的结果。

京瓷当时既没有相关经验，更没有技术和设备。员工们反问稻盛："连设备都没有，怎么可能做得了？"

稻盛鼓励他们说："没有设备，我们可以去买二手设备来用；就技术来说，我们确实是难以胜任，可这是现在的情况；只要我们肯努力，只要我们全心付出，在未来，我们一定能够达到目标！打起精神来，加油吧！"

定下高目标，再想方设法、不遗余力地去为之拼搏，京瓷的技术就这样一步一步提高起来，知名度也因此而不断提升，从而成就了京瓷的"世界一流"梦想。

稻盛先生的做法是一个提高能力的好办法，根据自己现在的能力，大胆设想未来某一时间点的能力，始终把跨栏设定在比自己现有能力高两三成的高度，定下目标之后，就全力以赴，不达目标决不放弃。

当然，目标并非定得越高越好，目标远大也要有一定限度，如果目标太过遥远，会令员工望而生畏，失败次数多了势必会影响团队士气，两三成的高度也许是比较合适的。这样的目标既能够避免绝对失败带来的消极影响，又能够促使团队努力奋进、不断进步，进而朝着更高的目标循序渐进地进发。

稻盛的做法是，把远期目标定得适当高一些，然后将远期目标分解成一个一个可以分阶段完成的小目标，每当完成一个小目标的时候，就增加了一份成功的信心，也就离成功更近了。

滋养成功的欲望，使之强烈到成为潜意识的一部分

人生悟语

想要成功，就要知道自己想要什么，知道自己该怎么做。“想要成功”是迈向成功的第一步，如果连这个念想都没有的话，那么怎么会将之付诸实践呢？

稻盛先生说自己是一个“敢做梦的人”，很多时候他想要的成功往往超出了别人的预想，但是他还是从未放弃过自己那看似“不切实际”的梦，因为他坚信，但凡能成功的人必是心怀着强烈的成功欲望。“我成功是因为我志在成功。”

想要成功，就要知道自己想要什么，知道自己该怎么做。“想要成功”是迈向成功的第一步，如果连这个念想都没有的话，那么怎么会将之付诸实践呢？

然而，仅仅是梦想得到成功并不够，“想要得到”和“志在必得”是截然不同的。成功与否和成就大小的差别在于你是想要，还是一定要。如果仅仅是想要，可能我们什么都得不到；如果是一定要，那就一定有方法可以得到。

如稻盛先生所说的那样，成功来源于“我一定要”。你必须对成功有着强烈的欲望，将定下的目标牢牢刻在心里，所有的思想和行动都围绕着这个目标进行；滋养你对成功的欲望，使之强烈地渗透到潜意识里，让自己一天二十四个小时都专注于你定下的目标，即使在睡梦中也念念不忘，也就是我们常说的“做梦都在想”。

有一位年轻人，想向大哲学家苏格拉底请教成功的秘诀。苏格拉底并没

有回答他，第二天，苏格拉底把这个年轻人带到一条小河边。

苏格拉底“扑通”一声跳进了河里。年轻人很奇怪，大师不告知我成功的秘诀，难道这是要教我游泳吗？看见苏格拉底在河中向他挥手示意，年轻人稀里糊涂地也跳进了河里。没想到，他一跳下来，苏格拉底立即用力将他的脑袋按进水里。年轻人用力挣扎，刚一出水面，苏格拉底再次用更大的力将他的脑袋又按进水里。年轻人拼命挣扎，刚一出水面，还来不及喘气，没想到苏格拉底第三次死死地将他的脑袋按进水里……

年轻人感觉大师不像是在开玩笑，再这样下去自己就要命丧河中了！求生的欲望使他用尽全身力气再次挣扎出水面，不等苏格拉底反应就疯了似的往岸上跑。爬上岸后，他惊魂未定地指着还在水里的苏格拉底说：“大师，你到底，到底想干什么？”

苏格拉底慢慢走上岸，问年轻人：“你在水里面最想得到的是什么？”

年轻人回答说：“空气！没有空气我就淹死了！”

苏格拉底说：“这就是成功的秘诀。你必须对成功有着强烈的欲望，就像你有着强烈的求生欲望一样。”

心理学上有一个概念叫作“期望强度”，指的是一个人在实现自己想要达成的既定目标的过程中，面对各种困难和挑战所能够承受的心理限度，简单地说，就是成功欲望的牢固程度。

如果一个人的期望强度很低，那么他在残酷的竞争和艰难的挑战面前很容易就会缴械投降；只有那些坚持“我一定要成功”的人，潜意识里充溢着对成功的无限渴望，才会披荆斩棘、永不止步，直到到达成功的目的地。

美国人约翰·富勒家中有 7 个兄弟姐妹，他从 5 岁开始工作， 9 岁时会赶骡子。

他有一位了不起的母亲，她经常和儿子谈到自己的梦想：“我们不应该这么穷，不要相信那些‘贫穷是上帝的旨意’的话。我们穷，但是不能怨天尤人，穷是因为你爸爸从未有过改变贫穷的欲望，家里每个人都胸无大志。”

这些话深深触动了富勒的心，他下定决心跻身富人之列，从此开始努力追求财富。

12 年后，富勒接手一家被拍卖的公司，并且还陆续收购了 7 家公司。他谈及成功的秘诀，他总是回答："我们很穷，但不能怨天尤人，虽然我不能成为富人的后代，但我可以成为富人的祖先。"

强烈的成功欲望是成功的起点，正如小火苗不能释放巨大的光和热一样，对成功的渴望仅仅停留在"想"这个层面上，永远难成伟业，唯有成功的欲望燃起熊熊大火，才能释放无尽的能量。正是富勒对于财富的强烈欲望，他才能够从一个"穷人的后代"变成一个"富人的祖先"。

滋养你对成功的欲望，让你的成功欲望点燃你的热情和激情，让这团烈火燃烧吧，甚至燃烧到你的屁股，让你每时每刻都不坐待机会，永远保持想成功进发的行动状态！

做到"宁可损失也要坚持到底"

人生悟语

不论在何时何地遇到何事，宁可损失也要将原则坚持到底，也许一路走来会经历许多坎坷、损失很多小利，但是最后却往往能够带给我们更大、更稳定和更长远的利益。

在物欲横流的现代社会，坚持自己的信念和原则并且坚持到底，并不是一条平坦的通途。因为我们要用这些原则和信念进行自省、自律、自诫和自制，这个过程通常都会伴着痛苦，也会带来损失，甚至会遭到一些自认为聪明的人的嘲笑和讥讽。

京瓷公司在经过艰苦卓绝的创业阶段之后，规模逐渐扩大，实力越来越强，积蓄了大量的现金存款。

当时，日本的泡沫经济还没有完全消退，很多企业争先恐后地投资房地产。只要将土地从这边转到那边，转让一下所有权，就能使资产不断升值，这样的好事谁都不想落下。一些实力不是非常强大的公司不惜从银行借贷巨款投入到房地产的投资当中。

在投资房地产的狂潮中，京瓷公司手上的大额现金储备招来了许多银行和投机者，他们劝说稻盛和夫加入房地产投资的大军。稻盛认为投机得来的利益不会长久，坚决不同意，以至于有些银行的人以为他没有理解其中的巨大利益而详尽地为他“讲解”具体的操作方法。但是，稻盛坚持“只有自己辛苦赚取的钱财才是真正的利益”，拒绝了所有关于投资的建议，当然，也将轻而易举就能得到的利益拒之门外了。

后来，当泡沫完全破灭之时，经济一落千丈，很多曾经财迷心窍、将大半身家都投进房地产的企业，损失惨重，有的甚至再无翻身的机会。

只要在手中握有资产就能够不断升值，这是不符合经济原理的；而用投机谋取暴利更是不符合正常的经济原则。如果这些投机者在面对利益的诱惑时能够坚持正确的原则和信念，就能够保持清醒的头脑、做出正确的判断。

也许，为了坚持原则和信念会让我们暂时受到损失，但是如果被利益所诱惑、被困难所吓倒，放弃了应该走的正确的路，那么后来选择的那条“捷径”很可能将你带入万劫不复的深渊。不论在何时何地遇到何事，宁可损失也要将原则坚持到底，也许一路走来会经历许多坎坷、损失很多小利，但是最后却往往能够带给我们更大、更稳定和更长远的利益。

这是一家创立仅有一年的猎头公司。有一次，他们接到一个总经理职位的寻访任务，经过半个多月的搜寻，终于找到了一个最有竞争力、他们也最为满意的人选。这个人与他们沟通得很融洽，但是也开诚布公地说出了他当时的两难处境。

他在公司位居要职，目前公司正在紧要关头，他一旦离职就可能造成现有的项目下马和许多员工的失业。然而，他又感觉到很无奈，董事长原来的承诺许多没能兑现，待遇比原来的外资企业低了许多，控股公司内部又有许多问题迟迟不能解决。从自身利益和发展考虑，他认为自己应该离职到猎头公司的客户那里，然而现在的公司又找不到能够接替他的人。他陷入进退两难的境地难以抉择，最后将决定权交给了这家猎头公司，让他们帮他拿个主意。

于是这个难题就变成了这家猎头公司的难题。如果建议他留下，他们将损失十几万元的佣金；如果让他离职到他们的客户那里去，却违背了创始人定下的“帮人不害人”“承诺就要兑现”的公司发展原则。最后，经过慎重考虑，他们还是建议他留下，并恰当地与他的董事长沟通，让他意识到了人才流失的后果，该公司的人事情况也大为好转。

而这家猎头公司也因此在圈内出名，赢得了很好的口碑。

人生漫长，我们都会面临很多抉择。“To be or not to be”，这是个问题。当在岔路口犹豫彷徨时，让我们勇敢地坚持那条正确的路吧，即使会失去，即使会艰辛，也勇敢地坚持到底。

在面对坎坷的苦难之路时，很多人都选择放弃原来所坚持的原则和生活方式。如果投机取巧能够带来利益，而老老实实做事情却捞不到好处的位置，那么为何还要苦苦坚持原则呢？当初在日本泡沫经济横行时期，就有许多人抵不住巨大利益的诱惑而放弃“本该走的”那条正确的路。

每个人都有着自己的人生哲学，坚持正确的原则能够使我们成为一个有操守的人，能够引领我们走向事业的成功，更能带来精彩的人生。

大胆敏锐，勇于尝试

人生悟语

尝试需要有自信心，因为每当开始做一件事情，我们都不可能知道面临的困难有多大，会有多少不可料及的事情发生，这就需要有很强的自信心，相信自己有能力克服困难，战胜挫折。

人的一生，很多时候更习惯于因循守旧，而不是大胆的尝试，由此错失许多超越的机会和可能，而当我们置身于这样一个竞争激烈，又充满挑战的社会，固守常规的心态已无法适应社会的需求，所以不论何事，我们都需要一个大胆敏锐，勇于尝试的心态，跟自己挑战，努力追求更好的业绩。任何一个有成就的人，都有勇于尝试的经历。尝试也就是探索，没有探索就没有创新，没有创新就不会有成就。成功人生自尝试开始。

无论是历史上，还是我们周围的一些取得卓越成效的人士都具备了这样的条件。例如稻盛先生，在他身上我们能找到很好的解释。

起初创立京瓷公司，稻盛在陶瓷领域虽然是一位“门外汉”，但在长期从事研究工作的过程中，稻盛多次感觉到“伟大之物”实实在在地存在，并且大胆尝试各种新产品研发，京瓷公司最初着手做的陶瓷叫作“精密陶瓷”，就是尝试用计算机、手机等各种高科技产品的材料进行加工升级，在短暂的时间里成功地开发出全新的材料。

尝试需要有自信心，因为每当开始做一件事情，我们都不可能知道面临的困难有多大，会有多少不可料及的事情发生，这就需要有很强的自信心，相信自己有能力克服困难，战胜挫折。愿望本身就是你潜藏着使愿望变成现实的能力的证据，而实现愿望的第一步就是大胆敏捷地去尝试。

能够描绘出自我成功后景象的人，其成功的概率是极高的。闭上眼睛想象一下成功的样子，如果其景象清晰可见，那么你就一定能实现、一定能成功。在探索陶瓷材料的过程中，每次开展新的、难度很大的工作时，稻盛先生认为与其聚集头脑聪明、思维悲观的人，不如和有一点马虎但认为自己的提案“很有趣，务必试试吧”，这样对新事物有浓厚兴趣的人进行商量。因为在一件事情的推敲设想阶段，很需要这种积极的乐观态度，需要大胆敏捷，勇于尝试的态度。心态决定命运，要想走向成功，我们首先要具备的就是敢于尝试的心态。

好的机会总是会青睐那些大胆并充满奇思妙想的人，而他们大胆的行为后面也总是伴随着承担一切后果的勇气，积极地尝试，所以他们才会得到自己想要得到的东西。

尝试的最大敌人是半途而废。科学界信奉这样一句话：在一万次试验之后的那一次可能就是成功。这一万次，就是一万次的失败。成功就躲藏在无数次失败之后。失败的人，往往是做事半途而废、浅尝辄止的人。人们容易把尝试理解为偶尔尝尝，这是错误的，它往往需要人们付出毕生的心血。

稻盛先生从创立京瓷公司到首次接受订单到如今取得世界500强的业绩，不是一时兴起的结果，而是经过无数日日夜夜的努力，辛勤劳动所得。稻盛先生年轻时在工作上遭遇多次不幸，他诅咒世道不公和自己命运之不济，抱怨自己怎么是这样一个不走运的人，但是他最终没有放弃，保持着坚强的意志和勇气，不断地尝试新的挑战，大胆敏捷地探索新的陶瓷材料，通过无数次失败的考验，终于通过自己独特方法，首次在日本成功合成、开发了应用于电视机晶体管里电子枪上的精密陶瓷材料，其时电视机刚刚开始普及。这样的业绩，不仅仅是有足够的工作热情和坚定的信心，也是因为他具有大胆敏捷，勇于尝试的勇气，接受一次次失败的考验，无数次的开始尝试才取得的。

坚定大胆敏捷，勇于尝试的决心，我们会发现其实每个人都具有取之不竭的智力潜能，会发现生命中潜藏着许多连自己也无法想象的能力。如果不去尝试，这些能力永远也没有机会大放异彩。尝试，是铸造卓越与杰出人生的一种方式，是事业成功的一条重要途径。

第十章
自利利人：企业的经营，亦即人心的经营

在知足的基础上再求发展

人生悟语

让事业永续的秘诀在于在知足的基础上再求发展。京瓷的发展，以及后来京瓷并购的其他企业都能取得长远的发展，一个主要的因素就是他们的企业在经营中秉持了在知足的基础上再求发展。

老子说："故知足不辱，知止不殆，可以长久。"意思是：知道满足者不会遭到耻辱，知道适可而止者不会导致失败，这才是长治久安之道。对企业发展来说，"知足"不是"安于现状"，而是要足够了解自己，同时还要足够地了解竞争对手，只有这样才能做到"知足常乐"。

"知足常乐"，就是教育员工要正确对待自身待遇问题。从人的最基本的物质需求角度来讲，任何员工工作的最起码要求就是有一个理想的物质回报。但在这一回报要求上要明确一定的度，要把自身物质要求与自身工作贡献以及付出的努力结合在一起。特别是一些相对效益较好的企业，在这方面最应该注意。因为员工的待遇一直处于上涨状态，这样就容易使有的员工产生更高期望值的物质回报，容易拿自己与更好的企业员工待遇相比较。因而要教育员工不要盲目攀比，不要站在这山看那山高，要正确审视自我，寻找

差距，学会平衡个人心态，保持平和之心。

稻盛和夫指出，让事业永续的秘诀在于在知足的基础上再求发展。京瓷的发展，以及后来京瓷并购的其他企业都能取得长远的发展，一个主要的因素就是他们的企业在经营中秉持了在知足的基础上再求发展。

很多企业过于关注宏伟规划的蓝图，这种先定战略，后求战术的思维，很可能导致企业为实现战略目标而盲目扩张，进入太多并无“战术”机会的领域。有些企业家对利润的追逐、对财富的渴望、对成功的期盼毫无节制、没有止境，因而对发展规模有着特殊的偏好。

联想在 2000 年提出了实现 300 亿美元销售额的宏大目标。当看到中国个人电脑行业的市场容量不足以支撑其实现目标时，强行实施多元化发展，进入手机、互联网和 IT 服务等行业；四处碰壁之后，果断收缩，才及时止损。

有些企业家是在 20 世纪 80 年代的特殊情况下，经营某几种产品同时获得成功的，就误认为多元化是企业的成功之道。有些企业没有制定有效的发展战略，看到其他行业赚钱，就见异思迁，恨不得这个世界上的钱都由自己一个人来赚。取得一点成就，或者在特殊条件下获得成功，就过分夸大自己的能量，以为自己无所不能，无往不胜，进入哪个行业，都可以获得成功。这些都是导致失败的因素。

如此等等的一系列问题，造成企业在“不知己，不知彼”的情况下盲目夸大自己的能力，而导致失败。稻盛和夫指出，企业要充分了解自己、了解竞争对手、了解市场，才能做到“知足常乐”。在企业发展过程中，应该知足、知止。因为知足不辱，知止不迨，可以长久。这倒不是让企业丧失斗志，而是在任何行动之前要有充分的考虑。

单纯追求私利的企业，无法获得员工的信任

人生悟语

企业是一个经济组织，是一种以营利为目的的经济组织，同时，企业也必须承担一定的社会责任。企业追求私利天经地义，而企业履行社会责任也是不可或缺的一个方面。

一项调查结果显示：对于企业而言，可能并没有取得员工的信任。员工信任他们的同事，他们也把工作作为自己生活中最为重要的部分，但是，他们却并不信任他们的企业——他们并不认为这些企业的决策和组织是有利于自己发展的。

当谈及那些有关员工自身利益的相关决策时，情况尤其如此。对企业来说，你的员工不信任你，会给你的工作带来很多麻烦，在诸多麻烦当中，两个最大的问题密切相关—— 业绩和利润。

“人不为己，天诛地灭”成了自私的最好借口。一个人可以自己做到不自私，但无法让别人不自私。我们先看两则小故事。

一只母野兔和一条大花蛇成了邻居，野兔非常热心，她想“远亲不如近邻”，搞好邻里关系，有事彼此还可以照顾着点儿，于是她就经常给大花蛇送点点心什么的。大花蛇对野兔也很热情，一口一个“大姐”，嘴甜着呢！一段时间后，野兔当妈妈了，六只小野兔在窝里跑来跑去，可爱极了。附近的食物吃得差不多了，野兔妈妈想去远处给孩子们找食物，但又担心孩子的安全。

正在为难时，大花蛇跑了来，自告奋勇地要照顾小野兔：“大姐，你去找食物吧！我帮你看着孩子！你看她们多可爱呀，我这个当舅舅的一定会照顾好它们的。”野兔妈妈听信了大花蛇的话，就放心地走了。傍晚，野兔妈妈满载而归，可是窝里却是空空的。小宝宝哪里去了？野兔妈妈放下食物，就赶快去找邻居大花蛇，一进门就看到大花蛇躺在床上，肚子鼓鼓的，嘴边还

沾着小野兔的毛呢！野兔妈妈愤怒地哭骂起来，大花蛇却无赖地拍拍肚子说：“大姐，别哭了，它们这不是一只没少吗？说真的，你什么时候再生一窝？味道好极了！”野兔悲痛欲绝。

小猪甲亲热地对小猪乙说：“以后咱们就是兄弟了，放心，我一定会多照顾你的！”小猪乙觉得自己太幸运了，遇到了一个好人。小猪甲常劝小猪乙：“你要努力吃呀！多吃多睡身体才会好，主人才会喜欢你。”小猪乙听信了它的话，每天吃饱了就睡，睡醒了就吃，很快就长得肥肥胖胖的。过年的时候，农夫决定杀一头猪，小猪甲又瘦又小，所以小猪乙就被送到了屠夫那里。鲜血流出来的那一刻，小猪乙终于知道了：小猪甲之所以劝它多吃，其实是为了保护他自己。

在上述两则故事中，母野兔之所以会失去孩子就是因为它对朋友没有保持足够多的戒心，轻易地将孩子托付给别人；小猪乙之所以早甲一步走上断头台，是因为它对别人的话没有保持足够的理智去认识。他们二者共同的致命缺点就是没有充分认识到自私带来的严重后果。有些人会觉得它们可笑，但在生活中，又有多少人因不能正确认识别人的自私而犯下了类似的错误。

企业与员工的关系多少也是如此，稻盛和夫指出，企业要是没有得到员工的信任，就不会取得最佳的业绩。要是员工并不相信你能维护好他们的最佳利益，他们会认为，所有的一切只能靠他们自己。这个时候，他们会花费时间和精力去思考并做与自己利益相关的事情，他们在这方面花费的时间和精力使他们对于生产、质量以及创造力思之甚少。你可能采取措施提高业绩，但是，有一点却无须怀疑——你保证不了员工会按照你的方式去执行。稻盛和夫自己实践了这点，在 2009 年经济危机的时候，稻盛和夫公开宣布不会裁员。

现在不少企业已经认识到：单纯追求私利，无法获得员工的信任。于是，一些企业开始推行一种年度的“总额奖励计划”，以此和每一个员工的报酬进行沟通，包括工资、体检和伤残福利、退休金等。意料不到的效果是，推行这种计划的企业大幅度提高了员工对公司的信任度。这些企业的员工认为管理层对他们有更为深入的理解及支持并为他们做了很多工作。

为了增强员工对企业的信任度，英国并行技术公司驻中国办事处聘请了孙明先作为新一任的人力资源总监。如人们所想的，新总监会从改变企业文化入手来调整劳资关系不同，孙明先将重点放在了调整人事文化上。在最初的一段时间内，这位人力资源总监和公司员工进行了无数次的交流。

她积极听取员工的意见，在报酬、赔偿及健康福利等方面尽可能地与员工的期望保持一致。慢慢地，当员工的需求与企业的福利计划结合——在人力资源部门的推动下——变得清晰的时候，信任就开始在企业内部重新构建起来。

进入21世纪后，社会化分工发展已经达到了相当的高度，有关员工方面的人力资源管理研究体系也日趋完善，但大多数企业出于直观利益的考虑，单纯追求私利，不太关注员工的利益，这样企业就没办法获得员工的信任。一个没办法获得员工信任的企业将无法获得长期的发展。

人类生产活动的原动力是什么？是个人的需求，也就是私利。这个私利不但是人类生产活动的原动力，而且是唯一的动力，除此之外，我们找不到其他动力。私利作为人类生产活动的原动力，自然催生了生产的积极性。这个生产积极性是劳动者最基本的生产积极性。劳动者还可以产生其他的生产积极性。

在稻盛和夫看来，企业是一个经济组织，是一种以营利为目的的经济组织，同时，企业也必须承担一定的社会责任。企业追求私利天经地义，而企业履行社会责任也是不可或缺的一个方面。企业或是社会的发展，都是因为人们追求利益的结果，所以企业要想追求利益就得权衡各个方面的利益，不能单纯追求私利，在追求企业利益的时候，要兼顾员工的利益，这样，企业就能获得员工的信任和支持。

联谊聚会是构筑人际关系的良机

人生悟语

在温馨的气氛中进行认真讨论的酒宴，不是为了寻欢作乐，也不是为了借酒浇愁，大家坐到一块儿是为了通过小酌怡情的方式来畅谈人生与事业。

人际关系是职业生涯中一个非常重要的课题，特别是对大公司的职业人士来说，良好的人际关系是舒心工作安心生活的必要条件。稻盛和夫说过，作为经营者，要做到能够体谅并铭记手下员工的辛劳。企业要想有一种向上的、积极的、团结的企业经营文化，经营者就要有那种“平日里都是我在不断督促大家辛劳工作，有了机会至少还是要请大家吃个饭，犒劳一下大家”的温情。

稻盛和夫指出，在温馨的气氛中进行认真讨论的酒宴，不是为了寻欢作乐，也不是为了借酒浇愁，大家坐到一块儿是为了通过小酌怡情的方式来畅谈人生与事业。在轻松愉快的同时，又能保持认真的态度，这就是稻盛和夫举办联谊聚会的风格。经营者与员工如果能够在敞开胸怀、共同畅饮的同时，脱去伪装，坦诚相待，就一定能达到心与心的交流。

一般来说，联欢会可以兼顾领导年终总结讲话、表彰优秀员工、欣赏文艺演出等多项内容，其中最受欢迎的要数各部门为联欢专门排练的自创型节目了，人们会从中发现周围竟然隐藏着这么多的“文艺人才”。

此外，在联欢会上常常还会设计一些有趣的群体游戏，大家抛开平时匆忙而严肃的表情纷纷摩拳擦掌参与游戏的样子，实在是让人觉得开心至极。在“过节”“放假”一类充满诱惑的字眼冒出时，特别是还有一项重要的活动在等待着辛苦了一年的员工们，比如说企业联欢等，每当此时，无论是领导还是下属，全都愿意聚拢在一起大大地热闹一番。这样企业的经营文化氛围会更融和，企业内部上司和下属之间，同事之间的关系也会更融洽。

贸易公司的员工秦风在谈到年末最喜欢做的事情是什么时，他说“我特别喜欢公司年末联欢会上的游戏节目，不瞒你说，因为能看到上司‘出洋相’

啊！”他的同事刘毅也道出了同样的心声：“在去年联欢会上的‘尝味道’游戏中，那个总是喜欢训斥我们的部门上司就中了辣椒水的‘头彩’，他刚想发作，忽然意识到是在玩游戏，所以只好一脸苦笑地下了场。看着他那副尴尬的表情，我们差点乐晕过去。”通过这样的联欢，上司和下属的关系可能会变得融洽，大家彼此之间也会熟悉。这样的联谊还可以使同事之间的关系更进一层。

其实，对管理者来说，岁末员工联欢活动是增强企业凝聚力的大好机会。辛苦了整整一年，员工们在此间没少挨上司的批评，心中的委屈难以避免，若不能在节日来临的良好氛围中对下属做出嘉奖与鼓励的姿态来，员工来年的工作士气以及上下级之间的关系或许就将受到影响。所以利用年终的机会“大宴群臣”，拉近同员工之间的距离，稳定干将们的军心，让下属为自己的理解与关心所感动，再适时地送上一些奖金或奖品以表鼓励，花销虽不大，但却能赢得人心，实在是一笔物超所值的投入。

对员工来讲，自己拼搏了整整一年，能通过这种集体活动从老板的口中得到对自己的肯定，应该算是一种极大的安慰，而各种物质奖励也可以让他们体会到企业对员工劳动的另一种颇具人情味的回报；此外，在聚会上能看到平时严厉刻板的上司露出温情的一面，对员工来说也可以得到心理上的平衡与松弛感。当然，同事间抛开工作的生活化交流，以及通过联欢活动了解彼此间其他特长的效果，也是员工们愿意参与年末企业联欢活动的原因。

石墙缝里闪光的小碎石同样重要

人生悟语

在经营企业时，企业里的每一个员工都很重要，每一件物品都有它的用处，不能因为物品小或是员工在企业中所处的位置低，就轻视他。

曾经有人说过：每个人都是按照上帝的形象创造的，不管其地位、智力、性别、宗教信仰、种族和教育程度如何，都有他的尊严和价值。不管他今天是处在什么样的位置，不管他今天是做什么的，每一个生活在世界上的人，都有自己的价值。在被问到应该怎样经营企业时，稻盛和夫说："石墙缝里闪光的小碎石同样重要。"

稻盛和夫的意思是，在经营企业时，企业里的每一个员工都很重要，每一件物品都有它的用处，不能因为物品小或是员工在企业中所处的位置低，就轻视他。还有一位企业家和稻盛和夫的思想差不多，他说："企业成败的关键在于是否把员工视为最重要的财产，是否尊重每一个员工。如果做到这一点，就能依靠员工创造出不同凡响的业绩。"

有一个著名企业家非常重视团队的作用，在他看来，公司中的每一个成员就像墙上的一块块砖头，每块砖头固然牢固，但要使砖凝结成具有力度的一堵墙，不可缺少的则是砂浆。就是说，整个团队要制定奋斗目标，团队全体人员为共同目标一起努力、相互尊重、相互信任、畅所欲言，这样团队才会不断地前进。这个企业总是寻求新的方法，以鼓励员工能够通过整个制度将他们的想法提上来。

在每个周六的早晨，企业都会邀请一些有真正能改善其商店经营的想法的员工来和其他员工分享他们的心得。同时企业也邀请那些想出节省资金办法的员工来参加星期六早晨的会议。这个领导人特别强调倾听员工的意见，帮助他们解决实际问题。他尊重每一位员工，在企业总部，经常能看到一些员工从很远的地方，开着小货车来到公司总部，坐在总部大厅等着见董事长。虽说领导人并不可能接待每一位等待在那儿的员工，而且未必能解决每个问题或赞同每一条建议，但通过这个过程和事实，它保持了公司内部的开放环境。让员工感到公司真心地关心他们，乐于帮助他们，并且非常欣赏他们的努力。这对每位员工来说，就是一种尊重，也证实了他们的价值得到了肯定。

有一次，一个在实习的学营销专业的大学生，在这个公司的配送中心工作了一个夏天，提出了一个使工作更有效的建议——如何更快填写订单，结果建议被公司采纳，公司以他的名字在他们大学设了一个 5 年的销售专业奖学金，以此表明该企业对员工创造性的高度认可。

稻盛和夫指出，每个员工都在以不同的方式在管理者的引导下为企业作贡献，尽管在很多情况下不是员工自发的，但是企业领导必须在关注企业效益和客户发展的过程中，重视员工的价值。只有认识到“石缝里闪闪发光的小石子也同等重要”，才能合理利用人才资源，使企业获得长远的发展。

有道是“坚车能载重，渡河不如舟，骏马能历险，犁田不如牛”，每个人闻道有先后，术业有专攻，只有重视经营好每个员工，才能收到“众人拾柴火焰高”之功效。它要求经营者增强“每个人都是资源”的意识，强化“每个人都是资本”的观念，确立“每个人都是要素”的思想，即使是一颗不起眼的“螺丝钉”也要给其“用武之地”，发挥不可或缺的作用，努力构建企业的人才合力。

“利他”是企业经营的起点

人生悟语

稻盛和夫说：“在弱肉强食的商业世界里，我整天把利他、爱、为人着想之类的话挂在嘴边，不免有人质疑我老是把话说得那么漂亮，背后到底隐藏着什么目的。其实，我一点也没有假借巧妙话语来掩饰内心企图的意思。我只是想把自己所相信的事情拿出来与人分享，也顺便告诉自己要好好实行下去罢了。”

所谓“利他”之心，在佛教来说就是“与人为善”的慈悲心，在基督教来说就是爱。“竭尽所能为世间、为人类付出”，利他不管在个人人生中，或在企业经营中，都是不可或缺的一个重要字眼。稻盛和夫，大家熟悉他不单是因为他亲手创建的两家世界 500 强企业，更多人关注的则是他的经营哲学：利他。稻盛和夫说，自利是人的本性，没有自利，人就失去了生存的基础。同时，利他也是人性的一部分，没有利他，人生和事业就会失去平衡并最终导致失败。

在稻盛和夫看来，人们在自利利他的原则指导下发展起了工商业，社会得到快速发展，人们也掌握了商业这一新工具。但时至今日，越来越多的人觉得利他的回报不可靠，利己的收益则近在眼前。比如湖北的一家化工企业花 1000 万元建立了污水处理装置，以避免对长江水质的污染，可是它很难从这一善举中快速得到好处。反过来，如果它省下了这 1000 万的污水处理费用，即便其污水殃及了鱼群，其后果也是多年之后、几千公里以外的长江下游才展现出来。随着商业活动范围的不断扩大，原有的“自利利他”价值观逐渐被削弱了。

从前，有两位很虔诚、很要好的教徒，决定一起到遥远的圣山朝圣。两人背上行囊，风尘仆仆地上路，誓言不达圣山朝拜，绝不返家。

两位教徒走啊走，走了两个多星期之后，遇见一位白发年长的圣者。这圣者看到这两位如此虔诚的教徒千里迢迢要前往圣山朝圣，就十分感动地告诉他们：“从这里距离圣山还有十天的脚程，但是很遗憾，我在这十字路口就要和你们分手了。而在分手前，我要送给你们一个礼物！什么礼物呢？就是你们当中一个人先许愿，他的愿望一定会马上实现；而第二个人，就可以得到那愿望的两倍！”

此时，其中一教徒心里想：“这太棒了，我已经知道我想要许什么愿，但我不要先讲，因为如果我先许愿，我就吃亏了，他就可以有双倍的礼物！不行！”而另外一教徒也自忖：“我怎么可以先讲，让我的朋友获得加倍的礼物呢？”于是，两位教徒就开始客气起来，“你先讲嘛！”“你比较年长，你先许愿吧！”“不，应该你先许愿！”两位教徒彼此推来推去。

客套地推辞一番后，两人就开始不耐烦起来，气氛也变了：“你干吗！你先讲啊！”“为什么我先讲？我才不要呢！”两人推到最后，其中一人生气了，大声说道：“喂，你真是个不识相、不知好歹的人，你再不许愿的话，我就把你的狗腿打断、把你掐死!”

另外一人没有想到他的朋友居然变脸，竟然来恐吓自己，于是想，你这么无情无义，我也不必对你太有情有义!我没办法得到的东西，你也休想得到!于是，这个教徒干脆把心一横，狠心地说道:“好，我先许愿!我希望——我的一只眼睛瞎掉!”

很快的，这位教徒的一只眼睛马上瞎掉，而与他同行的好朋友，立刻两只眼睛都瞎掉!原本，这是一件十分美好的礼物，可以使两位好朋友互相共享，但是他们让自私左右了自己，结果“祝福”变成“诅咒”，“好友”变成“仇敌”，更是让原来可以“双赢”的事，变成两人瞎眼的“双输”!

自私，这种极端利己的心理不顾他人和社会的利益，只计较个人得失，不讲公德，甚至会为私欲铤而走险，怀有这种心理的人最后必将受到法律制裁。自私也是诱发贪婪、嫉妒、报复等病态心理的根源。

然而同样的时间，不同的地点，自私仍在上演……人的本性总是肆无忌惮地控制着人的品行。

利己和利他某种程度上是辩证统一的，我们说一个人是否自私，个人品质如何，关键是看他身上利己和利他精神各占的比重有多少。高尚的人处世为人，总要考虑他人感受和社会利益，善于克制自己。

这个世界不是只有我自己在生存，还有我们。

企业与其事后慈善捐款抚慰心灵的不安，不若在发展之初就以利他之心，奠定百年基石，此即利他则久。同仁堂创立于清康熙八年(1669)，300多年来，历代同仁堂人一直恪守“炮制虽繁必不敢省人工，品味虽贵必不敢减物力”的传统古训，树立“修合无人见，存心有天知”的自律意识，确保了同仁堂金字招牌长盛不衰。

如果多数企业家能够认识到自利利他的价值，并借此构筑利他竞争力，商界会多一些和谐，世界将会因此而改变。一个企业必须以关爱之心，利他之心经营企业，动机之善，私心了无。

稻盛和夫指出，追求利润，在市场竞争上打败对手，这当然很对，但如果把这个东西推演到企业内部的文化上，企业员工就会说，你的企业是追求最大的利润，以最小的付出获得最大的收入，我们员工也是以最小的努力要获得最大的收益，这样的企业能有竞争力吗？能有凝聚力吗？所以，这个文化就开始改变，我们要从完全的利己改为策略性利他。

世界上不可能没有利己，利己不是罪恶，但是世界上也不能够没有利他，利他也不是乌托邦，而是文明进步的精髓，具有利他精神的文化变革是企业竞争力升华为更高一阶段的重要标志，也是商业文明发展到更高阶段的一个重要的标志。

以敬人爱人之心进行并购

人生悟语

在任何一个并购交易中，只有双方共赢，这个并购交易才是成功的，并购交易的双方企业只要有一方是输家，那这桩并购交易最终就一定要失败。

在制定扩大整体市场份额的经营战略时，将不可避免地需要选择运用并购的方式来实现这个目的。然而，在实施并购的时候需要做好哪些准备，应该具备怎样的心态，以及如何消除与被并购进来的企业员工之间的心理隔阂，这些问题一直都在困扰着很多企业领导人。

在一般人看来，兼并收购是一件特别具有“征服”象征意义的行为，觉得作为一个并购方发动并购交易是一件特牛气的事儿，受“成者王败者寇”思想的影响也往往很自然地认为并购方企业是胜利者，而被收购方就是失败者，胜利者理应就该盛气凌人，失败者就活该逆来顺受，其实，这是很片面的一种理解和看法。稻盛和夫指出，在任何一个并购交易中，只有双方共赢，这个并购交易才是成功的，并购交易的双方企业只要有一方是输家，那这桩并购交易最终就一定要失败。

曾经有一个国有企业想要“收编”一个地方私企，最后失败了，原因就是因为这家国有企业的领导考察地方企业时自以为是、财大气粗、盛气凌人的态度让地方企业的所有者感觉不受尊重，于是决定“宁做土皇帝，也不入京当一品大臣”。

所以，在并购交易中，并购方企业不应该也不能够以一种胜利者自居的心态与目标企业对话，而应该转为一种尊重对方、向对方学习的态度，至少也应该是平等的对话方式，绝不能以强欺弱、以大压小，更不能对目标企业加以嘲笑、蔑视等。

稻盛和夫说过，经营者必须具有能够让员工产生钦佩的个人品性；企业必须具备能够让员工从心底赞同、发出“老板说的完全在理，我们都应该按照他所说的全力以赴”这种共鸣的经营理念。在进行并购的时候，经营者应当首先让被并购企业感觉到“现在的老板拥有明确的经营理念，对我们做出的成绩也能给予充分的肯定。这样的新老板值得我们效力”。

第一步必须是这样，经营者要发出能够让被并购企业的干部和普通员工都能感到跟着你这个新老板，绝对要比以前更加有盼头的宣言。但如果被并购的公司处于亏损状态，则绝对不可让这种状态持续，必须按月向员工们公开公司决算，坦率地告诉大家：“这家公司现在还无法摆脱亏损，前景不容乐观。”以期获得所有员工在认识上的一致。接下来向众人发出诉求：“我们必须让公司扭亏为盈。所以大家就不能再像现在这样吊儿郎当。只有通过大家的努力奋斗，公司业绩才有可能趋于好转，大家的待遇才能得到改善。”

在中国化工集团收购法国安迪苏集团时，任建新先是给安迪苏高层写信表明并购意愿，通过各种渠道让他们知道蓝星是一个负责任的公司，并购以后不仅对蓝星的发展有利，对安迪苏未来的发展也有保障。每次安迪苏的人到北京，任建新都要把他们接到家里，设家宴款待，甚至亲自下厨包饺子给他们品尝。任建新还会事先准备一些纪念品，纪念品会针对每个人的喜好特点，各具特色，包括他们的夫人、孩子也有，让人感觉备受尊重。

正是任建新这种对被并购方企业的无微不至的“细节式尊重”打动了法国安迪苏集团高层管理者，最终让他们决定要与中国化工集团开展战略合作。

尊重式的并购是符合交易原则的，因为并购不是战斗，打完就算，并购方企业与被并购方企业不是胜者与俘虏的关系，而是在并购之后，双方企业还要相互整合、配合、融合，两个企业要联起手来一起创造更大的辉煌成绩，就好比两个人联起手来共同打天下，就像亲如手足的兄弟，如果非要说并购是一场战争，那么战斗的对象不是被并购方企业，而是双方企业联手以后面对的共同的更大的战略目标。

从这个例子可以看出，在进行企业并购时，新的经营者是否能够赢得人心是关键之所在。究竟是利用手中权力使对方屈服并进行管理，还是利用自身杰出的品德和个性来进行管理，根据这两者选择的不同，在完成企业并购后的经营效果也会截然不同。

稻盛和夫相信，如果是收购方和被收购方双方都能够感到愉快的并购，就一定能够获得成功。作为并购之后的新企业，经营者不应该利用手中的权力、财力、技术实力，而必须是依靠经营者自身的高尚德行来进行管理。经营者应该培养让人心甘情愿、追随不弃的品德，从而赢得对方企业的主动配合。这一点正是让并购真正获得成功的秘诀。

依照大家庭主义来经营企业

人生悟语

“大家庭主义”建设的关键在于企业决策者的经营动机和长远战略目标。如果把员工当作企业主人，把企业的前途与员工的个人命运看成是一个有机统一体，那么企业不仅能长远发展下去，而且还会激发员工的智慧和热情，产生一种不可阻挡的力量。

企业经营是通过很多个团队的合作和努力完成的。团队是社会互动的群体。一个人的情绪不仅仅受到生理、生活状况的影响，而且受他人的影响，成员之间会相互模仿、相互感染、相互暗示。团队民主、平等、和谐的氛围可以改变成员的情绪，使人自然地生发出与环境一致的情绪（尊重、民主、礼貌等）。

成功企业在管理中就十分重视人际关系的和谐，把提高团队情商作为重要的管理策略进行策划和实施，依照大家庭主义来经营企业。如：索尼的家庭观念、摩托罗拉的以人为本等，都在努力营造企业的“家庭”氛围，改善企业内部、团队内部的人际关系，协调和消除各种人际冲突，提高人际关系的和谐度。现代企业中的大多数工作都是由各种团队去完成的。

为此，团队的工作气氛以及凝聚力对工作绩效有着深刻的影响。团队能否和谐，不仅取决于其中每个成员的情商，更取决于团队整体的情商。高情商的团队，成员之间往往具有亲和力和凝聚力，团队显示出高涨的士气；低情商的团队，士气低落，人心涣散，缺乏战斗力，因而所在单位也不会有好的发展。所以营造大家庭主义的企业文化氛围是企业想要发展壮大的一个必备条件。

企业文化管理是企业管理的最高境界。建设有特色的企业文化是企业适应市场经济发展的需要，而不是为了追求时髦。企业文化在本质上是企业通过价值观念和精神要素来统一员工思想，指导员工的行为，增强企业凝聚力，推动企业发展的。不同的企业有不同的文化模式，中小企业应根据自身特点来建设自己的文化模式。

稻盛和夫刚开始创立企业的时候，是由于与所在公司的上司之间出现意见不合决定辞职进而自己出来创业的，所以共同创业的伙伴们向他进言道：既然你现在已经能够随心所欲、按照自己的意愿来做研发了，不如把“将稻盛和夫的技术昭示天下”的信念作为新公司的创业理念吧！所以，他将“将稻盛和夫的技术昭示天下”作为公司的创业理念。

新公司在成立的第一年就实现了盈利。然而，在创业第二年，十一名高中学历的员工突然集体向公司发难，他们甚至提交了按着各人血手印的请愿书，要求公司为他们未来在公司的升职与奖酬做出承诺，如果公司拒绝他们的要求，那么他们就将集体辞职。稻盛和夫为此对他们进行了三天三夜的说服工作。这场风波虽然最终平息了，但稻盛和夫感受到了巨大的压力。

他明白虽然他自己是想把京瓷当作是“将稻盛和夫的技术昭示天下”的舞台，但是对那些新员工而言，公司只不过是一个让自身能够得以谋生的地方。他开始思考企业应该怎样看待员工。在经过一段时间的迷惘和苦恼之后，他终于意识到，经营企业的真正目的不能仅仅是为了实现自己作为一个企业家的梦想，而是要照料好企业员工与他们家人的生活，要依照大家庭主义来经营企业。

从那以后，他抛弃了要“将稻盛和夫的技术昭示天下”的初衷，而将京瓷的经营方式转变为确实为依照大家庭主义来经营企业。在确认这个经营方式之后，那些一直困扰在他心头的迷雾也一扫而清。从那时开始，公司里很少有懒惰懈怠的员工，员工都变得积极、主动，充满活力。

在进行企业管理时，只要能够首先树立令所有人都真心向往、千难万险也在所不辞的大义名分，就必然能够将企业的所有员工紧密地团结在一起，共同努力。依照大家庭主义来经营企业是指企业建立起一种具有家庭氛围的企业文化。中小企业特点就是规模小，人数少，组织结构简单，办事效率较高，工作场所相对集中，员工上下班之间的接触和了解的机会要比大企业多，从某种意义上说，这也为企业内部的人员交流与合作提供了方便。依照大家庭主义来经营企业的突出表现在于营造家庭氛围。因此，无论是企业的经营思想，还是组织的规章制度，特别是激励与约束机制，都应以员工为核心，实行人本管理。有人以为这说起来容易，做起来难。其实并非如此。

“大家庭主义”建设的关键在于企业决策者的经营动机和长远战略目标。如果把员工当作企业的主人，把企业的前途与员工的个人命运看成是一个有机统一体，那么企业不仅能长远发展下去，而且还会激发员工的智慧和热情，产生一种不可阻挡的力量。构建和谐大家庭，既要努力形成和谐的人际关系，也要积极创造充满活力的环境。

只有充分调动企业员工的积极性、主动性、创造性，让他们的聪明才智得以发挥、人生价值得以体现，才能在更高层次上实现和谐；只有建立健全化解矛盾、解决问题的机制，妥善协调各方面关系，才能把和谐大家庭建设提高到一个新水平；只有广大员工始终保持与时俱进、昂扬向上、奋发有为的精神状态，才能在不断开创工作的新局面中促进和谐，在不断促进和谐的过程中推动事业发展。

第十一章
崇德无私：领导者应舍私利，行正道

领导者应有令人钦佩的人格魅力

人生悟语

人格魅力是领导者以自己高尚的道德品质和情操，在长期的领导活动中形成和发展的独特的感染力、影响力、吸引力、号召力等的总和。

稻盛先生指出，人格魅力是领导者以自己高尚的道德品质和情操，在长期的领导活动中形成和发展的独特的感染力、影响力、吸引力、号召力等的总和。它是领导者建立良好人缘的基础和关键。希尔博士有句名言："真正的领导能力来自让人钦佩的人格。"

人格魅力是一种影响力，一种使人潜移默化地接受对方影响的心理因素，一种客观存在的社会心理现象。与影响领导人缘的其他因素相比，它具有非强制性、无形性、渗透性等特征。有能力的人，不一定都有人格魅力。稻盛先生曾说，缺乏优秀的品格和个性魅力，领导者的能力即便再出色，人们对他的印象也会大打折扣，他的威信和影响力也会受到负面影响。

领导者的人格魅力影响着其执行任务的能力，其影响主要通过领导者运用权力时产生的亲和力、凝聚力、感召力，使被领导者心甘情愿地为实现既定目标努力奋斗。稻盛先生在经营企业时不断提升自己的思想修养，学习各方面的知识，同时潜心研究西乡先生的思想和西乡先生遗训，最终确立了自己的人生和经营哲学，并按照这套哲学为人处世，经营企业，形成了令人钦佩的人格魅力，最终获得了企业和人生的成功。

人格魅力一旦形成和塑造起来，在领导者实践中会产生多方面的积极效应，为领导者建立良好的人缘奠定坚实的基础。

衡量一个人的真正品格，很大程度上要看他能否在别人面前始终如一地坚持自己的原则。

一个犹太人在小镇上开了一家小小的酒吧。有一天，他接到一个电话，对方委婉地说："我将和我的几个朋友一起前往你的酒吧。为了方便，你能谢绝其他顾客吗？"犹太人毫不犹豫地拒绝了："我欢迎你们来，但要谢绝其他顾客，这不可能。"最后，对方亮出了自己的身份："我是出访中东的美国国务卿基辛格博士，我是在朋友的推荐下过来的，希望你能考虑一下我的要求。"犹太人礼貌地说："先生，您愿意光临本店我深感荣幸，但是，因您的缘故而将其他人拒之门外，我无论如何也办不到。"基辛格博士听后，悻悻地挂断了电话。第二天，犹太人又接到了基辛格的电话，说明天只打算带三个人来，只订一桌，并且不必谢绝其他客人。犹太人说："可我还是无法满足您的要求。"基辛格很意外："为什么？""对不起，先生，明天是星期六，本店休息。""后天我就要回美国了，您能否破例一次呢？"犹太人很诚恳地说："不行，我是犹太人，您该知道，礼拜六是个神圣的日子，如果经营，那是对神的玷污。"基辛格无言以对，只好带着遗憾回到了美国。

一个人即使什么都没有，但他不能没有做人的品质。环境最能考验一个人的品格，越是恶劣的环境，越能体现一个人品质的高贵，直到最后，对手也将被你人格的力量所折服、所倾倒。

对于企业领导者来说，具备智慧、幽默、乐观、进取、正直、公平、宽容、有爱心等个性品质，将创造出一种独特的风格把其他人吸引到你身边，凝聚在你周围，营造一个活力化的充满人情味的可信赖的氛围，并以此来激励下属潜能的发挥，提高工作效率。拥有令人钦佩的人格魅力的领导者，具备改变现状的冲动和能力，独立思考，大胆创新。拥有令人钦佩的人格魅力的领导者，具有高尚的品质、情操和良好的道德修养，会不断地完善自己、充实自己，努力提高工作能力和领导水平，能有效地制约自己，反省自己。

拥有令人钦佩的人格魅力的领导者，具有强大的威慑力，能扶正祛邪，与各种影响安定、团结的力量进行斗争，维护、巩固和发展良好的人缘，能以独特的智慧、方式和力量获得他人衷心的理解、关心和支持，创造真实、稳固、和谐的人缘。对于那些不太擅长交往、性格内向的领导者来说，独特的人格魅力具有无形的、持久的交际效果，是对自己的立场、品质、态度的无声的解释和宣传。

拥有令人钦佩的人格魅力的领导者，善于以自己的优势帮助他人改正缺点、完善人格，同时不断地吸取他人的优点和长处，充实和革新自己；要积极参加各种领导活动，主动接受挑战，在实践中增长才干，锻炼人格；要经常与人沟通思想，感染他人，教育他人，鼓舞他人；要从小事做起，探寻和创造建立良好人缘的切入点、结合处和连接部；要定期反省自己的人缘发展状况，及时总结成功的经验和失败的教训，虚心听取多方面的意见，及时发现和改正自己的缺点；使用反对自己的人，鼓励他人批评和监督自己，营造彼此之间诚恳批评和监督的良好风尚。

只要领导者用爱心和榜样的力量去感化人，用尊重和理解的方法去帮助人，用能力和积极的品格去影响人，用设法提供舞台和机遇去引领人，那么，他就一定会成为一个有着强烈的吸引力和感召力、身受下属和群众拥戴的领袖人物，就能拥有令人钦佩的人格魅力。

具美德而不露锋芒者居高位

人生悟语

任用人才，虽然不能将小人与君子过于严格地区分，要善于体察小人的所思所想，善于利用他的优势才能，但是绝不能将重任委于小人，不能让小人占据领导职位，不能将其置于高位，要让具美德而不露锋芒者居高位。

谦虚，是做人最重视的美德之一，我们很小的时候就被灌输，社会的门楣有高有低，只有以谦卑的姿态行走其间，才能顺利通过所有的门庭。长辈或是老师在我们学习或是工作的环境中经常说要低调做人，高调做事，时刻谨慎，不锋芒毕露。只有做到如此，才能合群，融洽地与别人相处。

在社会上，那些才华横溢、锋芒太露的人，虽然易出风头、惹人注目，可是也容易遭人暗算。锋芒不露，谦虚低调，则能做人随和，善与人处。史传圣人舜极为平易近人，在乡民中，他的表现就是一个普通乡民；在贵族间，他的表现就是一个高雅贵族；在军旅中，他的表现就是果敢军人；在妇人间，他的表现就是善解人意的温柔之人，所以，他适应社会，赢得全民上下的拥戴。

稻盛先生认为，任用人才，比能力更重要的是观察他的品格。如果只因能力强、工作得力，便让小人登上高位，那么公司必将溃败。寻觅德高望重、品行端正之人，将这种人放在真正重要的职位上，这是非常必要的。

当取得一定成绩之后，摆出一副高高在上的姿态，一副得意忘形的面孔，一副颐指气使的神情，一副专横跋扈的气势——以这种傲慢的姿态处世，迟早会失败。

就职于一家策划公司的王刚，由于出众的个人能力，短短一年，在接连几套企业方案为公司带来丰厚利润后，成了公司的骨干，但是进入第二年，原本早就应该升职的王刚却依旧只是一个员工。这与他的业绩无关，而是出在他与同事的关系上。在他眼里，公司里的人都是一些无能之辈，张三李四成了他评说的对象，王五赵六也不是他的对手，有时，连公司老板，王刚也不放在眼里，整天一副居功自傲的样子。

每次公司领导想提拔他的时候，征求员工意见时，大家都说与他不好共事，并表示不愿到他所负责的部门做事。就这样，王刚成了“孤家寡人”，而老板一谈到他，也总是无可奈何地摇头说：“他就是恃才傲物，个性太强了。”

当你在工作上有特别表现而受到肯定时，千万要记住一点——具美德而不露锋芒者才能居高位。所以，当你取得成绩时，要学会与人分享，即使是口头上的感谢，也是一种分享，你主动与人分享，这让旁人有受尊重的感觉，这样别人就会觉得你这个人好相处，以后遇到什么机会可能会想到你。如果你的成绩事实上是众人协力完成，那你更应该感谢帮助你的人，要让其他人明白，你是一个懂得感激的人，分得清好坏的人，你就能给他人留下一个既有能力又有品德的印象。

当你和其他人一起分享了你的成绩之后，相当于其他人也分享了你的荣耀，他们就和你站到统一战线上了。感谢也就是学会感恩，修养自己的品德。就像王刚一样，经常会有很多人一旦获得成绩，就容易自我膨胀，感觉自己什么都比别人强，时常挑三嫌四，老觉得没自己不行，一副我最大的气势。最终遭到他人的嫌弃。因此，在工作中取得了成绩，要懂得谦虚。别人看到他如此谦卑，就愿意和他相处，就会帮助他。

很多时候，高调地为人处世，并不一定就令人信服，也许不露锋芒更具震慑力。我们在生活中，都有这样的感觉：一个谦虚的人，很快能赢得我们的好感，感到可亲可近；同时，再没有比傲气凌人更能伤人，更能让我们厌恶的了。无论恃才、恃贵、恃貌，一旦骄傲处事待人，聪明外露，自以为是，看不起人，都是取败之相，甚为不智，甚至会遭遇不可测的灾变。

当你取得成绩时，你要感谢他人、与人分享、为人谦卑，这正好让他人吃下了一颗定心丸。如果你习惯了恃才傲物，看不起别人，那么你将得不到别人的支持、信任，你的人际关系将会出现危机，你可能长时间地处于孤立无援的境地。请记住稻盛先生的忠告：具美德而不露锋芒者才能居高位。

不应该要求部下做出自我牺牲

人生悟语

员工是企业主体，他们拥有的习惯，企业同样拥有。企业或许能靠剥夺员工的权益，赢得宝贵的运营成本。但是，企业要想真正发展壮大，绝不能通过牺牲员工利益来获得利润。

在管理和培养人才方面，“以德为本”是稻盛先生非常重要的管理哲学。在他的经营哲学中，他频繁提到的一点就是“利他”。“利他”要求经营者或管理者在企业经营管理时要照顾到员工的利益，不能为了企业而牺牲员工的利益，这样才能赢得员工的信任和支持，才能激发员工的工作热情，员工才会以最大的限度为企业尽力，员工的才智才能得到最大的发挥，企业便能在竞争中立于不败之地。

几十年来，我们一直在接受着这样的教育：人应该高尚，高尚的人应该是无私的，高尚的人在个人利益与集体利益冲突时，应该毫不犹豫地牺牲个人利益……“毫不利己，专门利人”被作为道德标杆，“人不为己，天诛地灭”被批得体无完肤。

稻盛先生多次强调，员工是企业的主体，他们拥有的习惯，企业同样拥有。企业或许能靠剥夺员工的权益，赢得宝贵的运营成本。但是，企业要想真正发展壮大，绝不能通过牺牲员工利益来获得利润。这样做，企业不仅赚不到应有的利润，还会失去员工的信任、客户的支持。

无论是摩托罗拉的“对人永远的尊重”，还是业界有名的“惠普之道”，都告诫企业需要做到以下的事情：真正将员工当作一起成长的伙伴、不可缺少的无形资产，通过各种方式来提升员工对企业的满意度。

在东方地球物理公司，凡是涉及员工切身利益的内容，包括劳动合同、员工工资、社会保险、企业年金等；涉及企业劳动安全卫生的内容，包括劳动安全设施、劳动保护条件、员工定期健康检查等；以及涉及协调劳动关系的基本制度、促进企业科学管理和健康发展的内容等方面，公司工会都进行了严格的规范。该公司从未为了公司利益而牺牲员工的利益，相反，他们花大量的钱来保障员工的利益。

庞卫星是东方地球物理公司的一名普通员工，几年前他在巴基斯坦工作时被枪击受伤，胸部以下失去知觉，东方地球物理公司启动 SOS，花费 16 万美元包专机把他送回北京治疗。公司还帮他在家买了一套电器齐全、装修典雅的 140 平方米的房子。庞卫星坐的轮椅是德国产的，家门前那条无障碍通道是公司专门为他修的，卫生间也是专门设置的，都是公司出钱。

作为连续五年获得全国“安康杯”竞赛优胜企业称号的东方地球物理公司，曾先后 3 次启动 SOS，包专机从巴基斯坦、乍得等地将 3 名受伤和病重的员工送往北京治疗。仅这 3 人花费就达 400 多万元人民币。不以牺牲员工的利益和生命为代价换取企业的经济效益，是东方地球物理公司的郑重承诺。

动辄以企业发展大局的名义要求员工牺牲个人利益，其实是企业以一种不高尚的方式要求员工高尚。因此，要想使企业整体的利益得到维护，就要从保护每一个员工的利益着手——如果企业任意牺牲某一个员工的利益，那么其他员工的利益也没有保障，最终企业的利益也就无从谈起。

人总是有私心的。不愿牺牲个人利益是符合人性的。如果企业经营者或是管理者认清这一点，在制定企业规则和目标计划的过程中，尊重每个员工的利益，企业就能取得员工的信任和支持，企业的发展才有保障。

稻盛先生“从不提倡为了公司利益牺牲个人利益”，体现出的是对员工的尊重，而尊重员工的公司也会得到员工的尊重——这大概也是稻盛先生能取得今天成就的重要原因吧。

企业领导者应该身居一线

人生悟语

领导身居一线是一种企业文化“教育”行为，企业领导身居一线，能将企业的价值观通过身体力行、言传身教的方式传递给员工，可以增强企业组织的凝聚力，这对于企业长期健康发展、持续盈利有着重要意义。

记得有人说过这样一句话:“喜欢走市场的老板都容易成功。”在企业范围内，说天时、地利、人和，天时为管理体系，地利为对市场的熟悉程度，人和则是领导者和员工之间的和谐。一个企业领导者只有兼具了天时、地利、人和才能在企业经营中取得成功。而具备天时地利人和的条件之一就是领导人身居一线。一个领导人身居一线，多和员工沟通，不仅能激励员工，而且还可以了解市场信息。

稻盛先生曾经说过，“一线领导”不仅为领导者树立“平易近人、求真务实”的形象，还形成了一种信息沟通渠道，员工可以将报表上无法反映的情况反馈给领导，使许多管理问题迎刃而解。同时，领导者身居一线是一种对下属有效的考核和激励办法，下属的工作业绩如何，去一线看一看自然一清二楚。领导身居一线是一种企业文化“教育”行为，企业领导身居一线，能将企业的价值观通过身体力行、言传身教的方式传递给员工，可以增强企业组织的凝聚力，这对于企业长期健康发展、持续盈利有着重要意义。

在传统的企业金字塔式管理模型中，企业领导往往根据层层汇报上来的市场信息进行决策，然而这些信息往往有遗漏、偏差。此外，由于人对信息的选择性知觉，在信息传递过程中，人们往往会选择对自己有利的信息，而舍弃对自己不利的信息，他们往往有可能忽略掉对于领导准确把握市场真实情况的重要信息。如果领导者身居一线，这一问题就能够较好地获得解决。因为领导者身居一线，可以站在全局的高度，及时地纠正营销管理中的短视行为，找到短期利益和长期利益之间的均衡点。快速获知竞争信息，方能超越对手。

企业的目标就是创造顾客价值，通过创造顾客价值来获取利润和其他目标。然而，最能体现顾客价值的前沿阵地在一线业务，一线业务的创新往往是被有意或者无意地忽视掉，但如果老板们能有意识地把它重视起来，就可能会开创出一条新路，可能会成为企业后来居上的关键。

立白公司是一家知名的生产洗衣粉的企业，其实力雄厚，产品很受欢迎。然而，广东汕头的潮阳县在各项资源都没有立白品牌丰富的情况下，却达到了比立白品牌洗衣粉还要好的销售量。

这一情况是立白的高层在分析市场时发现的，老总们立即总结经验，全面推广，还要求全国经销商和业务员到潮阳县开现场会，学习竞争对手的营销模式。

知己知彼，百战不殆。身居一线，领导者可以从竞争对手的终端见微知著，获知对手的动向，快速有效地见招拆招；身居一线，领导者可以更快、更好地协调各部门的行动，以实现统一的战略目标；身居一线不仅可以监督战略执行情况，而且还可以鼓舞士气，了解客户和消费者的需求和反应，及时对战略进行调整；身居一线，领导者可以更好地了解员工、贴近员工、体察民意，无形之中缩短了与员工之间的距离，增进了领导和员工之间的感情，增强了员工的归属感。

企业之间的竞争归根到底还是人才的竞争，优秀人才是企业的宝贵财富，企业领导经常到市场去走访，有利于慧眼识人，培养和储备有潜力的人才，为企业战略的实现提供有力的保障。无论是市场推广模式还是产品创新，抑或是管理模式，企业经营者绝对不可能坐在办公室里就能凭空想得出来。

就像稻盛先生说的那样“灵感大多都来源于市场一线”。因为身居一线的业务员和导购员最了解消费者的需求。以此可以看到，身居一线是企业领导们利用熟悉市场的优势，是完善企业管理体系，将企业做大做强的不二法门。

领导者可以无才，却不能无德

人生悟语

才智与德行相比之下，应该是德在上、才智在下。越是才智过人者，越需要控制自我，以免聪明反被聪明误，把超越常人的能力用错了地方。

孔子说："为政以德，譬如北辰，居其所而众星拱之。"一个领导者如果有了良好的品德，就会像北斗星那样，处在浩瀚的苍穹，群星依然拱手仰望。稻盛先生曾经说过，作为一个优秀的领导者，可以无才，却不能无德。很多的事例都已证明，没有才华的人也会是优秀的成功者，但是如果一个领导人无德，那么他领导的企业将不可能取得成功。

稻盛先生自己在用人方面特别注重选用有德的人，在他看来，这样的人让人觉得心里踏实。因为他觉得地位居于众人之上者，才智与德相比之下，应该是德在上才智在下。越是才智过人者，越需要控制自我，以免聪明反被聪明误，把超越常人的能力用错了地方。他觉得一个人要成就事业，应该按这个顺序具备这三个条件：第一是人格，第二是勇气，最后才是能力。作为一个领导者可以让自己的属下说你没有什么才华，但是一定要让你的属下知道你是一个有德的人。那么你就成功了 80%。

有位大师曾经说过："领导者就如同在餐桌上的舞者一样。"领导者的喜怒哀乐都牵动着人们的视线。你的一举一动都在影响着下属员工，所以作为一个领导者，你首先要在品格上树立一个榜样，也就是让下属感受到你的品德和胸怀。无德不见得无能，但有能无德最可怕。有德有才重用，有德无才留用，无德无才不用，无德有才慎用。所以领导者要想走向成功就需要找到自己内心的声音，找到你相信的到底是什么；让你的理念与言行一致起来，用行动为下属树立榜样。

良好的品德可以升华自身形象。领导之本在于德，人们可以原谅领导者的过失，但不能容忍领导者的无德。领导者若是修德自持，磨砺品行，高风亮节，体恤下属，下属员工自然会昂首仰视，其形象定会高大伟岸，可亲可敬，即使这个领导人才干如众，人们也会敬重三分。良好的品德可以影响身边的人，正如稻盛引用孔子“其身正，不令则行；其身不正，虽令不从”的话所折射的道理。

身为企业领导人，若拥有良好的道德品质，事事处处皆垂范在先，做出榜样，下属就愿意信任你，敬仰你，进而跟随你并学习你，天长日久，自会培养出一群支持你，追随你的下属。良好的品德可以成就一番伟业。历史告诫我们，事业是万众心力合一的结晶。

有德的领导人能凝员工之心，聚员工之力，引领企业按既定的方向发展，能使企业实现一个个经营目标；相反，无德的领导人，缺乏黏合力、向心力，会使身边的员工众叛亲离，形同陌路，其事业自会半途而废，甚至以失败而告终。

作为一个有德的领导者，就要拥有常人所没有的器量、胸怀，能让那些和自己意见相同的人，那些反对过自己的人都追随自己。要能依据周围每个员工的特点，发挥员工的长处，调动员工的积极性和创造性，努力营造“众人拾柴火焰高”的企业发展新局面。

作为一个有德的领导人，要能求大同存小异。不能用苛刻的同一标准去度量和要求身边的人。因为在工作中人与人由于学识、阅历等的不同，对事物的认识和见解也不尽相同，有时可能会出现意见上的分歧或冲突。作为领导人，要学会换位思考，绝不能居高临下，俯视众生，唯我独尊，一意孤行，要耐心地听取各个部门的不同见解，深刻地分析其中的利弊，求大同存小异，做出有利于企业发展和不违背员工利益的决策。

作为有德的领导人，要善于从细节小事关心员工下属，了解他们生活上的冷暖安危，放下架子，俯下身子，真心实意地给他们以足够的尊重和关爱，切实让员工感觉到你的真诚和关心，长此以往，自会得到员工的信任和支持。

“德高望重”“上善若水”“厚德载物”“德行天下”这些耳熟能详、脍炙人口的古语，承载的是几千年来中国人对优秀道德情操的美好向往。在现今激烈的竞争环境中，企业领导人只有具有道德感召力，才能带动员工，激发员工的工作热情和积极性，才能以德聚人，吸引人才。

第十二章
工作即人生：工作 = 思维方式 × 热情 × 能力

正面思维等于持续的人格提升

人生悟语

正面思维会促使人们以积极、主动、乐观的态度处理事情，使事情向着有利的方向发展。正面思维使人在顺境中脱颖而出，在逆境中更加坚强。正面思维会变不利为有利，变优秀为卓越。

熟悉稻盛和夫的人可能都知道，他曾用一个很经典的方程式表达他的工作观和人生观，这个方程式是：人生工作的结果 = 思维方式 × 热情 × 能力。

开创京瓷后不久，稻盛和夫就想出了这个方程式。此后，他一直遵循这个方程式努力工作，在人生道路上乘风破浪。同时，他不仅自己努力实践，而且一有机会就向员工们解释这个方程式是何等的重要。

稻盛认为，如果方程中的思维方式为负，如果不改正，不管你有多少财富，你都不可能有幸福的人生。

要拥有幸福的人生，要把工作做到完美，事业做到最大，就必须具备正面的“思维方式”。只有做到这点，一个人的一生才有可能会在工作上硕果累累，在生活中获得幸福。

人和动物、植物的区别在哪里？心理学之父威廉·詹姆斯曾说过，我们这个时代最伟大的发现就是，人们可以通过改变思维方式来改变自己的生活，而思维方式是人们可挑选的一种选择，我们可以用积极抑或消极的思想对待事物。若非身体机能出现差错，我们都可能自主地选择用哪种思维方式思考问题。

大脑是一个出色的过滤器，但很多员工却不懂得如何使用它。阿兰·彼得森在《更好的家庭》一书中说道，消极思潮正影响着我们，人天生容易受到消极思想的影响。在实际工作中，人们不难发现，如果有一个人说一些心灰意冷的话，就极有可能降低整个团队的士气；而真诚的赞美则令人精神鼓舞、斗志昂扬。

纵观职场百态，成功者之所以成功，就是能够将正面的思维运用到工作和生活中，自己树立自己，自己成就自己。

一个精明的荷兰花草商人，千里迢迢从遥远的非洲引进了一种名贵的花卉，培育在自己的花圃里，准备到时候卖个好价钱。对这种名贵花卉，商人爱护备至，许多亲朋好友向他索要，一向慷慨大方的他却连一粒种子也不给。

第一年的春天，他的花开了，花圃里万紫千红，那种名贵的花开得尤其漂亮。第二年的春天，他的这种名贵的花已繁育出了五六千株，但他发现，今年的花没有去年开得好，花朵略小不说，还有一点杂色。到了第三年，名贵的花已经繁育出了上万株，令他沮丧的是，那些花的花朵变得更小，花色也差很多，完全没有了它在非洲时的那种雍容和高贵。当然，他没能靠这些花赚上一大笔。难道这些花退化了吗？可非洲人年年种养这种花，大面积、年复一年地种植，并没有见过这种花会退化呀。百思不得其解，他便去请教一位植物学家。

植物学家问他："你的邻居种植的也是这种花吗？"他摇摇头说："这种花只有我一个人有，他们的花圃里都是些郁金香、玫瑰、金盏菊之类的普通花卉。"植物学家沉吟了半天说："尽管你的花圃里种满了这种名贵之花，但和你的花圃毗邻的花圃却种植着其他花卉，你的这种名贵之花被风传播了花粉后，又沾上了毗邻花圃里的其他品种的花粉，所以你的名贵之花一年不如一年，越来越不雍容华贵了。"商人问植物学家该怎么办，植物学家说："谁能阻挡住风传播花粉呢？要想使你的名贵之花不失本色，只有一种办法，那就是让你邻居的花圃里也都种上你的这种花。”于是商人把自己的花种分给了自己的邻居。次年春天花开的时候，商人和邻居的花圃几乎成了这种名贵之花的海洋——花色典雅，朵朵流光溢彩，雍容华贵。

这些花一上市，便被抢购一空，商人和他的邻居都发了大财。想要有名贵的花，就必须让自己的邻居也种上同样名贵的花。精神世界也是这样的，一个人想要维持自己品德的高尚，如果不懂得和别人分享，就只能是孤芳自赏，甚至背上自闭与不通事理的骂名。

分享是为了在我们需要时的得到，给自己一个好人缘和和睦的生活、工作环境。在分享中，我们得到的远比分享的多得多。

成功是有顺序的，首先是有一个正面的思维，然后是做法的有效，最后是人格的提升。可以这么说，正面思维是所有成功的起点。在历史故事里、在现实生活中，哪里有成功人士，哪里就有正面思维。

一个企业要和国际接轨，就要和比自己强大的跨国企业竞争，这首先就要求有一个正确的思维，在思想上立于不败之地。首先必须要在软件上战胜竞争对手，充分看到自己的优势和长处，懂得化不利为有利。在迈向成功的道路上，我们比以往任何时候都需要正面思维。

每个员工在职场竞争中求生存发展之道，弱者要变强，强者要更强，必须拥有正面的思维，以这种思维指导自己的工作，在努力工作中会不知不觉地提升自己的人格。然而工作往往压力大，困难多，如逆水行舟，不进则退。其中一些意志不够坚定的员工，容易产生反面的想法。本来可以大有作为，结果仅仅因为没有从正面来思考和处理问题，而与成功失之交臂。

正面思维会促使人们以积极、主动、乐观的态度去处理任何事情，使事情向着有利的方向发展。正面思维使人在顺境中脱颖而出，在逆境中更加坚强。正面思维会变不利为有利，变优秀为卓越。

正面思维在人们日常工作的真正执行中，会被发现更多的力量和价值。卡尔·巴德说过：“虽然时光不会倒流，无人能够从头再来，但人人都可以从现在做起，开创全新的未来。”正面思维是一根神奇的魔棒，它能点石成金，帮助每一位员工在职场中搬开绊脚石，披荆斩棘，乘风破浪，并赋予他们一个充满魅力的人格。

以完美为目标就是无止境地追求内心的理想

人生悟语

必须为自己建一座灯塔，为自己将来的路指明方向。做第一个吃螃蟹的人就是意味着没有前人的经验可以借鉴，自己才是竞争中的唯一对手。

“全国劳动模范”“全国杰出青年岗位能手”李素丽曾说过，认真只能把工作做对，用心才能把工作做好。在实际生活中她也是这么做的，在平凡的岗位上，她用尽心力将工作做好，就是在追逐心中的那个理想。其实，人与人智力之间的差别很小，造成人与人之间巨大差距的是努力、用心的程度不同。稻盛和夫就是一直以完美为目标无尽地追求，他坦言，就工作而言，自己是个完美主义者。

在平时的生活当中，要求自己做到事事完美着实困难。但是如果你能把追求完美变成自己的第二天性，事情就变得轻松简单很多。好比发射一颗卫星上天需要非常巨大的能量。然而，一旦卫星走上了它的运行轨道，那么就不需要很大能量便可以维持它的正常运转了。

8 年前，莎莉斯和科利尔还在俄勒冈州的一家大酒店里供职。在工作中他们发现，很多人在旅游之际，不愿意去酒店里的酒吧、赌场、健身房等娱乐场所，也不喜欢看电影、电视，而是静下心来在房间里看书。时常有游客问科利尔：酒店里能不能提供一些世界名著？酒店里没有，爱看小说的科利尔满足了他们。问的人多了，莎莉斯就留心起来。一段时间后，她发现这一消费群体相当庞大。现代社会压力极易让人浮躁，人们强烈地要求释放自己，有的人就去酒吧疯狂，去赌场寻求刺激来发泄，而另一部分人偏爱寻一方静地让自己远离并躲避一切烦恼与压力，看书是一种最好的方式。开一家专门针对这类人群的旅馆，是否可行呢？莎莉斯在一次闲聊时，把这个想法对科利尔说了。没想到他早就注意到这一现象，两人一拍即合，决定合伙开办一家“小说旅馆”。

为了安静，他们最后选择了纽波特海湾这个偏僻的小镇。他俩集资购买了一幢 3 层楼房，设客房 20 套，房间里没有电视机，旅馆内没有酒吧、赌场、健身房，连游泳池都没有。这就是科利尔和莎莉斯所想要达到的效果。在“海明威客房”中，人们可以看到旭日初升的景象，通过房间中一台残旧的打字机及挂在墙壁上的一只羚羊头，人们马上就会想到海明威的小说《老人与海》以及《战地钟声》等里面动人的情节描写，迫不及待地想从“海明威的书架”上翻看这些小说，那种舒适的感觉也许让人终生难忘。所有的故事描述与人物刻画在莎莉斯和科利尔的精心筹划和布置下，都表现在房间里。令人大惑不解的是，他们的旅馆刚投入使用，来此的游客就与日俱增，尽管对这种新颖的旅馆有口碑相传的效应，但稀疏的几个外来人或许自己都没有来得及消化，影响还不至于这么快。

原来，科利尔和莎莉斯在布置旅馆的同时，就早已开始了招徕顾客的工作。既然是小说旅馆，自然顾客群是与书亲近的人。为了方便与顾客接触、交流，他们在俄勒冈州开了一家书店，凡是来书店购书的人都可以获得一份“小说旅馆”——西里维亚·贝奇的介绍和一张开业打折卡。许多人在看了这份附着彩色图片的介绍之后，就被这家奇特的旅馆吸引住了，有的人当即就预订了房间。为了增大客源，莎莉斯还与俄勒冈州的其他书店联系，希望他们在售书时，附上一张“小说旅馆”的介绍。这种全方位、有针对性的出击，为他们赢得了稳定的客源。这种形式一直持续到现在。随着时间的推移，“小说旅馆”的影响日渐扩大。莎莉斯和科利尔书店生意的兴隆，也显示出了其“小说旅馆”客人的增加。在旅馆的每个房间和庭院里，随处可见阅读小说、静心思考、埋头写作的人，甚至一些大牌演员和编剧也在这里讨论剧本。一些新婚夫妇以住在旅馆中用法国女作家科利特命名的"科利特客房"中度蜜月为荣。

细节影响品质，细节体现品位，细节更显示着人们对完美的追求。

稻盛和夫说，在他所经过的旅途中，每每遭遇巨大苦难，他总是拼命地寻找指引方向的灯塔。但他所处之处是辨不清方向的茫茫大海，不可能找到灯光。他必须为自己建一座灯塔，为自己将来的路指明方向。做第一个吃螃蟹的人就是意味着没有前人的经验可以借鉴，自己才是竞争中的唯一对手。只有领悟到这种境界才可以使自己到达完美的状态。对开拓一片崭新天地的先行者而言，所谓的"更好"或"最好"是与他人比较的结果，而先行者身边没有可以依靠或比较的人选，因此只能做到完美。

无独有偶，我国的著名企业海尔公司的"零缺陷"管理为很多企业树立了典范。"零缺陷"意味着追求产品品质的完美无缺，不能出任何纰漏。他们通过对零缺陷的严格要求，不断地向着整个海尔集团的理想靠近。海尔集团的董事局主席、首席执行官张瑞敏说过，凡是有缺陷的产品，就是废品！只要去过海尔集团参观的人都知道，海尔的展览馆里保存着一把大铁锤，这把大铁锤是海尔发展的"功臣"。而说到这把大铁锤的来历，则要追溯到20世纪80年代。

1985年，张瑞敏刚到海尔，当时的海尔叫作青岛电冰箱总厂。在那个时代，冰箱供不应求，海尔生产出来的所有产品，甚至没有合格的冰箱都能不费吹灰之力地销售一空。1985年4月，张瑞敏收到了来自一位客户的投诉信，说自己购买的海尔冰箱存在质量问题。张瑞敏觉得事情很严重，于是对仓库进行了突击检查，结果发现有76台冰箱存在各种各样的质量缺陷。

在开会讨论该事件的处理办法时，干部们主要有两种意见：一是作为"公关手段"，把问题冰箱处理给经常来厂检查的工商局、自来水公司或是电业局的人，借此拉近他们与海尔的关系；二是当作福利，把冰箱处理给对本厂有过贡献的员工。可张瑞敏坚决不同意，他说：我要是同意把这76台有问题的冰箱卖出去，就无异于允许你们明天再生产10倍这样的问题冰箱。

最终，张瑞敏在海尔弄了了两个大展览室，将劣质零部件和76台劣质冰箱全部展出，让全厂的员工都前来参观。参观结束后，他把负责生产这些冰箱的员工留下，他自己先拿了一把大铁锤，狠狠地朝一台冰箱砸了下去，把这台冰箱砸得七零八落。接着他把锤子交给责任人，让他们亲手把这76台冰箱全部销毁。

很多当时在场的人都流下了眼泪。当时员工的人均月收入只有40多元钱，而那时的一台冰箱能卖到800多元钱，一台冰箱相当于很多人两年的工资。

尽管那时的海尔还有负债，而且冰箱的价格也很高，其实这些冰箱也没有什么大毛病，有的只是在表面上稍有划痕。张瑞敏出人意料的举动在当时令很多人难以接受和理解。但是，这一锤砸下去声音砸醒了全体员工陈旧的质量意识，它让员工明白了：在海尔，任何不完美的产品就等于是废品，因为海尔的目标叫作“完美”。没有这一锤，便没有海尔的前途，便没有海尔今天的辉煌。

以完美为目标是一种理念、一种意识、一种作风、一种精神、一种积极对待问题的态度、一种精益求精细致入微的工作模式。完美主义不是一项阶段性的任务，而是一项系统性很强的长期工程。

改变粗放的工作模式，事事力求完美，持之以恒地坚持下去，长期坚持就会形成习惯，良好的习惯就会成为品质，这种品质便会带领着我们无尽地追求自己内心的理想。稻盛指出，完美主义是那只最终决定个人成长和企业发展、成败命运的看不见的手。

付出不亚于任何人的努力

人生悟语

每天坚持认真地、不遗余力地工作，应该是做人最基本的、必要的条件。

常常听到有人说：“只要付出了，就会有收获”。有句谚语讲得好：“一分耕耘，一分收获”。企业经营中最重要的事情莫过于每一天都竭尽全力、拼命工作。这是妇孺皆知的道理。

如果这样问一个人："你努力了吗？"

估计所有的人都会异口同声："是的。"

稻盛和夫经常问许多人："你是否在竭尽全力地工作？"

回答通常是："是的，我在努力工作。"

但稻盛和夫显然对这样的回答不满意，他常常会接着问："你是否付出了不亚于任何人的努力？""你的工作方法是否不亚于任何人？"

稻盛坚信，坚持每天认真地、不遗余力地工作，应该是做人最基本的、必要的条件。"付出不亚于任何人的努力"几乎成了他的一句口头禅。

"付出不亚于任何人的努力"，只有做到这点，才能拥有华丽的人生，才能成功地经营一个企业。做不到这一点，无论企业经营抑或人生的成功，都是纸上谈兵。今年不景气，可能明年也会不景气，不管市场怎样不景气，工作总要继续，而且要拼命地工作。人们常说的，经营战略最重要，经营战术不可少。但是稻盛的观点是，除了拼命工作外，没有第二条路通向成功。

稻盛一直把他的舅舅作为榜样。战后稻盛的舅舅身无分文，只得做个菜贩。他的文化程度不高，不过小学毕业。他每天拉着比自己身体大得多的大板车出摊，冬有三九夏有三伏，无一日例外，也不在意被邻居们嘲笑。他不知道什么是经营，怎样做买卖，更不懂会计知识，但是他的菜铺规模越开越大。直到他晚年，经营都很顺利。此时的学问和能耐都可以忽略不计，埋头苦干给他带来了收成。舅舅的形象一直深深刻在了稻盛的心中，也对他后来创办京瓷起了很大的作用。

仅付出和大多数人一样的努力，基本上是没有什么成功的概率的，不管这努力持续了多长时间。因为这只是做了理所应当的事情，想在激烈的竞争中有骄人的表现，就得付出非同寻常的"不亚于任何人的努力"。

希望在工作中有所建树，就必须持续地付出这种近乎个人极限的努力。如若不肯付出加倍的努力，而想取得成功并维持成功，那绝对是妄想。

初创京瓷之际，稻盛每天全心工作，以至于每天晚上几点回家，几点睡觉，都完全没有概念。

所谓“不亚于任何人的努力”，是没有终点、突破极限、永无止境的努力，不是说做到这种程度差不多就可以了。将目标递进，靠的就是这种持续的、无限度的努力。

然而，在这个艰苦困难的过程中，员工们难免会有牢骚和不满：“这样无限度的、不要命的工作，人的血肉之躯能受得了吗？过不了多久，大家都会累倒的。”员工们的确个个满脸的疲惫。

稻盛考虑再三，最终还是狠下心来，说了下面一段话：

“企业经营就好比是参加马拉松比赛。我们是业余团队，没有经过专业的训练。在这样的长距离赛跑中，我们起跑时已经被别人落下了。此时此刻，如果还想继续参加比赛，只有用百米赛跑的速度飞奔才行。当然，很多人认为这样拼命，身体会吃不消。但是，我们在起跑的时候已经晚了，又没有专业的训练，缺乏比赛的经验，不这么做就没有可能会成功。如果不能坚持下来，还不如不参加这次比赛。”

员工们被他说服了。

在资金、技术、设备都严重匮乏的情况下，京瓷又是最后一个加入新型陶瓷行业的企业。考虑到严酷的现实，已经没有从容不迫选样的余地，除了拼命努力之外别无他法。这种不得已的、严酷的、简直不近人情的决断，得到员工们的理解，大家决定共同奋斗渡过难关。

这种努力开花结果了。不到 10 年，京瓷的股票上市了，这是一个关键发展点。

这时的稻盛对员工们说：用百米赛的速度挑战马拉松，大家都担心途中有人落伍。但是，一旦以百米的冲刺速度跑起来以后，做事竭尽全力就成为大家共有的习惯，居然一直坚持到今天。在比赛中，大家看到的那些先起跑的团队速度并不算理想。现今最领先的团队已经进入了我们的视野范围，说明我们与第一的距离拉近了。请大家继续努力，全力奔赴，超越他们。

稻盛和夫把这种以短跑的冲刺速度叫板长跑比赛的无限度的努力，叫作

“不亚于任何人的努力”。

中等程度的努力太平凡，它的力量不足以让企业或个人获得理想的成果。只有付出“不亚于任何人的努力”才是人生完满和事业有成的王道。

付出“不亚于任何人的努力”乃是自然的机理。不论是动物还是植物都在拼命努力地发展自己以求生存，而只有人类才会贪图安乐、不思进取，认为竭尽所能地工作是在变相虐待自己，但事实绝非如此。

为了自身的生存和发展必须拼命努力，自然界的机理本来就是这样。不努力的植物不存在，因为它们早在竞争中被淘汰出局。动物也是一样，不拼搏则面临灭绝。

付出“不亚于任何人的努力”，这是天地万物的“铁的法则”，人也应如此。

从知识到见识，从见识到胆识

人生悟语

胆识的母亲是勇气。倘若没有排除万难、坚忍不拔、坚持奋斗到底的勇气，一切知识都会灰飞烟灭，没有勇气作支撑的知识是一盘散沙，无用武之地。

关于知识、见识和胆识，字典里的解释是：知识是人们在改造世界的实践中所获得的认识和经验的总和；见识的意思是见闻、知识；胆识的意思是胆量和见识。

知识大部分是书本上得来的，基本上属于理论范围；见识是在知识的基础上有一定的实践；而胆识则是人的能力和魄力，是才华和知识的集合。知识的内容包罗万象，所涉及的范围广泛。见识是平时我们对身边周围社会和事物的观察、思考和积累的程度，是一个人通过参与社会实践所获得的认识和经验的积累。所谓见多识广的多是那些有着丰富经验的人。此外，见识还意味着一个人对事物认识的维度，即深度、高度和广度。

在一个钓鱼池旁边，有一群喜欢钓鱼的人正在垂钓。似乎每个人的运气都很不好，没有一条鱼上钩，因此，当其中一位M先生钓到一条大鱼时，大家都为他喝彩。而这位M先生表情却非常奇怪，他两手捧着鱼，目测鱼的大小后，竟摇着头将鱼放回鱼池。虽然周围的人都很惊讶，但毕竟这是人家的自由，大家也只好若无其事地继续垂钓。

接着，M先生又钓上一条大鱼，他看了一下又把它放回鱼池里，大家都觉得奇怪。等到第三次M先生钓到一条小鱼时，他才露出笑脸将鱼放进自己的鱼篓里，准备回家。这时有一位老人问他："虽然来这儿钓鱼的人只是为了尽兴，但你的行为令人不可思议。头两次钓上来的大鱼你总是放回水里，而第三次你钓上来的鱼非常小，在任何一个鱼池里都可以钓到，你却非常满意地将它放到鱼篓里，这是为什么呢？"

M先生回答说："因为我家所有的盘子中，最大的盘子只能放这么大的鱼。"

人常常在不知不觉中，以目前仅有的见识来企求自己所希望得到的东西。人生仅有一次，如果只相信"小盘子"，得到的将会只是一个狭窄的人生。面对人生所谓的"小盘子"，应该发散思维，慢慢将它扩大为大盘子，拓展更为宽广的人生。

一个人对事物的洞悉能力和感知能力常常来源于他的见识。常言道，读万卷书不如行万里路，行万里路不如阅人无数，阅人无数不如重叠成功人的脚步。接受教育，不间断地学习，是进行知识积累的过程；把学到的知识直接或间接地在实践中去运行阐释，借鉴正反两方面的经验，遇事多分析、多总结，减少无知的盲目举动和不知所措的愚蠢行为，这就是见识。学习的知识通过实践经历的酿造不断积淀，逐渐厚重起来，那么具有个人风格的见识便于实践中形成了。见识是知识在实践中淬炼的结晶。

胆识是胆量和见识的综合体。无论是在工作中还是生活中，每个人都经受过这样的考验：关键时刻，有没有胆量站在一个崭新的高度，迎接某些原本自己能力达不到的挑战。最后使你坚定并坚持下来的力量，是一种犀利的眼光、坚强的意志，以及明智的选择，这便是胆识。胆识是人的勇气和能力。

所谓“君子”者，即是在任何事态下都能随机应变，如鱼在水中，灵活自如，游刃有余。也就是说，通过修养自身的品行，获得出众的见识，面对任何局面都能将自己的见解实施得来去自如，这一切都需要在行事之前做出万全的准备。

稻盛和夫在日本哲学大家安冈正笃的著作中，对“知识”“见识”“胆识”有了领悟。稻盛认为，胆识的母亲是勇气。很多人知道这个道理，却在困难面前犹豫踌躇，关键在于他们缺乏勇气作为后盾。过分在意“自我”会导致勇气的丧失。

常言说得好，“读《论语》而不知《论语》”。相信大多数人都聆听过先贤的教诲，也读过圣贤书。然而，倘若仅仅停留在“知”的层面还不够，应当把知识通过实践提升为见识，把见识通过勇气升华为胆识。

其实杰出者与平庸者的差距，并不简单地在于知识的多寡、专业的优劣，而在于谁的经历丰富，见多识广，遇事不慌，有一种运筹帷幄的胆识和气度，对于任何情况都能应对自如。

为了更好地生活，人们必须掌握各种各样的知识。然而，知识本身是单薄的，几乎承担不起任何的实际作用。必须将知识进一步转化成具有强大实践能力的见识。当然，这还是不够的，必须用真正的勇气把见识打造成不为任何事所动的胆识，这才是成就大事业的支撑点。

有胆量才会有突破，有突破才会有创新。然而倘若没有知识和见识给勇气打底，那勇气只是匹夫之勇或意气用事。而只有知识和见识，那么只能纸上谈兵或望梅止渴。有了知识和见识的勇气才是胆识，“有胆无识狂为勇，有识无胆多空谈”。做一个有胆有识的人，不但要积累知识、增长见识，更要有必胜的勇气和决心，有敢于挑战的胆量。

能带来真正喜悦的是劳动

人生悟语

为了使事业成功、人生充实，勤勉是不可或缺的。勤勉就是指拼命工作，认真、努力、专心致志地工作。通过这样的勤勉，人类就可以获得丰富的精神和厚重的人格。

人生是短暂的，所以快乐地度过生命中的每一天，就显得尤为重要了。那么，怎样才能获得快乐呢？

有人认为，如果能拥有很多的财富就会很快乐。可是假设你真的中了彩票，得到了一大笔钱，足够你玩乐一辈子，这时你就会获得真正的幸福吗？当我们每天无所事事，不做工作，而只去吃喝玩乐，试想这样的生活一直持续，你不会感觉无聊吗？长此以往，你与家庭、朋友的关系也会恶化，因为你已经找不到人生和工作的意义了。

稻盛和夫视工作的喜悦为世界上最大的喜悦。他曾经说："为了使事业成功、人生充实，'勤勉'是不可或缺的。勤勉就是指拼命工作，认真、努力、专心致志地工作。通过这样的勤勉，人类就可以获得丰富的精神和厚重的人格。"

曾经有这样一群年轻人向苏格拉底请教："快乐到底在哪里？"苏格拉底说："你们还是先帮我造一只船吧。"于是这群年轻人把寻找快乐的事情先放在了一边，花了很多努力和心思，用了七七四十九天造成了一只独木船。

这群年轻人把苏格拉底请上船，他们一边合力荡桨，一边齐声放歌。这时苏格拉底问："孩子们，你们快乐吗？"他们齐声回答："快乐极了！"

美国一位作家曾经说过，幸福就像一只蝴蝶，当你追逐它的时候，它会远离你；但是当你静静地坐下来时，它便会悄悄地落在你的肩上。快乐是什么？快乐其实就像一片田地，当我们用自己辛勤的劳动去耕耘时，它才会结出累累硕果。

当我们四处寻找快乐的时候，却没有领悟真正的快乐就在身边简单的工作中。在劳动中，我们可以安下心来齐心协力，努力研究，辛勤劳作。因为工作中足够聚精会神，以至于许多烦恼都搁置和淡忘了。最终，我们从劳动中获得了最大的喜悦。

在稻盛和夫看来，工作占据我们大部分的生活，专心致志地工作所带来的成就感，这种喜悦是特别的，绝对不是任何其他事物可以代替的。认真、努力地工作，克服痛苦和辛苦后取得成功时的成就感，才是人世间无可替代的喜悦。

“铁人”王进喜率领石油工人开发大庆油田时，面对许多难以想象的困难：没有公路，车辆不足，吃和住都成问题。但王进喜和他的同事下定决心：有条件要上，没有条件创造条件也要上。他们用滚杠加撬杠，靠双手和肩膀，奋战 3 天 3 夜，把 38 米高、22 吨重的井架迎着寒风矗立在了荒原。当得知开钻需要的水管还没有接通，王进喜就带领工人到附近的水泡子里破冰取水，硬是用脸盆、水桶，一盆盆、一桶桶地往井场端了 50 吨水。在他们的艰苦努力下，中国的第一口油井终于建成了。他们感到无比骄傲与自豪。他们乐在嘴上，更乐在心里。

像王进喜这样的劳动楷模，在我们的身边，有太多太多。他们在工作中不怕苦，不怕累。用劳动充实自我的人生，用劳动提升自我的价值，从劳动中获得非凡的喜悦和快乐。

稻盛和夫指出，能真正带来喜悦和快乐的是劳动。如果有人再次问我快乐是什么，我会这样说，快乐是劳动前心中的那份期待与憧憬；快乐是劳动过程中不断克服困难，不断解决问题的那份探索与坚持；快乐是劳动后大汗淋漓的那份畅快。

喜悦和幸福总会从辛苦的彼岸露出它优美的身姿。正如漫漫长夜结束后，曙光就会到来一样。当我们拼命工作之后，自然会发现辛劳的背后隐藏着最大的快乐和欢喜，这就是劳动人生的美好所在。

只图安逸，就是不负责任的倒退

人生悟语

劳动是获得心中快乐的种子。每天认真工作必定会得到巨大的回报：这会让你享受到人生的快乐体会到时间的宝贵。

人这种动物带着一种与生俱来的惰性：如果一味放任，就会贪图安逸，不思进取，躲避挫折和困难。

有这样一个民间故事：

有一对勤劳的夫妻，他们每天从早干到晚，就这样过了几年，渐渐富裕起来。但是这对夫妻对唯一的儿子从小就溺爱，不让他干活，对他百依百顺。父母无微不至的关心却使儿子只贪图眼前的安逸而好吃懒做。时间一长，这对夫妻年老了，他们操劳了大半生的时间，积攒了一笔不小的财富。等老两口去世后，这个儿子和他的妻子只知道吃喝玩乐，不思进取。他们不停地挥霍，着实快活了一阵子。但是坐吃山空，这段神仙般的日子眼看就要结束了。终于，在腊月初八这天，他俩穷得只剩下一碗粥。等待他们的只有寒冷和死亡。

故事中这对懒夫妻的下场其实就是对只图安逸者的最后警告。俗话说得好："一分耕耘，一分收获。"不劳动工作，而要坐享其成，这在现实的生活中是不可能长久的。

稻盛和夫回忆他青年时期的日本，那时的社会环境要比现在糟糕得多。因为，在那个严酷的时代，不努力好好工作，根本连饭都吃不上。

那个时候，几乎没有可以供人们选择职业的机会，没有现在这样宽松的环境，人们可以拥有选择自己感兴趣的工作、寻觅适合自己特点的职业的自由。在那个别无选择的时代，人们一般只能子承父业，接替父母继续工作；偶尔有可以就职的机会，就必须得安心做下去。

这些在今天看起来不可思议的情形在当时却是理所应当的。一旦进入某家企业工作，就没有辞职的可能，强大的社会舆论会把你打入深渊。也就是说，在这家企业一直工作是社会的需要，是个人应尽的义务，不管个人愿意还是不愿意。

强迫劳动在现在这个年代已经销声匿迹了。然而，在这个幸福的时代里不好好工作、只贪图舒适安逸、懒懒散散会造成什么样的后果呢？这是个值得我们深省的问题。

安逸和稳定只能带来懒惰的思想，而不能给予人真正的动力和生活乐趣。假设幸运之神眷顾你，让你中了头彩。头彩的奖金足够你玩乐一世。这种喜悦可能会使人快乐一时，但长期无所事事的烦闷会缠绕一世。每天吃喝玩乐，没有目标，不做工作，长期持续这种生活，你不但会觉得无聊无趣，而且毫无长进，甚至会丧失人性中的那些闪光点。日复一日，亲情、友情的关系网会逐渐恶化坏死，将寻找不到生活的快乐和意义。

距今 40 年前，京瓷公司的股票上市。稻盛心中无限感慨，自己赤手空拳创建的公司终于跻身一流企业的行列了。

当时有人说他终于可以好好玩乐，过轻松安逸的生活了，不需要那么拼命努力了。的确有些风险企业的经营者们，通过股票上市，获得了大笔财富。很多人还很年轻，就已经开始考虑退休去过自己的安乐生活。

京瓷公司上市时，稻盛没有抛售他持有的原始股，而发行新股所获得的可观利润归公司所有。当时的稻盛只有 30 多岁，他思考的是趁上市的机会更加努力工作。稻盛激励员工同心协力加油工作，他认为公司上市不代表着玩乐享受，而意味着肩负着更重大的责任，上市是新的起点，而不是终点。

稻盛和夫认为，劳动是心灵快乐的种子。每天认真工作必定会得到巨大的回报：这会让你享受到人生的快乐，体会到时间的宝贵。快乐和欢喜总是隐藏在拼命工作的背后，正如曙光的颜色从漫漫长夜的尽头露出微笑，这正是劳动人生的美好。

在生命的旅途中，有一架分毫不差的天平，它是获得幸福的不二法门，只有付出了辛勤和汗水，才能得到美好的人生。而贪图安逸只会使天平倾斜，使人生的幸福和成功失重。

努力工作的彼岸是美好人生

人生悟语

努力工作的背后隐藏着快乐和欢喜，正像漫漫长夜结束后，曙光就会到来一样。欢乐和幸福总会从辛苦的彼岸露出它优美的身姿，这就是劳动人生的美好。

天下没有免费的午餐，更没有不劳而获的成果。无数人都梦想自己中500万，但是中500万的概率有多大呢？既然机会如此之小，那为什么不抓紧眼前的机会，努力工作呢？机会对于每个人都是公平的，能不能抓得住，就要看自己的准备是否充分。不要做不现实的梦，不要讲不现实的话，找到目标踏踏实实地走好每一步，量的积累，才会达到质的飞跃。

稻盛和夫认为，努力工作的背后隐藏着快乐和欢喜，每天认真工作，努力获得回报，才能让你感受到人生的快乐和时间的可贵。没有目标，不做工作，每天吃喝玩乐，如果长期持续这种无聊的生活，不但不会成长，而且会丧失自己人性中那些美好的东西。长此以往，与家庭、朋友的关系就会恶化，也将找不到人生和工作的意义。

比亚迪创始人兼首席执行官王传福接受《亚洲经营者》节目独家专访时，讲述了一个技术出身的企业家眼中的“成功”。对于成功的人生感悟，没有别致而生动的描述，他只给出了一个枯燥的答案：努力工作就好。某种程度上，这是对所有关于创业感悟的最简洁的概括，也是最脚踏实地的一种总结。这正如他所习惯的研发方式：想要了解并掌握某件事物，就要动手拆解，找出最根本的原理，余下的自然水到渠成。

无论我们从事的是什么工作，都应该认真地对待，努力地做好。只有在工作中锻炼自己的能力，才能使自己的业务水平不断提高。当今社会竞争无处不在，要想从平凡的工作中脱颖而出，取决于个人的心态、能力。这个世界会永远偏爱那些努力工作的人，并为他们大开绿灯。

有这样一则小故事：

有一位手艺精湛的老木匠即将退休。对他极为看重的老板希望在老木匠临走之前，为自己建造一所房子。老木匠原本急着想回家与妻小团聚，但老板的命令又拗不过，无奈之下只得答应下来。

这份活原本不是老木匠愿意做的，于是在建造过程中，老木匠心不在焉，甚至偷工减料。他只是惦念着与家人团聚的好日子。毫无疑问，对于建造这所房子，老木匠没有展现出以往那种用心做事的风格。

当他将建造房子的任务完成后，老板将房子送给了他，老板对他说：你为我干了一辈子的活，我也没有什么可送给你的，现在就把你最后建造的这所房子送给你，算作我最后给你的报酬吧！”

听了老板的这番话，老木匠惊呆了。他只后悔当初没有尽全力将房子建好。

我们可以从这个故事中深刻领受到一个人生哲理：我们在为别人工作的同时，更是在为自己工作。放弃努力实际是对自己不负责任。在为别人工作的同时，其实也是在为自己工作。

只有努力工作的人，才有可能取得丰硕的成果，才会得到赏识进而被委以重任。因此只有珍惜工作、努力工作的人才能体会到工作才是最精彩的人生舞台。

认真工作能扭转人生

人生悟语

认真工作会给人生带来意想不到的、美好的未来，只有通过长时间不懈地工作，磨砺了心智，才会具备厚重的人格，在生活中沉稳而不摇摆。

认真工作是提高自己的最佳方法。把工作当作学习的机会，从中学习处理业务的经验，学习人际交往的智慧，这才是真正的聪明。认真工作的员工不会为自己的前途操心，这种好习惯一旦养成，到任何公司都会受到欢迎。与之相反，靠投机取巧取得的成就，在内心并没有踏实的感觉，从长远来看，是有百害而无一利的。

毫无疑问，稻盛和夫是成功者的楷模。但他自己也说过，最初自己并不是一个热爱劳动的人，几乎没有人天生就喜欢劳动。但是，最后，环境的压迫使他逐渐改变了心态，最初颓废的状态消失，他废寝忘食地花费比别人多很多倍的努力，最终取得了如今的成就。

稻盛和夫认为，工作不仅仅是为了口粮。人工作是为了提高自己的心智。提升心智是一件非常困难的事情，有的僧人经历长期严格的修行，也未必能够做到。但是，在工作中却隐藏着可以达到这个目的的巨大力量。

现在的老板非常青睐认真工作的员工，并给予其很多的机会。老板往往会这样鼓励员工："认真干吧！把你的能力都发挥出来，还有更多的重任等着你呢！"他的意思就是说："认真工作吧，我会给你增加工资的。"

但是，很多年轻人都有心高气傲的毛病，觉得自己的工作太渺小，不值得认真去做，就在一次次不认真的自我纵容之下，一次次放任机会从身边溜走，反而是那些踏踏实实、极端认真的老实人脱颖而出，超越了才华横溢的同辈们，成为令人羡慕的职场新星。

世界上任何真正的业绩和伟大的成就，无一不是靠努力的工作换来的。认真好比人生命运动的发动机，它能激发人身上无限的潜能。一个人不管能力有多强，如果他不愿意付出努力，就不能取得成绩，而一个认认真真，全心全意做好本职工作的员工，即使能力稍逊一筹，也能创造出最大的价值。

美国著名的航天业、娱乐业巨子霍华德·休斯，就是一个极端认真的狂人。他在 11 岁时就会组装收音机，13 岁时能够拼装出一部摩托车，14 岁时已经上了第一堂飞行课，童年时的他，满怀理想地宣称，自己将是全世界最优秀的飞行员，最了不起的电影制片人和最有钱的富翁。于是，年轻而没有任何经验的他，开始了自己的冒险寻梦之旅。

他的认真和执着让身边的人充满了怀疑。而竞争对手越是嘲笑他，他就越像一只老鼠一样钻牛角尖，拼命地努力钻研。在电影界，他投资了世界上最贵的电影，花了四年的时间拍了一部《地狱天使》。终于这部电影使他成为炙手可热的娱乐界新贵。后来，他发明了当时最快的飞机。设计制造了世界上第一颗同步通讯卫星，并一举独霸航空市场，成为著名的休斯航天与通讯公司的创始人。三个理想就在他极端努力的工作中实现了。

这说明了生活对我们每个人来说，是公平的。付出就会有回报，与其抱怨命运，不如认真做事。用加倍努力的认真，去换取光明的前途和美好的人生。

比尔·盖茨之所以会取得如此大的成就，除了天赋之外，一个不可忽视的因素就是他认真对待所做事情的态度。

当比尔·盖茨读大二时，他迷上了扑克牌，疯狂的玩扑克牌和计算机占据了他的大部分时间。第一次玩时，他表现得很糟糕，但盖茨玩扑克也很认真。他认真钻研，一直坚持下去，最后成了玩扑克牌的高手。

他对待电脑也是一样。盖茨晚上大部分时间会出现在艾肯计算机中心，那时使用计算机的人还不算太多。盖茨在计算机方面的才能无人能匹敌，他的导师不仅为他的聪明才智感到惊奇，更为他充沛的精力和不遗余力的认真投入而赞叹。

在稻盛和夫看来，认真工作会给人生带来意想不到的、美好的未来。

古罗马人有两座圣殿：一座是勤奋的圣殿；另一座是荣誉的圣殿。它们在位置安排上有一个次序，就是人们必须经过前者，才能达到后者。其寓意是，勤奋是通往荣誉的必经之路。

无论工作环境是松散还是严谨，都应该认真工作。只有在工作中锻炼自己的能力，使自己不断提高，加薪升职的事才可能顺其自然地发生。反之，凡事得过且过，从不认真工作，不但升职加薪不可能，久而久之，还有可能被扫地出门。这也印证了一个真理：不进步就意味着落后。因为在你不努力工作的同时，别人在拼命地努力，此消彼长，必然会被别人赶超，最终被淘汰也是理所当然的了。

第十三章
磨炼心魂：努力工作的彼岸是幸福的人生

我们为什么要努力工作

人生悟语

一个人只要理解工作的含义，并能全心全意地投入工作，那么他就能够拥有一个充实幸福的人生。

稻盛和夫认为，现在的日本，正处于一个没有方向感的时代。其原因来自于两个方面：一方面，人们找不到明确方向的行动指针；另一方面，人们遇到了许多前所未有的问题，带来了极大的困惑。比如说，整个社会的老龄化，年轻人的比例减少，人口负增长，地球资源枯竭以及环境污染、生态恶化，等等。在这些危机与困惑中，人们的价值观念也产生了巨大的变化，并在变化中产生了一系列的混乱。

人们价值观变化当中最显著的一点就是对于“劳动”观念的扭曲，以及对于人们赖以为生的“工作”的认识的改变。现代社会，大多数人已经无法对工作目标和意义有一个正确的认识。于是，“劳动是为了什么”“为什么要努力工作”这样的问题出现得越来越多。

在当今的时代，有相当一部分人不喜欢自己的工作，讨厌劳动，而且还尽可能地逃避工作责任。这种倾向在明显地滋长。更有甚者把“努力做好自己的工作”“拼命进行劳动”看得无足轻重。他们嘲笑和轻蔑积极工作的人。

还有很多人热衷于股票市场，寄希望于股票买卖，期待着轻轻松松发大财。许多人创办风险企业，其目的也只是想通过公司上市来募集大量资金。用这些手段把发财当作人生终极目标的人在日益增多。

与此同时，恐惧、排斥劳动的倾向渐渐在社会上占据了主流。

许多年轻人，刚刚一脚踏入社会，就把工作看作苦役，而且认为这种苦役剥夺人性。甚至很多人，选择了啃老，在双亲的庇护下混日子，干脆不去求职、不去工作。还有就是不从事正经职业，靠打零工做兼职填饱肚子。劳动观念、工作意识的改变，导致了无固定工作的自由职业者的增加。

将工作当作不得不做的“必要之恶”，这种想法在当代社会似乎已经成为一种共识。

前驻安巴、纳米比亚大使任小萍女士说，在她的职业生涯中，每步都是组织上安排的，自己并没有什么自主权。在每个岗位上，她都有自己的选择，那就是要比别人做得更好。大学毕业那年，她被分到英国大使馆做接线员。在很多人眼里，接线员是一个很没出息的工作，然而任小萍在这个普通的工作岗位上做出了不平凡的业绩。她把使馆所有人的名字、电话、工作范围甚至连他们家属的名字都背得滚瓜烂熟。当有些打电话的人不知道该找谁时，她就会多问几句，尽量帮他准确地找到要找的人。慢慢地，使馆人员有事外出时并不告诉他们的翻译，只是给她打电话，告诉她谁会来电话，请转告什么，等等。不久，有很多公事、私事也开始委托她通知，她成了全面负责的留言点、大秘书。

有一天，英国大使竟然跑到电话间，笑眯眯地表扬她，这可是一件破天荒的事。结果没多久，她就因工作出色而被破格调去给英国某大报记者处做翻译。该报的首席记者是个名气很大的老太太，得过战地勋章，授过勋爵，本事大，脾气大，甚至把前任翻译给赶跑了，刚开始时她也不接受任小萍，看不上她的资历，后来才勉强同意一试。结果一年后，老太太逢人就说：“我的翻译比你的好上 10 倍。”不久，工作出色的任小萍又被破例调到美国驻华联络处，她干得同样出色，不久即获外交部嘉奖。

当你在为公司工作时，无论老板把你安排在哪个位置上，都不要轻视自己的工作，都要担负起工作的责任来。那些在工作中推三阻四，寻找各种借口为自己开脱的人，对这也不满意、那也不满意的人，往往是职场的被动者，他们即使工作一辈子也不会有出色的业绩。

很多人都希望工作又轻松而且赚钱又多。这些人都是抱着心里不愿意工作，但因为要糊口又不得不做的心态。这样的心态怎么能做好工作呢？不愿意受工作环境的束缚，只重视私人生活的空间，只对个人感兴趣的事情投入精力，这样的生活方式，在当今时代的背景下，早已是司空见惯了。

安妮是一家跨国公司办公室的打字员。有一天中午，同事们都出去吃饭了，只有她一个人还留在办公室里收拾东西。这时，一个董事经过她所在的部门时，停了下来，想找一些信件。这并不是安妮分内的工作，但是她回答："尽管对这些信件我一无所知，但是，我会尽快帮您找到它们，并将它们放到您的办公室里。"当她将董事所需要的东西放在他的办公桌上时，这位董事显得格外高兴。4 个星期后，在一次公司的管理会议上，有一个更高职位的空缺。总裁征求这位董事的意见，此时，他想起了那位打字员——安妮。于是，他推荐了她，安妮的职位一下子升了两级。

稻盛和夫认为，人难得到世上走一遭，如果就这样马虎度过，也就失去了人生的意义。稻盛和夫通过自己多年来对工作的实践体验和思考得出结论：一个人只要理解工作的含义，并全心全意地投入工作，那么他就能够拥有充实幸福的人生。劳动和工作可以给人生带来巨大的喜悦和收获。

工作是值得推崇的行为

人生悟语

工作是一种非常值得推崇的行为：它能够铸造人格、磨砺心智，是人生最尊贵、最重要、最有价值的。

人为什么要工作？相信大多数人都会认为，工作的目的是获得生活的食粮。他们觉得，劳动的价值是为了吃饭而获取报酬，这也是工作的首要意义。

当然，为了获得维持生活的报酬，是工作的重要理由之一，这无可厚非。然而，人们拼命努力工作，难道说仅仅是为了吃饭这一目的吗？

美国前总统亨利·威尔逊出生在一个贫苦的家庭，当他还在摇篮里牙牙学语的时候，贫穷就已经冲击着这个家庭。威尔逊 10 岁的时候就离开了家，在外面当了 11 年的学徒工。这期间，他每年只有一个月时间到学校去接受教育。

经过 11 年的艰辛工作之后，他终于得到了一头牛和六只绵羊作为报酬。他把它们换成了 84 美元。他知道钱来得很艰难，所以绝不浪费，他从来没有在玩乐上花过一分钱，每个美分都要精打细算才花出去。在他 21 岁之前，他已经设法读了 1000 本书——这对一个农场里的学徒来说，是多么艰巨的任务呀！在离开农场之后，他徒步到 150 公里之外的马塞诸塞州的内蒂克去学习皮匠手艺。他风尘仆仆地经过了波士顿，在那里他看了邦克希尔纪念碑和其他历史名胜。整个旅行他只花了一美元六美分。

他在度过了 21 岁生日后的第一个月，就带着一队人马进入了人迹罕至的大森林，在那里采伐原木。威尔逊每天都是在东方刚刚翻起鱼肚白之前起床，然后就一直辛勤地工作到星星出来为止。在一个月夜以继日地辛劳努力之后，他获得了 6 美元的报酬。

在这样的穷困境遇中，威尔逊下定决心，不让任何一个发展自我、提升自我的机会溜走。很少有人像他一样深刻地理解闲暇时光的价值，他像抓住黄金一样紧紧地抓住了零星的时间，不让一分一秒无所作为地从指缝间白白流走。12 年之后，这个从小在穷困中长大的孩子在政界脱颖而出，进入了国会，开始了他的政治生涯。

一个人的发展与成长，天赋、环境、机遇、学识等外部因素固然重要，但更重要的是自身的勤奋与努力。没有自身的勤奋，就算是天资奇佳的雄鹰也只能空振双翅；有了勤奋的精神，就算是行动迟缓的蜗牛也能雄踞塔顶，观千山暮雪，渺万里层云。成功不能单纯依靠能力和智慧，更要靠每一个人自身孜孜不倦地勤奋工作。

工作的意义，正在于此。日复一日勤奋地劳作，是所谓“精进”，可以达到锻炼我们的心智、提升人格的作用。稻盛和夫曾谈到，他在一个电视访谈类节目中看到主持人采访一位木匠师傅。这位木匠师傅所说的话，很令人感动。

这位木匠师傅说：树木里居住着生命。工作时必须倾听这树木中生命发出的呼声…… 在使用千年树龄的木材时，我们须以精湛的工作态度来对待，因为我们的技艺必须像有着千年树龄的树木一样，要经得起千年岁月的考验。

这种动人心魄的话出自一个平凡木匠之口，但是，这种话只有终生努力、埋头于工作的人才能说出来。

木匠工作的意义是什么呢？他的意义不在于使用工具去建造美轮美奂的房屋，不在于不断提高木工技术和工艺，而更在于磨炼人的心智，铸造人的灵魂。这是稻盛和夫从这位令人肃然起敬的木匠师傅的肺腑之言中听出的深刻意蕴。

这位木匠师傅年逾七十，只有小学毕业的他几十年间从事着木匠这项工作，辛苦劳累。其间他也不胜厌烦，甚至有时也想辞职不干，但坚韧的他还是坚持了下来，几十年如一日地承受和克服了这种种劳苦，勤奋工作，潜心钻研。像这样将自己的一生奉献给一种职业，在埋头工作的过程中，他逐渐塑造出了厚重的人格。孜孜不倦的他在经历了一生的劳苦和磨难后，才用自己的体会道出了如此语重心长、警醒世人的人生智慧。

像这位可敬的木匠师傅一样，将自己的一生奉献给一项职业，埋头苦干，这样的人最有动人心弦的魅力，也最能打动人。稻盛和夫曾经说过，工作是对万病都有疗效的灵丹妙药，通过工作可以克服种种艰难险阻，让自己的人生命运时来运转。将自己的工作当作信仰，把劳动看得高贵神圣，是值得推崇的。

人生是由种种苦难构成的。虽然苦难既不是我们希望的，也不由我们控制。但意想不到的苦难却常常不期而至。灾难和不幸接踵而至，不停地打击我们，折磨我们。在这个过程中，我们不由得为自己的命运而生发出怨恨的心情，甚至心灰意冷，稍一松懈便被苦难所打败。

然而一种巨大的能量却在“工作”中潜伏着，它可以帮助你战胜人生中的种种磨难，给处于危机的人生带来美好的憧憬和希望。稻盛用自己的亲身经历验证了这个真理。

工作能够强大一个人的内心，帮助人克服人生的种种磨难，让命运获得转机。只有通过长期坚持不懈地工作，不断磨砺心智，才会具备厚重充实的人格，在生活中像大树而不是芦苇，做到沉稳而不摇摆。

生活在现代的年轻人，承担着人们对未来的希望以及创造未来的重任，在工作中不可好逸恶劳，不要逃避困难。秉着一颗纯真自然的心，全身心地投入到工作当中去，是接近成功以及磨砺心智的最好方法。

当心存疑惑工作到底是为了什么时，稻盛和夫希望我们记住下面这句话：

工作是一种非常值得推崇的行为，它能够铸造人格、磨砺心智，是人生最尊贵、最重要、最有价值的。

劳动的意义重在完善人的内心

人生悟语

凡是功成名遂的人，毫无例外地，都是不懈努力，历尽艰辛，埋头于自己的事业，才取得了巨大成功。通过艰苦卓绝的努力，在成就伟大功绩的同时，他们也造就了自己完美的人格。

稻盛和夫认为：想活得好，就要干得好，这一点非常重要。

可以这样说：人们通过每天的日常工作提升心智、砥砺人格的“修行”。

稻盛回忆，大约在十年前，和一位德国领事谈话时，那位领事说过让他至今难忘的话：劳动的意义不单单在于追求工作成绩，更在乎于完善一个人的内心。

工作最重要的目的在于，通过每天的工作来不断磨砺自己的心智、提高自己的品格。也就是说，一个人应该全身心投入当下自己应该做的事情中去，全神贯注，精益求精。将人的心灵比作一块土地，这样全心工作就是在耕耘心灵的土地，深沉厚重的人格将成为最宝贵的收获。

亨利的父亲过世了，他还有一个两岁大的妹妹，母亲为了这个家整日操劳，但是赚的钱却难以维持家庭生计。看着母亲日渐憔悴的样子，亨利决定帮妈妈赚钱养家，因为他已经长大了，应该为这个家贡献自己的力量了。

一天，他帮助一位先生找到了丢失的笔记本，那位先生为了答谢他，给了他 1 美元。亨利用这 1 美元买了 3 把鞋刷和 1 盒鞋油，还自己动手做了个木头箱子。带着这些工具，他来到了街上，每当他看见皮鞋上全是灰尘的路人的时候，就对那位先生说："先生，我想您的鞋需要擦油了，让我来为您效劳吧？"

他对所有的人都是那样有礼貌，语气是那么真诚，以至于每一个听他说话的人都愿意让这样一个懂礼貌的孩子为自己的鞋擦油。他们实在不愿意让一个可怜的孩子感到失望，他们知道这个孩子肯定是一个懂事的孩子，面对这么懂事的孩子，怎么忍心拒绝呢！

就这样，第一天他就带回家 50 美分，他用这些钱买了一些食品。他知道，从此以后每一个人都不需要再挨饿了，母亲也不用像以前那样操劳了，这是他能办到的。

当母亲看到他背着擦鞋箱，带回来食品的时候，她流下了高兴的泪水。"你真的长大了，亨利。我不能赚足够的钱让你们过得更好，但是我现在相信我们将来可以过得更好。"妈妈说。

就这样，亨利白天工作，晚上去学校上课。他赚的钱不仅为自己交了学费，还足够维持母亲和小妹妹的生活了。

劳动能塑造一个人的品格。通过每天认真、努力、踏实地工作，逐步完善自己独立、诚实、优秀的人格。这样的事例无论是古代还是现代，无论是东方还是西方，都多得不胜枚举。翻开伟人们的传记，随处可见这样的事例。

有一个未开化的部落村庄，在遥远的南太平洋新不列颠岛上。“劳动是美德”是那里的人们普遍认同的一个观点。基于这个朴素的共识，在他们的生活中流露着一种纯朴自然的劳动观：“美好的心灵能产生美好的工作”，“美丽心灵是认真劳动塑造出来的”。在这个村落里，烧荒农业是村民们的主要劳动内容，甘薯是他们的口粮。

在那个与世隔绝的地方，根本不存在现在社会中“工作是苦役”的消极观念。“工作可以得到的美的成果”和“人格的熏陶”，是当地所有村民们劳作追求的崇高目标。换句话说就是，要把工作做得尽善尽美，并以这种方式来磨砺自己的人格。

村民们互相评价各自土地的整修状况、作物的生长情况，还有泥土的气息。泥土气味芬芳好闻的被称赞为“丰登”，气味混浊难闻的则被贬低为“不毛”。

通过这样一种评估，最终被称为“人格高尚的人”是那些田地耕作得整齐细致的人。当然这些人会得到全村人的称赞和尊重。

这个村子里的村民们通过每个人的劳动成果：田地耕种得是否整齐，作物的长势是否良好，来评判一个人的人格优劣。那些在田间工作努力、工作成果卓著的人，也就是具有高尚人格的人。

对这个村子的村民们来说，劳动不仅是获取生活食粮的手段，更为重要的是：田间劳动又是他们磨炼心智、砥砺人格的途径。“出色的工作只有出色的人才能够完成”，在原始社会中这样朴实却恳切的劳动观普遍存在。

而在给人类带来近代文明之光的西方社会里，“劳动乃是苦役”这个观点相当普及。

一些人认为劳动本是一件充满厌恶、让人痛苦但又无法摆脱的无趣的事情。因而人们产生了近代的劳动观：应该尽可能缩短工作时间，并且尽可能增加工作报酬。

稻盛指出，在日本本来并不存在这样的劳动观。而且，在还没有进入现代社会的日本，人们无论从事哪种职业，总是从早到晚辛勤地工作，并以此为荣。他们认为，劳动能带来成就感、兴奋感、充实感、自豪感，并能让人明白生活的价值和意义，劳动是尊贵的行为，尽管劳动本身十分辛苦。

比如说，有很多心灵手巧的工匠，他们潜心提高技能，打造出令人愉悦的产品，他们的内心就会感到有一种说不出的喜悦和成就感。原因在于他们把劳动看作是实现自身价值、完善个人人格的道场。他们认为劳动是一种修行，这种修行既能锻炼技能又能磨炼心智，一举两得。可以这么说，曾经很多日本人都是以这种有深度的、正确的劳动观和人生观来指导自己的工作和生活的。

但不幸的是，随着社会逐步发展，日本人的劳动观发生了天翻地覆的变化。许多日本人把劳动单纯地看作一项苦役，甚至产生了厌烦劳动、厌恶工作的心理。其实，正如稻盛指出的那样，劳动不单单是为了获得维持生活的食粮，更是完善内心的一种途径。

工作是“包治百病的良方”

人生悟语

工作是增添生命味道的食盐，工作是奠定幸福的基础。要想在工作中取得好成绩，首先要热爱自己的工作。当你迷恋工作的时候，工作才能给予你最大的恩惠、让你获得丰硕的果实。

人的生命只有一次，生命的目标就是自我的完全展示，而工作正好提供了这样的舞台。当我们全力专注于一个方向，并真正为其付出心血，我们才能最大限度地展现自己的才能。就像高山之流水，没有分支才会走得更远。工作也是一样，我们要试着去迷恋工作，热爱工作。当我们专心致志地工作，就会不经意地忘却身边的烦恼，忘记身上的苦痛，从这个角度来讲，工作也是包治百病的良方。

松下幸之助认为工作是快乐之源，“在工作中我经常提醒自己，每件工作都蕴含着独特的美感，如简约之美、和谐之美、速度之美等，而我的任务仅仅是把美感发掘出来而已；别忘了，美的事物永远让人感到舒畅快乐。”

当然不是每个人都能像松下幸之助那样从事自己喜爱的工作，稻盛和夫告诫年轻人，要想拥有一个充实的人生，你只有两种选择：一种是“从事自己喜欢的工作”，另一种则是“让自己喜欢上工作”。一个人能够从事自己喜欢的工作的概率，恐怕不足“千分之一”。而且，即使进了自己所期望的公司，也很少有机会从事自己喜欢的职业。这就要求我们这些初出茅庐的年轻人，从“自己不喜欢的工作”开始。

那些热爱他们各自技艺的人都在工作中忙得筋疲力尽，他们没有洗浴，没有食物；而你对你的本性的尊重甚至还不如杂耍艺人尊重杂耍技艺、舞蹈家尊重舞蹈技艺、聚财者尊重他的金钱，或者虚荣者尊重他小小的光荣。这些人，当他们对一件事怀有一种强烈的爱好时，宁肯不吃不睡也要完善他们所关心的事。

比尔·盖茨考入哈佛大学之后，由于对计算机的热爱，他选择了退学，进入计算机行业。这种热爱和全身心的投入使他一跃成了世界巨富。即使钱财无数，比尔·盖茨最感兴趣的仍是他的事业，他每周的工作时间都在 60 ~ 80 个小时之间，他的生活极其忙碌，三天不睡觉对他来说如同家常便饭。据一位朋友说，他经常 36 个小时不睡觉，然后倒头睡上十来个小时。以至于微软公司里的一名资深女职员在私底下抱怨说：“当你看到盖茨时，总忍不住感到疑惑，昨晚他睡在哪里？办公室？”你总想走上前去问他：“嗨，盖茨，我不知你是否每天淋浴，如果是，为啥不顺便洗洗头？”正是在比尔·盖茨的强烈感召下，忙碌工作成了微软的作风。一名程序员说：“你身处这样一个环境，周围的人都是这样刻苦，连掌管这个公司的人也是如此，那么你也不得不如此。”在最繁忙的阶段，甚至有人把睡袋放进工作室，整整一个月足不出户。当然这种忙碌也是有回报的，在微软公司，已有200多名员工成了百万富翁。

生活就像一面镜子，你对它笑，它也朝你笑；你对它哭，它也朝你哭。当我们不喜欢工作，抱着勉强接受，不得不干的消极态度时，你就会经常牢骚满腹，那么很多潜力你也不会去挖掘，前程似锦的人生就会被虚度。

在稻盛和夫看来，无论如何我们都必须喜欢上自己的工作。当我们把“被分配的工作”当成自己的天职，当成自己的意愿时，就不会再把困难当苦难，相反，我们自然而然地就会获得无尽的动力去埋头苦干，做出成果。而一旦有了成果，就会获得大家的赏识和好评，这样你就会更加喜欢工作了。如此反复，良性循环就开始了。

20岁那年的亨利·福特积极投入体育锻炼，擅长滑冰滑雪，还热衷于高尔夫球、网球、羽毛球、篮球和排球。他几乎每天都坚持跑步，还着手建立一家网球场建设公司，在大家看来，亨利过着健康而又快乐的生活。

可是命运无常，就在亨利离结婚之日还有五周的一个晚上，他在去犹他州的路上发生了车祸事故，当他被救护车送到医院的时候，医生说他的腿脚、腹肌、腰肌、胳膊和手都严重受损，以后不能再工作了，而且余生还要完全依靠他人喂食、穿衣和行走。这意味着亨利·福特再也无法参加任何种类的竞技和体育活动了。这无异于给他的人生宣判了死刑。

躺在拉斯维加斯医院的病床上，亨利既担心又害怕，他为自己的前途和生活感到迷茫。这时他的母亲对他说道：“亨利，当困苦姗姗而来之时，超越它们会更余味悠长，相信明天会好起来的。”

对运动事业无比热爱的亨利，一直铭记着母亲的话语，他不轻信周围人包括医学专家的丧气之辞。他开始试着去做一切他想做的事情，他是第一个参加滑翔跳伞的四肢瘫痪者。他还学着滑雪，更难以置信的是，他甚至参加了10公里轮椅竞赛和马拉松。

1993年7月10日，亨利用了7天时间跑完了从犹他州的盐湖城到圣乔治城之间32英里的路程。此举在世界瘫痪病人中尚属首次。

现在的亨利拥有了一家公司，是一名专业评论员，还写了一本书:《奇迹如此发生》。

在旁人看来，四肢瘫痪的人是无法完成各项竞技比赛的，如同大家觉得艰苦的工作常人无法忍受一样，但其实不然，亨利用自己的行动告诉我们，如果你真的迷恋这个工作、热爱这个工作，那你就能够承受工作中的一切磨炼。经过的道路是艰苦而又坎坷不平的。可是，无论如何，那是一条美好的道路。在那条路上，一步一个血印，也是值得的。

稻盛和夫认为，工作是增添生命味道的食盐，工作是奠定幸福的基础。要想在工作中取得好成绩，首先要热爱自己的工作。当你迷恋工作的时候，工作才能给予你最大的恩惠、让你获得丰硕的果实。

我们劳苦的最高报酬，不在于我们所获得的，而在于我们会因此成为什么。洛克菲勒说过，如果你视工作为一种乐趣，人生就是天堂；如果你视工作为一种义务，人生就是地狱。所以当我们赋予工作意义，不论工作大小，你都会感到快乐，自我设定的成绩不论高低，都会使人对工作产生乐趣。如果你不喜欢做的话，任何简单的事都会变得困难、无趣。

乍看是不幸，实际上是幸事

人生悟语

苦难是一只驶向成功的船，当风暴来临时，别害怕，扬起帆，直面那滔天的海浪、搏击那汹涌的激流吧。

人生不如意事十之八九。生活本是一种承受，人若学会正确对待不幸，那么你所遭受的也许正是你的福气。稻盛和夫曾说过，乍看的不幸，实际是幸事。

看过著名油画大师梵高的故居的人都知道，那里有的只是张裂开的木床和一双破皮鞋。梵高一生潦倒困苦，没有娶妻，但也许正是生活上的困窘，帮他完成了在艺术上的壮举，使他成为大师中的大师，使他的作品成为经典中的经典。

就人生而言，不幸是个不请自来的不速之客。不幸是根弹簧，我们若向它屈服了，它不会优待战俘，反而使我们落魄潦倒，甚至在绝望和恐惧中逼迫我们一步步靠近灭亡；如果我们不臣服于它，反而会变得更坚强更勇敢。

中国宇航员费俊龙、聂海胜乘“神六”成功飞天，这是令全体中国人振奋的消息。然而，谁又知道，如今的飞天英雄费俊龙小时候的生活多么窘迫。他曾为了求学不得不步行到离家十几里远的学校去上学，坚持了十几年之久。费俊龙从小就怀揣着飞天的梦想，如今心想事成，美梦成真，然而，个中滋味，只有用心才能体会。

世界上没有完美无缺的东西，不幸便是人生完璧中的瑕疵。其实不完美才是一种美，在不断的争取中，不断地承受失败与挫折时，才能发现快乐。稻盛和夫青年时代，曾经在没有选择的情况下进入了当时一家很不景气的公司上班，拖欠工资是家常便饭。他也曾为此失落过，然而，就在那样一种环境下，稻盛倾注心血在实验研究上，取得了一个又一个可喜的成果。他对工作的态度也有了 180 度的大转弯，从厌恶到喜爱。这为他日后的成功打下了基础。

风雨对于温室里的花朵而言绝对是灭顶之灾，不幸对于幸运儿而言无疑是致命的打击，毫无力量去抗击。因为幸运儿习惯了没有挫折和不幸的苦涩人生，在他们的生活经历中只有一帆风顺，心想事成，他们的字典里没有别有深味的“不幸”二字。而不幸对于那些经常遭受不幸拜访的人来说，他们的意志品质都是非常坚强的。他们深刻地明白，风调雨顺、风和日丽只是偶然光临，暴风骤雨、电闪雷鸣才是人生的常客。

著名心理学家威廉·汤姆斯说过，我们所谓的不幸和苦难，很大的程度上，要归结于个人对现象所持的看法。更重要的则是，一个人以什么样的心情与态度来面对和处理这些难题，最后的结果是迥然不同的。因此，我们不难发觉，即使是处于同样的环境和状态，有人认为是不幸和苦难，有人却认为这是千载难逢的良机。

成功的人为什么能成功？因为对他来说，每一个因缘都是成功的良机，甚至包括不幸。不管身处何处，他们都会以积极、自信与乐观的态度去努力、去积淀自己，他们是奇迹的创造者。与此相反的是，另一些人持有消极与失败的心态，不愿意承担不幸，这样的人注定一辈子要潦倒。不同的心态，作出的不同的反应致使事情的结果截然相反。因此遇到任何挫折或打击时，千万不要呼天抢地，微笑着告诉自己你确信那是造化的考验。

高尔基曾把苦难比作大学。几乎所有的成功人士都是从不幸中毕业的。不幸教给你坚强勇敢，更教会你拼搏向上。这也正如稻盛指出的那样，苦难是一只驶向成功的船，当风暴到来临时，别害怕，扬起帆，直面那滔天的海浪、搏击那汹涌的激流吧。

认真且不遗余力地工作是我们做人的必要条件

人生悟语

对自己的工作、对自己的产品，倘若不注入如此深沉的关心和热爱，事情就很难做得如此尽善尽美。

工作是一个展示我们的大舞台。我们寒窗苦读得来的知识，我们的应变力，我们的决断力，我们的适应力、我们的协调能力都将在这样一个舞台上得以施展。除了工作，世界上恐怕没有哪种活动能够给人们提供如此愉悦的充实感、表达自我的机会、个人的使命感甚至是一种活着的理由。

有一个在麦当劳工作的人，他的工作是烤汉堡。他每天都很快乐地工作，尤其在烤汉堡的时候，他更是专心致志。许多顾客对他为何如此开心感到不可思议，十分好奇，纷纷问他：“烤汉堡的工作环境不好，又是件单调乏味的事，为什么你可以如此愉快地工作并充满热情呢？”

这个烤汉堡的人说：“在我每次烤汉堡时，我便会想到，如果点这个汉堡的人可以吃到一个精心制作的汉堡，他就会很高兴，所以我要好好地烤汉堡，使吃汉堡的人能感受到我带给他的快乐。看到顾客吃了之后十分满足，并且愉快地离开时，我便感到十分高兴，仿佛又完成了一项重大的任务。因此，我把做好汉堡当作是我每天工作的一项使命，要尽全力去做好它。”

顾客听了他的回答之后，对他能用这样的工作态度来烤汉堡，都感到非常钦佩。他们回去之后，就把这件事情告诉周围的同事、朋友或亲人，一传十、十传百，很多人都喜欢来到这家麦当劳店吃他做的汉堡，同时看看“快乐烤汉堡的人”。顾客纷纷把他们看到的这个人认真、热情的表现，反映给公司。公司主管在收到许多顾客的反映后，也去了解情况。公司有感于他这种热情积极的工作态度，认为值得奖励和栽培。没几年，他便升为分区经理了。

这个烤汉堡的人把做好汉堡并让顾客吃得开心，当作是自己的工作使命。对他而言，这是一份有意义的工作，所以他充满责任感、热情地去做工作。如果我们也能像他一样，把工作当作人生的使命，把它做得完美，我们的成就感和信心就会愈来愈强，工作也会愈来愈顺畅。

一些企业中，不少员工只是将工作当成一份养家糊口的、不得不从事的差事，谈不上什么荣誉感和使命感；甚至有很多员工认为，我出力，老板出钱，等价交换，谁也不欠谁的，谁也不用过分认真。他们只想做企业的老人，而不是企业的功臣；他们没有尽心尽力工作的精神，而是像老牛拉磨一样，懒懒散散，不求有功，但求无过。这些做法无异于浪费自己的生命，断送自己的前程。每当新产品开发的时候，稻盛和夫总是想“紧抱自己的产品”。对自己的工作、对自己的产品，倘若不注入如此深沉的关心和热爱，事情就很难做得如此尽善尽美。

年轻人常常对工作缺乏深刻的认识和理解。也许他们常常抱怨薪水太少，工作时间太长，在他们眼里“工作是工作，自己是自己”，而这二者之间没什么关系，而且要保持距离。然而，想把工作做好，就应该消除二者之间的距离，领悟到：自己就是工作，工作就是自己。

也就是说，这两者密不可分，应连同身心一起，要把自己的全部投入工作，达到与工作“同生共死”的程度。如果没有对工作如此深沉的感情，就抓不住工作的要领。

京瓷公司在创建不久，曾制作过“水冷复式水管”，这种水管的作用是用来冷却广播机器真空管的。

由于京瓷以前只做小型陶瓷产品，而这种水管尺寸太大，使用的是老式陶瓷原料，属陶器一类。并且要在大管中通小冷却管，结构很复杂。

当时京瓷本不具备制造这类产品的设备，也未能掌握相关技术。然而由于客户盛情难却，稻盛无意中便把任务应承了下来。既然接受了订单，就绝不可以失信于人，不管怎样都必须给客户一个满意的交代。

为了做好这种水管，京瓷人付出了一般人难以想象的辛苦。比如说，原料虽然与一般陶器一样，使用相同的黏土，但是想让如此大的陶器均匀地干燥很困难。一开始，在成形、干燥的过程中，几乎每次都以失败告终，因干燥不均而发生裂痕的现象频频发生。

产品的干燥时间过长，稻盛曾尝试在缩短干燥时间上下功夫，但结果并不尽如人意。稻盛采用各种方法反复试验，最后想出一招：在尚未完全干燥、处于柔软状态的产品表面裹上布条，然后向布条上吹气，让产品慢慢地、均匀地干燥。

这样，新的问题又来了。如果产品太大，而干燥时间又过长的话，产品会受自身的重力影响而发生变形。为防止变形，稻盛又开动脑筋。最后，他决定抱着水管睡觉。

稻盛选在炉窑附近温度适当的地方躺下，把产品小心翼翼地抱在胸前，整个晚上都慢慢转动着水管。用这种方法干燥果然奏效，同时还防止了水管变形。

这在旁人看来，这简直是疯狂的、不可思议的。当时的稻盛满脑子想的都是“把产品培育成人”，甚至把它当作自己的孩子，倾注了全部的爱。正因为如此，稻盛和夫才能做到抱着产品转动了一个通宵。他通过这种让旁人看来辛酸流泪的“认真不遗余力地工作”，顺利地完成了“水冷复式水管”的制造任务。

不管我们所处的时代多么发达、多么进步，如果工作时缺乏那种认真不遗余力的感情，就无法品尝到那种成功的欣慰。

很多人可能会为自己的不认真寻找各种各样的借口，实际上却是聪明反被聪明误。如果一个人总是为自己的松懈而大伤脑筋琢磨如何辩解自己的话，那么他怎么能把工作做好呢？有句话说得好：今天不努力工作，明天就要努力找工作。

其实一个人所做的工作就是他人生态度的表现：一个人一生的职业，就是他所向往的理想之所在。所以了解了一个人的工作态度，也就是在某种程度上了解了那个人。我们投身于工作不是为了别人，而是为了自己。

你才是自己人生航船的船长，不管你受雇于谁，你永远在为同一个老板打工——那就是你自己。一句话，我们要为自己而工作，做事，也是做人。

第十四章 愿望要行动：人生因理想而具无限可能

要有一颗单纯的、充满希望和梦想的心

人生悟语

保持单纯美好的心，能够让我们远离混沌和复杂，让我们在正确的轨道上前进，而不致因为欲望和功利而偏离正道。

稻盛先生和他的朋友分享成功的经验时曾说过，能否成功，最后还是要看我们是否有一颗单纯的心。稻盛的经验是：当他本着单纯之念、为着无私的念头去面对问题时，常常能够很快找到解决之道；反过来，许多事情，如果我们用私心去思考，每件事情都要问："我能从中得到什么好处？"只会将简单的问题变得复杂。

英国伦敦的一家报纸曾经举办一次高额奖金的有奖征答活动。活动的题目是：在一个充气不足的热气球上，载着三位关系人类命运的科学家。第一位科学家是粮食专家，他能依靠自己的专业知识使几千万人脱离饥荒；第二位科学家是一位环保专家，他的研究成果可以拯救无数人免于因环境污染而面临死亡的厄运；第三位是原子专家，他有能力防止全球性的原子战争。

此刻，热气球即将坠毁，唯一能做的就是必须丢出一个人以减轻重量。报纸向读者提出这样一个问题：这个时候，该丢下哪一位科学家？

问题刊出后，因为奖金数额巨大诱人，报社收到了数以万计的答复信件。在这些答复中，有个人洋洋洒洒数万言，以证明自己的回答是正确的，但最终，报社只选择了一个小男孩为最终的获胜者。他的答案很简单：将最胖的那位科学家丢出去。

小男孩睿智而幽默的答案，却包含了一个深刻的道理：用一个单纯的心去看待事情，往往比处心积虑更容易成功。百般算计敌不过一颗单纯的心。

保持单纯美好的心，能够让我们远离混沌和复杂，让我们在正确的轨道上前进，而不致因为欲望和功利而偏离正道。当然，在人生的道路上，我们难免会碰到沟沟坎坎，难免会有悲观失望的时候，所以我们还要保持一颗充满希望和梦想的心，让乐观的信念支撑着我们走出困境、鼓励着我们开拓进取。

在稻盛和夫主讲的一次讲座上，一位听众向他提问：

"稻盛先生，我们都知道您年轻的时候并不顺利，好不容易毕业就职却进了一家经营情况糟糕的公司，后来自己创办公司时也遇到了很多困难，请问您是什么力量让您战胜挫折、勇往直前而获得今天的成功的呢？"

稻盛笑着回答说："确实啊，回想起我年轻时走过的路，确实不平坦。然而，我从未放弃过希望和梦想，即使是在最艰难的时候，我也坚守着那颗充满希望和梦想的心。

"当年，公司给我安排的宿舍楼摇摇欲坠、又老又破，我在这个建筑的二楼度过每天的生活起居，能供我活动的范围是只有10平方米的榻榻米房间。榻榻米也老态龙钟，残破不堪，连里面的稻草都露出来了。一日三餐是用一个可以移动的煤炉和一个锅来烹制的。那时候，我和同事的关系不是很好，研究工作也很不顺利。傍晚时分，我总是沿着宿舍后的小溪漫步，欣赏两岸灿烂的樱花，唱着家乡的歌谣。希望和梦想之光又重新照耀心田，第二天又开始努力地工作。"

稻盛说："我们无法避免挫折和痛苦，但是，即使在人生最低谷的时候，也不能放弃希望和梦想。"

试想，如果稻盛先生当年因失意和打击而垂头丧气，失去希望、放弃梦想，那么今天的日本就少了一位经营大师。

人生就像是在大海上航行，不可能时时都风平浪静，难免会遇到波涛汹涌甚至是滔天巨浪。当挫折和痛苦如巨浪般袭来时，我们只要守住一颗充满希望和梦想的心，把握好航行的方向，毫不懈怠、永不放弃，在前方等待我们的必定是灿烂的阳光。

让我们守住一颗单纯的、充满希望和梦想的心吧，把握住正确的人生航向，满怀信心地去为着梦想而努力奋斗，终有一天我们也会到达成功的彼岸。

真正的力量是勇气，不要怯懦

人生悟语

经理人必须具备的力量就是勇气，尤其是牺牲小我的勇气。

真正的力量与人的体力、财产和地位无关，而是鼓起勇气去做正义的事情。勇气是一种在挑战面前毫不退缩、永不言败的精神力量。我们需要勇气，需要这种精神力量给我们无私奉献的爱心，给我们直面危机的胆量，给我们度过逆境的信心。

勇气是一股惊人的力量，它能够承担一切重负，甚至包括生命。

那是 1917 年的一个冬天，圣诞节的前几天原本是快乐的，但是欧洲的天空却蒙上了战争的阴影。

这是第一次世界大战。德军伏在自己战壕内，另一方则是美军。双方的枪炮声不断响起，在他们之间是一条狭长的无人地带。一位年轻的德国士兵身受重伤，他试图爬过那个无人地带，结果被带钩的铁丝缠住，剧烈的痛苦让他止不住地哀号着。

在枪炮声之间，附近的美军都听得到他痛苦的呻吟声，这声音撕扯着每个人的心。一位美军士兵无法再忍受，爬出战壕，匍匐着向那德国士兵爬过去。其余的美军明白了他的意图后，便停止了射击，但德军仍炮火不辍，直到一位军官明白过来，才命令停火。无人地带顿时出现了一阵奇怪的沉寂。年轻的美国士兵爬到德国士兵身边，帮他摆脱了铁钩的纠缠，扶起他向德军的战壕走去，交给迎接的人之后，转身准备离去。

忽然，一只手搭上了他的肩膀。回过头来，原来是一位德军军官，他胸前佩戴着铁十字荣誉勋章，这是德国最高勇气标志。德国军官从自己制服上扯下勋章，别在美军士兵胸前，让他走回自己的阵营。

当美国士兵安全抵达己方的战壕时，敌对的双方又恢复了那毫无道理的战事。

这位美国士兵是一个真正的勇士，他用勇气克服了对死亡的畏惧，用勇气换取了残忍的战争中片刻的慈悲，他当之无愧配得上那枚代表着最高勇气的铁十字勋章。

在和平年代，我们无须用勇气去对抗战争的残酷；但是，我们仍然需要勇气去面对生老病死、对抗不公与欺侮，更需要有勇气去拼搏和奋斗、去牺牲和付出；相反，怯懦和退缩只会拖住我们前进的脚步，让我们的心灵惶恐和抱怨中蒙上灰尘。

稻盛先生作为一个成功的企业家，他的经验是：经理人必须具备的力量就是勇气，尤其是牺牲小我的勇气。稻盛给他的经理人讲的很重要的一课就是“勇气”。

稻盛在他给经理人的培训中说：“经理人必须要有过人的勇气，绝对不能够怯懦。

“在残酷的市场竞争中，经理人承担着巨大的压力，员工维持生活的薪金、客户对产品及服务的要求和投资方对盈利额的期望。怯懦的经理人做工作常常流于表面，比如说为了夸大销售额或者利润而故意不将退货的损失计算在内。怯懦的经理人常常没有面对挫折和失败的胆量，害怕遭到指责和批评，因而可能会故意隐瞒公司的真实状况。在公司遇到小问题的时候可能还能够过得去，但是，当公司在面临危机时，这种态度和做法就可能带来致命的损失。

“企业需要有力量的领导者，我说的力量就是勇气。”

从一个经理人成长为成功的企业家、出色的经营大师，稻盛和夫在成功的道路上随身的必备品就是过人的勇气，有勇气承受压力、承担后果；有勇气拼命精进、披荆斩棘；有勇气保持绝对的乐观，更有勇气去为了高尚的目标而牺牲小我。

对于年轻人来说，勇气就更为重要。因为在意气风发的青年时代都没有勇气和胆量，那么随着年纪越来越大、经历的坎坷和挫折越来越多，就更难以拥有勇气了。希腊有句俗语说：勇气是天上的羽翼，怯懦却能引人入地狱。在人生的征途上，让我们将勇气放进背包吧！让我们怀抱勇气去挑战，一定能飞得更高更远！

杂草也在努力求生

人生悟语

非洲干涸的沙漠中，一年才下一两次雨。一旦甘霖喜降，植物们迅速发芽、急忙开花。在一两周短暂的时间里育种，在下一次降雨前忍受严酷的热沙，为下一代传递生命。自然界中，所有的生物都在赋予它的时间里、在一个个有限的瞬间中，尽最大努力认真活着。通过努力过好“现在”，就能把小小的生命与明日连接起来。

总是在荆棘废墟中，在几乎被这个世界遗忘的角落，会有一片突兀的绿色让我们惊讶，无论夏季繁华还是冬季萧瑟，小草不屈向上，茁壮成长。即使是废弃在一旁，没有任何修饰的杂草，也在狂风暴雨中用尽全力，努力求生。白居易曾在一首诗中这样写道：“野火烧不尽，春风吹又生。”这不仅赞美它的顽固的生命力，也颂扬了它在逆境中努力求生的毅力。

我们是否想过，还有什么困难，会比小草被拦腰切断的处境还不能逾越？还有什么地方，会比小草生存的环境更加的恶劣？还有什么信念，会比小草只求不断成长的倔强更加的坚持？如果我们有着一颗坚强的心，有着倔强的求胜信念，有着不屈于任何艰难困阻的意志，有着不断进取的坚持，还有什么困难，能够挫败我们，打倒我们的意志？还有什么困难，能够成为我们生活中的绊脚石，阻碍我们成长发展不断前进的脚步。芸芸众生，我们都像小草一样平凡，每个人都期盼自己有一天会长成一棵参天大树，但是在经历生活的考验时，你是否像杂草一样在顽固地求生？

稻盛先生创业之初也是一棵像我们一样平凡的小草，是一名普通的公司职员，而今的伟大业绩的获得，是他具有像杂草一样努力求生的毅力，勇敢接受狂风暴雨的洗礼，他一生共亲手创办了两家公司——京瓷与第二电电，两家公司均成为日本行业领头羊，并跻身世界500强之列。一个未能考取理想大学，一个在当时毫无前景的公司的普通职员，取得这样的成就，是他具有像杂草一样的精神，在恶劣的环境下，他努力求生，实现自己的人生价值。

海伦·凯勒——一个生活在黑暗中却又给人类带来光明的女性，一个度过了生命的88个春秋，却熬过了87年无光、无声、无语的孤独岁月的弱女子。然而，正是这么一个幽闭在盲聋哑世界里的人，竟然毕业于哈佛大学德吉利夫学院，并用生命的全部力量处处奔走，建起了一家家慈善机构，为残疾人造福，被美国《时代周刊》评选为20世纪美国十大英雄偶像。其间她还不忘写作，先后完成了《我生活的故事》《石墙之歌》《走出黑暗》《乐观》等14部著作。创造这一奇迹，全靠一颗不屈不挠的心。

海伦接受了生命的挑战，用爱心去拥抱世界，以惊人的毅力面对困境，终于在黑暗中找到了光明，最后又把慈爱的双手伸向全世界。在像杂草一样在荆棘里成长壮大时，她告诉人们，她的顽强与毅力只是因为她有自己的理想，她说她只要三天的光明，这样简单的愿望，支撑她奋斗了一生。如此渺小的愿望，被一个盲女的毅力点上了奇迹的火花。她身残志坚，那纤弱的双臂，舞出了天地间绝美的姿态！

置身于无限的宇宙，我们会体会到自己只是万物中小小的一个微生物，似乎自身的价值毫无意义，但是世间有好多比我们自身更渺小的生命存在，并且在努力地生长，实现自己的最大存在价值。例如在整个北极圈的冻土地带中，在短暂的夏天里，很多植物一齐发芽，尽可能多开花、多结果，聚集所有力量度过极其短暂的一生。通过这样，为长长的严冬做好准备，把自己的生命传递给下一代，真正心无杂念过好“现在”，就算只是一瞬间的生命，努力生长也是它们唯一的信念。

稻盛先生曾说，非洲干涸的沙漠中，一年才下一两次雨。一旦甘霖喜降，植物们迅速发芽、急忙开花。在一两周短暂的时间里育种，在下一次降雨前忍受严酷的热沙，为下一代传递生命。自然界中，所有的生物都在赋予它的时间里、在一个个有限的瞬间中，尽最大努力认真活着。通过努力过好“现在”，就能把小小的生命与明日连接起来。

植物尚且如此，我们人类岂能输于花草。所以不要虚度每一天的光阴，必须认真地活着。这也许是让我们来到世上、让人生有价值的宇宙和我们人类之间的一项约定，也是使人生这台戏充实圆满的必要条件。

思考自己的人生目标

人生悟语

意念并不一定马上就表现为结果，因此人们也许难以理解，但是，如果用二十年、三十年或更长时间来看的话，大多数人的一生就是他们自己曾经在意念中描绘过的。

一个人如果没有明确的人生目标，就不会努力，不会有奋斗的动力，因为他不知道为什么要努力；没有目标，我们几乎会同时失去机遇、运气和别人的支持，因为我们不知道自己到底想要什么，所以也就不知道自己的价值在哪里，对生活失去热情，也就没有了奋斗的动力。对即将到来的机会，我们没有做好准备。有了人生目标，奋斗就有了动力，行动就有了决心，对未来就有了信心，生命就有了方向。要想实现人生价值，就需要给自己设定一个明确人生目标，思考自己需要的是什么，审视自己存在的意义何在。

一个积极的人生目标，是卓绝的奋斗方向，在它的指引下，积极发挥主观能动性，就能在人生历程写下光辉的一页。为了实现理想，实现人生目标，我们要一步一步、一天一天拼命、认真、踏实地积累，变梦想为现实，成就心中的理想。

早在京瓷公司还是乡村工厂时，由于公司不景气，好多职工对自己的工作环境不满意，对公司的发展没有了热情，稻盛和夫就反复多次对当时不满的职工抛下“豪言壮语”，说京瓷公司一定能成为世界一流的公司。尽管这是一个遥远的梦想，但稻盛和夫内心有个强烈的愿望，就是渴望实现梦想并证明给大家看。

为这个明确的人生目标，他竭尽全力地努力付出。但是无论梦想和愿望是多么高远，现实中的每一天都要竭尽全力踏实重复简单的工作，为了不继续昨日一成不变的工作，不得不挥洒汗水，一毫米、一厘米地前进，把横在眼前的问题一个个解决掉。在梦想与现实的巨大落差中，稻盛和夫屡受打击，公司职员曾质疑：这样每天重复相同的事，什么时候公司才能成为世界一流的公司？他说，我所说的坚持很重要，并不意味着坚持是“相同的重复”，坚持和重复是两码事，不是漫不经心地重复昨日，而是明天比今天，后天比明天，必须前进，哪怕是一点点的进步与改善。

这样的“创意精神”能够加快靠近成功的速度。即使你的目标是短视与功利的，但是，如果不过完今天一天的话，那么明日就不会来访。想要到达心中向往的地点，没有任何捷径。“千里之行，始于足下。”无论多么伟大的梦想都是一步一步、一天一天积累，最终才能实现的。虽然如乌龟踱步，但是他心中有一个确切的目标，那就是让京瓷公司成为世界一流的公司。

他无时无刻不思考自己设下的目标，为了这个目标，他带领公司职员每一天都脚踏实地地不断积累，为了同一个目标，每位职员竭尽全力前进向前，不知不觉中公司一点点地也壮大起来，终于成为了世界一流的公司，取得了今天的成绩。

也许从整个庞大的宇宙来看，一个人的存在实在渺小。但是，无论如何渺小我们大家都有存在于宇宙的必然性。即使微小的、不值一提的生命，或非生物体，也因为宇宙承认“有价值”才存在着，所以每个人因人而异地有自己的价值，有自己的人生目标。

常说机会总是偏爱那些做好准备的人，时常思考自己的人生目标，随时为机会的光顾做好准备。有很多人看见苹果从树上掉下来，也有很多人被苹果砸了脑袋，但从中发现万有引力定律的只有牛顿一人，那是因为牛顿在潜意识里渗透着强烈的问题意识，在苹果砸下来的那一刻，牛顿就已经“做好了准备”。描绘美好蓝图的人，他就能迎来美好人生。

意念并不一定马上就表现为结果，因此人们也许难以理解，但是，如果用二十年、三十年或更长时间来看的话，大多数人的一生就是他们自己曾经在意念中描绘过的。无论我们年纪多大，都希望自己是拥有梦想、前途一片光明的。没有梦想的人就不可能有创造性，更不可能有理想的实现，无法获得成功，也不可能成长为有用的人。为什么呢？因为通过描绘梦想、锐意创新、不断努力，人格才能够不断地得到磨炼。

在这个意义上，稻盛先生强调说——梦想和愿望就是人生的跳板。思考自己的人生目标，以此作为前进的方向，胸中必须时刻有燃烧的愿望和激情，随时随地“极认真”地面对生活中的每一件事情。通过这些过程的反复、积累形成我们人类的价值，使我们人生这台戏更充实、更完美、结出丰硕的果实。

不因背运而气馁

人生悟语

所谓命运，在我们的生命期间确实存在。但是，它不是人类力量无法抗拒的“宿命”，而是因我们的内心而改变。人生是由自己创造的，能够改变命运的只有一个，就是我们的内心。

人的漫长一生，难免会有不如意的事情发生，各种的坎坷使我们实现自己的目标更加困难，长时间处在逆境中，会让我们以为有背运时常降临，产生气馁情绪。这样就会让人犹豫踌躇，不敢前行，因而会使人疲于奋斗，疲于对成功的追求。

真正使人疲惫的并不是失败，而是失败后的气馁情绪，气馁才是人生道路上的一块绊脚石。其实它既有不可避免的一面；又有正向和负向功能。既可使人走向成熟、取得成就，也可能破坏个人的前途，关键在于你怎样面对挫折。

稻盛先生在他的创业之路上也经历了不少坎坷与挫折，有时是连续的不如意，有时是多年的努力都没有任何成功的可能，稻盛先生对这些挫折采取正确的态度，没有半途而废，没有在失败面前气馁，竭尽全力地认真研究，最终使他走上成功之路。

稻盛先生曾经对自己屡遭失败的命运感到困惑，为什么一切厄运都降临在他身上？是不是自己生来就带有背运？不是自己不努力，是命运确实对自己没有任何眷顾。值得庆幸的是，他在《生命的真相》一书中读到“每个人内心都有个吸引灾难的磁石”，这使他改变了想法，懂得命运是掌握在自己手中的。

动物们举办长跑运动会，参赛选手非常多。乌龟明知道自己不会得到好名次，但它还是报了名。发令枪“砰”的一声响了，动物选手们争先恐后地撒腿向前冲。

“加油！加油！”看台上的啦啦队发出山呼海啸般的助威声。

很快，选手们的距离便拉开了。梅花鹿、野马、鸵鸟、金钱豹组成的第一方阵跑在最前面；狐狸、野驴、野猪、野羊组成第二方阵，紧随其后；接下来，还有第三方阵、第四方阵、第五方阵……乌龟被远远地甩在了最后面。

一个小时后，前面几个方阵的选手先后都到达了终点。长长的跑道上，只剩下乌龟孤零零地奔跑着，但它一点也不松劲。

两小时、三小时……九个小时过去了，乌龟终于满头大汗地跑到了终点。

颁奖时，运动会主席狮子把一枚特别奖奖章庄重地挂在乌龟的脖子上。

“能够夺取桂冠，值得祝贺；在落后时也不气馁并坚持到底，这种精神同样宝贵。”狮子的话久久地在运动场的上空回荡，在动物们的心中回荡。

人生来就有对事物的畏惧感，可以是害怕一只小虫、害怕打雷下雨、害怕天黑、害怕困难、害怕失败，这也是人性中的一个无法抹去的弱点。但是，在困难来临时，一味地害怕和躲避并不能解决问题，只有勇敢地去面对，并坚持不懈地去努力，终将会获得圆满的成功。

所谓命运，在我们的生命期间确实存在。但是，它不是人类力量无法抗拒的“宿命”，而是因我们的内心而改变。人生是由自己创造的，能够改变命运的只有一个，就是我们的内心。

追求成功有很漫长的路程，但是坚持的信念没有间断，面对困难稻盛没有气馁，在常人无法想象的考验下他努力坚持，周而复始地探索研究，他说，最终的成功回报的不只是合格产品的获得，更多的是一种磨砺，一种对精神的洗礼。这些对每个人都是无价的。

每个人都渴望自己的生活一帆风顺，都渴望获得成功，可是，在现实生活中，谁能稳做“常胜将军”呢？我们现今生活在纷乱如麻、前途未卜的“不安分的时代”。富裕却不知足，丰衣足食却礼节不周，充分享受自由却备感闭塞。

只要有干劲，不要因为“背运而气馁”，再大的困难也可以克服，任何梦想也可以实现。适度的挫折有时也具有一定的积极意义，它可以帮助人们驱走惰性，促使人奋进。要想实现理想，要始终做好面对挑战的准备，不要因为暂时的背运而气馁，生活中我们必定会有所作为。

从现在开始，相信自己

人生悟语

即使你的目标是短视与功利的，但是，如果不过完今天一天，那么明日就不会来访。到达心中向往的地点，没有任何捷径。

自信是人类心理活动中最基本的内在品质之一，也是人格结构中的本质因素，它代表着一种优秀的心理品质和积极的人生态度。积极的人生态度意味着一种对自己的认可、肯定、接受和支持。自信不是孤芳自赏，也不是夜郎自大，更不是得意忘形、毫无根据的自以为是和盲目乐观，而是激励自己奋发进取的一种心理素质，是以高昂的斗志、充沛的干劲，迎接生活挑战的一种乐观情绪，是以一种乐观的心态，在战略上藐视困难，战术上重视困难，从大处着眼、小处动手，脚踏实地、锲而不舍地奋斗拼搏，扎扎实实地做好每一件事，战胜每一个困难，从一次次胜利和成功的喜悦中肯定自己，不断地突破自卑的羁绊，从而创造生命的奇迹，成就事业的辉煌。

稻盛先生就是一个典型的例子。他面对创业之路上的磕磕绊绊与曲折艰难，始终保持自信，相信自己一定能行，不断地尝试、探索，使他最终以巨大的成绩深刻阐释了自信的意义。

一个人不可能每时每刻都是自信的，漫长的一生不免会有各种考验对你的自信心产生冲击。常言道，九十九次的失败，方能换来一次的成功。可见，在这样的比例下，想要始终自信地勇往直前是多么艰巨，很多人在多次失败之后，终于无奈放弃努力，之前所做的努力也就化为泡影。或许成功就离你只有一步。许多伟人的巨大成就是在面对一次次考验时，没有退缩，而是以积极的态度自信地面对，最终得以惊人的成就。比如小泽征尔。

在一次世界优秀指挥家大赛的决赛中，小泽征尔按照评委会给的乐谱指挥演奏，敏锐地发现了不和谐的声音。起初，他以为是乐队演奏出了错误，就停下来重新演奏，但还是不对。他觉得是乐谱有问题。这时，在场的作曲家和评委会的权威人士坚持说乐谱绝对没有问题，是他错了。

面对一大批音乐大师和权威人士，他思考再三，最后斩钉截铁地大声说："不！一定是乐谱错了！"话音刚落，评委席上的评委们立即站起来，报以热烈的掌声，祝贺他大赛夺魁。原来，这是评委们精心设计的"圈套"，以此来检验指挥家在发现乐谱错误并遭到权威人士"否定"的情况下，能否坚持自己的正确主张。

前两位参加决赛的指挥家虽然也发现了错误，但终因随声附和权威们的意见而被淘汰。小泽征尔却因充满自信而摘取了世界指挥家大赛的桂冠。假设小泽征尔没有自信地指出乐谱的错误，而是像其他两位指挥家一样随声附和权威们的意见，那么他也将被淘汰，就不会有今天的成就。

每个人都有一种内在发展的需要，都有一种内在心理品质提高的需要。这也正如心理学家所强调的，自我完善是人一生的历程。在梦想与现实的巨大落差中，不免有挫折打击，甚至是屡受打击。面对困难，要有正确的态度迎接挑战，相信自己一定会实现所要达到的目标，而不是选择胆怯自卑。

稻盛先生指出，每个人都在自己人生道路上如乌龟踱步，离成功看似遥遥无期，但只要你每一天都脚踏实地地不断积累，不断探索，这样不知不觉中你就会一点点地成长起来，稻盛先生也是一样，凭着一点点的积累，一步一步向前迈进，才取得了今天的辉煌成就。自信心强的人，会重视工作、学习和生活中的种种机会，以便使自己得到提高和发展。只要我们坚定信心，从现在开始相信自己，大胆地尝试，就能创造精彩的人生。

强迫自己追求卓越

人生悟语

要时刻保持积极的奋斗意识，并且要有一定的危机意识，强迫自己追求更佳的业绩。

以人短暂的生命，要取得卓越成绩并不容易，但我们并不能因此而放弃追求卓越的努力。每一次对自我的超越，每一次辛勤的劳动，可能得不到最终的最好，却在一步步跨近更好。如何才能使人生过得更美好，收获更幸福的果实，如何才能做到完美，稻盛先生用自己的亲身经历告诉我们，在追求完美的过程中，要强迫自己做到更好，以趋近完美，取得卓越成效。

一个人不一定每项工作都取得卓越的成绩，但可以强迫自己追求更好的成效。“相信自己能行”，稻盛先生的这个理念也是从经营之神松下幸之助先生那里学到的。稻盛听了松下幸之助题为“企业管理的贮存法”的演讲。其间有位听众提到如果只有储存方式，没有资金怎么办？松下先生笑着对这位听众说：“这个问题我也解答不出来。但是，你还是要相信贮存的重要性，总有一天，你要用到它的。”

从这句话里，稻盛听出了这样的道理：我们一定要相信，事情是可以做到的。对于自己想做的事，坚持不到完美，誓不罢休的信念。

我们不确定什么时候，我们做到哪一步算是最好的，但是我们要时刻警惕自己，只有做好每步，我们才能离卓越成绩更近一步。京瓷刚开业之际，公司没有陶瓷方面的基础知识和基础技术，只有简陋的研究设备和装置。为了公司的生存，为了取得业绩，除了每天到现场想尽办法一心扑在研究和实验上之外别无他法。稻盛对完美进行了不同层次的定义，一步步追求，他说，在想要做成一件事情时，我们必须要愿意付出比其他任何人都强烈、甚至粉身碎骨的热情，做到今天要比昨天好，明天要比今天好，只有这样才能一步步使自己走向成功。

若想在某一领域有所建树，就必须让自己成为自燃型的人。一个人要实现自己所指定的目标，光有理想是不够的，还要有热情，以热情驱使自己一步步朝向完美趋近。人的潜能是无限的，只有我们不断地提高自己，才能走到一个更高的目标，取得更大的成功。

世事不遂人愿——对于人生中发生的很多事情，我们难免这样去看。但是，这正是因为你认为“世事不遂人愿”这样的心态才招致的结果。就此而言，不如愿的人生其实也正是他心念而来的人生，因此要想取得成功，我们就要有坚定强烈的愿望。也就是说，若没有强烈的愿望，就“看不到”办法，成功也就不会向我们靠近。

有强烈的愿望，这很重要。只有这样，愿望才能成为新的起点，最终一定能够成功。无论是谁，人生就如你内心描绘的一张蓝图，而愿望就是一粒种子，是在人生这个庭院里生根、发枝、开花、结果的最初的、也是最重要的因素。

稻盛先生和公司员工正是在热忱的愿望下，持着信心、热情以及不断追求更好的理念，不断克服困难，一步步使公司业绩趋于更好。我们的一生有很多不如意，总是有很多的曲曲折折使我们丧失对理想追求的信心，但愿望是可以实现的，每个人有自己的目标定义，只要我们坚定信心，这一次比上一次做得更好，就能向自己的目标趋近一步，最终取得卓越成效。

下篇

阳明心学

王阳明（1472 ~ 1529 年），明代最著名的思想家、教育家、文学家、书法家、哲学家和军事家，宋明心学之集大成者，非但精通儒、释、道三教，而且能够统军征战，是中国历史上罕见的立德、立功、立言三不朽的伟人。他与孔子、孟子、朱熹并称为“孔、孟、朱、王”，其学术思想在中国、朝鲜半岛以及东南亚国家乃至全球都有重要而深远的影响。

王阳明心学源远流长，润泽了一代又一代的名人，张居正、曾国藩、孙中山、蒋介石、蒋经国、黄宗羲、章太炎、梁启超、李宗吾等奉阳明心学为最根本的精神导师。美国哈佛大学教授杜维明断言：“500 年来，儒家的源头活水就在王阳明，21 世纪将是王阳明的世纪。”

第一章
宽心：身安不如心安，屋宽不如心宽

欲修身，先养心

“心即理也，天下又有心外之事、心外之理乎？”

——王阳明

浮世之中，总有许多人为追求物质享受、社会地位和显赫名声等身外之物而心力交瘁，疲惫不堪。他们怨天尤人、欲逃离其中而不得，皆因忽略了自己的内心，不能明白万事以修心为先的道理。

王阳明认为，人心就是天理，世界上哪还有存在于人心之外的事物和道理呢？虽然“心外无物”的看法与唯物主义观点相悖，但王阳明关于从人的内心去寻求真理的看法，是有其道理的。古人云：“相由心生。”意思是说人的心思会呈现在其外在表征之中。如此推敲，人的言语、行为等外在表征，则多为其复杂内心的反映。按照王阳明所言，欲使人的言行举止符合一定的规范或是达到至善的境界，则要从其内心入手，而不是人心之外的事物。只有当内心达到了至善的境地，其外在的言行举止才能表现出善的一面。

贪泉，泉名，据史料记载，贪泉地处广州北郊30里的石门镇。传说人饮此水，便变得贪而无厌，故名。西晋时，朝廷派往广州的几任官员，差不多都以经济犯罪而被撤职查办，人们传说是因为他们喝了贪泉的水。后来，朝廷派去一位廉洁的名吏吴隐之任广州刺史，到任之日，他领随从来到贪泉边，从中取水而饮。随从劝他说："以往进入广州的官员都要饮上一杯，以示风雅，但是这些官员都贪赃枉法，爱钱如命，此泉饮不得。"吴隐之问随从说："那些不喝泉水的老爷们是否清廉了呢？"随从说："还不是一丘之貉。"吴隐之连饮三瓢后动情地说："贪财与否，取决于人的品质，我今天喝了贪泉水，是否玷污了平时为官清廉的名声，请父老乡亲们拭目以待吧。"并赋诗一首："古人云此水，一歃怀千金。试使夷齐饮，终当不易心。"果然，他在任期间，为政清廉，并没有因饮贪泉水而贪污，留下了饮"贪泉"而不贪的千古美谈。

贪与不贪，并不在于一泉，没有饮贪泉水的人，也会照贪不误。所以，贪泉只是那些贪污的人的一个挡箭牌。王勃在《滕王阁序》中说"酌贪泉而觉爽，处涸辙以犹欢"，一个人贪与不贪，本在于自己内心的修养，并不在于外在的条件。

做人若问心无愧，坦坦荡荡，对于每天里遇到的各种突如其来的状况，也能应对自如，而不会被其搅乱心情，也就可以傲视天下。在儒家先贤眼里，这是君子风范的标准之一。

王阳明用一生的经验总结出一句话："心"左右一切。做好事来源于内心，做坏事也来源于内心。心中所想会影响我们的行为，一颗平静而宽容的心能够令人体会到生活的快乐，而一颗躁动而沉重的心则令人陷入黑暗之中找不到方向。只有以修心为先，才能更通透地知晓世间的道理，才能更真切地把握为人处世之道。然而，对于身处纷繁世界中的大多数人而言，即便知道理应如此，但要真正做到并不容易，甚至要用一生的时间去琢磨。

其实，修心不是很大的难题，只要我们能够日日更新、时时自省，不断净化内心的污垢，便能摆脱俗事的困扰。

看破繁华，不动于气

“圣人无善无恶，只是‘无有作好’，‘无有作恶’，不动于气。”

——王阳明

孔子人生态度的一个重要方面，就是求心安。心若安定了，那外面的风吹雨打便都可看作过眼云烟。就其对儒家之“礼”的阐释——“礼，与其奢也，宁俭；丧，与其易也，宁戚”，可以看出，孔子认为礼节仪式与其奢侈繁杂，不如节俭，正如丧礼那样，与其在仪式上准备得隆重而周到，不如在心里沉痛地哀悼死者，因为心中之礼比其外在形式更重要。

求心安，即保持一颗安定、清净的心，不因外界的打击和诱惑而摇摆不定，不过于狂热地去追求心外之物。能够做到这一点并不容易，因为人的心境太容易受到外界的干扰。恶人受丑陋之心的牵引而做坏事，普通人也可能因为执着心、愧疚心等而使自己陷入痛苦，无法自拔。如果人对于外界的事情心有挂碍，并由此生出了懊恼、欢喜，那么这颗心就失去了它的本来面目。

王阳明的弟子薛侃曾向他请教：“为何天地间的善难以培养，而恶却难以去除呢？”王阳明认为，因为心中有善恶之念，引发好恶之心，才导致为善或为恶。他在回答中举出“花草”的例子：当人们想赏花时，就认为花是好的而它周围的杂草是恶的，因为那些杂草影响了赏花的效果；而当人们要用到那些杂草时，则又认为它是善的。这样的善恶区别，都是由于人们的好恶之心而产生的，因此是错误的。王阳明指出，应该心中无善无恶。他所讲的无善无恶，与佛家所讲的不同。佛家只在无善无恶上下功夫而不管其他，便不能够将此道理用于治天下。而圣人所讲的无善无恶，是告诫世人不从自身私欲出发而产生好恶之心，不要随感情的发出而动了本心。

有一天，深山里来了两个陌生人。年长的人仰头看看山，问路旁的一块石头：“石头，这就是世上最高的山吗？”“大概是的。”石头懒懒地答道。年长的人没再说什么，就开始往上爬。年轻的人对石头笑了笑，问：“等我回来，你想要我给你带什么？”石头一愣，看着年轻人，说：“如果你真的到了山顶，就把那一时刻你最不想要的东西给我，就行了。”

年轻人很奇怪，但也没多问，就跟着年长的人往上爬。斗转星移，不知过了多久，年轻人孤独地走下山来。

石头连忙问：“你们到山顶了吗？”

年轻人答：“是的。”

石头问：“另一个人呢？”

年轻人答：“他，永远不会回来了。”

石头一惊，问：“为什么？”

年轻人答：“唉，对于一个登山者来说，一生最大的愿望就是登上世上最高的山峰，但当他的愿望真的实现了，同时，也就没有了人生的目标，这就好比一匹好马的腿断了，活着与死，已经没有什么区别了。”

石头问：“他……”

年轻人答：“他从山崖上跳下去了。”

石头问：“那你呢？”

年轻人答：“我本来也要一起跳下去的，但我猛然想起答应过你，把我在山顶上最不想要的东西给你，看来，那就是我的生命。”

石头问：“那你就来陪我吧！”

年轻人在路旁搭了个茅草屋，住了下来。人在山旁，日子过得虽然逍遥自在，却如白开水般没有味道。年轻人总爱默默地看着山，在纸上胡乱画着。久而久之，纸上的线条渐渐清晰了，轮廓也明朗了。后来，年轻人成了一名画家，绘画界还宣称他是一颗耀眼的新星。接着，年轻人又开始了写作，不久，他就因他的文章回归自然的清秀隽永一举成名。

许多年过去了，昔日的年轻人已经成了老人，当他对着石头回想往事的时候，他觉得画画、写作其实没有什么两样。最后，他明白了一个道理：其实，更高的山并不在人的身旁，而在人的心里，心中无我才能超越。

这位老人的境界不可谓不高。确实，更高的山在我们的心里，只有心中无我时，人才能攀越这座高山。人世间最可怕的不是做错事，而是心中动了歪念。倘若内心摇摆不定、狂热偏激，就会动歪念，就会继续做错事，这个时候就只有倒空了自己，才会发现虚无。

一位佛学大师曾说："心是最有反应、最有感觉的器官。我们看大自然的山川鸟兽、花开花落，我们看人生的生老病死、苦空无常，我们看世间的生住异灭、轮回流转等待，都会因心的触动而有喜怒哀乐的表现。"世间的风动幡动，其实都是因为心动罢了。

王阳明认为，无善无恶是静态时候的表现，有善有恶是气动的表现。在起心动念间，如果我们自己的内心茫然，就会不知所措，甚至连自己究竟是对是错都分辨不清。因此，唯有秉持一颗安定、清净之心，才能将世情看破，身处繁华闹市而不为所动。

不忙不乱，不焦不躁

"天地气机，元无一息之停。然有个主宰，故不先不后，不急不缓，虽千变万化而主宰常定，人得此而生。若无主宰，便只是这气奔放，如何不忙？"

——王阳明

忙碌是现代社会中大多数人的一种生活状态。不幸的是，与身体的操劳相伴随而来的，还有内心的忙乱急躁、焦虑不堪。所谓"身之主宰便是心"，倘若在忙碌的生活中不能给内心留一分悠闲，而使其深受烦恼与担忧所累，便更难在为人处世之时做到游刃有余、潇洒自在。

《传习录》中有这样一段记载：

欧阳崇一问："寻常意思多忙，有事固忙，无事亦忙，何也？"

先生曰："天地气机，元无一息之停。然有个主宰，故不先不后，不急不缓，虽千变万化而主宰常定，人得此而生。若主宰定时，与天运一般不息，虽酬酢万变，常是从容自在，所谓‘天君泰然，百体从令’。若无主宰，便只是这气奔放，如何不忙？”

欧阳崇一问：“平时意念思想常常很忙乱，有事的时候固然会忙，无事的时候也忙，这是为什么呢？”

王阳明回答说：“世间万物的变化本来就没有瞬息的停止。然而有了一个主宰之后，变化就会有所依据，有秩序可言，虽然千变万化，但主宰却是一成不变的，人有了这个主宰才能在瞬息万变的人世间生存。如果主宰恒定不变，就像天地运行一样永不停息，即使日理万机，却也从容自在，这就是所谓的‘天君泰然，百体从令’。若没有主宰，便只有气在四处奔流，怎么会不忙呢？”

由此可知，要做到“虽酬酢万变，常是从容自在”，便要有一颗不忙不乱、不焦不躁的“主宰”之心。具体到人们的日常生活、工作中，就是要用心去体悟繁杂中的快乐，学会用一颗平静的心去享受忙碌的价值。

现实当中有很多人，为了功名利禄而盲目地工作，以此来填充自己的人生。工作带来的种种压力，不断侵蚀着内心的安宁，让人备感焦灼，于是渐渐地，人的身心就会陷入一种莫名的慌乱之中，完全理不清头绪。此时，唯有从内心闲下来，静下来，才能转变观念，学会把工作当作一种快乐的享受，而不仅仅是赚取金钱谋取地位的工具。如此，才不至于将人生变成炼狱。

如道家所言，将自己的心放到天地间，去体悟自我的渺小与天地的广大。与由人所构成的社会相比，包容天地万物的大自然，更能令人身心舒畅。自然可以开启人的心灵，陶冶人的情操，将自己的内心倾向自然，正如“智者乐水，仁者乐山”。当我们走进自然的怀抱，沐浴春风与阳光，尽览山河之宽广与博大，便会明白，那些长期困扰我们的身外之物，皆由一颗远离自然的心而起。当我们身处自然之中，便能够亲身感受大自然的博大胸襟，感受到万物的和谐共处，从而在大自然的安逸与恬静中把握心中那份从容与自在。

忙碌的生活虽然令人身心疲惫，但也可以充满乐趣，成为一门令人身心愉悦的艺术。关键在于你是否能够放慢心的脚步，让你的心松口气。正如攀登高山，若一心只想着登上顶峰，难免疲惫不堪；但若能静下心来，欣赏沿途赏心悦目的风光，那将是一种别样的感受，更是一种忙而不乱的人生。

人的内心既是一方广袤的天空，能够包容世间的一切；也是一片宁静的湖面，偶尔也会泛起阵阵涟漪；更是一块皑皑雪原，辉映出一个缤纷的世界。纵然世间的纷纷扰扰难以平息，生活的智者总能在心中留一江春水，淘洗忙碌的身躯，以一颗闲静淡泊之心，看庭前花开花落，望天上云卷云舒。

身处泥泞，遥看满山花开

“世以不得第为耻，吾以不得第动心为耻。”

——王阳明

人人都希望自己过上更好的生活，过得舒适快乐。然而，生活并不是一条康庄大道，更多的时候，是一条布满荆棘与陷阱的崎岖小路。很多人在这条路上遇到了困难，不仅无法跨越，还会不自觉地陷入了一个可悲的怪圈，把大量的时间放在抱怨上。

王阳明虽出自书香门第，富有才情，但是多次参加会试都没有上榜，世人看来这是十分耻辱的事情。王阳明却不以为意，他说：“世以不得第为耻，吾以不得第动心为耻。”在他看来，有上榜之事，就有落榜之事，不要过分在意。快乐还是痛苦，都是生活的一部分。只有调整心态，才能减轻痛苦，享受快乐。

苏轼的友人王定国有一名歌女，名叫柔奴。柔奴眉目娟丽，善于应对，其家世代居住京师，后王定国迁官岭南，柔奴随之，多年后，复随王定国还京。

苏轼拜访王定国时见到柔奴，问她：“岭南的风土应该不好吧？”不料，柔奴却答道：“此心安处，便是吾乡。”苏轼闻之，心有所感，遂填词一首，这首词的后半阕是："万里归来年愈少，微笑，笑时犹带岭梅香。试问岭南应不好，却道：此心安处是吾乡。"

在苏轼看来，偏远荒凉的岭南不是一个好地方，但柔奴能像生活在故乡京城一样处之安然。从岭南归来的柔奴，看上去似乎比以前更加年轻，笑容仿佛带着岭南梅花的馨香，这便是随遇而安，并且是心灵之安的结果了。

"此心安处是吾乡"，不论在什么样的环境里均能安之若素，方可心无烦忧，一心做自己应做或爱做之事。即便身处泥泞之中仍能遥看满山花开。王阳明说："读书作文安能累人？人自累于得失耳。"不懂得身处泥泞之中而遥看山花烂漫的人，并非为泥泞所累，而是被自己的心态所拖累。

有人曾经问过一些饱受磨难的人是否总是感到痛苦和悲伤，有人答道："不是的，倒是很快乐，甚至今天我有时还因回忆它而快乐。"为什么会这样呢？因为他从心理上战胜了磨难，他从磨难中得到了生活的启示，他为此而快乐。换句话说，生活本来就是充满快乐的。

一个富人和一个穷人在一起谈论什么是快乐。

穷人说："快乐就是现在。"

富人望着穷人漏风的茅舍、破旧的衣着，轻蔑地说："这怎么能叫快乐呢？我的快乐可是百间豪宅、千名奴仆啊。"

一场大火把富人的百间豪宅烧得片瓦不留，奴仆们各奔东西。一夜之间，富人沦为乞丐。

炎炎夏日，汗流浃背的乞丐路过穷人的茅舍，想讨口水喝。穷人端来一大碗清凉的水，问他："你现在认为什么是快乐？"

乞丐眼巴巴地说："幸福就是此时你手中的这碗水。"

生活有时候会显出它不公平的一面，使我们经历磨难。然而，那不过是生活中一点或酸或辣的调味品，如果只将目光集中在这里，生活反而会变得毫无希望。当我们遇到挫折的时候，多想想美好回忆中那些令人振奋的人和事；当我们的情绪消极倦怠的时候，多想想如何去解决而不是一味地去逃避。当我们将内心痛苦的负累转化为积极乐观的力量，便能在不幸的悲剧之中重新找到幸福的人生。

其实，每个人的生活都是一样的有苦有甜，不一样的是人们的心态。与其在埋怨中度过，不如转变心态。埋怨只能证明无奈，生活不相信懦弱。

心狭为祸之根，心旷为福之门

“如今于凡忿懥等件，只是个物来顺应，不要着一分意思，便心体廓然大公，得其本体之正了。”

——王阳明

心狭为祸之根，心旷为福之门。心胸狭隘的人，只会将自己局限在狭小的空间里，郁郁寡欢；而心胸宽广的人，他的世界会比别人更加开阔。

心胸狭隘之人，往往放不下对曾经伤害过自己的人的怨恨。在生活中，很多人都曾因为情感纠葛、诽谤中伤或竞争对手的打击而深受伤害，心中的伤口久久不能愈合，耿耿于怀地痛恨着那些伤害过自己的人。其实，怨恨是一种极为被动的感情，不仅不能缓解心中的伤痛，大多数情况下也不能对对方形成影响，仅有的用处，便是伤害自己、折磨自己。怨恨就像一个不断扩大的肿瘤，挤压着生活中的快乐神经，使人们失去欢笑，整日愁容。更有甚者，因为放不下心中的怨恨，将报仇作为生存下去的唯一信念，最终只能香消玉殒，为怨恨陪葬。

《传习录》中记载，有人就“有所怨恨”一说向王阳明请教。先生指出：“像怨恨等情绪，人的心中怎么会没有呢？只是一点也不可以有罢了。当人怨恨时，即使是多想了一点，怨恨也会过度，这样就不是心胸宽广无私了。因此，有所怨恨，心就以难保持正直。如今，对于怨恨等情绪，只要顺其自然，心中不存一分在意，那么心胸自然会宽广无私，从而实现本体的中正平和了。”

心胸狭隘之人，容不得别人比他好，猜忌心重，为芝麻绿豆的小事都能折腾好几天，只因为触碰到了他的利益。与放不下心中的怨恨的人相比，这样的人对自己的伤害更大。因为他的心胸狭隘，身边的人难以与之深交，基本的友好关系和信任感无法建立，除非靠强权压迫或金钱利诱，否则得不到半点发展的机会。历史上不乏由于昏君佞臣的猜忌而令无数功勋卓著的开国功臣走上断头台的例子。

心胸狭隘会给人带来无穷祸患，而心胸宽广则能解决人与人之间的纷争，慰藉心灵。无论是为了个人的身心健康，还是为了在纷繁复杂的现代社会中争取到发展的机会，都应以宽广的胸怀待人处世。只有时刻保持宽广的胸怀，心存一份豁达，才能放下怨恨，重拾笑颜；并能感受到他人对自己的尊重，共同进步。也许在你不经意的时候，心中的豁达就能为你带来意想不到的收获。

赵王有个卫兵，名叫少室周。少室周力大无比，在一次比武会上，有五个士兵攻击少室周一人，都被少室周摔倒在地。少室周因此得到赵王的赏识并被任命为贴身卫兵。

没过多久，一个叫徐子的人找上门要与少室周比试摔跤。摔跤的结果是，少室周连输三回。

少室周满面羞愧地将徐子带到赵王跟前，对赵王说："请您用他当您的卫兵吧。"

赵王很奇怪，问道："先生的勇武名震四方，很多人都想取代你，为什么你要推荐他呢，我并没有这样要求你呀？"

少室周回答道："您当年是看我力气大，才让我当卫兵的。如今，有了比我力气大的人，如果我不推荐他，天下好汉会嘲笑我的。"

赵王很钦佩少室周的胸怀宽广，最后，让他们两人都当了自己的贴身侍卫。

豁达是一种修养，也是衡量一个人层次高低的标准。正所谓"牢骚太盛防肠断，风物长宜放眼量"。如果我们凡事都喜欢斤斤计较，终日锱铢必较，久而久之不但心胸变得狭窄，而且常常对别人产生嫉妒和愤恨，对于身心都是一种莫大的伤害。

只有敞开胸怀，才不会被俗世尘埃所扰，才能安心地关注当下，保证身心的纯净。只有做到待人处世不胡乱猜忌，面对摩擦和误会能放下心中的愤恨，心胸宽广坦荡，不以世俗荣辱为念，不为世俗荣辱所累，不为凡尘琐事所扰，不为痛苦烦闷所惊，才能包容万物、容纳太虚，才能活得轻松潇洒、舒心自在。

心有多大，世界就有多大。王阳明讲，不要着一分意思。就是要开阔胸怀。在他看来这是一种宠辱不惊，笑看庭前花开花落的人生态度；是一种骤然临之而不惊，无故加之而不怒的智慧和淡定。天地何其广阔，拥有宽广的胸怀，我们便能在其中自由地翱翔。

空心，才能容万物

“圣人之所以为圣，只是其心纯乎天理而无人欲之杂，犹精金之所以为精，但以其成色足而无铜铅之杂也。”

——王阳明

王阳明曾言：“圣人之所以为圣，只是其心纯乎天理而无人欲之杂，犹精金之所以为精，但以其成色足而无铜铅之杂也。人到纯乎天理方是圣，金到足色方是精。然圣人之才力亦有大小不同，犹金之分两有轻重。……盖所以为精金者，在足色而不在分两；所以为圣者，在纯乎天理而不在才力也。故虽凡人，而肯为学，使此心纯乎天理，则亦可为圣人，犹一两之金，此之万镒，分两虽悬绝，而其到足色处可以无愧。”王阳明以纯金作比，意在说明圣人比凡人更高明的地方，不是他的才能，而是一颗只存天理而无贪嗔杂念的空明之心。

宇宙万物，因为虚空而含纳包容，所以能拥有日月星河的环绕；高山因为不拣择砂石草木，所以成其崇峻伟大。世人常说“海纳百川”，便是将“大海”作为浩瀚胸襟的形象代表。而人心的包容，是大海与高山都不能比的。所谓“心空”，即内心无外物羁绊。修养内心的最高境界，便是将心腾空，如此才能真正做到包容万物。

苏不韦是东汉人，他的父亲做司隶校尉时得罪了同僚李皓，被李皓借机判了死刑。当时，苏不韦年仅十八岁，他把父亲的灵柩草草下葬后，又把母亲隐匿起来，自己改名换姓，用家财招募刺客，发誓复仇。但几次行刺都没有成功，这期间李皓反而青云直上，最后官至大司农。

苏不韦就和人暗中在大司农官署的北墙下开始挖洞，夜里挖，白天躲藏起来。干了一个多月，终于把洞挖到了李皓的卧室下。一天，苏不韦从李皓的床底下冲了出来，不巧李皓上厕所去了，于是苏不韦杀了他的小儿子和妾，留下一封信便离去了。李皓回屋后大吃一惊，吓得在室内设置了许多机关，晚上也不敢安睡。苏不韦知道李皓已有准备，杀死他已不可能，就挖了李家的坟，取了李皓父亲的头拿到集市上去示众。李皓听说此事后，心如刀绞，心里又气又恨，又不敢说什么，没过多久就吐血而死。

李皓因一点个人私怨就将人置于死地，结果不仅给自己招来杀身之祸，连老婆、孩子都跟着倒霉，甚至连死去的父亲也未能幸免。而苏不韦从十八岁开始就谋划复仇，此外什么也没做成。这两个人最大的缺陷都是被仇恨所牵绊，没有一个宽大的心胸。人有时候如果能宽容一点，甚至一笑泯千仇，将干戈化为玉帛，不但能为自己免去毁灭性的灾难，还可以放下心灵的包袱，让自己变得轻松，而生活也能变得更加幸福和祥和。

从内心深处摆脱周遭的羁绊，进入心无旁骛的至高境界，就是踏上了心灵的解脱之路，内心感受到的万物便会远远超过自己视线范围之内的一切。此时的内心，呈现的是一种空无的状态，也就是王阳明所说的空明之心。空，才能容万物。即便是人与人之间的交往，也需要给彼此一定的空间，才能畅所欲言、和平相处。与其用金钱权利、名誉地位将内心满满地填充，何不索性全部放下，将心腾空，获得心灵的自由和解脱呢？

因此，普通人若能学会抛开杂念，使内心纯净空明，那么，即便才能有高下之分，也同样可以成为圣人。

第二章
诚心：持纯粹心，做至诚人

真心着眼，敦本尚实

“诚字有以工夫说者。诚是心之本体，求复其本体，便是思诚的工夫。”

——王阳明

一次，王阳明来到南镇游玩，一个朋友指着从石头缝里长出来的花问道：“你说天下没有心外之物，那么这花在自开自落，和我心有什么关系？”

王阳明回答说：“你见到这花之前，花与你的心各自寂静；你来看此花时，花进入我们的内心，此花便在心头显现出来。便知此花不在你的心外。岩中花树对于心来说，其存在本身及其意义的被确认，在于花在人心中的显现。”

王阳明的这番话可以有很多种理解，而其中最为紧要的一点则是对于“心”的着眼。世间万象，其实都在于你是否用一颗“本心”去体验融会。在王阳明看来，这个本心就是真，真诚、真挚、真君子，抽取“真”，弄权耍奸，虚伪掩饰，只剩皮囊一副；抽取“真”，花开花谢无关己身，不知人事变迁，落得心眼两茫，终其一生，全无所得。

人心中有善有恶，有趋炎附势，有高洁自傲。唯其不真，所以才有“这万丈红尘，最难揣摩的就是人心”的说法。王阳明的全部学问就在于求“真心”以接“仁义”。简单地说，就是你没有一颗真挚实诚的心，也做不出善良敦厚的事。

一日，杨时、游酢来到嵩阳书院拜见程颐，正遇上程颐闭目养神，坐着假睡。程颐明知有两个客人来了，他却不言不动，不予理睬。杨、游二人也不愠不恼，只是恭恭敬敬地站在门口，肃然待立，一声不吭等着他睁开眼来。

那天正是冬季很冷的一天，不知什么时候，开始下起雪来。门外积雪，有一尺多深。在雪中等了约有半天工夫，程颐才从睡榻上醒来，见了杨、游二人，装作一惊说道："啊！啊！贤辈早在此乎！"而杨时和游酢并没有一丝疲倦和不耐烦的神情。

杨时、游酢二人"程门立雪"，只为学于高师、求善解，两人真心崇拜程颐人品道德和学术修养，明知程颐是故意为之，却依然以礼相见。对他们来说，这是出于真心实意的行为，并非趋炎附势，所以内心坦荡而礼义周全，即是平常人之礼，其本质是诚心而非收买。

不敷衍、不做作、不逃避，能老实地袒露内心的人，往往最能打动人心，得到别人的谅解。然而，做人却很难永远保持着这种心境。就好像刚出学校的年轻人，满怀着希望和抱负。但是入世久了，挫折受多了，艰难困苦经历了，或者心染污了，变得有杂质了；或者本来很爽直的，变得不敢说话了；或者本来很坦白的，变得拐弯抹角了；或者本来有抱负的，最后变得很窝囊了。其实，社会与环境不足以影响人，只要我们每个人有自己独立的思想、独立的修养，那么在任何复杂的世界、任何复杂的时代、任何复杂的环境里，都可以永远保持最初开始时的心境，这就是王阳明说的"本心"。

一如动静互补是一种生命形态，本心为真亦是一种生命形态。王阳明常言："真，吾之好也。"佛家说世上只有两个人，一个人叫名，一个人叫利，照此讲来，我们不妨也可以这样说，世上只有两样事，一件为真，一件为假。求真必然务实，求假自然务虚，虚实之间，体现的不仅是对人的态度，更是对自己的认识。糊弄别人容易，糊弄自己很难。

保持本色，出以真情

"无事时固是独知，有事时亦是独知。"

——王阳明

泰山拔地而起，于是造就了它的雄伟；黄山吞云吐雾，于是成就了它的瑰丽；峨嵋清幽秀美，于是展现了它的神奇——山因自己的个性而呈现出千姿百态。雄也美，秀也美。万事万物，因有个性本真而美丽；芸芸众生，因有个性本真而永恒。

王阳明曾对他的学生黄弘纲说，无事时是独知，有事时也是独知。人如果只在人们关注的地方用功，那就是虚伪的作假。因此，一个人在这个社会上生存，不要总希冀自己能够瞒天过海，还是以真示人，但求无违我心的好。

子路、曾皙、冉有、公西华坐在孔子身旁。孔子说："不要认为我比你们年纪大一点，就不敢在我面前随便说话，你们平时总在说：'没有人知道我呀！'如果有人想重用你们，那么你们打算怎么办呢？"

子路不假思索地回答说："一个拥有一千辆兵车的国家，夹在大国之间，常受外国军队的侵犯，加上内部又有饥荒，如果让我去治理，三年工夫，就可以使人人勇敢善战，而且还懂得做人的道理。"孔子听了，微微一笑，于是又问："冉求，你怎么样？"

冉有回答说："一个纵横六七十里或者五六十里的国家，如果让我去治理，三年工夫，就可以使老百姓富足起来。至于修明礼乐，那就只得另请高明了。"

孔子又问："公西华，你怎么样？"

公西华回答说："我不敢夸口说能够做到怎样，只是愿意学习。在宗庙祭祀的工作中，或者在同别国的会盟中，我愿意穿着礼服，戴着礼帽，做一个小小的赞礼人。"

孔子接着问曾皙，这时曾皙弹瑟的声音逐渐慢了，接着铿的一声，放下瑟直起身子回答说："我和他们三位的才能不一样呀！"孔子说："那有什么关系呢？不过是各自谈谈自己的志向罢了。”曾皙说：“暮春时节，天气暖和，春天的衣服已经上身了。我愿意和五六位成年人，六七个青少年，到沂河里洗洗澡，在舞雩台上吹吹风，一路唱着歌儿回来。”

孔门这几位弟子的个性跃然纸上，子路的忠诚与勇敢、冉有的谨慎、公西华的谦虚、曾皙心灵的平静与淡然，都呼之欲出。个性就是一种特质，一种不因潮流而改变的东西，一种你有别人没有的东西。只有坚持独属于自己的才会是最美的。

明末清初大思想家王夫之在其书中曾强调，个人身处世间，不可“挟心而与天下游”，否则就会像“韩非知说之难，而以说诛。扬雄知白之不可守，而以玄死”。既然一个人不可“挟心而与天下游”，那就说明人生在世，要学会“以真示人”。但很多人都自认为聪明，可以骗得了天下人，其实，人的智慧相差无几，一个人的那点小小的伎俩怎么可能瞒得了其他人呢？

东晋时，王家是大家族，其家长王导官居丞相，社会地位很高，因此当时的太尉郗鉴就想在王家挑选女婿。郗鉴这个女儿，才貌双全，郗鉴视如掌上明珠，这么一个宝贝女儿，一定要找个门当户对的人家。郗鉴觉得王家与自己情谊深厚，又同朝为官，听说他家子嗣甚多，个个才貌俱佳。一天早朝后，郗鉴就把自己择婿的想法告诉了王丞相。王丞相说：“那好啊，我家里子嗣很多，就由您到家里任意挑选吧。凡您相中的，不管是谁，我都同意。”郗鉴就命心腹管家带上重礼到了王丞相家。王府子弟听说郗太尉派人觅婿，都仔细打扮一番出来相见。寻来觅去，一数少了一人。王府管家便领着郗府管家来到东跨院的书房里，就见一个袒腹的青年人仰卧在靠东墙的床上，似乎对太尉觅婿一事无动于衷。郗府管家回去向郗鉴报告：“王家的少爷个个都好，他们听到了您要挑选女婿的消息以后，个个都打扮得齐齐整整，装模作样，循规蹈矩，唯有东床上有位公子，袒腹躺着，若无其事。”郗鉴说：“那个人就是我所要的好女婿！”于是马上派人再去打听，原来那人就是王羲之。郗鉴来到王府，见到王羲之既豁达又文雅，才貌双全，当场下了聘礼，择为快婿。

王羲之并不因有人来挑选女婿就刻意打扮自己，这就是显其真。

真正成功的人生，不在于成就的大小，而在于是否活出自我。走自己的路，让人们去说吧！何必把自己的人生交到别人的手中，何必要被别人的评论所左右，何不按照自己的想法去过自己的人生！

伪装自己、改变自己只会丢失自己，这样便没有了存在的意义。王阳明提倡恢复心的本体，是告诉世人要保持最为本真的自己。每个人都是独一无二的，无须按照他人的眼光和标准来评判甚至约束自己，无须效仿他人，要相信自己，保持自我的本色，无须去寻求这样那样的机心，应以真心对待万事万物。事实上，只要我们在遵守团体规则的前提下能够保持自我本色，不人云亦云，不亦步亦趋，就能创造出属于自己的美好人生。

朴实的人生态度

“诚意只是循天理。虽是循天理，亦着不得一分意。”

——王阳明

王阳明认为世间本没有善恶之分，也就没有为善除恶之说。若真要弄出个善、恶来，也是存在于人心当中，遵循自然而发展就是善，被外物所扰、掺杂私欲就是恶。

所谓善恶，只不过是在周边环境影响下依据本性而产生的，有善恶之分的不是本性而是习惯。本性是一种内在的东西，平时可能感觉不到它的存在，但它在暗中操控着你。它决定着你的大部分习惯，决定着你的性格，甚至决定着你的人生。人本来生下来都很朴素、很自然，由于后天的教育、环境的影响，圆满的自然的人性被刻上了许多的花纹雕饰，原本的朴实被破坏了。其实，人不应该刻意雕琢自己本性的棱角，要保持住生命中最朴素的东西。

先秦时期，燕国寿陵地方有一位少年。

这位少年不愁吃不愁穿，论长相也算得上中等人才，可他就是缺乏自信心，经常无缘无故地感到事事不如人，低人一等——衣服是人家的好，饭菜是人家的香，站相坐相也是人家的高雅。他见什么学什么，学一样丢一样，虽然花样翻新，却始终不能做好一件事，不知道自己该是什么模样。

家里的人劝他改一改这个毛病，他以为是家里人管得太多。亲戚、邻居们，说他是狗熊掰棒子，他也根本听不进去。日久天长，他竟怀疑自己该不该这样走路，越看越觉得自己走路的姿势太笨，太丑了。

有一天，他在路上碰到几个人说说笑笑，只听得有人说邯郸人走路姿势那叫美。他一听，对上了心病，急忙走上前去，想打听个明白。不料想，那几个人看见他，一阵大笑之后扬长而去。

邯郸人走路的姿势究竟怎样美呢？他怎么也想象不出来。这成了他的心病。终于有一天，他瞒着家人，跑到遥远的邯郸学走路去了。

一到邯郸，他感到处处新鲜，简直令人眼花缭乱。看到小孩走路，他觉得活泼、美，学；看见老人走路，他觉得稳重，学；看到妇女走路，他觉得摇曳多姿，学。就这样，不过半月光景，他连走路也不会了，路费也花光了，只好爬着回去了。

这就是“邯郸学步”成语的来历，它所揭示的道理是生搬硬套，机械地模仿别人，不但学不到别人的长处，反而会把自己的优点和本领也丢掉。很多人过不上自己想要的生活，就希望自己成为别人，把自己想象成模仿中的人物，过着模仿的生活。其实每个人都有自己的本色，一味模仿别人，扭曲自己的本来面目，最终只会失掉自己。

人需抛弃自己引以为傲的聪明灵巧，抛弃自私自利的贪图之心，如果人人皆能如此，便不会有作奸犯科的盗贼，不会有我们认为的大恶。

著名国学大师南怀瑾先生曾说，如果将绝圣弃智的观念归纳到生命理想中，便是“见素抱朴，少私寡欲”。“见”指见地，观念、思想谓之见；“素”乃纯洁、干净；“朴”是未经雕刻、质地优良的原木。见素抱朴正是圣人超凡脱俗的生命情操，佳质深藏，光华内敛，一切本自天成，没有后天人工的刻意造作。

孔子在《论语》中也说，“素”如一张白纸，毫不沾染任何颜色，人的思想观念要随时保持纯净无杂，即不思善，不思恶。心地胸襟，应该随时怀抱原始天然的朴素，以此态度来待人接物、处理事务。个人拥有这种修养，人生一世便是最大的幸福；如果人人持有这种生活态度，天下自然太平和谐。

最优秀的东西就在人们自己身上，但是“大浪淘沙沙去尽，沙尽之时见真金”，大多数人都在浮华过后才意识到本色的可贵。玉不琢，不成器，但有时，人应该成为一块拒绝雕琢的“原木”，保留人性中单纯、善良、朴实的东西，不要让外在的雕饰破坏了自然的本质。一个人若能以本色示人，焕发本真个性，活出自己便是最美的。

泰然自处，真心生活任天然

“率性是‘诚者’事。所谓‘自诚明，谓之性’也。”

——王阳明

《中庸》有云：“自诚明，谓之性。自明诚，谓之教。诚则明矣，明则诚矣。”意思是说人一生下来就有道德的觉悟，而后又有道德的认识，这是尽心知性；因为有了道德的认识，又产生道德的觉悟，这是存心养性。

王阳明在谈到这一观点时说：“率性是‘诚者’事。所谓‘自诚明，谓之性’也。修道是‘诚之者’事。所谓‘自明诚，谓之教’也。”诚的本身就是“明”，“明”是一种率性而为、修道的智慧，而遵照自己的天性而行动就是修养圣道。“明”这种智慧，越没有被外物所扰，力量就会越强大。

阮籍，字嗣宗，建安七子之一阮瑀的儿子。曾任步兵校尉，世称阮步兵。崇奉老庄之学，政治上则采谨慎避祸的态度。与嵇康、刘伶等七人为友，常集于竹林之下肆意酣畅，世称竹林七贤。

阮籍蔑视礼法，邻家少妇美貌，当垆卖酒。阮籍曾经去饮酒，大醉，便卧其侧。她丈夫看到了，也不恼怒。一个当兵的女儿美貌而有才气，可惜还没出嫁就死了。阮籍不认识这一家人，却径直去哭，哭够了才走。他外坦荡而内心淳厚，乱世之中，常以“醉酒”保身，就连司马昭想与他联姻时，他竟会大醉六十日加以拒绝。

阮籍嗜烈酒、善弹琴，喝酒弹琴往往复长啸，得意时忽忘形骸，甚至即刻睡去。实可谓“我今欲眠君且去，明朝有意抱琴来”。其痴狂之态，可见一斑。

魏晋文人个个喷着酒气，他们也因为酒气而透着狂妄。“壁立千仞，无欲则刚”，魏晋文人的刚烈来自他们内在的无欲，他们因为无欲而超然，因为超然而蔑视礼法，“越名教而任自然”。他们活得超然而天真，所以，世人不以他们行为的出格而非议，也不因为他们行为的癫狂而为难他们。

在天地眼中，万事万物无明确的对错之分，天地只是冷眼旁观世间一切而已，它不介入，任事物之自然。天地生万物，是自然而生，自然而有。天地无心而平等生发万物，万物亦无法自主而还归于天地。所以古语有云：“天地不仁，以万物为刍狗。”即天地并没有特意立定一个仁爱万物之心而生长万物，只是自然而生，自然而有，自然而灭。从天地的立场来看，一律同仁，万物与人类都不过是自然、偶然、暂时存在，最终将归于还灭的“刍狗”而已。

人生不过就是一杯水，杯子的华丽与否固然可以显示一个人的贫与富，可杯子只是容器，杯子里的水，清澈透明，无色无味，对任何人都一样。不过在饮入生命时，每个人都有权力加盐、加糖，或是其他，只要自己喜欢，这是每个人生活的权力，全由自己决定。

然而，在欲望的驱使下，人们或许会不停地往杯子里加入各种东西，但必须适可而止，因为杯子的容量有限，并且无论你加入了什么，最终你必须将其喝完，无论它的味道如何。如果杯中物甘爽可口，你最好啜饮，慢慢品味，因为每个人都只有一杯水，喝完了，杯子便空了。

生命就是这样简单，荣是荣，枯是枯。面对自然的力量，人的愿念和希冀是多么渺小，任你怨天尤人，苍天仍任你枯荣，它不偏不倚，无悲无喜。有人说，圣人就能做到像苍天一样，没有喜怒哀乐，对待万物一视同仁。其实，即便是圣人，也有私欲、自利、利人的时候。

唯独没有“利心”可言，因为天地万物的任何“利”都由它而来，回归它处，它又何必跟人计较。只是人们以人心自我的私识，认为天地有好生之德，又或者对苍天不公而发出诅咒。倘若天地有知，定会大笑我辈痴儿痴女的痴言痴语。所以，我们还是应当谨记王阳明的话，率性而为，不怨天尤人，不沉迷功名利禄，实实在在地活着和做事，规规矩矩地做人，泰然地接受自然的赐予，回报自然以真心，就是如此单纯。

清水芙蓉，纯然初心

“心即理。没有私心，就是合于理。不合于理，就是存有私心。如果把心和理分开来讲，大概也不妥当。”

——王阳明

王阳明在回复顾东桥的来信时说，诚是心的本体，恢复心的本体，就是思诚的功夫。心的本体就是最本真，不矫揉造作，不过分修饰。就是永远保持“初心”，不受外界环境影响，光明磊落、坦白纯洁，永远长新。

“初心”是这个世界的原始本色，没有一点功利色彩。就像花儿的绽放，树枝的摇曳，风儿的低鸣，蟋蟀的轻唱。它们听凭内心的召唤，是本性使然，没有特别的理由。

诗人李白云：“清水出芙蓉，天然去雕饰。”如果一个人去除了机心，还生活本来面目，不刻意追求什么，他就能像李白诗中那朵出水的芙蓉一样，美丽、洁白而无瑕。

王阳明主张心就是理，二者本来就是一体的，除去人的私心，就是符合天理。对于这一点，人们很难认识到，或者即使认识了也很难从心底接受，以至于总是执着于自己的一腔信念，却不知这个想法已经错了。这种自以为是的聪明，反而会成为算不清的糊涂账，倒不如像王阳明说的，去除杂质，于单纯中得正道。

聪明是一种先天的东西，人们总是羡慕聪明人的智商，殊不知这种表面的光芒不一定能令聪明人成功，在现实中也确实存在着众多一事无成的聪明人。聪明这种天赋犹如水一样，可以载舟，也可以覆舟。

苏轼在其《洗儿》一诗中这样写道："人皆养子望聪明，我被聪明误一生。唯愿孩儿愚且鲁，无灾无难到公卿。"苏轼对于自己一生因聪明而受的苦真是刻骨铭心，以至于希望自己的儿子愚蠢一点，躲避各种灾难。聪明本是天生禀赋，但机关算尽却是人的痛苦之源，这正是聪明人苏学士对后来人的忠告。

才智也有困窘的时候，神灵也有考虑不到的地方。正所谓难得糊涂：聪明难，糊涂难，由聪明而转入糊涂更难。摒弃小聪明方才显示大智慧，除去矫饰的善行方能使自己真正回到自然的善性。

一个人若在机巧之路上迷途不返，就只会越走越远，就像追赶自己的影子，自己跑得越快，影子也跑得越快，永远没有追到的一天。因此，一个人若想拥有幸福、快乐的人生，必须去除机巧之心，用"难得糊涂"的心态和真正的大智慧去面对生活中的点滴。

众所周知，在音乐的世界中，技巧很重要，但并不是最重要的，过多的花哨技巧只会减弱情感的表达。人生也是如此，人人都玩弄聪明才智，只会让世界繁杂凌乱，绝圣弃智，才能朴实安然地生活。

我们存在于这个世界上，虽然由于各种各样的因素，不能完全去除机心，但也要尽量减少机心。去除了机心，人就能保持内心的宁静，就能显现出天真烂漫的情怀来。

君子养心莫善于诚

“臆不信，即非信也。”

——王阳明

从古至今，诚信都是衡量人品的重要标尺。信是一个人的立身处世之本，如果不守信，也就失去了做人的基本条件。孔子把信与言、行、忠并列为教育的“四大科目”，并把它与恭、宽、敏、惠一起列入“五大规范”之中。一个人，只有言而有信，才能得到他人的信任。

对于无法遵守诺言的人，王阳明一向持批评态度。他认为与人交往时，事先就揣着怀疑的态度，臆想别人不相信自己，其实这就是不诚信的表现。只有淳朴、怀真情、讲真话、守信用的人才值得认同和欣赏。这种人，本性中最重要的便是“真”字，是至诚之人真实的写照。

诚信是一个人安世立命的基本准则，是与人交往的前提要求，唯有遵守对他人的承诺，他人才会将心交于你，并且团结在你的周围，给予你存世的支撑。倘若你历来以违背誓言为生活的基本准则，只为小便宜处处失信于人，不但会失去朋友，还会失去你所得到的一切，令自己变得孤立无援。

周幽王三年，褒国的奴隶主褒㺯试图平息周褒之间的战争，将貌美非凡的褒姒献给了周幽王，史书上记载褒姒“目秀眉清，唇红齿白，发挽乌云，指排削玉，有如花如月之容，倾国倾城之貌”。幽王昏庸又荒淫无度，明眸皓齿的褒姒进宫以后自然集万千宠爱于一身，幽王立她为妃。

可那褒姒却因不习惯皇宫中生活，且念养父被太子宜臼所杀，心中忧恨，平时很少露出笑容，偶有一笑，流盼生辉，幽王便心中甚喜。为了博得美人一笑，幽王于是下诏天下：诱褒姒一笑者，赏千金。

后来朝中的大奸臣虢石父便献出“烽火戏诸侯”的主意，幽王决意一试，遂命点燃烽火。那时候，从边疆到国都，每隔一定距离修一个高土台，当有外敌侵犯的时候，日夜驻守在烽火台的兵士便点燃烽火，一路传递下去，诸侯国得到消息便会立即派兵来援助。

且说那烽火燃起后，褒姒看到各地诸侯带着兵马匆匆赶来狼狈不堪的样子，忍不住笑了，幽王心里甚是痛快，又把这种让人愤怒的游戏重演了几遍。这游戏满足了幽王的要求，却终使幽王失信于诸侯，成了西周最终灭亡的直接原因。

幽王为讨褒姒欢心，下令废黜王后申氏和太子宜臼，册封褒姒为后，褒姒生的儿子伯服为太子，王后的父亲申侯听后气愤不过，便联合缯侯及西北夷族西戎之兵，于公元前771年进攻镐京，幽王惊慌，命人点燃烽火，诸侯们却因以往多次被愚弄心生不满，又加之痛恨幽王的昏庸无道，无人救援，终于幽王被杀，褒姒被掳，西周灭亡。

“真”“善”“美”中“真”是为人的第一步。如果一个人待人虚伪而不真诚，他终究难以给人留下好的印象。王阳明的“致良知”学说中就有包含真诚笃实的观点。人之言为信，言而无信则非人。如果连句真话都不讲、连个小小的承诺都不能实现，并且因失信对他人造成伤害，那么这个人无论做什么，别人都会敬而远之、唾弃其卑劣人格，或者对他以牙还牙。最后此人终将孤立于世，郁郁寡欢、无疾而终。

在日常生活中，许多人对自己的习惯要求不严，总觉得一些小事，即使做错了也没什么大不了，所以往往在不知不觉中失去诚信。生活就是这样的，你对它不诚实，它也会对你不诚实，总有一天，你会发现自己被生活所“欺骗”，失去了原本应该得到的东西。

做一个有信义的人胜似做一个有名气的人。也许有一天，一个人会失去所拥有的地位、财富、权力，但是做人的信用却不会被时间冲刷掉，它是无形的人生财富。时刻用诚信点缀自己的心灵，便能享受真实而惬意的生活。

至诚胜于至巧

“惟天下之至诚，然后能立天下之大本。”

——王阳明

我国著名翻译家傅雷说过这样的话：“一个人只要真诚，总能打动人，即使人家一时不了解，日后便会了解的。我一生做事，总是第一坦白，第二坦白，第三还是坦白，绕圈子，躲躲闪闪，反易叫人疑心。你要手段，倒不如光明正大，实话实说，只要态度诚恳、谦卑恭敬，无论如何人家不会对你怎么样的。”

所谓“精诚所至，金石为开”。假如我们没有诚意，就会什么事情也做不好，做不成。王阳明认为惟天下之至诚，然后能立天下之大本。在他看来，“诚”是一个非常重要的字。做事情，总是有一个先后的顺序，在谈到格物致知和诚意时，王阳明说“若以诚意为主，去用格物致知的工夫，即工夫始有下落，即为善去恶无非是诚意的事”。必须要先有诚意，然后才能在事物上格致，否则就会无从下手。所以，在做任何事情的时候，都要讲究一个“诚”字，而这个“诚”是发自内心的真诚、坦白。

《论语·公冶长》中孔子说，一个人讲一些虚妄的、好听的话；脸上表现出好看的、讨人喜欢的面孔；看起来对人很恭敬的样子，但不是真心的。这样活着的人未免太辛苦了。

贞观初年，有人上书请求清除邪佞的臣子。太宗问他说：“我所任用的都是贤臣，你知道哪个是邪佞的臣子吗？”那人回答说：“臣住在民间，不能确知哪个人是佞臣。请陛下假装发怒，以用来试验群臣，如果能不惧怕陛下的雷霆大怒，仍然直言进谏的，就是忠诚正直的人；如果顺随旨意，阿谀奉承的，就是奸邪谄佞的人。”

这个人的办法看来非常聪明，但是太宗对封德彝说：“流水的清浊，在于水源。国君是政令的发出者，就好比是水源，臣子百姓就好比是水。国君自身伪诈而要求臣子行为忠直，就好比水源浑浊而希望流水清澈一样，这是不合道理的。我常常因魏武帝曹操为人诡诈而特别鄙视他，如果我也这样，怎么能教化百姓？”

于是，太宗对上书劝谏的人说：“我想在天下伸张信义，不想用伪诈的方法破坏社会风气。你的方法虽然很好，不过我不能采用。”

不管对谁，都需诚心诚意地对待，才能够得到别人的信任。而不是通过一些看似聪明的障眼法，来试探对方。因为这样做一方面有被识破的危险，如果这样的做法被别人利用，趁机表现，只会让自己陷入被动、是非颠倒的境地；另一方面，当自己都失去了诚意的时候，就不可能再要求别人要真心实意。

事情成功与否，取决于有多大的诚意。真诚，乃为人的根本。如果你是一个真诚的人，人们就会了解你、相信你，不论在什么情况下，人们都知道你不会掩饰、不会推脱，都知道你说的是实话，都乐于同你接近，因此也就容易获得好人缘。

以诚待人处世，能够架起信任的桥梁，能够消除猜疑、戒备的心理，能够成大事，立大本。

不欺不诈，信守承诺

“以宾阳才质之美，行之以忠信，坚其必为圣人之志，勿为时议所摇、近名所动，吾见其德日进而业日广矣。”

——王阳明

诚信是一个人的立身之本，一个人存在于社会之中，诚信是其基本的道德依存。孔子在《论语·为政》中曾说：“人而无信，不知其可也。大车无輗，小车无軏，其何以行之哉？”意思是说：人不讲信用，真不知道怎么可以呢！就好比大车上没有輗，小车上没有軏，它靠什么行走呢？

信，是儒家传统伦理准则之一，是一个人立身处世的基点。王阳明警示别人要以忠实诚信为行事的准则，坚定做圣人的志向，不被时局动摇，不被名利诱惑，这样德行的修养会越来越高，事业也会越做越大。因此，一个人如果没有诚信，就等于失去了做人的基本条件。

唐朝元和年间，东都留守名叫吕元应。他酷爱下棋，养有一批下棋的食客。吕元应与食客下棋，谁如果赢了他一盘，出入可配备车马；如赢两盘，可携儿带女来门下投宿就食。

有一天，吕元应在亭院的石桌旁与食客下棋。正在激战犹酣之际，卫士送来一摞公文，要吕元应立即处理。吕元应便拿起笔准备批复。下棋的食客见他低头批文，认为他不会注意棋局，迅速地偷换了一子。哪知，食客的这个小动作，吕元应看得一清二楚。他批复完公文后，不动声色地继续与食客下棋，食客最后胜了这盘棋。食客回房后，心里一阵欢喜，企望着吕元应提高自己的待遇。

第二天，吕元应带来许多礼品，请这位食客另投门第。其他食客不明其中缘由，很是诧异。十几年后，吕元应处于弥留之际，他把儿子、侄子叫到身边，谈起这次下棋的事，说：“他偷换了一个棋子，我倒不介意，但由此可见他心迹卑下，不可深交。你们一定要记住这些，交朋友要慎重。”

吕元应多年的人生经验，深觉棋品与人品密不可分，棋品即人品。我们在日常生活中一些不守信用的行为，看似小事，却会为我们的品格印上很大的污点，成为我们人生发展的隐患。

诚信是一种智慧，不论组织或个人，信用一旦建立起来，就会形成一种无形的力量，成为一种无形的财富。一个诚信不欺、一诺千金的人往往易于得到认可，获得帮助。从某种意义上说，诚信就是一个人的生存资本，比其他任何的智谋都要更好。

季札是春秋时吴王寿梦四个儿子中最小的一个。他虽小却很有才华，寿梦在世时就想把王位传给他，但季札避让不答应，寿梦只好仍旧让长子诸樊继位。

后来，季札受吴王的委托出使北方，北行时拜访了徐国国君，徐国国君在接待季札时，看到他佩戴的宝剑，吴国铸剑在春秋闻名，季札作为使节所佩戴的宝剑自然不凡，徐君对季扎的宝剑赞不绝口，流露出喜爱之情。季札也看出徐君的心意，就打算把这宝剑送给徐君以作纪念。但是这把剑是父王赐给他的，是他作为吴国使节的一个信物，他到各诸侯国去必须带着它，现在自己的任务还没完成，怎么能把它送给别人呢？只能暗下决心，返回时一定把此剑献上。

后来，他离开徐国，先后到鲁国、齐国、郑国、卫国、晋国等地，当返回时又途经徐国，当他想去拜访徐君以实现自己赠剑的愿望时，却得知徐君已死。

万分悲痛的季札来到徐君墓前祭奠，祭奠完毕，季札解下身上的佩剑，挂在坟旁的树木之上。随从人员说："徐君已死，那宝剑还留下干什么呀？"季札说："当时我内心已答应了他，怎么能因为徐君已死，就违背自己的心愿呢！"

一个已经亡故的赠剑对象，一把价值连城的宝剑，诠释了"诚"的真实含义，相比那些对别人做出了正式承诺而找各种理由不履行诺言的人来讲，季札无疑做出了一个良好的表率。

王阳明告诫自己的学生：讲良知，自然就不能够容忍不诚实。不诚实一旦存在，心就能够察觉。而诚实也好比人的名片，无论走到哪里，都会为其赢得信赖。在一个人的成功道路上，诚信的品格比能力更重要。一个人不诚实，不足以否定他的全部，但是无论何时何地，都可以用来检验一个人。

也许谈到诚实与守信，你会认为"老实吃亏"。的确，在我们的人生旅途中，也许我们会由于诚实而暂时错过一些东西，但是，从长远来看，这些都算不了什么。因为我们树立了诚实守信的形象与名声，从而被人信赖，这是无法用金钱衡量的。有时，凭借欺诈、奇迹和暴力，可以获得一时的成功，但是只有凭借诚实与守信，我们才能获得永久性的成功。

第三章
进取心：立志由心，量力而行

志不立，天下无可成之事

“志不立，天下无可成之事，虽百工技艺，未有不本于志者。”

——王阳明

孟子说：“天将降大任于斯人也，必先苦其心志，劳其筋骨，饿其体肤，空乏其身，行拂乱其所为，所以动心忍性，增益其所不能。”自古以来，凡欲做大事者必先立志，志不坚则事必难成。

王阳明作为一代大儒，对立志与人生的关系，有着独到的见解，他说，一个人若是想做出一番事业，首先要立志，否则就只会一事无成。不仅如此，即便是各种工匠技艺，也都是要靠着坚定的意志才能学成。

确实如此。人们常说，一个人的理想往往决定了他的高度。燕雀焉知鸿鹄之志，鸿鹄是要像大鹏那样展翅翱翔于九天之高，尽收天下于眼中的；而燕雀不知道去千万里之远有何用，自然对能够触及榆树和枋树就已经心满意足了。如翱翔于九天之大鹏一般，王阳明从小便胸怀大志，要读书做圣贤之人。

有一次，年仅十二岁的王阳明在书馆里问他的老师：“何为第一等事？”老师回答说：“唯读书登第耳。”王阳明竟持着怀疑的态度反驳道：“登第恐未为第一等事。”老师反问他什么才是人生的头等大事。王阳明说：“读书学圣贤耳。”

“读书做圣贤”这样大的志向正是出自少年王阳明之口，他认为登第当状元只是外在的成功，而读书做圣贤是追求内在的修养，才能够永垂不朽。大人看来，王阳明这样的口气未免有些张狂，甚至和他的年纪一比较，还带着点滑稽可笑的味道。但是这崇高的志向，对王阳明以后的生活产生了深远的影响，在思考和实践的过程中，他常常以这为标准来回答和解决生活当中出现的问题。

只要有了高远的志向，那么无论想成就什么事业都有了可能，所以立志是十分重要的。王阳明作为一位洞悉心灵奥秘、响彻古今中外的心学大师，正是在自己志向的带动下才一步一步走向成功的。即便后来受到种种磨难，他也没有放弃。不只是王阳明，古往今来，每个有所成就的人物在努力奋斗的同时都为自己树下远大的志向，告诉自己要去哪里。

班超是我国西汉时期杰出的军事家和外交家，他从小胸怀大志，不拘小节。汉明帝永平五年（62），班超因哥哥被聘为校书郎，而随同母亲一起来到洛阳。因为他写得一手好字，便受官府的雇用，抄写文书，以此谋生。为了将这份工作做好，班超每天天不亮就起床，晚上直到很晚才睡。

当时，北方的匈奴时常侵犯汉朝边境，班超特别愤慨；同时，他又看到西域各国与汉朝的交往已断绝了50多年，心中非常忧虑。有一天，他正在抄写文件的时候，写着写着，觉得这份工作实在无聊，想到自己远大的志向，忍不住站起来，将笔狠狠地掷在地上说：“大丈夫即便不能实现自己的理想，也应该像傅介子、张骞那样，为国家的外交作贡献，以取得封侯，怎么可以在这种抄抄写写的小事中浪费生命呢！”周围的人听了这话都笑他，班超回应说：“凡夫俗子怎能理解志士仁人的襟怀呢？”于是，他决定“投笔从戎”，去干一番大事业。

后来，他当上一名军官，在对匈奴的战争中取得胜利。接着，朝廷采取他的建议，派他带着数十人出使西域，重新打通了丝绸之路。他也由此成为我国历史上杰出的外交家，名垂青史，万古流芳。

班超投笔从戎，建立了千秋功业，正在于他没有满足于抄抄写写，安稳度日。他把自己的境界和志向提升到一定的高度，才能有名垂青史的成就。可见，人生的志向对一个人是何等重要。

“大丈夫四海为家”“好男儿志在四方”，都说明了人们对于志向的一种追求。不要隅居于自己的狭小天地之中，做一只井底的青蛙，而应该走出去，看看外面的大千世界，去关注天下苍生，站在一个更高的立场去看待世间的万物，以一种更广阔的胸怀去面对自己的人生。只要在相信“天生我材必有用”的同时，努力使自己成为有用之材，那么远大的四方之志终会有实现的一天。

圣人和贵人都是自己

“笃信固亦是，然不如反求之切。”

——王阳明

王阳明十八岁之时，于江西成亲后同夫人回老家途中拜访了娄谅先生。娄先生十分欣赏王阳明，并且告诫他：圣人必须通过学习才能达到。这句话王阳明深深记在了心底。它不仅坚定了王阳明成圣的志向，还让他得出了一条成圣的标准：只有通过自身不断地努力、读书和实践，最终达到一定的程度和境界，就会实现成圣的愿望。

自古以来，因圣人指点迷津、贵人相助而成功的故事比比皆是。每个人都期望如王阳明遇到娄谅先生的点拨一样，在迷茫时能够得到圣人指点，在困境中能够遇到贵人相助。然而圣人的指点往往并不明朗，仍需要自己去琢磨推敲；贵人的帮助更不是无条件的，或是看中你的才华横溢，或是看中你的勤奋好学，即便是看中你天生的敦厚正直，也需要靠自己的努力去积累、去创造。

“圣人必须通过学习才能达到。”实际上，真正的圣人和贵人，并不在于经典、神佛抑或他人，而是自己。在做学问方面，王阳明认为，虽然做学问也需要老师的指点教化，但始终不如自己去探究来得彻底。在为人处世方面，只有自己肯上进，不断完善自我，关键时刻充分发挥自己的能力，才有可能排云直上，闯出一片蓝天。历史上诸多求人不如求己的故事，也说明了在任何时候都必须看重自己的能力，而不是依赖他人的提携和帮助。

一书生在屋檐下躲雨，看见观世音菩萨撑着伞走过，便说："菩萨，普度一下众生吧，带我一程如何？"观世音菩萨说："我在雨里，你在屋檐下，而檐下无雨，你无须我度啊。"书生立刻走出屋檐，站在雨中说："现在我也在雨中，该度我了吧？"观世音菩萨说："你在雨中，我也在雨中，我不被淋雨，是因为我有伞，你被雨淋是因为你没有伞。所以不是我度你，是伞度你。你要想得度，请找伞去！"说完就走了。

第二天，书生又遇到了难事，便去庙里求菩萨。走进庙里，发现观音菩萨像前也有一个人在跪拜，那个人长得和观世音菩萨一模一样，丝毫不差。书生很惊讶，问他："你真是观世音菩萨吗？"那个人说："我就是。"书生又问："那你为什么还自己拜自己呢？"观音菩萨笑道："我也遇到了难事，但我知道，求人不如求己啊！"

学佛之人，更多的是自我修行。禅者大都有放眼天下、舍我其谁的气概，力求"自修自悟""自食其力"。王阳明曾在回答学生提问时说道："子夏笃信圣人，曾子反求诸己。笃信固亦是，然不如反求之切。今既不得于心，安可狃于旧闻，不求是当？"他认为，相信圣人固然没错，但不如自己反省探究来得真切。如果自己心里都没有搞清楚，又怎么可以因循守旧，而不去自己探究正确的答案呢？学佛之人如此，做学问如此，世人同样如此。

无论是神佛还是圣人，都是人们精神上的寄托和强大的动力，但失去了他们，人生并不会由此走向暗淡；贵人相助固然能够令人一夜成名甚至功成名就，但没有他们的帮助，有志者同样能够凭借自己的力量获得成功。圣人和贵人指出的捷径并不意味着一片坦途，甚至可能扼杀了个人的潜能和创造性思维。真正能够帮助自己的，还是自己。此所谓"天助自助者"。

道理虽然浅显，但人们往往不能彻悟。孔子便是少数深谙此理的人之一。在面对士大夫的刁难时，他能够轻松地以此向对方还以颜色。

卫国的王孙贾曾问孔子：“与其向比较尊贵的祭祀场所‘奥’祈祷保佑，不如向并不尊贵但作为五祀之一的‘灶神’祈祷保佑，这是什么意思？”

孔子说：“此言差矣。如果犯了滔天大罪，向什么神祈祷也没用了。”

王孙贾想要告诉孔子，他与其跟各国诸侯往来，不如来拜访他们这些士大夫，祈求他们在君王面前替他说几句好话！孔子却认为，一个人若真的做了坏事，那他怎样祷告都没有用，任何菩萨都不能保佑他。言下之意就是他不需要那些王孙贵胄帮腔求情，因为自己没有做错事，君子坦荡荡，无愧于心。

现代社会，个人的发展受诸多因素的影响，“求人不如求己”的古训则略显乏力。即便如此，也应如王阳明所言：“笃信固亦是，然不如反求之切。”个人的成功应从完善自身入手，不断地主动创造条件使自己在他人心目中留下深刻印象，而不是寄希望于他人偶然间对自己的青睐。即便是上天的眷顾，也只会降临在有准备的人身上。

心之所想，力之所及

“只念念存天理，即是立志。能不忘乎此，久则自然心中凝聚，犹道家所谓‘结圣胎’也。此天理之念常存，驯至于美大圣神，亦只从此一念存养扩充去耳。”

——王阳明

王阳明作为宋明道学中“心学”一派的代表人物，强调个人的主体意识和自主精神。他认为，只要心中念念不忘存天理，就是立志。能不忘记这一点，久而久之心自然会凝聚在天理上，就像道家所说的“把凡胎修炼成圣胎”。如此将天理时刻铭记于心，逐渐达到宏大神圣的境界，正是从心中最初的意念不断坚持并发展下去的。

“心之所想”虽然只是停留在脑海中的意识，看似虚无缥缈，却有着不可小觑的力量。王阳明所言的“念念存天理”，就是用我们的意念影响我们的思维。当心存念想时，才能做到心无旁骛、专心致志；倘若心无所思，则难以排除杂念，陷入胡思乱想之中。

“心之所想”的力量远不止于此。在奋力追求成功的人生道路上，“想”成功是必不可少的前提条件。缺少这份“心之所想”的动力，抑或受外界干扰而无法将之坚持到底，则难以发挥潜在的能力，难以超越自我，挑战极限。

明朝后期是中国古代科学技术史上最灿烂辉煌的一段时间。那时出现了一位伟大的地理学家、探险家——徐霞客。

徐霞客自幼聪明好学，喜欢读历史、地理、游记之类的书籍，立志成人之后遍游国家的大好山川。

但是父亲去世后，老母无人照顾，徐霞客的游览计划被打断，终日闷闷不乐。母亲看出了他的心思，对他说：“男儿志在四方，哪能为我留在家里。”母亲的支持，坚定了徐霞客远游的决心。

徐霞客有了勇气和力量，便辞别母亲游历他乡了。他先后游历了太湖、洞庭湖、天台山、雁荡山、泰山、武夷山和北方的五台山、恒山等名胜，并且记录下了各地的奇风异俗和游历中的惊险情景。

几年后，徐母去世，徐霞客把他的全部精力扑在游历考察事业上。他跋山涉水，到过许多人迹罕至的地方，攀登悬崖峭壁，考察奇峰异洞。

在湖南茶陵，徐霞客听说这里有个深不可测的麻叶洞，便决心去探访。可当地人说洞里有神龙和妖精，没有法术的人不能进去。刚走到洞口，向导得知徐霞客不会法术，就吓得跑了。徐霞客毫不动摇，独自手持火把进洞探险。当他游完岩洞出来的时候，等候在洞外的当地群众纷纷向他鞠躬跪拜，把他看成是有大法术的神人。

徐霞客白天进行实地考察，晚上就借着篝火记录当天的见闻。三十多年里，他走遍祖国南北，对曾走过的地方之地理、地质、地貌、水文、气候、植物做了深入细致的调查研究，并用日记体裁进行详细、科学的记录。就是在这种环境中，他写下了闻名世界的《徐霞客游记》。

很多人虽然都心有所想，却很少有人为了愿望而坚持不懈地努力下去，也很少有人为了一个目标而坚定地执行下去。因为总是会有来自外界各种各样的干扰。我们每个人都向往成功，但是心有所想的同时需要排除外界的干扰，需要在心里不断地提醒自己，不断地想着朝目标前进。虽然当我们想着"下次考试提高二十分""一个月减肥十千克""毕业后就要买房"的时候，自己都不太相信，因为身边已经有无数多的人这么想，却同样有无数多的人无法实现。倘若就这样气馁了、放弃了，那我们距离成功将越来越遥远。相反，要相信自己的心之所想，清楚地告诉自己想要的是什么，并为之而努力奋斗。只有时刻保持这种"想要"的念头，才能彻底抛开所有阻挠它实现的因素。最后我们会发现，所有的"我想"，都变成了"我要""我一定"。想都不敢想的事情，未必就是我们无法做到的事情。大胆地坚持心之所想，方知自己的潜力有多大。

正如放风筝。风筝能飞多远，关键在于手中的线有多长。如果线断了，再好的风筝也飞不起来。我们想要成功的心，就是牵着风筝的线，不要让线在风筝飞上云端之前断掉，更不要在"心想事成"之前放弃最初的念想。成功不仅需要奋力拼搏，更需要一份坚持不懈的动力。坚持心之所想，最终将成为力之所及。

志当存高远，路从脚下行

"譬之树木，这诚孝之心便是根，许多条件便是枝叶。须先有根，然后有枝叶。不是先寻了枝叶，然后去种根。"

——王阳明

王阳明和同辈人不一样，他从小立志要做圣人，也就是去探究宇宙人生的奥秘。为此，他习读百家书，曾遵从朱熹的“格物致知”去格万物，最后从陆九渊那里找到了圣人之道，还领悟出了“知行合一”的道理。

他的哲学，不仅可以用于政治，比如扳倒严嵩的徐阶就是受其影响；也可以用于军事，比如他自己就亲身平定了很多次的叛乱。一介文人，作战百无一失，在中国历史上是绝无仅有的，而他所做的，只是一直在修养自己。但是火候到了，就如同鱼跃龙门，化身为龙，自由地游走在天地之间，无往而不利。

志向对于人来说，其实是未来行为举止的驱动力，没有志向的人如同旋转的陀螺，不知道停下的位置在哪里。正如先贤孔子所说的一般：“志于道，据于德，依于仁，游于艺。”意思是说，将天地道义的实现作为自己终生奋斗的目标，然后用道德的标尺来约束自己，以仁义作为自己处世的原则，同时还要学习六艺来丰富生活的内容。道德之性、仁爱之心、六艺之才，是实现人生目标必不可少的重要条件。而其中最重要的前提便是树立高远的志向，以志向来引导前进的方向。

秦朝丞相李斯年少时跟随荀子念书。由于家境贫寒，经常食不果腹。一日，李斯在厕所里看到粪坑中的老鼠，又小又瘦，一见到人就惊慌逃窜。过了几日，李斯去米仓盛米，看到一只在米仓中偷米吃的老鼠。这只老鼠又肥又大，见着李斯不但不逃跑，反而瞪着眼很神气地看着他。李斯觉得很奇怪：为什么厕所中的老鼠见着我就拼命地逃跑，而这只老鼠见着我不但不逃跑，反而还敢瞪我呢？

李斯陷入沉思，反复琢磨两只老鼠间的差异，终于悟出了一个道理：又小又瘦、见人就逃的老鼠，是没本事没靠山、被欺负惯了的老鼠；而又肥又大、见人不避的米仓老鼠，认为自己很有本事，很有靠山，所以敢见人不避，目空一切。李斯突然觉得，现在的自己就像厕所里的那只小老鼠，非常可怜。于是，李斯暗暗发誓：做人也要如此，要做就做米仓中的大老鼠，绝不做那可怜的粪坑老鼠，不但吃不饱，还备受欺负！

悟出这个道理之后，李斯便告诉荀子自己不读书了。荀子问他不读书要去做什么，李斯说要去游说诸侯，求得功名富贵。就这样，李斯半途荒废了学业，开始追求富贵功名的人生。后来，李斯得到秦始皇的信任，当上了秦朝丞相。他在为人处世中处处奉行“老鼠哲学”——仰仗秦始皇的信任和自己的地位，打击陷害异己忠良，贪赃枉法，肆无忌惮。秦始皇死后，李斯便落了个遭人诬陷、满门抄斩的悲惨结局。

米仓中的老鼠激励着李斯立下了人生的大志，但是“老鼠哲学”却又让李斯一败涂地。“据于德，依于仁，游于艺”固然重要，但人生全部的努力及其方向，更多地源于我们确立的志向。诚如王阳明所言：“譬之树木，这诚孝之心便是根，许多条件便是枝叶。须先有根，然后有枝叶。不是先寻了枝叶，然后去种根。”确立志向之时，倘若其心不正，则容易失之偏颇，惨淡收场；其志不高，则容易碌碌无为，一事无成。

然而，高远的志向只是心之所向的念想，如何将之付诸实践呢？对于这个问题，不同的人会做出不同的选择。而最典型的莫过于“依于仁”“游于艺”，抑或徘徊于二者之间。

苏轼与佛印出游，看到一个木匠在做墨盒，于是即兴对诗。佛印曰：“吾有两间房，一间凭与转轮王，有时放出一线路，天下邪魔不敢当。”苏轼淡然一笑，对曰：“吾有一张琴，五条丝弦藏在腹，有时将来马上弹，尽出天下无声曲。”

同样一根线，苏轼与佛印看出了不同的人生哲理。佛印说的是眼前所见的墨盒里的线，用的时候要拉出来，非常直，就像为人处世所坚持的原则和底线，天下邪魔看到他的正直都不敢靠近。他强调了一个端直的人品和操守对实现人生目标的重要性。再看苏轼所言：我也有丝弦，不过不像墨盒的线那样要拉出来，而是藏在我心中。苏轼用弹奏只有自己能够明白的天籁之音来比喻他的人生——追求自由自在的欢愉。

上述二人不同的人生态度分别代表了中国人格理想上的两个支点：“仁”是嘈杂世界中生命自我选择与坚持的力量；而“艺”是令我们心神荡漾，触目生春的欢愉。这两点之于生活，就如阳光雨露之于草木，缺一不可。然而最为重要的，还在于“志于道”。王阳明高度强调道德的自我完成，在他看来，凡墙都可以是门，只有树立远大的抱负，循着高尚而伟大的理想之路从心头做起，才不至于鼠目寸光，荒废一生。

不搞偶像崇拜，只是做好自己

“圣人与天地民物同体，儒、佛、老、庄皆我之用，是之谓大道。”

——王阳明

偶像崇拜自古有之，偶像的含义因时代的变迁而有所不同。就中国传统的儒学思想而言，更多的是比喻人心目中具有某种神秘力量的象征物。这种象征物，既可以是塑造成形的佛像，也可以是活生生的人物。就其本质而言，偶像具有供人仿效、提供精神力量的积极作用。然而，它也可能导致崇拜者自主意识的迷失。

我们崇拜偶像是为了给自己树立一个榜样，从而完善自我。在自我完善的过程中，来自外界的考验越严苛，我们进步的空间就越大。只有经受住严峻的考验，才能在千般折磨、万般痛苦之后“立地成佛”。被视为偶像之人，他们以自身的成就为世人树立了榜样，并非要压倒众人而独占鳌头，更希望的是后继之人大胆超越，有所创新。若在偶像崇拜的过程中迷失了自我，盲目模仿他人，将永远活在偶像的阴影中不得解脱。这样的人只剩躯壳，而埋没了一颗自由跳动的心。尤其是那些已逝的偶像，生前的丰功伟绩载于青史，更容易令人陷入其阴影之中而无法自拔。

王阳明所言“圣人与天地民物同体，儒、佛、老、庄皆我之用，是之谓大道”，指出圣人与天地万物、芸芸众生并没有本质上的区别，只要是适合自己的，都可以为我所用。因此，对于心中崇拜的偶像，我们可以借鉴其思想，而不应迷信其僵硬的躯体。盲目的偶像崇拜是成功路上的绊脚石，而有所选择、取其精华的偶像崇拜，才能铺平成功的人生之路，激发出于后世有益的人生智慧。

诚然，每个人的心中都或多或少地存在着几位令自己无比佩服、无比崇拜的偶像。在树立人生志向的时候，多以偶像为目标，为人处世以偶像的作风为参照。这就容易忽略真正适合自己的人生方向，忘记了偶像所具备的不一定都适合自己，强行模仿只会适得其反。王阳明“格竹子”失败的事件就给我们一个很好的启示，他崇拜朱熹，认真钻研朱子学说的同时，还仿照朱熹提出的格物致知理论“格竹”，没有悟出万物的道理，反而落得一身病痛。这次体验，让王阳明对朱子学说产生了疑惑，为他走上自己的学术探索之路打下了基础。

王阳明讲“立志贵专一”，前提便是“于始生时删其繁枝”“于始学时去夫外好”。因此，对于偶像，我们要取其精华、去其糟粕地欣赏、借鉴，以其作为我们学习的榜样，激发前进的斗志，实现智慧的解脱。绝不能过分地崇拜偶像，使自己的思想、行动以及丰富的创造力受到束缚，最终成为偶像的奴隶。

人贵有自知之明

“后儒不明圣学，不知就自己心地良知良能上体认扩充，却去求知其所不知，求能其所不能，一味只是希高慕大，不知自己是桀、纣心地，动辄要做尧、舜事业，如何做得？”

——王阳明

《传习录》中有这样一段记载：一对父子发生争执，互相控诉对方，想请王阳明为其评理。王阳明听他俩说完之后，对他俩如此说了一番，话未说完，父子俩就抱头痛哭，冰释前嫌而去。弟子们都很好奇，问先生：“您对他们说了什么，令他们这么快就有所感悟了？”王阳明说：“我对他们说，舜是世间最不孝的儿子，而舜的父亲瞽叟是世间最慈爱的父亲。”弟子们愕然，继续请教先生。王阳明解释说：“因为舜常常认为自己不够孝顺，所以他能做到至孝；而他的父亲瞽叟常常以为自己已经非常慈爱了，所以做不到真正的慈爱。瞽叟只想着舜是他从小养大的，今天凭什么不能取悦我、让我高兴，他不知道自己的心已受后妻的影响改变了，还自以为对舜慈爱，所以就越不慈爱；而舜只想着父亲在他小时候是多么爱他，今日不爱他是因为他不够孝顺，于是他每天反省自己不够孝顺的地方，因此就越来越孝顺。”

众所周知，舜是中国古代有名的孝子。王阳明之所以说“舜是世间最不孝的儿子”，是为了让那对互相控诉的父子明白，做人要有自知之明，要学会从自己身上找原因，而不是一味地责怪他人。

人贵有自知之明，但自知的获得，又谈何容易！只有经历暴风骤雨的洗礼，雪压霜欺的磨砺，在无数次的跌倒中爬起，才能够找到真实的自我，才能够正确面对自己的对与错、美与丑、善与恶，从内心做到不怨天尤人，真正认识到自己的能力，再通过不断修补与完善，向更加完美的人生靠近。可见，自知之明的“贵”字来得何其不易！

自以为自知同真正自知不同。自以为了解自己是大多数人容易犯的毛病，真正了解自己的人少之又少。人生如秤，对自己的评价轻了容易自卑，重了则容易自大；只有把握准确，才能实事求是、恰如其分地感知自我，完善自我。自知无知才求知，自知无畏才拼搏。倘若连自己擅长什么、欠缺什么都不知道，又何谈奋力拼搏、努力改进呢？因此，有人说自知之明是比才能更罕见、更优美、更珍奇的东西，它总是在无边的黑夜中熠熠生光，为不同的人生指引正确的方向。有了自知之明，才能在深浅之间权宜做人。

理发师有一把刮脸刀，它不仅十分漂亮，而且工作出色。有一段时间，理发师因事外出，理发店里没有顾客光顾了，刮脸刀闲得无聊，突然想要出去见见世面，并在众人面前展示一下自己。

刮脸刀刚迈出门槛，太阳光射进来，在它的刀刃上闪出耀眼的光芒。它非常得意，觉得自己实在是了不起。

经历了如此壮丽的场面，刮脸刀已经不愿意再回到理发店去为理发师服务了。“那破旧的小小理发店，怎能配得上我这锋利的刀刃呢？我得找个僻静的角落躲藏起来，让那个讨厌的理发师再也找不到我。”

从此，理发师再也见不到这把刮脸刀的踪影了。

几个月过去，多雨的季节来临了。躲藏已久的刮脸刀决定出来透透气，却没想到在它跳出刀鞘时被雨水浸得锈迹斑斑了。

刮脸刀知道自己错了，它悔恨地痛哭：“我为什么忍受不住诱惑呢？善良的理发师照顾我、保养我，他曾为我的劳动充满自豪！可现在，一切都失去了，我的刀锋生出令人厌恶的锈斑。”

一把刮脸刀反映出了缺乏自知之明的特征与命运。

有自知之明才能让我们明晓得失、看清自己，去做力所能及的事。王阳明说，不知道从自己内心的良知良能上去体认扩充，却去强求他所不能知道的事，强求他所不能做到的事，一味只是希高慕大，不知道自己是桀、纣心地，又如何能成就像尧、舜那样的事业呢？

人生的旅途有千百条路，是选择距离较远的平坦大道，还是近在咫尺的崎岖山路，因人而异。“成名成家”固然风光，但绝不是每一个人都能够实现，“心想事成”有时候不过是美好的愿望罢了。对于大多数人而言，平淡快乐的生活比功成名就更有意义。无论是能力上还是思想上的力所不及，都有可能陷入理想与现实之间那道永远不可逾越的鸿沟。自知之明的可贵之处，便在于它能指导人们量力而行，选择一条适合自己的人生道路。

第四章

道德心：小赢靠智，大赢靠德

土地不如德行，财物不如仁义

“良知只是个是非之心，是非只是个好恶，只好恶就尽了是非，只是非就尽了万事万变。”

——王阳明

修身、齐家、治国、平天下，此乃儒家文化中传统的道德理想。儒家思想将“修身”放在人生事业的第一位，而“欲修其身者，先正其心”。可见对于我们中国人而言，人品修养有多么重要。尤其是对于立志创出一番事业的年轻人而言，无论是奋斗的过程还是成功之后，良好的道德修养都是不可或缺的。

王阳明的“心”学思想尤其注重个人自身的道德修养，将之与天理相统一。他认为，“良知”作为人内心的是非准则，具有知善去恶的能力，人们能够凭借它去辨明是非善恶。也就是说，一个人发自内心的道德修养，会影响他的言语、行为以及为人处世的原则。小则影响他在利益与仁义之间的取舍，大则影响他的人生道路是荆棘满布还是一片坦途。

段干木是战国时晋国人，赵、魏、韩三家分晋后居于魏。他小时候家里贫穷，社会地位低下，因而他的志向难以实现。他游学西河，师事孔子弟子卜商（子夏），成为很有学问的人。他住在魏国的城邑段木，所以人们称他为段干木。他很有才能，但不愿做官。魏国国君魏文侯曾经登门去拜访他，想授给他官职。他却避而不见，越墙逃走了。从此，魏文侯更加敬重他。每当乘车路过他家门时，都下车扶着车前的横木走过去，以表示对段干木的尊敬。

他的车夫感到纳闷："段干木不过一介草民，您经过他的草房表示敬意，不是太过分吗？"魏文侯答道："段干木是一位贤者，他在权势面前不改变自己的节操，有君子之道。他虽隐居于贫穷的里巷，而名声却远扬千里之外，我经过他的住所怎敢不对他表示敬意呢？他因有德行而取得荣誉，我因占领土地而取得荣誉；他有仁义，我有财物。土地不如德行，财物不如仁义。这正是我应该学习、尊敬的人啊！"

后来，魏文侯见到了段干木，诚恳地邀请他任国相，段干木谢绝了。他与段干木倾心交谈，两人成为莫逆之交。没过多久，秦国想兴兵攻打魏国，司马唐雎向秦国国君进谏道："段干木是贤人，魏国礼遇他，天下没有不知道的。像这样的国家，恐怕不是能用军队征服的吧！"秦国国君觉得有道理，于是按兵不动。

在上古先秦歌谣中，有一首歌谣，其中写道："吾君好正，段干木之敬。吾君好忠，段干木之隆。"段干木终身不仕，然而他又不是真正与世隔绝的山林隐逸一流，而是隐于市井穷巷、隐于社会底层的平民百姓中。进而"厌世乱而甘恬退"，不屑与那些乘战乱而俯首奔走于豪门的游士和食客为伍，使倾覆之谋，"浊乱天下"。

与此相反，那些见利忘义者，必遭人唾弃。历史上不乏道德败坏之人登上高位、不可一世的例子。在金钱与权力面前，人们会质疑，良好的道德品质还有何用？然而，真实的历史给了我们最好的印证，没有良好的道德品质，再位高权重、大富大贵之人，也会不得善终、惨淡收场。

秦朝宰相赵高，为官期间横征暴敛，滥杀无辜，却官居高位，一人之下，万人之上；汉末董卓个性粗暴，奸诈无比，却自封相国，专断朝政，凶暴淫乱，无法无天；唐朝的李林甫，为人奸诈阴险，手段卑鄙，世称“口有蜜，腹有剑”，受贿无度，生活奢华，却官至宰相；南宋的奸相秦桧，其人残忍阴险，陷害忠良，卖国投降，却能为相十九年。然而，赵高后来为子婴所杀；董卓为王允等人所杀；李林甫的腐败最终引发了“安史之乱”，留下千古骂名；秦桧死后被筑“跪相”，永世不得翻身。官居高位固然令人称羡，但他们的下场，向世人清楚地昭示了罔顾道德、埋没良心而得来的荣华富贵，是以令人唾弃、遗臭万年为代价的。

在追逐成功的人生道路上，获得一定的社会地位是成功的一个重要方面。然而，地位有两层含义，一是外在的权位高低，一是在众人心目中的位置。有远见之人看重“赢得身前身后名”，鼠目寸光之人只见眼前的风光而听不到背后的骂名。上述道德败坏之人，无不因其外在的权位而一时风光，却背负着世人的唾骂而不自知。王阳明忠君爱国，体恤百姓，鞠躬尽瘁，死而后已，因此流芳百世；而与王阳明同时代的刘瑾，狡诈得权，肆意贪污，因而遗臭万年，其身后评价差之千里。

由此可知，立志成功之人，无论最后处于何种地位，都不能忘德行这个“本”。只有时刻保持良好的品德，并以此为准约束自己的行为，才能在有限的能力范围之内创造出无限的人生价值，才能以良好的口碑传世，成为人生道路上真正的大赢家。

以德为先，德才兼备

“世之君子，惟务致其良知，则自能公是非，同好恶，视人犹己，视国犹家，而以天地万物为一体，求天下无治不可得矣。”

——王阳明

高尚的品德与出众的才能，是获得成功的两个必备条件。儒家圣贤们十分看重人的品德，认为品德比才能更重要。孔子在《论语·述而》中说道："如有周公之才之美，使骄且吝，其余不足观也。"孔子认为，即使有周公那样的才能和那样美好的资质，只要骄傲吝啬，其余的一切也就都不值一提了。如果一个人才高八斗而品德不好，那么圣人连看也不会看他一眼。只有德才兼备，以德育才，才是真正的人才。当德与才不可兼得时，当舍才而取德，正如孟子"舍生而取义者也"。

王阳明有关"致良知"的观点，就能够看出他教育的目标。如他所言，"世之君子，惟务致其良知，则自能公是非，同好恶，视人犹己，视国犹家，而以天地万物为一体，求天下无治不可得矣"。心学推崇"心即理"的思想，"致良知"在这一基础上是可能的，也是必要的。王阳明认为，世上的君子，只要专心于修养自身品德，那么自然能够公正地辨别是非好恶，像对待自己那样对待他人，将国事等同家事一样关心，把天地万物看作一个整体，从而求得天下的大治。因此，"致良知"不仅是为学之道，更是育人之道，重在育人之德，"道德"或"良知"等精神品质蕴含于经典之中，对人的自身修养有着与之相应的陶冶价值。

唐朝汝州有个叫夏子胜的人，十年寒窗苦读，一朝高中，被皇帝授予南县县令。这日，夏子胜携一家仆赴任，来到县衙，大小县吏已在门口等候多时，见新县令到来，一个个急忙迎上去。夏县令问他们去年南县老百姓生活如何，粮食是否丰收，商贾是否安分行商，官粮是否收齐，赋税是否完成，然后叫来师爷将县吏们所说记录在册，逐一核对账簿。几天后，师爷对夏县令说，一切都如县吏所言，去年南县一切安好。听完汇报，夏子胜点点头。

在南县县吏们的眼里，这个新来的县令与以往的县官老爷大有不同，除了处理诉讼官司时会开口说话外，平时听不到他说一句话。不过话虽然很少，但是做的事情却极为合乎规范，往来公文，刑罚办差，无论是上司还是下面的老百姓，都称赞夏县令做事稳当，是个好官。

这些官吏们十分不解，这个不爱说话的老爷到底是怎么一个人。一天，有个胆大的县吏将这一疑问向夏子胜提了出来，夏子胜听后，呵呵一笑，说道："圣人行道，心正而行端，做官做民都是一个道理，为官之道在于教民养民，为人之道贵在德行，明白了这其中的道理，做起事情来就不会有偏颇，如此，又何必说那么多的话呢？"

我们可以将这位南县县令的话理解为对"执事敬"的最好注解，事实上，一如这位县令说的那样，行圣人之道又何必多言，"行"首在"知"，这是心灵净化、涵养提升的必然结果，由此，对人忠信而不诡诈，与人交往而不奸猾，堂堂正正做人，端端正正做事，与此相对，再多的话都不过是水中倒影，没有实际意义。

在现实生活中，我们会遇到这样两种品质不好的人。一种是品质不好、能力也不强的人，这种人因其能力有限，对他人和社会造成的危害不会太大；另一种则是品质败坏但才思敏捷、能力出众的人，这种人更容易寻捷径上位，一旦得势，将会对反对他的人或社会集团造成巨大的危害，甚至达到一发不可收拾的毁灭程度，最终断送一个家庭、一个公司甚至一个国家的前途。不可否认，没有灵魂的头脑，没有德行的知识，没有仁善的聪明，固然是一种强大的力量，但它们只能起负面的破坏作用。也许偶尔会给人们一些启发，或者带来一些乐趣，但却很难赢得人们的尊敬与发自内心的赞叹。

反之，品德高尚的人，即便能力有所不及，也会虚心好学，不断提高自己，通过脚踏实地的努力奋斗来获得成功。当然，不能因此而走向另一个极端：忽略人的才能，一味强调道德修养。不懂得尊重知识、尊重人才的人，何谈培养自己的道德品质！历史的经验告诉我们，无论做人还是做事，都要以德为先，就好像王阳明告诉弟子的话：良知在人心，随你如何，也不能泯灭。德行是我们行走人生的前提，而才能是我们创造人生的手段。做到德才兼备，才能使我们的人生绚烂多姿！

君子如玉亦如铁

“名与实对，务实之心重一分，则务名之心轻一分；全是务实之心，即全无务名之心。若务实之心如饥之求食、渴之求饮，安得更有功夫好名！”

——王阳明

王阳明出生于官宦世家，自幼受到良好的教育，并以读圣贤书、修身齐家治国平天下为己任。为官期间屡立战功，政治声望不断升高，然而他的仕途却日趋坎坷。

由于不满太监刘瑾把持朝政，任意妄为，许多正直的官员上书正德皇帝，要求严惩刘瑾及其党羽，结果被打入死牢。时任兵部主事的王阳明站出来为他们辩护，委婉地请求皇帝释放众人。刘瑾当即下令将王阳明谪迁至贵州龙场，做一个没有品级的驿丞。不仅如此，他还暗中派人尾随王阳明，准备在途中将他害死。

王阳明在钱塘江边遇到杀手，急中生智，乘夜色跳入江水，逃过一劫。虽然如此，但为了家人的安全，王阳明不得不前往贵州赴任。

刘瑾倒台后，王阳明被重新起用，但又因平定宁王朱宸濠叛乱而惹怒龙颜，不但没有得到皇帝的嘉奖，反而招来横祸。他的仕途再次陷入低谷。

一年之后，正德皇帝驾崩，嘉靖皇帝登基。王阳明被任命为南京兵部尚书，仅仅是一个闲职，无大事可为。

王阳明的一生历经坎坷，但他始终没有气馁，不断探索人生的真谛，努力不懈地完善和传播他的思想，最终成为一代“心学”大师。

王阳明既能以德修心，注重自身道德修养，以开阔的胸襟包容万物；又能在坎坷的人生道路上铁骨铮铮，不畏权贵的迫害，毅然坚持自己的理想，不愧为如玉亦如铁的君子。

“谦谦如玉，铮铮若铁”，是孔孟儒家思想中对君子人格的最高评价。“谦谦君子，温润如玉”，以玉喻君子，取其圆润、不尖锐之义。佛家的“圆融”境界，要求戒嗔、戒痴、戒贪，无欲无求，尔后能不动声色、不滞于心。谦谦君子的圆润亦同此理。虽然成佛修仙遥不可及，但磨去棱角，收敛光华，养成谦谦如玉的君子人格却是可为之事。具有容人之量是谦谦君子的前提，开阔的胸怀、宽广的胸襟，是谦谦君子的基本品质。

“铮铮若铁”，突出君子人格中铁骨铮铮的特质，就像一树寒梅，挺立在风雪中，傲然绽放。拥有此等品质的人，敢于仗义执言，绝不妥协；不油滑，不世故，不屈不挠；有志气，有勇气，有胆有识。他们立世一尘不染，对人一片冰心，一箪食，一瓢饮，却敢于承担一切苦难。正如古诗所云：“冰雪林中著此身，不同桃李混芳尘。忽然一夜清香发，散作乾坤万里春。”

王阳明曾言：“名与实对，务实之心重一分，则务名之心轻一分；全是务实之心，即全无务名之心。若务实之心如饥之求食、渴之求饮，安得更有功夫好名！”圆润如玉方能名实并重，铮铮铁骨力保务实而不受沽名钓誉之心所扰。

“谦谦如玉”与“铮铮若铁”，从不同侧面展现了君子人格的两种特质。当今之世，纷繁复杂。倘若一如既往，只养谦谦如玉之性情，抑或只炼铮铮铁骨之傲气，恐怕都难成大事。要想在现实生活中成就一番事业，应当像王阳明那样，讲究方圆之道，既养铮铮铁骨的一身正气，处世有底线，为人讲原则；又取谦谦如玉的圆融为人，包容四方。如此，才能在熙熙攘攘的人世间游刃有余，成其大事，为后世所传颂。无论朗朗乾坤，抑或滔滔浊世，于我又有何妨！

顶天立地，刚正不阿

“岂有邪鬼能迷正人乎！”

——王阳明

正德皇帝朱厚照登基之后，整日与刘瑾等宦官混在一起，不理朝政。朝中忠臣不断规劝皇帝将精力放在处理国家大事上来，皇帝并没有理会。随着朝政的逐渐混乱，以及刘瑾等人越来越专横跋扈，朝中很多大臣联名上书，要求惩治刘瑾等人的恶行，以此稳定政局，维护大明江山。

联名上书并没有惩治到恶势力，刘瑾安稳住皇帝之后，利用手中大权抓捕了这些上书要求惩治他的大臣。当时很多正直的官员得知这个消息之后，纷纷上书为这些官员打抱不平。但是，这些上书反而激化了刘瑾的报复行动，更多上书的官员被革职、被抓捕、被杀害。朝廷上下，乌烟瘴气，人心惶惶，很多官员为了保命都选择了缄默。

当时的王阳明任兵部主事一职，官位并不高。但是看到越来越多的官员被打压，敢说话的人也变得胆怯，满朝文武都闭口不言了，王阳明挺身而出，为受冤官员说话。

刘瑾等人见一个小小的兵部主事竟敢这样明目张胆地同他们作对，于是，将王阳明逮进锦衣卫的大牢，最后，处以廷杖之罚。

王阳明在危难关头不畏强权，坚持正义的行为表现了他崇高的品德和高尚的人格。自古大丈夫者，胸怀大志，腹有良谋，包藏宇宙之机，吞吐天地之志，创不世之基业，立不世之奇功。真正的大丈夫，其标准之高，让当今之人望而却步。然而，“大丈夫”贵在其自身的道德修养。堪称“大丈夫”之人，必有一身大无畏的气概，敢于面对生与死的考验，勇于做出一番惊天动地的壮举。

文天祥面对死亡，潇洒题下“人生自古谁无死，留取丹心照汗青”；谭嗣同在押赴刑场之前，壮烈地写下“我自横刀向天笑，去留肝胆两昆仑”。如此情怀，壮烈豪迈，气冲霄汉，令人敬佩不已。

堪称大丈夫之人，必有顶天立地、刚正不阿之品质。王阳明有言：“岂有邪鬼能迷正人乎！”刚正不阿之人，即便是邪恶鬼神也不能使其心智迷乱，如此才能直面残酷的现实，即使身心受创，仍能愤然而起，成就一番事业。

黄宗羲在《宋元学案》说道：“大丈夫行事，论是非，不论利害；论顺逆，不论成败；论万世，不论一生。”大丈夫之所以能“论是非、论顺逆、论万世”，是因为在其心中万事以“仁义”为先，以道德为本。

正所谓，“玉可碎，而不可改其坚；兰可移，而不可减其馨！”只有具备“玉碎而志不改”的坚毅品质，才能成为顶天立地的大丈夫，才能经受住风霜雨雪的磨炼而成就人生大业。

养一身浩然正气

“是集义所生者，非义袭而取之也。”

——王阳明

王阳明奉旨前往广西平乱，到了之后，他了解到汉族官兵与少数民族之间的矛盾是引起当地少数民族起义的原因。王阳明认为如果以武力进行压迫，可能会使双方的矛盾越积越深，这样冤冤相报何时才能了。于是，王阳明开始寻找机会，想要缓解双方的矛盾。

这个时候，王阳明获知起义首领哈吉的母亲卧病在床。王阳明赶紧派跟随自己的医生去给哈吉的母亲看病。不出几日，在医生的治疗下，哈吉的母亲能够下床走路了。但是出于双方是敌对关系，哈吉并没有过多的表示。之后，哈吉从医生的口中听说了王阳明为人，而且得知用来医治母亲病的药都是王阳明本人所必需的。王阳明在哈吉心中的好印象大为加深。

随后，王阳明写了一封信给哈吉，实事求是而又诚恳谦虚地劝哈吉要从大局出发，和睦相处为妙。哈吉早已被王阳明高尚的人格所折服，这封信正好说到了他的心坎里。就这样，王阳明未用一兵一卒，只是晓之以理，动之以情，便解决了叛乱问题。

孟子说养气修心之道，虽爱好其事，但一曝十寒，不能专一修养，只能算是知道有此一善而已；必须在自己的身心上有了效验，才算有了证验的信息；进而由“充实之谓美”直到“圣而不可知之谓神”，才算是“吾善养吾浩然之气”的成功。

何为浩然正气？一谓至大至刚的昂扬正气，二谓以天下为己任、担当道义、无所畏惧的勇气，三谓君子挺立于天地之间无所偏私的光明磊落之气。浩然正气便是由这昂扬正气、大无畏的勇气以及光明磊落之气所构成。有些人表面上很魁伟，但与之相处久了就觉得他猥琐不堪；有些人毫不起眼，默默无闻，却能让人在他的平淡中领略到山高海深的浩然正气。正是因为后者具有正直如山的品质，才能让人感受到他的一身正气。

古今之成大事者，心中都有大气象。正是“笑揽风云动，睥睨大国轻”，“俯仰天地之气概”，“力拔山兮气盖世”，乃浩然正气也。

诸葛亮等文人志士则体现为“名士风流”。三国时期的诸葛亮，羽扇纶巾，貌似轻松淡定、潇洒自如，实则神机妙算、运筹帷幄。西晋开国元勋羊祜，平日一副松洒打扮，飘逸十足，甚至在打仗的时候，仍不失其雍雅的风度。魏晋名士大多旷达风流，放任自流，毫不矫揉造作，痛快淋漓。

不管是英雄本色，还是名士风流，都具备孟子所说的“浩然正气”。“其为气也，至大至刚，以直养而无害，则塞于天地之间。其为气也，配义与道；无是，馁也。是集义所生者，非义袭而取之也。”有志之士当养浩然正气，大者壮我泱泱中华之神威，小者在为人处世中光明磊落、至情至性。

养浩然正气并非易事。《孟子》中有言：“是集义所生者，非义袭而取之也。”在孟子看来，浩然正气是正义的念头日积月累所产生的，不是一时的正义行为就能得到的。关于“集义”，王阳明认为做每一件事都应符合良知的要求，这样才能使心中的浩然之气壮大起来，再遇到其他事情就更能以良知为指导，从而达到“从心所欲不逾矩”的中庸境界。由此看来，要养浩然正气，就要做正直之人，诚实地对待生活中的每一件小事，日积月累，不断壮大。

浩然正气是人的精神“脊梁”，是抵御歪风邪气的“屏障”。正气长存，则邪气却步、阴霾不侵；正气长存，则清风浩荡，乾坤朗朗。要保持浩然正气，就必须“一日三省吾身”，做到自重、自省、自警、自励，时时处处以激浊扬清、弘扬正气为己任，使正气日盛，邪气渐消，引领整个社会不断走向正义和文明。此乃君子之道也。

好德如好色

“公且先去理会自己性情，须能尽人性，然后能尽物之性。”

——王阳明

子曰：“吾未见好德如好色者也。”好德如好色是王阳明最爱举的例子，孔子说从来没有见过好德如好色之人，王阳明则期望人们能像喜欢漂亮的姑娘那样追求美德，将美德作为人类一种本性的东西自然而然地表现出来。

很多人一听到“色”就会联想到一些不好的方面。其实，“色”是万物生灵所共有的，“好色”更是人的本性，不必视之为万恶之源。从文献记载可知，“好色”一词并非贬义词，只是到了近代，随着社会文化现象的转变而发生了语义上的偏离。孟子曾说：“人少则慕父母，知好色则慕少艾，有妻子则慕妻子，仕则慕君，不得于君则热衷。”意思是人在年幼时爱慕父母，成年之后爱慕少女，有了妻子则爱慕妻子，走上仕途为官则忠于君主。“知好色”代表了一个相对于幼年的成熟时期，在这个时期年轻人开始知道喜欢异性。即便是在现代社会，“好色”也是一个人生理和心理上正常而健康的倾向。人不近色，则人性失；人性失，则不能为人。孔子言“好德如好色”，也就是肯定了“好色”是人们应该有的行为倾向。

既然“好色”是人之本性，其所固有的不以外界条件为转移的特性，正是好德之人应该努力做到的。要做到“好德如好色”，就必须将美好的品德根植于心，才能使之如人之本性那样自然地流露出来。否则，仅仅囿于思想中的品德就算再美好，也无法影响我们的行为，无法使我们成为真正具备美好品德的人。

明朝的时候有个农人，一年四季辛苦耕作，每年都能获得丰收，因为这个原因，在这个农人生活的村子里，很多人一天只能吃两顿饭，而他家却能顿顿饱餐，这让村里人很是羡慕。因为家有余粮，农人用一部分粮食当作学费，让自己的儿子上了私塾。这以后，老农见到谁都显得非常开心，经常对村里人说："人活一世，不就是吃饭养家识字，做个好人嘛。现在这几样我家都做得差不多了。以后你们有什么要我做的，尽管开口，乡里乡亲的，我一定帮忙。"

半年后，这个农人的兄弟家遭了灾，离家来投奔这个农人，农人让他的兄弟先住在年久失修的祖居，说过一阵子给他修个新房，然后再搬过去。他的兄弟听后很高兴，逢人便夸自己的兄长如何如何对自己好。为了表达感谢，农人的兄弟抢着干农活，无论做什么都很勤快，渐渐地，农人自己不动手了，家里有什么事都让他的兄弟去做。

就这样三个月过去了，这个农人说的新屋迟迟不见动静，他的兄弟有些等不及了，思来想去，他硬着头皮跟农人提起了屋子的事情。听完自己兄弟的话，农人沉默了一会儿，对他说："这个事情啊，我还真给忘了，你放心，自家兄弟的事我一定会说到做到的。"

第二天，农人的兄弟走在田埂上，有人问他房子造得怎么样了？他红着脸说不出话来，仿佛是自己做错了什么。当冬天来临之际，他还住在四处透风的祖居里，而他的兄长正在温暖的家中喝着自酿的米酒。次日一早，他没有跟农人打招呼，就离开了村子。

没多久，村里人便知道了这件事，他们在农人背后议论纷纷，有的人说："还说什么有事尽管向他开口，你看看，这种人，对自己兄弟都这样，我们还有什么好说的，我看哪，还是离他远点吧。"从此以后，再也没有人理睬农人，甚至农人一家都成了全村唾弃的对象。

说好的做不到，实际上是心里根本没有想过要给自己的兄弟盖新房，行由心生，由此可见这个农人到底是怎样一个人。

儒家专注的是"内外皆美"的生命志趣，不念旧恶，君子怀德是美，居处恭，执事敬，与人忠是美，当仁不让更是一种美。这种美在王阳明看来其实就是根植于内心的道德感使然，行动起于心智，倘若内心缺少道德的约束，只会说漂亮话，而无真行动，那么其行为可以想到是“巧言令色，鲜矣仁”，对其不能做更大的奢望。

如果说，“好色”是一种在人内心天然生成的本能反应，那么，“好德”就是一种经过教化之后能够自然流露的理性反应。好德之人对美好品德的追求发自内心，自然能够在其言行举止中表现出来，并且不易受到外界因素的干扰。相反，那些只会将仁义道德挂在嘴边的人，一旦受到金钱权力的诱惑，则会把持不住，做出丧德败行之事。

王阳明的弟子梁日孚曾问他：“程颐说‘一草一木皆有理，不可不察’，您觉得这个看法如何？”王阳明说：“我就没那闲工夫了。你应当先去涵养自己的性情，修养自己的品德，必须能够完全了解人性道德之后，才能了解世间万物的道理。”也就是说，人应该先在“好德”的本性上而不是其他无关的琐事上下功夫，促进人格的完善，提升自己，最终才能够自然地显示出美好的品德。

真正的智者将道德修养作为人生最可靠的支柱。只要我们从现在开始将美好的品德根植于心，并将之付诸实践，像追求美的人和美好的事物一样去追求它，就能做到孔子所说的“好德如好色”，也就离成功的人生目标不远了。

得人心，得天下

“尧、舜、三王之圣，言而民莫不信者，致其良知而言之也；行而民莫不悦者，致其良知而行之也。施及蛮貊，而凡有血气者莫不尊亲，为其良知之同也。”

——王阳明

古人云：“得民心者得天下。”然而，如何才能得民心呢？有人选择了以利诱之，结果民心尽失；有人选择了以德服之，则名留青史。

历代君王欲得民心，就必须“德天下”，即以德治天下。三国时刘备不善于谋略作战，但是，他具有良好的品德，能够以此感召部下同心协力，一同建功立业。虽然一个人的能力有限，但其高尚的品德能够换来别人的尊重和爱戴，愿意尽心效力。而且有德之人，更能明白别人所追求的利益，并能尽力给予最大的满足。纵观历史，有大成就的人必然有德行而能令人为其舍命效劳。

王阳明将圣人治天下之道归结为“致其良知”，即注重以德治天下。他说：“尧、舜、三王之圣，言而民莫不信者，致其良知而言之也；行而民莫不悦者，致其良知而行之也。施及蛮貊，而凡有血气者莫不尊亲，为其良知之同也。”他认为尧、舜以及夏禹、商汤、周武王说的话天下人没有不相信的，因为他们是致其良知之后才说的；他们的行为没有令百姓不高兴的，因为他们是致其良知后才做的。把这样的治国之道推广到蛮夷之地，那么凡是有血气的人，没有不孝敬父母的，因为他们有共同的良知。

“德天下”不仅要为人处世忠于良心，做利人利己而不是损人利己之事，更要为人忠诚。但凡忠于国家、忠于社会之人，才能把持住心中的天平，不向贪图利益、腐败堕落倾斜。

东汉末年，孙策任用吕范主管东吴财经大权，孙策的弟弟孙权此时年少，总是偷偷地向吕范要钱，吕范则一定要请示孙策，从不在未经孙策允许的情况下答应孙权。因为这事，孙权对吕范很有意见。后来孙权任阳羡县令，建立了自己的小金库以备私用。孙策有时来查账，功曹周谷总是为孙权涂改账目，造假单据，使孙策没有理由责怪孙权。孙权这时很感谢周谷。当孙权接替孙策统管东吴大事之后，他选择了重用吕范而不是周谷。因为吕范忠诚，而周谷却善于欺骗。

不仅做大事之人如此，寻常百姓亦应该如此。一个人如果不够诚实，在工作中往往会成为墙头草两边倒，在生活上会成为见利忘义的小人。这样的人难以与人深交，难以得到他人的信任，更别说是天下人的敬佩了。

以德治天下，关键还在于以德服人，而非以暴制暴。给他人说话的权利、发言的空间，才能更全面、更深刻地了解他人的想法，从中汲取自身的弊病，并及时改正。倘若将所有反对的声音都拒之脑后，又如何做到致其良知，德治天下？春秋时期郑国的子产便是因为以德服人的举措而受到他人的敬佩的。

一日，子产被郑国大夫然明叫去问话。然明问子产："我们把乡校取缔了怎么样？"

子产说："为什么要取缔？人们清闲的时候可以来，议论我们到底做得好不好。他们如果喜欢，我们就继续推行，他们如果讨厌，我们就立刻改正。这不是挺好吗？为什么要取缔它呢？我只听说过我们应该尽力做好事以减少人民的怨恨，没听说过依权仗势来防止怨恨。大河宜疏不宜堵啊。堵上容易决堤，伤害反而更大。我们不如开个小口导流，把有用的建议当作治病的良药。"

然明非常佩服子产的见解："我现在才知道您确实是可以成大事之人啊。佩服，佩服。"

正因为这件事，子产在被人污蔑"不仁"时，孔子却坚信他并非如此。孔子曾言："以是观之，人谓子产不仁，吾不信也。"

历史上的亡国之君，绝大多数是不修道德，重于财利之人。他们不以德修身，更难以德治天下，反而纵容属官搜刮民脂民膏供其挥霍享乐，罔顾社会法纪，独断专行，致使民不聊生，一国政权最终走向灭亡。例如崇祯皇帝，听信谗言，关键时刻克扣军饷，导致明军兵败如山倒。

王阳明虽然是一介文人，但是他深谙做官为政之道。王阳明不论职位的高低，心中始终是装着老百姓，只想着为百姓做点实实在在的事情。因为在他看来，为官好与坏，怎样对待百姓便是最好的炼金石。

只有坚持良好的道德修养，做到"德天下"，才能真正地凝聚人心，才能真正做到"得天下"。

第五章
孝敬心：以孝安家，以敬持家

孝顺在当下

“就如称某人知孝，某人知弟，必是此人已曾行孝行弟，方可称他知孝知弟，不成只是晓得说些孝弟的话，便可称为知孝弟。”

——王阳明

王阳明给弟子邹守益的信说：“近来得致良知三字，真圣门正法眼藏。往年尚疑未尽，今自多事以来，只此良知无不具足。譬之操舟得舵，平澜浅濑，无不如意，虽遇颠风逆浪，舵柄在手，可免没溺之患矣。”他认为致良知必须要讲孝道。对于母亲早逝，他没能奉养；祖母临终，未及一见，王阳明深感伤痛并一直自责于心。在其父去世之后，王阳明也卧病多日。

人的一生难免有很多缺憾，其中最大的可能莫过于“子欲养而亲不待”。当有一天我们蓦然发现，父母已两鬓斑白，此时才孝敬他们，我们会错过无数时机。甚至当双亲已离你远去，才幡然悔悟，却已尽孝无门，这将成为永远无法弥补的憾事。

王阳明主张知行合一，强调孝也要知行合一，“就如称某人知孝，某人知弟，必是此人已曾行孝行弟，方可称他知孝知弟，不成只是晓得说些孝弟的话，便可称为知孝弟。”他强调孝要及时地行动，将知和行紧密结合起来。

孝，经不起等待。生时如果不养父母，死后万事皆空。《孔子·集语》中“子欲养而亲不待”就讲述了这样一个道理。

春秋时，孔子和弟子们出去游玩，忽然听到路边有人在啼哭，就上前去看怎么回事，啼哭的人叫皋鱼，皋鱼解释了他啼哭的原因：“我年轻时好学上进，为了求学曾经游历各国，等我回来时父母却已经双双故去。作为儿子，当初父母需要侍奉的时候我却不在身边，这好像‘树欲静而风不止’；如今我想要侍奉父母，父母却已经不在了。父母虽然已经亡故，但他们的恩情难忘，想到这些，内心悲痛，所以痛哭。”

人生在世，必然会经历种种痛苦的情感折磨，也在痛苦中锻炼得愈发坚强，面临悲痛愈发能强忍声色，而“子欲养而亲不待”却让人们倍觉“生命中难以承受之痛”。

很多人总在说，等到有钱和时间了，一定要好好孝敬父母。你可以等待，但父母不能等待。在不经意间，父母渐渐变老。花点时间多陪陪父母，父母们没有太多的要求，只是想多让你陪陪。否则当你挚爱的亲人离你而去，你在脑海中回想他们以往对你如何嘘寒问暖、呵护备至，你却只顾着打拼自我天地，忽略了关爱他们，让他们在守望你的寂寞中落寞而去。你的悔、你的痛，成为你一生最深刻的烙印，任岁月无情也抹杀不去。

生孩子不易，养孩子更不易，付出的辛苦是没有当过父母的人难以理解的。古时候父母亡故，做子女的要服丧三年，这是对自己刚出生时父母耐心守候的报答。孝敬父母，是每个人都应该奉行的，无论是过去还是现在。

闵损，字子骞，春秋时期鲁国汶上人，是孔子著名弟子之一。闵子骞幼年即以贤德闻名乡里，他母亲早逝，父亲怜他衣食难周，便再娶后母照料闵子骞。几年后，后母生了两个儿子，待闵子骞渐渐冷淡了。

闵子骞受到后母虐待，冬天穿的棉衣以芦花为絮，而其弟穿的棉衣则是厚棉絮。一天，父亲回来，叫闵子骞帮着拉车外出。外面寒风凛冽，闵子骞衣单体寒，但他默默忍受，什么也不对父亲说。后来绳子把闵子骞肩头的棉布磨破了。父亲看到棉布里的芦花，知道儿子受后母虐待，回家后便要休妻。闵子骞看到后母和两个小弟弟抱头痛哭，难分难舍，便跪求父亲说："母亲若在，仅儿一人稍受单寒；若驱出母亲，三个孩儿均受寒。"子骞孝心感动后母，使其痛改前非。自此母慈子孝合家欢乐。

孟子曰："惟孝顺父母，可以解忧。"闵子骞的孝行备受后人推崇，明朝编撰的《二十四孝图》，闵子骞排在第三，成为中华民族文化史上先贤人物。闵子骞不仅孝，而且宽容友爱，正是这些品德，使一个即将分崩离析的家庭重归于好，以自己的行为感动后母，使家庭和睦，母慈子孝，生活没有遗憾，这实在是人生一大幸事。

在现代，人们对自由的追求导致了家庭观念逐渐淡漠，孝的精神也逐渐丧失，这不仅是传统文化的重大损失，也是个人品德修养的重大缺陷。今天的我们，不应该只用一些时髦的理论"武装"自己，仿佛自己不食人间烟火似的，完全没有传统文化中那种踏实、厚重的责任感。面对过去，新一代的我们应该继承和发扬传统文化中优秀的部分，比如平常多关怀、孝敬父母，也就不会再如皋鱼一般暗自哭泣"子欲养而亲不待"。

百善孝为先，原心不原迹

"父而慈焉，子而孝焉，吾良知所好也。"

——王阳明

中国有首名为《劝孝歌》的古诗："人不孝其亲，不如禽与兽。"语言虽然很直白，但是却蕴含丰富的内涵。一个人不论他出身什么样的家庭，也不论他将来的地位有多大的变化，只要他的父母还健在，那么他就有尽孝道的义务，这也是人之所以为人的根本。

试想一下，我们的父母养育我们多年，如果等到老了却享受不到应有的亲情，会多么寒心！人类一直标榜自己是万物之灵，倘若面对自己的父母都不孝敬，又有什么资格居高临下地谈论自然界中的动物呢？

《庄子》中曾记载：“子之爱亲，命也，不可解于心；臣之事君，义也，无适而非君也，无所逃于天地之间……是以夫事其亲者，不择地而安之，孝之至也。”孟子也讲：“孰不为事，事亲，事之本也。”而王阳明也是一个认为百善孝为先的至孝之人。

王阳明三十二岁的时候，因病移居西湖，往来于南屏、虎跑寺庙，见一僧人封闭于龛内打坐、诵经、念佛有三年之久，也不说话，像呆了一样。一日，王阳明就朝僧人大喊起来，僧人大吃一惊，和王阳明攀谈起来。王阳明问了他家庭的一些情况，僧人说家里还有老母亲。王阳明又询问其是否不起俗念。僧人答曰没法不念。王阳明听了，就给僧人讲爱父母和人本性的道理，僧人感动落泪，并离开寺庙回去奉养老母亲。

古人讲“求忠臣必于孝子之门”，一个人对父母家庭有真感情，如出来为天下国家献身，就一定有责任感。换言之，忠就是孝的发挥，就是扩充了爱父母的心情，爱别人，爱国家，爱天下。“子之爱亲，命也”，儿女爱父母，这是天性，是没有道理可讲的，人不孝其亲，不如禽与兽。然而，很多人通常将父母的爱视作理所当然，不懂得“子欲养而亲不待”的道理，直到自己也有了子女，理解了为人父母的苦心，却发现自己想要反哺回报已来不及了。

北魏时，房景伯担任清河郡太守。一天，有个老妇人到官府控告儿子不孝，回家后，房景伯跟母亲崔氏谈起这事，并说准备对那个不孝子治罪。崔氏是一个知书达理、颇有头脑的人，她得知情况后，说道：“普通人家子弟没有受过教育，不知孝道，不必过分责怪他们。这事就交给我来处理好了。”

第二天，崔氏派人将老妇人和儿子接到家里，崔氏对不孝子一句责备的话也没说。崔氏每天同老妇人同床睡眠，一同进餐，让不孝子站在堂下，观看房景伯是怎样侍候两位老人的。不到十天，不孝子羞愧难当，承认自己错了，请求与母亲一起回家。崔氏背后对房景伯说：“这人虽然表面上感到羞愧，内心并没有真正悔改。姑且再让他住些日子。”又过了二十几天，不孝子为房景伯的孝顺深深打动，真正有了悔改的诚意，不断向崔氏磕头，答应一定痛改前非，老妇人也替儿子说情，这时崔氏才同意他们母子回家。后来这个不孝子果然成了乡里远近闻名的孝子。

崔氏很聪明，她相信每个人心中都会有“仁”在，其中之一就是孝心。她无所为而为，以身教代替言传，让他心中蛰伏之“仁”能在外面的触动之得以彰显。

百善孝为先，原心不原迹，原迹贫家无孝子，所以说，孝的止境，在于以父母待你之心回报父母，无论何时何地，无论贫穷富有，孝由心生，不由外物。《孝经》云：“用天之道，分地之利，谨身节用，以养父母，此庶人之孝也。故自天子至于庶人，孝无终始，而患不及者，未之有也。”

在王阳明看来，良知一开始便蕴含着情感之维：“良知只是个是非之心，是非只是个好恶，只好恶就尽了是非，只是非就尽了万事万变。”良知的好、恶情感形成了行善的动因。当学生徐爱问王阳明如何通过服侍父母等的孝道而求得孝的道理时，王阳明认为关键出自忠诚的孝心。只有出自真心，行为才具有真实性，光是一点行孝的表面文章，而不把爱树立起来，那就不是真孝。

孝顺是发自内心，由衷而出的。孝不仅仅是形式，更重要的是在于内心。一个人总强调正己，而正己的伊始要从回馈父母开始，孝为百德的先行，如果尚不知爱父母，没有德行的人绝难成事。

孝是一种生存品质

“善人也，而甚孝。”

——王阳明

良心是人人内心都具有的，不需要到外面去求。见父自然知孝，见兄自然知悌，见孺子入井，自然知恻隐。王阳明认为孝是一种人的本能，也是其良知的体现，是一个人生存必备的品质。

《论语·学而》中，有子曰:“其为人也孝弟，而好犯上者，鲜矣；不好犯上，而好作乱者，未之有也。君子务本，本立而道生；孝弟也者，其为仁之本与！”其意为:“做人，孝顺父母，尊敬兄长，而喜好冒犯长辈和上级的，是很少见的；不喜好冒犯长辈和上级，而喜好造反作乱的人，是没有的。君子要致力于根本，根本确立了，治国、做人的原则就产生了。因此，孝顺父母，敬爱兄长，可以作为‘仁’的根本吧。”

国学大师钱穆先生也认为，孔子之学所重最在道。所谓道，即人道，其本则在心，而这人道最鲜明的体现是孝悌之心。所以要想培养仁爱之心，必先从孝悌始。中国古代有很多关于“孝”的事迹，著名的《二十四孝》就是典型的代表，其中的“卧冰求鲤”的故事是这样的：

晋朝琅琊人王祥，生母早丧，继母朱氏多次在他父亲面前说他的坏话，使他失去父爱。但是王祥并没有因为这些而怨恨父母，相反，他对父母非常孝顺。父母患病，他便衣不解带、日夜侍候。继母想吃活鲤鱼，但当时是寒冬腊月，冰封三尺，天寒地冻，根本无法捕鱼。但是王祥为了能让病中的继母吃上活鲤鱼，就解开衣服卧在冰上，想用自己的体温化开坚冰捉鱼。突然三尺厚的冰自行融化，从冰下跃出两条鲤鱼。王祥高兴地回家为继母做鲤鱼，继母食后，果然病愈。这就是“卧冰求鲤”的故事。后来王祥隐居二十余年，给父母养老送终后，才应邀出外做官。从温县县令做到大司农、司空、太尉，并被封为睢陵侯。后人为了纪念他，有诗云：继母人间有，王祥天下无。至今河水上，留得卧冰模。

儒家认为，“孝”是伦理道德的起点。一个重孝道的人，必然是有爱心的、讲文明的人。重孝道的家庭，亲情浓郁、关系牢固；反之，必然是亲情淡薄、家庭结构脆弱容易解体。而家庭是社会的基础，可见，不重孝道将会影响到整个社会的稳定与和谐。正像一位名人指出的:“孝道不受重视，生存的体系就会变得薄弱，而文明的生活方式也会因此而变得粗野。我们不能因为老人无用而把他们遗弃。如果子女这样对待他们的父母，就等于鼓励他们的子女将来也同样对待他们。”

从前有一对夫妻生了一个白白胖胖的儿子，他们对儿子尽心竭力地抚养，所以孩子一天天茁壮成长。这对夫妻还有一个老母亲与他们同住，平时儿媳老是嫌弃婆婆，不愿意养婆婆，但是因为婆婆能帮他们干活，所以媳妇虽有怨言但还是让婆婆同他们吃住。年复一年，随着孙子渐渐长大，婆婆越来越老了，她的腰因为长年的劳作变得佝偻，再也不能做重活了。而且由于年龄的原因，吃饭的时候常会撒出一些饭粒。

这时候，媳妇看婆婆越来越不顺眼，她急于想把婆婆赶出家门，于是总在丈夫面前说婆婆的坏话，没想到丈夫竟然答应妻子赶母亲出门。一天吃过午饭，这对夫妻就把老母亲送到三十里外的山沟里，扔下几块饼，让老母亲自生自灭。没想到回家后，他们发现儿子在村口的大树下坐着。夫妻俩问儿子为什么不回家，儿子说："我在等奶奶，你们现在把奶奶拉出三十里地外，以后我拉你们八十里也不止。"听了儿子的一番话，夫妻俩顿时明白了。他们赶紧回到山沟里把母亲接了回来。

此外，正如有子所说，将来这些不懂得孝敬父母的人如果到了社会上，就是社会动荡不稳定的主要因素！这绝不是危言耸听，不是骇人听闻！也如王阳明所说："知是理之灵处。就其主宰处说，便谓之心，就其禀赋处说，便谓之性。孩提之童无不知爱其亲，无不知敬其兄，只是这个灵。"只有良知走入我们的内心，我们也就能"爱其亲""敬其兄"，这是一种本能的行为，是一种心的要求。

孝是一种生存策略，将来孩子能否做到孝，关键还是在于父母的言传身教。所以在孩子出生开始，你就要明白，在无微不至地关怀和爱孩子的同时，必须教会孩子孝敬你！如果不意识到这一点，以后就会自酿苦果，老无所养！

能养只是一半的孝

“言学孝，则必服劳奉养，躬身孝道，然后谓之学。岂徒悬空口耳讲说，而遂可以谓之学孝乎？”

——王阳明

王阳明曾与一个名叫杨茂的聋哑人用笔进行交谈：

（王阳明）问：你口不能言是非，你耳不能听是非，你心还能知是非否？

（杨茂）：知是非。

（王阳明）感慨：如此，你口虽不如人，你耳虽不如人，你心还与人一般。

（杨茂）首肯，拱谢。

（王阳明）：大凡人只是此心。此心若能存天理，是个圣贤的心；口虽不能言，耳虽不能听，也是个不能言不能听的圣贤。你如今于父母，但尽你心的孝；于兄长，但尽你心的敬。

（杨茂）首肯，拜谢。

（王阳明）：我如今教你，但终日行你的心，不消口里说；但终日听你的心，不消耳里听。

（杨茂）顿首再拜。

王阳明向杨茂指出，人人都有一颗知是非的心，如看见父母自然知孝，看见兄长自然知敬的道德行为。即使是聋哑人，口虽然不能表达，耳虽然不能聆听，但心与常人是一样的，能知善知恶、辨别是非。这就是因为人心都有“良知”，无须口说，也无须耳听，只要用心去行就可以了。

在中国，对父母及老年人的孝养一直是个大问题，这也正是中国古代圣贤格外重视孝道的原因。在王阳明生活的那个年代有许多道德的约束，尚有许多人不懂得孝的真实含义，更不用说在当今社会了。

能养只是一半的孝，真正的孝是发自内心的那份真诚。只有心里时时想着孝，并努力践行，这才是真正的孝。

有一位老人有两个儿子，大儿子愚笨，不讨人喜欢，小儿子聪明伶俐，于是老人就尽心抚养小儿子。两个儿子逐渐长大了，大儿子一直在家里陪着父母，小儿子因为颇有才华，被父亲送到县城读书。

小儿子果然不负众望，考取了功名，一家人欢天喜地，两位老人也准备收拾行李，和小儿子一起到新地方开始生活。本来小儿子不想带着父母，但是想到兄长愚钝，就勉为其难地带上了两个老人家。

到了就职的地方之后，小儿子给父母选了一间房子，安排了一个奴婢，从此就消失了。两位老人看不见他的人影，生病了也只能使唤下人去找大夫。虽然在这里不愁吃穿，但是两个老人心里很难过。

一年以后，大儿子带着家乡的特产过来看弟弟，一见到老人，就难过地哭了—— 一年不见，父母老了许多，以前胖胖的父亲也瘦成一把骨头了。虽然大儿子很笨拙，但是很心疼父母，他决定带着父母回家生活。父母想到自己以前和大儿子生活在一起的时候，从来没有把他当回事，端茶倒水像下人一样使唤，但是他从来没有生气，反倒是乐呵呵地照顾自己，不禁也流下了眼泪。就这样，笨哥哥又带着老人回到乡下去了。小儿子想不明白，为什么父母不跟着这样有头有脸的儿子，却要和那笨人一起生活。

其实，感动老人的正是一颗孝心。只有让父母感受到我们的孝心，他们才会觉得幸福。孝绝不仅仅是能够保证父母衣食无忧。因为父母更希望得到的是儿女的真情关心，他们希望儿女能常回家看看。

王阳明说，只是有个头脑，只要此心去人欲、存天理，便自然会在冬凉夏热之际要为老人去找个冬温夏凉的地方。但这些都是诚孝的心发出来的条件，有此心才有这条件发出来。能养不是孝，有孝顺的心才能算作孝。

时刻念父母生养之恩

“不慈不孝焉，斯恶之矣。”

——王阳明

“百善孝为先”,“身体发肤，受之父母，不敢毁伤”，身体是父母所赐予，即便是伤害身体的权力也在于父母，而不在于自己。在中国人的眼中，孝是一切美德的基础，是一切事业的起点，不孝者不成大业。

王阳明提倡以良知为本的孝道观。他认为万事万物的本源是良知。有了良知之心，自然就会发自内心地孝顺父母。良知一旦被蒙蔽，孝顺就仅仅只是形式上的孝道，而非出自内心忠诚的孝。要孝敬父母不能光有外表的花哨言行，还必须有真正付诸行动的爱。

汉文帝时期，在临淄这个地方出了一个很有名的人，她就是勇于救父的淳于缇萦。

淳于缇萦的父亲叫淳于意，本来是个读书人，但是非常喜欢医学，还经常给别人看病，所以在当地出了名。后来他做了太仓令，但是他为人耿直，不愿意跟做官的来往，也不会拍上司的马屁，所以在官场上很不得意，没有多久就辞职当起医生来了。

一次，淳于意被一位商人请去为他的妻子看病，结果没有好转，反而在几天之后死了。大商人仗势欺人，向官府告了淳于意一状，说他看错了病，致人死亡。当地的官吏也没有认真审理，就判处他“肉刑”(当时，肉刑有脸上刺字、割鼻子、砍左足或右足等)，要把他押解到长安去受刑。

除了小女儿缇萦之外，淳于意还有四个女儿，可就是没有儿子。在他被押解到长安去受刑的时候，他望着女儿们叹气说:“可惜我没有儿子，全是女儿，遇到现在这样的急难，一个有用的也没有。”

听到父亲的话，小缇萦又悲伤又气愤。她想:“为什么女儿就没有用呢？”因此，当衙役要把父亲带出家门时，她拦住衙役说:“父亲平时最疼我，他年龄大了，戴着刑具走不太方便，我要随身照顾他。另外，我父亲遭到不白之冤，我要去京城申诉，请你们行行好，让我和你们一起去吧。”

衙役们见小姑娘一片孝心，就答应了她。当时正值盛夏，天气反复无常，时而阴雨连绵，时而天气晴朗。天晴时，小缇萦就跟在父亲旁边，不住地为父亲擦汗；遇上阴雨天，她就打开雨伞，以防父亲被雨水淋湿。

晚上，小缇萦还要给父亲洗脚解乏。这一切深深地感动了押送淳于意的衙役。经过二十多天的长途跋涉，他们终于来到了京城。履行完相关的手续之后，淳于意马上就被关进了牢房。小缇萦不顾疲劳，也马上开始四处奔走，为父亲喊冤。 可是，人们一看申诉的竟是个还未成年的小姑娘，便没有给予理睬。小缇萦想，要解决父亲的问题，只能直接上书皇上了。于是，她找来纸笔，请人帮忙将父亲蒙冤的经过一一写好，恳求皇上明察。同时她还表示，如果父亲真的犯了罪，她愿代父受刑。

第二天，小缇萦怀里揣着早已写好的信，来到皇宫前。就在那时，只见不远处尘土飞扬，马蹄声声，一辆飞驰的马车直奔皇宫而来。小缇萦心想：“上面坐的一定是一位大臣。”她灵机一动，用双手举起书信，跪在马车前。

车上坐的是一位老者，他看到了小缇萦，便俯下身来，关心地问：“小姑娘，为什么在这儿拦住我的去路，难道有人欺负你了吗？”小缇萦就把父亲被抓的事情一五一十地告诉了这位大臣，并请求他把信带给皇上。

听小缇萦说得那么诚挚恳切，这位大臣答应了她的要求。皇上读了这封信后，被深深地打动了，当他听说小缇萦千里救父的事迹后，更是十分钦佩。之后，皇上亲自审理此案，并为淳于意洗清了不白之冤。

也许在年少的小缇萦心中根本就没有很明确的所谓孝顺的概念，但是，她拥有一颗良知之心，正是这颗良知之心使她拥有一种最朴素的孝顺行为，时时事事都想着自己的父亲，都站在父亲的角度来考虑问题。

其实，孝敬真的很简单，只要像爱自己一样爱父母、爱家人，并体现在日常的一些细小的行动上，就已经做到了孝顺，就是一个实实在在懂得孝顺的人了。念父母生、养之恩，这是每个子女都应该做到的，报父母之恩，更是每个子女应尽的义务。“不慈不孝焉，斯恶之矣。”王阳明的孝道观讲孝悌是良知的一个表现，不慈不孝，这是良知被蒙蔽，由此产生恶。由知孝到行孝，是由良知到致良知的过程，也是知行合一观点所要求的。

《诗经》中说：“哀哀父母，生我劬劳。”父母生养我们的时候，辛酸劳瘁，不是一般人所能想象的。因此作为儿女者，若能真切体会父母的深恩重德，心灵深处必然会激起阵阵哀伤，孝敬父母之心必会油然而生，随之付诸实践。若是有人对父母的爱无动于衷，这种人将很难得到安详幸福的家庭，也很难成就大业。

为父母尽点儿心

“故为子而傲，必不能孝。”

——王阳明

王阳明在京师跟当时文人交往时，其诗文受到人们的广泛赞赏。但他总是不满足，觉得这不是他的理想，就告病回家，筑室阳明洞中，行导引术。有一天坐在山洞里，友人王思舆等四人来看他，刚出五云门，他让仆人去迎，并且说出他们来的情况。仆人在路上遇到他们，王阳明说的与他们的行迹相合。大家觉得很惊讶，以为他得道了。然而，过些时间，他觉悟说：“这是簸弄精神，不是道。”这样静坐久了，想离世远去，只是祖母与父亲（王阳明十三岁丧母）舍不下，因循下不了决心。过了些时他忽然醒悟说：“这种恋念之心从小就有，如果此念可去，就是断灭人性了。”

从我们一出生开始，亲情就支撑着我们的世界。被父母精心呵护，在他们不辞辛劳的照顾下茁壮成长，而父母从未要求我们报答。有人说，世间最难斩断的就是父母对子女的情爱。这种爱永远都是真诚、可贵、质朴和无条件的。父母是我们最亲密的人，而我们对于他们的感情也是最深重的，因而孝敬父母可以说是发乎情、止乎礼的。

剡子是周朝时代人，祖上世代以耕种为生，老实巴交的爹妈，一年到头披星戴月地苦苦劳作，也只是混个半饥半饱。这年赶上闹灾荒，田里收成不济，日子越发艰难，爹妈忧急交加，一时心火上攻，双双眼睛失明，这可急煞了小小年纪的剡子。为了给爹妈治病，剡子每天半糠半菜地侍奉双亲充饥后，就到处求人，寻医问药。

一天，剡子到深山采药，路过一座庙宇，便进去讨口水喝。他见方丈童颜仙骨，就向他请求治疗眼疾的药方。老方丈问明缘由，沉吟一下说："药方倒有一个，恐怕你采不来。"

"请说，我舍命去采！"

"鹿奶，鹿奶可以治眼疾。"

剡子听了，立即叩头谢过老方丈，飞步赶往鹿群出没的树林中。这里的鹿确实不少，可它们蹄轻身灵，一见有人靠近，就一阵风似的飞快逃去。

怎样才能弄来鹿奶呢？剡子绞尽脑汁，昼思夜想。

一天，他见村东头猎户家的墙头上晒着一张鹿皮，忽地眼前一亮：把鹿皮借来，披在身上，扮成小鹿的模样，不就能悄悄接近鹿群了吗？

于是，剡子迫不及待地走进猎户家，说明来意。好心的猎户欣然把鹿皮借给了他，还指点剡子如何模仿小鹿四肢跑跳的动作。经过多次演练，剡子竟然举腿投足都像一只活脱脱的小鹿了。

第二天，剡子用嘴叼着一只木碗，悄悄地蹲在树林里。待鹿群走近时，披着鹿皮的剡子像一只小鹿似的不紧不慢地凑到一只母鹿身边，轻手轻脚地挤了满满一木碗鹿奶。直到鹿群走开了，他才站起身来，捧着鹿奶直奔家中。

打这以后，剡子多次用扮成小鹿的办法，去挤母鹿的奶汁。爹娘由于常常喝到鲜美的鹿奶，营养不良的身体一天天强壮起来，后来，失明的眼睛，果然奇迹般地恢复了光明。

乡亲们知道了，都夸奖剡子是个孝敬父母的好孩子。

孝是人最基本的善举，如果连父母的大恩都不报，还能指望一个人有什么善举？一个连父母都不去孝敬的人，还能指望他对朋友付出真诚吗？所以，孝既是对父母的宽慰，也是对自身的完善，更是赢得社会资本的根本方式。

人们尽情享受着父母所创造的一切，把向他们索取视为理所当然。父母为了满足孩子的愿望，总是那般义无反顾。可以说，站在父母与子女的爱之天平上，永远没有平衡。

强调正己，而正己的伊始正是从回馈父母开始，不必为父母买房买车，买金买银，多为父母尽一点儿心，时而给父母打一通电话，倒一盆洗脚水，便已足够。这才是真正的孝。

有诚心，才能让父母宽心

“此心若无人欲，纯是天理，是个诚于孝亲的心，冬时自然思量父母的寒，便自然要求个温的道理。夏时自然思量父母的热，便自然要求个清的道理。这都是那诚孝的心发出来的条件。却是须有这诚孝的心，然后有这条件发出来。”

——王阳明

“孝”，必须是对父母发自内心的“敬”，是一种自觉的伦理意识和道德情感，而不仅仅止于“供养”上，否则就不是真正的孝。子女要做到孝顺，最不容易的就是对父母和颜悦色。仅仅是有了事情，儿女替父母去做，有了酒饭，让父母吃，这并不是完整的孝。正如国学大师钱穆先生所言，人之面色，即其内心之真情流露，色难，乃是心难。有愉色者，必有婉容。所以孝子服侍父母，以能和颜悦色为难。有的儿女在为父母盛饭倒水时总把碗或杯子“砰”的一声放在父母面前，把父母吓得不知所措。这样的态度会让父母作何感想，这样的行为能算是孝敬吗？

王阳明也认为子女应有“诚于孝亲的心”，“冬时自然思量父母的寒，便自然要去求个温的道理。夏时自然思量父母的热，便自然要去求个清的道理"，这都是诚孝的心发出来的条件。他还打比方说："譬之树木，这诚孝的心便是根，许多条件便是枝叶，须先有根然后有枝叶，不是先寻了枝叶然后去种根。"所以子女在孝顺父母的时候，一定要真心诚意，表里如一。

从前有个老人，妻子去世以后一直过着孤单的生活。他一生都是个辛苦工作的裁缝。但时运不佳，他身无分文。现在他太老了，已经不能做活儿了。他的双手抖得厉害，根本无法穿针；而且老眼昏花，缝不直一条线。他有三个儿子，都已经长大成人，结了婚有了各自的家。他们忙于自己的生活，只是每周回来和父亲吃一顿饭。渐渐地，老人的身体越来越虚弱了，儿子看他的次数也越来越少。他心想："他们不愿意陪在我的身边，因为他们害怕我会成为他们的累赘。"他通夜不眠为此而担心，最后他想出了一个办法。

一天早上，他找到木匠朋友，让其帮助自己做一个大箱子。然后他又跟锁匠朋友要了一把旧锁头。最后他找到卖玻璃的朋友，把朋友手头所有的碎玻璃都要过来。老人把箱子拿回来，装满碎玻璃，紧紧地锁住，放在了饭桌下面。当儿子们又过来吃饭的时候，他们的脚踢到了箱子上面。他们向桌子底下看，问他们的父亲："里面是什么？"

"噢，什么也没有，"老人说，"只是我平时省下的一些东西。"

儿子们轻轻动了动箱子想知道它有多重，他们踢了踢箱子，听见里面发出响声。"那一定是他这些年积攒的金子。"儿子们窃窃私语。他们经过讨论，认为应该保护这笔财产。于是他们决定轮流和父亲一起住，照顾他。

第一周，年轻的小儿子搬到父亲家里，照顾父亲，为他做饭。第二周是二儿子，再下一周是大儿子，就这样过了一段时日。最后年迈的父亲生病去世了。儿子们为他举办了体面的葬礼，因为他们知道饭桌下面有一笔不小的财产，为葬礼稍微挥霍一些他们还承担得起。葬礼结束后，他们满屋子搜，找到了钥匙。打开箱子后，他们看到的当然是碎玻璃。

"好恶心的诡计，"大儿子说，"对自己的儿子做出这么残忍的事情！""但是他为什么要这样做呢？"二儿子伤心地问，"我们必须对自己诚实，如果不是为了这个箱子，直到他去世也不会有人注意他。”“我真为自己感到羞愧，”小儿子抽泣着，“我们逼着自己的父亲欺骗我们，因为我们没有遵从小的时候他对我们的教诲。”

但是大儿子还是把箱子翻过来，想看清楚在玻璃中是不是真的没有值钱的东西，他把所有的碎玻璃都倒在地上。顿时三个儿子都噤声无言，箱子底下刻着一行字：孝敬父母要发自内心！

真正的孝顺是要发自内心。孔子说过：“做父母的有错误时，我们要温和地提醒他们。如果他们不听劝，那么我们就不要再继续唠叨了。但是不能因为父母有错，我们对他们就不尽孝道。不仅要孝敬他们，而且态度还要恭敬，侍奉他们不能有怨言。”

孝是发自内心的情感表达，没有表里如一的孝就没有真心实意的爱。在履行赡养父母的义务时，我们要发自内心，真心地为父母做事，穷则穷孝，富则富孝，只要用一颗真正的孝心让父母开心愉快，自己也就真正尽到孝道了。另外我们还要注意，用期待孩子对待你的方式来对待你的父母吧，不要再为一点小事情而“色难”。

第六章

素净心：减一分人欲，得一分轻快

身外物不奢恋

“然可欲者是我的物，不可放失，不可欲者非是我物，不可留藏。”

——王阳明

随着社会不断向前发展，人们越来越注重物质利益的追求。在人们趋向于“物质化”的同时，其精神愈来愈和自己的心灵分离，人的心灵深处愈感孤独、苦闷、烦躁、矛盾。如何使人们荒芜、紧张的精神境界得到提升，获得一种心灵的自由，王阳明为人们提供了一种解决方式。

王阳明的学生问他：“良知恐怕也存在于声色货利之中。这种观点对吗？”王阳明回答说：“当然，但初学用功时，对自己的内心必须进行扫除荡涤，使它臻于清净澄明的境界，不要让自己的心陷入声色货利等东西之中，它们来了既不欢迎，去了也不留恋、惋惜，这样，我们才能以坦然的心情来对待所遇到的各种事物，才不会成为心灵上的负担，自然就会依顺自己本来的智慧去应对。”

王阳明强调以一种豁达的心态来为人处世，不要让所遇之物成为心中羁绊，不能做声色货利的奴隶。

每个人的烦恼都有两个来源，一是自身的欲望，再一个就是外物，金钱、权力、华屋、名声、美色、佳肴等，它们诱惑着人们，也烦恼着人们。而这众多的烦恼，就是因为人们有太多的执着，有太多的贪欲，整天惦记着如何才能得到声、色、名利等外在的东西，心里才会受尽煎熬。如果能豁然看待，来去随缘，而不是执着地求取，人生自然会多几分洒脱。

有一个富翁背着许多金银财宝，到远处去寻找快乐。他走过了千山万水，却始终未能寻找到快乐，于是他沮丧地坐在山道旁。一个农夫背着一大捆柴草从山上走下来，富翁说："我是个令人羡慕的富翁。请问，为何我没有快乐呢？"

农夫放下沉甸甸的柴草，舒心地揩着汗水："快乐很简单，放下就是快乐！"富翁顿时开悟：自己背负着那么重的珠宝，老怕别人抢，怕被别人暗算，整天忧心忡忡，快乐从何而来？于是，富翁将珠宝、钱财接济穷人，专做善事，慈悲为怀。善行滋润了他的心灵，他也尝到了快乐的味道。

钱财终究是身外之物。"身外物，不奢恋"是思悟后的清醒，它不但是超越世俗的大智大勇，也是放眼未来的豁达襟怀。谁能做到这一点，谁就会活得轻松，过得自在。

王阳明那段倾心讲学的日子被他自己称为人生当中最幸福的时光。既然未得到朝廷的任用，那就投身于讲学事业当中，何乐而不为？所谓的官名、事功都是些外在的东西，内心和精神得以满足才是最重要的。所以，在那一段时间，前来求学之人络绎不绝。不管是因为他生性的乐观感染了他人，还是心学的思想鼓舞了他人，可以肯定的是，王阳明有一颗豁达的心。

生活中，我们想要的太多，如果不能得到我们想要的，我们就不停地去想我们所没有的，并且保持一种不满足感。如果我们已经得到想要的，我们仅仅是在新的环境中重新创造同样的想法，因此，尽管得到了我们想要的，我们仍旧不高兴。当我们充满无休止的欲望时，是得不到幸福的。

一位心理学家指出：最普遍的和最具破坏性的倾向之一就是集中精力于我们所想要的，而不是我们所拥有的。这对于我们拥有多少似乎没有什么不同；我们不断地扩充我们的欲望名单，这就导致了我们的不满足感。你的心理机制说：“当这项欲望得到满足时，我就会快乐起来。”可是一旦欲望得到满足后，这种心理作用却会不断重复。

幸运的是，有个可以快乐起来的方法，那就是改变我们思考的重心，从我们所想要的转而想到我们所拥有的。不是期望你的爱人是别人，而是试着去想她美好的品质；不是抱怨你的薪水，而是感激你拥有一份工作；不是期望你能去夏威夷度假，而是想到你居所附近亦有乐趣。

别勉强自己去做别人，不要看到别人住别墅豪宅就想要别墅豪宅；看见别人开宝马香车就渴望拥有宝马香车；甚至看见别人的女友漂亮、妻子贤惠，就想把自己的女友、妻子换掉，但世界上哪有完美的事物、完美的人呢？这样你就一刻也不能拥有幸福的感觉，你就会在欲望之路上越走越远。

其实外物都是虚假的，即使我们把它追到手，也不会感到满足，反而会使人生出更多更大的欲望来。而这一切都是无根的，都是会走到尽头，走向反面的，富不过三代是一例，乐极生悲也是一例。因此，不如保持一颗平静的心，学会“物来而应，过去不留”，适当放下，这不仅是一种洒脱，更是参透万物后的一种平和。只有放下那些过于沉重的东西，才能得到心灵的放松。当某件东西带给你的只有无尽的烦恼和忧愁，各种各样的负担如山一般压在你的心上让你不能自由呼吸，那么最明智的办法就是舍弃它，不要为其所累，快乐自然会回到你的身边。

心安理得，知足常乐

“尚功利，崇邪说，是谓乱经。”

——王阳明

走人生这条道路，荣华富贵并不一定就永久快乐，贩夫走卒也不是一辈子劳苦，一个人只要心安理得，恰如其分地做其本分事，即是幸福。

在被贬至龙场之时，王阳明常以孔子之话勉励自己：居住者要是道德修养高，有知识有智慧的君子，是不会觉得居所简陋的。

为生活所迫，他不得不亲自动手耕作来解决温饱。他不会农事，边看边学，他了解到龙场人的耕作是原始的刀耕火种，通过实践，他还掌握了不少做农活的技术和规律。他还向当地的人请教种地经验，和当地百姓的关系也越来越亲近。对于一直心存百姓的王阳明来说，得到龙场百姓的理解和支持就是一种幸福。

为人处世，穷而不乏，实属难能可贵的精神。毕竟荣华富贵常使人飘飘欲仙，而那些每天奔波劳碌的贩夫走卒，风餐露宿，看起来异常凄苦。但有了钱财和权力，未必总能给人带来快乐，烦恼也会随着名利袭上心头。反而是那些本本分分活着的人，每天做着恰如其分的事情可能会更幸福，因为他们或许物质上未能达到极大丰富，但精神却不匮乏。

春秋时的名士原宪住在鲁国，拥有一丈见方的房子，屋顶盖着茅草；用桑枝做门框，用蓬草做成门；用破瓮做窗户，用破布隔成两间；屋顶漏雨，地面潮湿，他却端坐在那里弹琴。子贡骑着大马，穿着素雅的大褂，里面是紫色的内衣，小巷子容不下高大的马车，他便走着去见原宪。原宪戴顶破帽子，穿着破鞋，倚着藜杖在门口应答，子贡说："呵！先生生了什么病？"原宪回答说："我听说，没有钱叫作贫，有学识而无用武之地叫作病，现在我是贫，不是病。"子贡因而进退两难，脸上露出羞愧的表情。

子贡听了名士对于贫穷的看法，自己的脸上露出了羞愧的表情。因为他自己实际上有了心病，不能从高层次看待贫困的问题，不理解那些善于忍受贫困，而心怀大志的人。

对于贫穷，现实中的每个人的看法不同，标准不同，忍受贫穷的能力也不同。有些人是不得不居于贫困、苦熬贫困，所以觉得贫困是可怕的，这是着眼于物质生活的贫困。还有一些人是甘居贫困，是借贫困的环境来磨炼自己的意志，这是自觉地忍受贫困。不管是贫穷还是富有，我们要注重的不仅是自己的物质享受，还看重自己的精神修养，这才是积极地忍受贫困。

《庄子·山木》中曾记载了这样一则故事：

庄子身穿粗布衣并打上补丁，工整地用麻丝系好鞋子走过魏王身边。魏王见了说："先生为什么如此疲惫呢？"

庄子说："是贫穷，不是疲惫。士人身怀道德而不能够推行，这是疲惫；衣服坏了鞋子破了，这是贫穷，而不是疲惫。这种情况就是所谓生不逢时。大王没有看见过那跳跃的猿猴吗？它们生活在楠、梓、豫、樟等高大乔木的树林里，抓住藤蔓似的小树枝自由自在地跳跃而称王称霸，即使是神箭手羿和逢蒙也不敢小看它们。等到生活在柘、棘、枳、枸等刺蓬灌木丛中，小心翼翼地行走而且不时地左顾右盼，内心震颤恐惧发抖；这并不是筋骨紧缩有了变化而不再灵活，而是所处的生活环境很不方便，不能充分施展才能。如今处于昏君乱臣的时代，要想不疲惫，怎么可能呢？这种情况比干遭剖心刑戮就是最好的证明啊！"

庄子物质生活很贫穷，但是他的精神生活却并不贫穷。一个人物质上贫穷并不可怕，但一定不要使自己的精神贫穷，精神贫穷才是真正的可悲。庄子生活困苦，但是庄子的精神力量却散发出耀眼的光辉，他深谙快乐生活的道理，心与物游，天真烂漫，这种贫穷在某种意义上说是最富有。

《中庸》讲"素富贵，行乎富贵。素患难，行乎患难"，王阳明认为只有努力修养心体，继而修养得纯正才可做到此。贫穷毕竟不是什么好事。每个人都希望改变贫穷的状况，但是急于求成或是用歪门邪道去脱贫，不是真正的忍贫，而不过是贪恋富贵罢了。那些贩夫走卒，奔波劳苦，虽然生活不尽美好，但他们付出了努力，所以他们的精神充实，将来未必过不上好日子；那些满腹经纶的人，虽然积累学识非常辛苦，但他们可以用知识来创造财富，一样能飞黄腾达。相反，许多人心灵空虚，贪欲满腹，即使家财万贯，也未必能快乐，因为他们不知道什么叫作知足常乐，也从不重视心安理得，结果生命里充满的往往只是利益和虚假的谄媚。

“财”是静心的拦路虎

“人须有为己之心，方能克己；能克己，方能成己。”

——王阳明

人生的热闹风光说穿了不过名利二字，唯有与功名利禄保持适当的距离，才能超然物外，潇洒、通透，做个真正的快活人。然而，从古至今，多少人在混乱的名利场中丧失原则，迷失自我，百般挣扎反而落得身败名裂。司马迁说得好：“君子疾没世而名不称焉，名利本为浮世重，古今能有几人抛？”

王阳明带兵打仗时曾经规定：“各兵但有管哨官总指称神福、馈送打点等各项各色，科派银物，自一分以上，俱许赴该道面告究治。”他严格要求自己的部下不能接受百姓任何的东西，否则严加追究。他说“吏书人民总甲里老百长弓兵机快人等，若揽差下乡，索求赍发者，均长率同呈官追究”。不仅如此，他还倡导百姓揭发收受贿赂的行为，对那些廉洁的官员给予奖励。通过这些措施，王阳明教化当地的人们“务洗贪鄙之俗，共敦廉让之风”。

王阳明对“财”的态度很好地体现了他的清廉和静心。《红楼梦》开篇偈语中，“人人都说神仙好，惟有功名忘不了”的《好了歌》似乎在诉说繁华锦绣里的一段公案，又像是在告诫人们提防名利世界中的冷冷暖暖，看似消极，实则是对人生的真实写照，即使在数百年后的今天依然如此。世人总是被欲望蒙蔽了双眼，在人生的热闹风光中奔波迁徙，被名利这些身外之物所累。

那些把名利看得很重的人，总是想将所有财富收到囊中，将所有名誉光环揽至头顶，结果必将被名缰利锁所困扰。

一天傍晚，两个非常要好的朋友在林中散步。这时，有个路人从林中惊慌失措地跑了出来，两人见状，并拉住路人问：“你为什么如此惊慌，发生了什么事情？”

路人忐忑不安地说：“我正在移栽一棵小树，却突然发现了一坛金子。”

这两人听后感到好笑，说："挖出金子来有什么好怕的，你真是太好笑了。"然后，他们就问："你是在哪里发现的，告诉我们吧，我们不怕。"

路人说："你们还是不要去了吧，那东西会吃人的。"

这两人哈哈大笑，异口同声地说："我们不怕，你告诉我们它在哪里吧。"

于是路人只好告诉他们金子的具体地点，两人飞快地跑进树林，果然找到了那坛金子。

一个人说："我们要是现在就把黄金运回去，不太安全，还是等到天黑以后再运吧。现在我留在这里看着，你先回去拿点饭菜，我们在这里吃过饭，等半夜的时候再把黄金运回去。"于是，另一个人就回去取饭菜了。

留下来的这个人心想："要是这些黄金都归我，该有多好！等他回来，我一棒子把他打死，这些黄金不就都归我了吗？"

回去的人也在想："我回去之后先吃饱饭，然后在他的饭里下些毒药。他一死，这些黄金不就都归我了吗？"

不多久，回去的人提着饭菜来了，他刚到树林，就被另一个人用木棒打死了。然后，那个人拿起饭菜，吃了起来，没过多久，他的肚子就像火烧一样痛，这才知道自己中了毒。临死前，他想起了路人的话："他说得真对啊，我当初怎么就不明白呢？"

可见，"财"这只拦路虎，它美丽耀眼的毛发确实诱人，一旦骑上去，又无法使其停住脚步，最后必将摔下万丈深渊。

庄子在《徐无鬼》篇中说："钱财不积则贪者忧；权势不尤则夸者悲；势物之徒乐变。"追求钱财的人往往会因钱财积累不多而忧愁，贪心者永不满足；追求地位的人常因职位不够高而暗自悲伤；迷恋权势的人，特别喜欢社会动荡，以求在动乱之中借机扩大自己的权势。而这些人，正是看不破钱财之人，注定会有无尽的烦恼。

权势等同枷锁，富贵有如浮云。生前枉费心千万，死后空持手一双。名利，就像是一座美丽豪华舒适的房子，人人都想走进去，只是他们从未意识到，这座房子只有进去的路，却没有出来的门。枷锁之所以能束缚人，房子之所以能困住人，主要是因为当事人不肯放下。放不下金钱，就做了金钱的奴隶；放不下虚名，就成了名誉的囚徒。因而，莫不如退一步，远离名利纷扰，给自己的心灵一片可自由驰骋的广袤天空。

养心在于寡欲

“只要去人欲、存天理，方是功夫。静时念念去人欲、存天理，动时念念去人欲、存天理，不管宁静不宁静。”

——王阳明

生活中有一个“抓沙子”的经验，许多人都想把沙子抓得越多越稳，他们就会用力抓，但手抓得越紧，结果漏掉的越多。相反，如果松开手轻轻地托着，所抓的数量会更多。

唐代文学家柳宗元曾写过一篇名为《蝜蝂传》的散文，文中提到了一种善于背负东西的小虫蝜蝂，它行走时遇见东西就拾起来放在自己的背上，高昂着头往前走。它的背发涩，堆放到上面的东西掉不下来。背上的东西越来越多，越来越重，不肯停止的贪婪行为，终于使它累倒在地，说的也是这样一个道理：想抓住的东西越多，抓得住的就越少。

王阳明的门生方献夫，从喜欢词章之道到找到圣人之道的过程也证明了“大无大有，先无后有”的道理。方献夫本是吏部的郎中，职位比王阳明要高，在二人辩解道义的时候经常会发生一些争论。后来，方献夫热衷讲学论道、辨析义理，这时他认同了王阳明一部分的观点。之后经过长时期在一起讲论，方献夫感慨王阳明的圣人之道，他超越了口舌辩论的表面化阶段，进入了诚心诚意仰慕和敬佩的内在化阶段，于是在王阳明面前自称门生，恭恭敬敬。王阳明说献夫之所以能脱出世俗之见，是因为他能做到“超然于无我”和“大无大有”。“无”的境界只能通过去蔽、减去习得的经验界的杂质才能得到。方献夫用两年的时间完成了三次“飞跃”，靠的是“无我之勇”。王阳明发自内心地说：“圣人之学，以无为本，而勇以成之。”

人心常常是不清净的，从“无”到“有”，从“大无”到“大有”，往往也体现出欲望越少，得到的也越多。人生在世，很难做到一点欲望也没有，但是物欲太强，就容易沦为欲望的奴隶，一生负重前行。每个人都应学会减重，更应学会知足常乐，因为心灵之舟载不动太多负荷。

从前，一个想发财的人得到了一张藏宝图，上面标明在密林深处有一连串的宝藏。他立即准备好了一切旅行用具，特别是他还找出了四五个大袋子用来装宝物。一切就绪后，他进入那片密林。他斩断了挡路的荆棘，蹚过了小溪，冒险冲过了沼泽地，终于找到了第一个宝藏，满屋的金币熠熠夺目。他急忙掏出袋子，把所有的金币装进了口袋。离开这一宝藏时，他看到了门上的一行字：“知足常乐，适可而止。”

他笑了笑，心想：有谁会丢下这闪光的金币呢？于是，他没留下一枚金币，扛着大袋子来到了第二个宝藏，出现在眼前的是成堆的金条。他见状，兴奋得不得了，依旧把所有的金条放进了袋子，当他拿起最后一条时，上面刻着：“放弃了下一个屋子中的宝物，你会得到更宝贵的东西。”

他看了这一行字后，更迫不及待地走进了第三个宝藏，里面有一块磐石般大小的钻石。他发红的眼睛中泛着亮光，贪婪的双手抬起了这块钻石，放入了袋子中。他发现，这块钻石下面有一扇小门，心想，下面一定有更多的东西。于是，他毫不迟疑地打开门，跳了下去，谁知，等着他的不是金银财宝，而是一片流沙。他在流沙中不停地挣扎着，可是他越挣扎陷得越深，最终与金币、金条和钻石一起长埋在流沙下了。

如果这个人能在看了警示后立刻离开，能在跳下去之前多想一想，那么他就会平安地返回，成为一个真正的富翁。物质上永不知足是一种病态，其病因多是权力、地位、金钱之类引发的。这种病态如果发展下去，就是贪得无厌，其结局是自我毁灭。世间一切我们能抓住的只是很少的一部分，又何苦为了抓住更多而失去更多呢？

王阳明告诫学生，只有将好色、贪财、慕名等私欲统统揪出来，连根拔去，才能算作痛快。《伊索寓言》中有这样一句话："有些人因为贪婪，想得到更多的东西，却把现在所拥有的也失掉了。"所以，生活中的我们应该明白：即使你拥有整个世界，你一天也只能吃三餐。这是人生思悟后的一种清醒，谁真正懂得它的含义，谁就能活得轻松，过得自在，白天知足常乐，夜里睡得安宁，走路感觉踏实，蓦然回首时没有遗憾！

荣辱毁誉皆泰然

"天地生意，花草一般。何曾有善恶之分？子欲观花，则以花为善，以草为恶。如欲用草时，复以草为善矣。"

——王阳明

天下之事，利来利往。贪腐者们追求的那些东西其实不外乎身体的安适、丰盛的食品、漂亮的服饰、绚丽的色彩和动听的乐声，到头来终究是一场空而已。

面对功名利禄、荣辱毁誉，王阳明悟出了自己最佳的人生态度："渊默"。"渊默"的理念体现了"众人嚣嚣，我独默默，中心融融，自有真乐"的超然物外的境界。

王阳明认为无论是做学问还是生活，都必须保持心境的澄澈和安定，不能为名利所累。因而在他看来，不能有太多的得失之念，他所理解的"渊默"则恰好契合了做学问的境地。

然而，生活中，有的人过于贪财，有的人过分施舍，这都不是"渊默"的应有之处。吝啬、贪婪的人应该知道喜舍结缘是发财顺利的原因，因为不播种就不会有收成。行善的人应该在不自苦不自恼的情形下去做。否则，就是很不纯粹的行善了。

有一个人十分苦恼自己妻子的吝啬。他跟自己的好友说："我的妻子贪婪而且吝啬，对于做好事情行善，连一点儿钱财也不舍得，你能到我家里去，向我太太讲些道理吗？"

这个好友是个痛快人，听完他的话后，非常爽快地就答应下来。

好友到达那个人的家里时，他的妻子出来迎接，可是却连一杯水都舍不得端出来给好友喝。于是，好友握着一个拳头说："嫂子，你看我的手天天都是这样，你觉得怎么样呢？"

那个人的妻子说："如果手天天这个样子，这是有毛病，畸形啊！"

好友说："对，这样子是畸形。"

接着，好友把手伸展开成了一个手掌，并问："假如天天这个样子呢？"

那个人的妻子说："这样子也是畸形啊！"

好友趁机立即说："不错，这都是畸形，钱只能贪取，不知道给予，是畸形。钱只知道花用，不知道储蓄，也是畸形。钱要流通，要能进能出，要量入而出。"

那个人的妻子听后，若有所思，羞愧地低下了头，赶紧端来一杯水招待好友。

握着拳头，你只能得到掌中的世界，伸开手掌，你能得到整个天空。握着拳头暗示过于吝啬，张开手掌则暗示过于慷慨。这么一个比喻，便将为人处世和用财之道说明，让人豁然领悟了。

世间的道理大多是相通的。人降临世界的时候，手是合拢的，似乎在说："世界是我的。"他离开世界的时候手是张开的，仿佛在说："瞧，我什么都没有带走。"

一个人是否追求名利，往往取决于一个人的荣辱观。有人以出身显赫作为自己的尊荣，公侯伯爵，讲究某某"世家"、某某"后裔"；有的人则以钱财多寡为标准，所谓"财大气粗"，以及"有啥别有病，没啥别没钱"，等等，这些俗话正揭示了以钱财划分荣辱的现状。

以家世、以钱财来划分荣辱毁誉的人，尽管具体标准不同，但其着眼点、思想方法并无二致。他们都是从纯客观、外在的条件出发，并把这些看成是永恒不变的财富，而忽视了主观的、内在的、可变的因素，导致了极端、片面的形而上学错误，结果吃亏的是自己。持这种荣辱观的人，往往会拼命地追逐名利，最终导致这些身居要职的人总是铤而走险，走向贪污、腐败的道路。

人格的伟大之处就在于：它超出了欲望的需求而追求品德的完善。一个人做到无欲的时候，就是放弃了心中的杂念，就是清空了心灵中积存的枯枝败叶。清空了心灵，才能最大限度地获得生命的自由、独立；清空了心灵，才能收获未来的光荣与辉煌。清心去欲，是王阳明思想的一个重要主张，他认为一切功名利禄都不过是过眼烟云，得而失之、失而复得等情况都是经常发生的。要意识到一切都可能因时空转换而发生变化，就能够把功名利禄看淡、看轻、看开些，做到“荣辱毁誉不上心”。

淡泊以明志，宁静以致远

“循理之谓静，从欲之谓动。”

——王阳明

《文子·道厚》曰：“真人者，知大己而小天下，贵治身而贱治人，不以物滑和，不以欲乱情，隐其名姓，有道则隐，无道则见，为无为，事无事，知不知也。怀天道，包天心，嘘吸阴阳，吐故纳新，与阴俱闭，与阳俱开，与刚柔卷舒，与阴阳俯仰，与天同心，与道同体，无所乐，无所苦，无所喜，无所怒，万物玄同，无非无是。”

得道之人是可以达到不为是非左右的境界的，在生活中可以超越一切相对事物，从而得到一种超然的自由。这种“不为是非左右的境界”就是淡泊。中国人不仅倾慕诸葛亮的神机妙算，还欣赏他的淡泊人生观，常常借用他的一句话“淡泊以明志，宁静以致远”来自我勉励。

王阳明提倡淡泊的心态。淡泊名利是王阳明家族的“传家宝”，他的六祖王纲性情淡泊，文武皆通，但是为了躲避乱世，他便往来于山水之间。

王纲和刘伯温是好友，但他对刘伯温说：“老夫性在丘壑，异时（你）得志，幸勿以世缘见累，则善矣。”以此可见其淡泊的心境。

只有对生活琐事的淡泊，才能让我们有时间和精力去实现我们远大的理想，也只有能够安静地坐下来，我们才有时间去思考人生。

战国时齐国有位贤者，名叫颜斶。齐宣王十分仰慕他，便把他召进宫来。颜斶走进宫内，来到殿前，就停住了脚步，不再行进。齐宣王叫他上前，颜斶不仅一步不动，还叫齐宣王下来迎接他，还说：“如果是我走到大王面前，说明我羡慕大王的权势；如果是大王走过来，说明大王礼贤下士。与其让我羡慕大王的权势，还不如让大王礼贤下士。”齐宣王生气地说：“到底是君王尊贵，还是士人尊贵？”颜斶不假思索地说：“当然是士人尊贵！从前秦国进攻齐国的时候，秦王曾经下过一道命令，有谁敢在高士柳下季坟墓五十步以内的地方砍柴的，格杀勿论！他还下了一道命令，有谁能砍下齐王脑袋的，就封为万户侯，赏金千镒。由此看来，一个活着的君主的脑袋还不如一个死了的士人的坟墓呢！大禹的时候，诸侯有万国之多，是因为他尊重士人；到了商汤时代，诸侯有三千之多；如今，称孤道寡的才二十四个。由此看来，重视士人与否是得失的关键。从古到今，没有不务实事而成名于天下的，所以君王要以不经常向人请教为羞耻，以不向地位低的人学习而惭愧。”

齐宣王听到这里，才觉得自己理亏，于是对颜斶说：“听了您的一番高论，茅塞顿开，希望您接受我拜您为师。今后您就住在这里，饮食有肉吃，出门有车乘，您的家人个个衣着华丽。”颜斶却说：“玉，产于山中，一经匠人加工，就会破坏；虽宝贵，但失去了本来的面貌。士人生在穷乡僻壤，如果选拔上来，享有利禄，他外来的风貌和内心世界就会遭到破坏。所以我希望大王让我回去，每天饥饿了才吃饭，像吃肉那样香，安稳而慢慢地走路，足以当作乘车。平安度日，并不比权贵差。清静无为，纯正自守，乐在其中。”颜斶说罢，向齐宣王拜了两拜便离开了。

在大富大贵面前，颜阖安于淡泊的生活而不追名逐利。做人的确需要几分淡泊，只有如此，才能豁达地面对人生的得失。王阳明提倡心中以良知为主宰，不以当官为荣，不以不当官为辱，坦坦荡荡，心无困扰。所以说，淡泊是一种境界，是一种从容不迫的生活态度。

淡泊的人是幸福的，淡泊使人心更加宁静、更加自由，不再受外物羁绊。淡泊是不慕名利，远离喧嚣和纠缠，走向超越。淡泊是在遭受挫折时仍有与花相悦的从容，淡泊是别人都忙于追名逐利时仍然保持恬淡。只有淡泊，才可以使你真正地享受人生，在努力中体验欢乐，在淡泊中充实自己。古往今来多少名士终其一生都在寻求淡泊的心境，“采菊东篱下，悠然见南山”，陶渊明算得上是个淡泊者；钱锺书学富五车，闭门谢客，静心于书斋，潜心钻研，著书立说，留下旷世名篇；齐白石晚年谋求画风变革，闭门十载，破壁腾飞，终成国画巨擘。

在人的生命历程中，轰轰烈烈是暂时的，大部分的时间都在平淡中度过。只要怀有淡泊的心境和一生一世永不放弃的追求，才能获得生活馈赠的那份幸福和快乐，拥有成功赋予的那份慰藉和乐趣。

安贫乐道也是信仰

“昔者尧舜有茅茨者，且以为礼，且以为乐。”

——王阳明

孔子在《论语·述而》中发出这样的感叹：“饭疏食饮水，曲肱而枕之，乐亦在其中矣。不义而富且贵，于我如浮云。”

《后汉书·杨彪传》中谈道：“安贫乐道，恬于进趣，三辅诸儒莫不慕。”言外之意就是，在贫富与仁义不可兼得时，他是宁可受苦受穷也不愿放弃仁义的。

有时候，生活就像一个圈，无论你的人生多么辉煌壮丽，到最后终究还是要回到原点。这样看来，安贫乐道未必就是不思进取，反而体现出一种和谐有度的生活哲学来。

王阳明在《初至龙场至所止结草庵居之》中说："昔者尧舜有茅茨者，且以为礼，且以为乐。"意思是说，上古时候的尧舜都住过茅草棚，他们一样讲究礼仪，一样喜爱音乐。王阳明以尧舜为榜样，迎接困难的起点很高。

《始得东洞遂改为阳明小洞天（三首）》第三首有这样的诗句："邈矣箪瓢子，此心期与论。"诗中引用了颜回对待艰苦生活的态度"一箪食，一瓢饮，在陋巷，人不堪其忧，回也不改其乐"。王阳明说，颜回虽离我们很远，但我愿意像他那样安贫乐道。

梁实秋在《雅舍小品》中也说过："安贫乐道的精神之可贵更难于用三言两语向唯功利是图的人解释清楚的。"在佛家看来，能够安贫乐道，独守一份内心的清净，是修行的一种境界。如做人也能够如此的话，必将有所收获。

春秋时期，楚国令尹孙叔敖深受楚庄王倚重，功劳卓著，但他非常俭朴。庄王几次封地给他，他都推辞不受。

后来，孙叔敖得了重病，临死前他嘱咐儿子孙安说："我死后，你就回到乡下种地，千万别做官。如果大王非要赏你东西，你就要那块没人要的寝丘。"寝丘位于楚越之间，即今河南省固始县内。地方偏僻，地名也不好，而且是一片贫瘠的薄沙地，楚人视之为鬼地，越人认为其不祥，所以很久以来都没人要。

不久，孙叔敖去世，楚王十分悲痛，便打算封孙安为大夫，但孙安百般推辞，庄王只好让他回家去了。孙安回家后，靠打柴为生，日子过得十分清苦。后来，楚王听从优孟的劝说，派人把孙安请来封赏。孙安想起父亲的遗命，就要了寝丘那块薄沙地。

按楚国的规定，封地延续两代，如果其他功臣想要，就改封其他功臣。因为寝丘太贫瘠了，功臣们在请赏的时候，都忘了那里，于是，孙叔敖的子孙十几代拥有这块地，得以安身立命。

光彩夺目的金子会引起人们激烈地争夺，金光大道上挤的人太多了，反倒不如独木小桥幽静和从容。孙叔敖的不争未必是不思进取，反而是一种和谐的生活哲学。

什么是衡量人生成功的标准，是财富、权力，还是享受一份粗茶淡饭的宁静日子？在王阳明看来，安于贫困生活，以学习和掌握圣人之道为乐，不被现实与名利所扰，便能找到自己的人生意义，便是一种成功的表现。

明代施惠在《幽闺记·士女随迁》中说："乐道安贫巨儒，嗟怨是何如，但孜孜有志效鸿鹄。"如果沉浸在世俗名利中不能自拔，一心追求欲望的满足，那么还不如在宁静中享受简单的幸福。

徒有虚名不中用

"世之人从其名之好也而竞以相高，从其利之好也而贪以相取，从其心意耳目之好也而诈以相欺，亦皆自以为'从吾所好'矣，而岂知吾之所谓真吾者乎！夫吾之所谓真吾者，良知之谓也。"

——王阳明

王阳明从少年时代起，受到父亲的耳濡目染，便要通过科举考取功名。而通过读书摆脱平民的命运，走上仕途是当时很多人唯一的道路。为此，很多人为了这一功名苦读数年，甚至付出了一生。王阳明虽然也受到科举的束缚，但是他并不为它所摇摆，功名仅仅是一个虚名，考不上不算什么，一旦考取，便要让其有实际的用处，为百姓，为社会谋福谋利，这也是他用一生来践行的事情。

然而，世界上有很多人，为了达到一己的目的，不择手段，超过了道德的范围，破坏了人生行为的标准。他们为什么不能守住自己的本分呢？多数情况下，是因为"名心"的驱使。所以，人最高的道德，就是把这个"名心"抹平，不去刻意追求"名"，往往会得到意想不到的结果。

我们以赤子之身来此世界，当以赤子之心走过此世界，也就是真正留取清白在人间。既无声名，亦无功利，然而这也是莫大声名、莫大功利了。所以，我们的先哲曾经说："至人无已，神人无功，圣人无名。"

王阳明追求的人生应该是"致良知"的一生，他对人生有着自己的终极关怀和哲学导向，他不仅希望能实现"饥者歌其食，劳者歌其事"，还希望实现报国行道的理想。他融合思想家和政治家为一体，却不希望为名所累。

事实上，人生的规则也正是如此奇妙，贪慕虚名、急功近利者往往得不到真正的名誉；沽名钓誉之徒往往得不到真正的快乐。

有一个书生因为像晋人车胤那样借萤火夜读，在乡里出了名，乡里的人都十分敬仰他的所作所为。一天早晨，有一人去拜访他，想向他求教。可是这位书生的家人告诉拜访者，说书生不在家，已经出门了。来拜访的人十分不解地问："哪里有夜里借萤火读书，学一个通宵，而清晨大好的时光不读书却去干别的杂事的道理？"家人如实地回答说："没有其他的原因，主要是因为要捕萤，所以一大早出去了，到黄昏的时候就会回来的。"

车胤夜读是真用功、真求知，而这个虚伪的书生真的好学到这种地步吗？在大好的天光下出门捕萤，黄昏再回来装模作样地表演一番，完全是本末倒置，"名"是有了，但时间一长难免会露出马脚。靠一时的投机哗众取宠，这样的"名"往往很短暂，如过眼云烟，很快会被世人遗忘。那时，这位"名人"便也不再风光了。

追求名誉难免被虚名所累，误了一生。其实看开了，虚名不过是噱头，可惜的是太多人被它牵制、累坏。虚名能为人带来一时的心理满足，但它本身毫无价值、毫无意义，任何一个真正的有识之士，都不会看重虚名。王阳明和学生讨论有关名这个问题时，他说如果一味地力追声名，就不会懂得真实、纯朴的道理，人生中就会徒增烦扰。

为了虚名而去争斗，是人世间各种矛盾、冲突的重要起因，也是人生之中诸多烦恼、愁苦的根源所在。我们追求的是精神的不朽，那么，请抛却背后的虚名，着眼未来，脚踏实地，我们终将到达人生的制高点。

第七章

喜乐心：常思一二，不思八九

财富是外形，心是快乐的根

“常快活便是功夫。”

——王阳明

王阳明的学生陈九川卧病虔州，王阳明问他：“病了之后是不是觉得格物穷理更加困难了啊？”陈九川说：“这个功夫确实太难了。”王阳明告诉他：“常快活便是功夫。”

的确，保持一颗快活的心很难。人总会遇到一些不如意的事情：生病了、降职了、失恋了、失业了等等，想到这些总是很难快活起来。在陈九川看来，格物穷理本就是一件很难的功夫，生病了就变得更难了。实际上，先生的话是在劝诫他，快活不快活与外物环境没有太大的关系，主要在于内心。

物质环境的好坏，固然可以影响到人的心情与思想。但有高度精神修养的人，同样也能够以自己的心去改变环境。如果没有立身处世的道德标准和精神的修养，纵然有再多的财富、再好的物质环境，他也不会快乐。

快乐是一种身心愉快的状态，离苦得乐，是人最本质的需要。快乐很简单，它与一个人的财富、地位、名气无关，它不需要大量的金钱去支撑，也不需要以名气为后盾，更不需要乌纱帽来提携。相反，快乐只与一个人的内在有关，物质财富的获得可能让人获得快乐，可是处理不当则会成为人生的负累，生活从此远离快乐，永无宁日。

从前有一个樵夫，他长年累月都以打柴为生，早出晚归，风餐露宿，但是家里仍然常常揭不开锅。于是他老婆天天祈求上天让他们早日脱离苦海。

真是苍天有眼，大运降临。有一天樵夫在大树底下挖出了一包金子。转眼间，他就变成了百万富翁。于是他买房置地，宴请宾朋，好不热闹。亲朋好友也都像是一下子从地下冒出来似的，纷纷前来向他表示祝贺。

按理说樵夫应该非常满足了，现在终于知道荣华富贵是什么滋味了。可是他只高兴了一阵子，就开始愁眉苦脸，吃睡不香，坐卧不安了。他的妻子看在眼里，劝他说："现在我们有很多金子，吃穿不愁，又有良田美宅，你为什么还是愁眉苦脸的呢？你这个丧气鬼，天生就是个受穷的命！"

樵夫听到这里，不耐烦了："你个妇道人家懂得什么？我们得了金子的事情，人人都知道了。如果有人来偷来抢怎么办？我是愁没有最好的地方来藏它们。"妻子听过之后也觉得有理。于是夫妻二人开始找藏金子的好地方。可是无论何地他们都觉得不安全，结果就这样天天找，天天担心，生活没有了一刻的宁静。

挖出金子之后的樵夫并没有之前那么快乐，是因为他将金子看得过重。人生在世，名利钱财、金银珠宝等都是身外之物，即使时时刻刻永不停息、永无止境地去追求和索取它，也不会有满足的时候。一味地追求反而丢失了生活的宁静与快乐，得不偿失。快乐无须附丽，它只是内心深处的富足，它像一缕清纯的阳光，既可以照亮自己，也可以照耀周围的人。那些身无长物的人，同样可以获得人生的快乐。

孔子说颜回："贤哉！回也。一箪食，一瓢饮，在陋巷，人不堪其忧，回也不改其乐，贤哉回也！"颜回短暂的一生，师从孔子，周游列国，虽有满腹经纶，德才兼备，但是甘于贫苦生活而不改其乐，可以说是乐由心生、无须附丽的典型了。

当我们哀叹命运不公、抱怨时运不济时，以为只有得到名利才快乐，那真是一件可悲的事情。快乐其实很简单，它就住在每个人的心里，不过，需要你用心寻找。王阳明曾经说过：乐是心的本体，只有心才是快乐的根。快乐不是霓虹灯下的买醉，不是一掷千金的快感。不放纵生命，不麻醉灵魂，珍惜生命的点点滴滴，才是快乐；拥有一颗感恩的心，感激生命，感激阳光雨露，忘却曾经的苦痛，快乐之情会油然而生。

希望有所成就并且生活得逍遥自在、豁达明朗，就首先要努力使自己成为一个有道德教养的人，一个有良好品格的人，一个有丰富心灵的人，一个有益于他人的人，这样才能有效地防止那些使人沮丧和紧张的因素，从而充分享受工作和生活本身蕴含的乐趣，在任何情况下保持一种“临清风，对朗月，登山泛水，肆意酣歌”的心境，陶陶然乐在其中，不亦快哉！行走青山绿水之间，且听风吟，了无牵挂，快乐盈心！

沉浮动静皆人生

“尔却去心上寻个天理，此正所谓理障。”

——王阳明

生是头，死是尾，中间的是过程，人生就是如此。不问来处，不问去路，只问今何处，才是现实。愚者以为幸福在遥远的彼岸，聪明者懂得将周遭的事物培育成幸福。快乐的人生不在山珍海味，而在清和淡雅；不在盲目追求，而在真诚相待；不在别人的施舍，而在自己的努力；不在遥远的未来，而在当下的获得。追求快乐的人生不在于快乐二字，而在于快乐的过程。

对于王阳明来说，从早年的官场争斗到后来的南征北战，从江西剿匪到平定宁王叛乱，再到后来的潜心治学教书，他的一生是短暂的，他逃不过死亡的结局；但他的一生又是漫长的，他的的确确闯出了一片天地，在这片广阔的天地之中干了一番大事业。在他生命的全部过程中他一直坚持着少年时候的志向与追求，无论是创立心学、提出“知行合一”，还是带兵打仗，为的都是报效祖国。他一直坚持自己的追求，并为之付出了毕生心血，他的人生是成功的也是幸福的。

对于一个人来说，从胎儿、婴儿、孩童、少年、青年、中年、到老年，是这个过程诠释了生命的真谛，它包含了酸甜苦辣，凸显着人生得意的光芒和失意的暗淡。

人们苦苦追求，苦苦寻觅，只为了得到一个结果。但当你得到了那个果时，常会变得失望，反而是在争取的过程中，你尝遍了各种快乐和心酸，那种滋味才令人回味无穷。不要因为在人生过程中失去了那些得到的东西而忧心忡忡，因为已经得到，就不怕失去。否则，在你的不断为失去而感叹时，你会错过大好的时光，而说不定你错过的时光，会让你得到更好的事物。

有位孤独者倚靠着一棵树晒太阳，他衣衫褴褛，神情萎靡，不时有气无力地打着哈欠。

一位智者由此经过，好奇地问道：“年轻人，如此好的阳光，如此难得的季节，你不去做你该做的事，懒懒散散地晒太阳，岂不辜负了大好时光？”

“唉！”孤独者叹了一口气说，“在这个世界上，除了我自己的躯壳外，我一无所有。我又何必去费心费力地做什么事呢？每天晒晒我的躯壳，就是我要做的所有的事了。”

智者问：“你没有家？”

“没有。与其承担家庭的负累，不如干脆没有。”孤独者说。

智者问：“你没有你的所爱？”

“没有，与其爱过之后便是恨，不如干脆不去爱。”孤独者说。

智者问：“你没有朋友？”

“没有。与其得到还会失去，不如干脆没有朋友。”孤独者说。

智者问：“你不想去赚钱？”

“不想。千金得来还复去，何必劳心费神动躯体？”孤独者说。

“噢。”智者若有所思，“看来我得赶快帮你找根绳子。”

“找绳子干吗？”孤独者好奇地问。

智者答：“帮你自缢。”

“自缢？你叫我死？”孤独者惊诧道。

智者答：“对。人有生就有死，与其生了还会死去，不如干脆就不出生。你的存在，本身就是多余的，自缢而死，不是正合你的逻辑吗？”

孤独者无言以对。

“兰生幽谷，不为无人佩戴而不芬芳；月挂中天，不因暂满还缺而不自圆；桃李灼灼，不因秋节将至而不开花；江水奔腾，不以一去不返而拒东流。更何况是人呢？”智者说完便转身离去。

如智者所说“江水奔腾，不以一去不返而拒东流”。人生是过程，这是一个最简单但又最不为人注意的错误。人生目标是我们永远的明天，我们的人生永远是今天。有目标的人是活得有意义的人，能看重人生本身这一过程并把握住过程的人是活得充实而真实的人。“没白活一辈子”，应该是目的和过程两方面都有质量。许多人活了一辈子，到头来，还没有得到人生过程的乐趣，没有享受人生，这是一种生命自觉与自省的缺乏。沉浮动静皆人生，体悟每种境遇，不以物喜，不以己悲，得失沉浮皆是人生所获的赐予。

沉浮动静皆人生。如果我们总用一种效益坐标来判别人生的状况，前进为正，后退为负，上升为优，下沉为劣，那么，我们就永远不能读懂人生。所以，追求幸福的过程才是最幸福的。既然每个人的未来结果是相同，赤条条来去无牵挂，那么还不如在追求一切的过程中好好享受，这才不枉在人世走一遭。

幸福在于追求得少

“彼其胶于人欲之私，则利害相攻，毁誉相制，得失相形，荣辱相缠，是非相倾，顾瞻牵滞，纷纭舛戾，吾见其烦且难也。”

——王阳明

“譬如空中飞鸟，不知空是家乡；水中游鱼，忘却水为性命。”空中飞鸟翱翔天际，本身即在天空中，它并未想过向生活索取更大的空间，因为天空够宽了；水中游鱼，水对它是非常重要的东西，而它并未一味因其重要而操心忧虑。若能以这种积极的态度努力生活，生活必然愉快、幸福。

俗话说，人生失意无南北，宫殿里也会有悲恸，茅屋里同样会有笑声。只是，平时生活中无论是别人展示的，还是我们关注的，总是风光的一面，得意的一面，这就像女人的脸，出门的时候个个都描眉画眼，涂脂抹粉，光艳靓丽，这全是给别人看的。回到家后，一个个又都素脸朝天。

就像王阳明说的，毁誉、得失、荣辱、是非都是相辅相成的，世间没有绝对的事情。当然人生也没有绝对的幸福与不幸，两者相差的也许只是一个角度罢了。站在城里，向往城外，而一旦走出了围城，就会发现生活其实都是一样的，有许多我们一直在意的东西，在别人看来也许根本就不算什么。所以，与其不停地长吁短叹，不如欣赏一下自己的生活，静心体会生活的快意。

在一条河的一边住着农夫，另一边住着官员。农夫看到官员每天无须劳作，吃好喝好，十分羡慕他；官员看到农夫每天在田园山水中修身养性，也十分向往那样的生活。日子久了，他们都各自在心中渴望着：到对岸去。

一天，农夫和官员达成了协议。于是，农夫过起了官员的生活，官员过上了农夫的日子。

几个月过去了，成了官员的农夫发现，原来官员的日子并不好过，表面上悠闲自在其实是日理万机，官场的各种规则更是让他感到无所适从，便又怀念起以前当农夫时的生活来。

成了农夫的官员也体会到，他根本无法忍受农夫每日为生活而辛苦的劳作，于是也想起做官员的种种好处。

又过了一段日子，他们各自心中又开始渴望：到对岸去。

农夫羡慕官员，官员羡慕农夫，真正互换了彼此的生活，又发现原来的生活才好。其实，你眼中的他人的快乐，并非真实生活的全部。每个生命都有欠缺，不必与人作无谓的比较，珍惜自己所拥有的一切就好。

生物界寿命的长短，决定了生命境界的不同感受：树根上的小蘑菇寿命不到一个月，因此它不理解一个月的时间是多长；蝉的寿命很短，生于夏天，死于秋末，它们不知道一年当中有春天和秋天。它们的生命都是短暂的，一般人觉得它们可怜。

其实，不完全就是这样。那些生命即使活了几秒钟也觉得自己活了一辈子，因为它们有它们的快乐。感受的境界各自不同，生命也各有各的幸福。或许你的生活很简单，但是你也会有自己的乐趣。

胡九韶，明朝金溪人。他的家境很贫困，一面教书，一面努力耕作，仅仅可以衣食温饱。每天黄昏时，胡九韶都要到门口焚香，向天拜九拜，感谢上天赐给他一天的清福。妻子笑他说："我们一天三餐都是菜粥，怎么谈得上是清福？"胡九韶说："我首先很庆幸生在太平盛世，没有战争兵祸。又庆幸我们全家人都能有饭吃，有衣穿，不至于挨饿受冻。第三庆幸的是家里床上没有病人，监狱中没有囚犯，这不是清福是什么？"

胡九韶虽然贫困，但是他认为有饭吃，有衣穿，没病痛，没兵祸便是幸福。正如这首诗："木末芙蓉花，山中发红萼。涧户寂无人，纷纷开且落。"那山中的芙蓉花并不因生在深山而黯然神伤。春来秋去，它依然绽放自己生命的美丽，灿烂地活在世上，体验生命的大幸福。什么是幸福，怎样才算是幸福？幸福没有绝对的答案，关键在于你的生活态度。

首先我们学会理解幸福，幸福不是虚无缥缈的东西，把对幸福的理解建立在客观条件允许的范围内切不可脱离实际，不可好高骛远，那么幸福每时每刻都在我们每一个人的身边，关键是我们如何去发现它、理解它、感受它，创造它。

无执无着，无滞无留

“读书作文安能累人？人自累于得失耳。”

——王阳明

王阳明的一生，几经起落，但无论是京都的富贵还是穷乡僻壤的贫寒，他从来没有计较过。他认为，人之所以活得很累，就是因为太过于计较自己的得失。人生就像天气一样变幻莫测，有晴有雨，有风有雾。无论谁的人生，都不可能一帆风顺，况且，一帆风顺的人生，就像是没有颜色的画面，苍白枯燥。等人老了的时候，回过头看看自己走过的路，开心的、伤心的，不都成了过眼云烟吗？一路走过来，难免会有许多辛酸的泪水，难免会有许多欢乐的笑声，当一切成为过去，谁还记得曾经有多痛，曾经有多快乐。

按照这种思路想来，一切都会过去的。那么，对于眼前的不幸，又何必过于执着？世间万事，来不可阻挡，去也不必挽留。生生死死，哭哭笑笑，一切的幸与不幸，都只是一个过程。

明朝开国文臣之一、大学士宋濂在《秦士录》中写一介狂士。

秦士指的是邓弼，他以力量称雄于人，喜欢酒后使性，对旁人怒目而视，人们就说：“狂徒不可接近，接近则必受奇耻大辱。”

有一日，他在青楼独自饮酒，看到萧、冯两位书生经过楼下，就把他们拉来共饮。这两人向来瞧不起他，就百般推托。邓弼发怒说：“你们如果不接受我的邀请，那我就杀了你们，然后逃命到荒山僻野去，怎么可能让你们如此侮辱我！”

两位书生不得已，只好和他一起去。邓弼一边大声吆喝着要酒喝，一边高歌。喝到畅快之处，他解开衣服，两腿岔开，粗鲁地席地而坐，还拔刀放在桌面上，铿然作响。两位书生向来听说他酒后发狂，想起身离开，邓弼制止说：“不要走！我也稍微读了些诗书，你们何至于把我看得低贱？今日并非特意请你们喝酒，只是想略吐胸中不平之气罢了。经、史、子、集四部的书籍任凭你们询问，如果不能回答，就让这把刀沾上鲜血。”

两位书生说：“竟有这样的事？”

便摘取七经数十义问他，邓弼列举古书中注释经文的文字和解释传文的文字，不漏一句。他们又询问历代史事，上下三千年谈吐流畅，滔滔不绝。

邓弼笑着说：“你们服不服？”

两位书生相顾沮丧失色，不敢再有问题。邓弼取酒，披头散发跳着说：“我今天压倒老书生了！古者学在养气，如今的人穿着读书人穿的衣服，反而毫无生气，只想卖弄学问，把世上豪杰当小孩子抚养。你们还是算了吧。”

两位书生向来自负博学多才，听到邓弼的话大感惭愧，下楼去了，走路都不正常。回去问与邓弼交往的朋友，也没有看见他拿着书本低声吟咏过。

虽然天生神力，但是因丞相阻挠，邓弼始终没有受天子重用。他慨叹说：“天生一具铜筋铁肋，却不能建立功勋在万里之外，而只能困死在野草之下，生不逢时啊，这就是我的命啊！”

随后邓弼进王屋山做了道士，十年后死去。

邓弼满怀的壮志难酬，最后选择“入王屋为道士”来回避现实，正是已经对人生心灰意冷，如此，还有何乐趣可言呢？

苏轼曾在赤壁慨叹道：“人生如梦，一樽还酹江月。”既是如此，又何苦执着？

众生苦苦寻求，就是为了离苦得乐，然而，什么才是快乐的真正法门？也许我们可以从这句话中找到答案：“不要讨厌坏境界，也不要贪求好现象，只有不忮不求，才能无欠无赊，才能体会到真正的快乐。”命运弄人，它总是喜欢以玩笑来捉弄世人，那么，我们又何必太较真呢？有时候不妨也以游戏的心态面对，“游戏”不是态度，而是一种心情。逆境中要勇于承担，切不可自暴自弃；顺境中要谦卑恭谨，切不可得意忘形。

生活不会永远一帆风顺，正因为如此，我们的生活才有滋有味、绚丽多彩。在跌宕起伏中保持一颗平常心很重要，不以物喜，不以己悲，宠辱不惊，去留无意，在平淡中给自己一分力量，在喧闹中给自己一分宁静。

王阳明在一封信中曾写道：普通人和圣人都怀有快乐之心，只是普通人却不自知本身拥有这种快乐，反而还要自寻烦恼，久而久之自己舍弃了这份快乐。其实，即便真正处于烦恼迷离的处境当中，这种乐的本体也是不会消失的。快乐是一种独特的体验，真实的常在，无论雅俗，都会活得有滋有味，也用不了太多的心思，你就会发现活着本来就不错。比如说，你有大本事或小本事，朋友多，会有种种发展的机会；你拥有爱情，拥有家庭，拥有多彩的故事，你总有一些盼望，会发现一些趣事，甚至某个消息、某个话题、某种现象都能让你兴奋。这兴奋可能太俗，让人瞧不上眼，或根本就不值。但只要是真实快乐的体验，也就够了。即使是真正遇上不称心的事，也别抱着死理，跟自己过不去，这样你便能从容应付、潇洒地走出困境。

幸福源自内心的简约

“但论议之际，必须谦虚简明为佳。若自处过任而词意重复，却恐无益有损。”

——王阳明

古人有句话叫“大道至简”，用今天的话来说，就是“越是真理的就越是简单的”。著名的美籍华裔数学家陈省身先生有一个很有趣的“数学人生法则”，数学的一个重要作用就是九九归一，化繁为简。智者的简单，并非因为贫乏或缺少内容，而是繁华过后的一种觉醒，是一种去繁就简的境界。简单的过程是一个觉醒的过程。大道至简，健康的人生一定是一个去繁就简的人生。

对于这一点，王阳明先生也有过相关的论述。他认为为文应该“谦虚简明”才好。不简明、过多重复就有损而无益了。这句话虽然本来说的是议论、作文的道理，其实也是人生的道理。

人的一生会有许多的追求：宽敞豪华的寓所；完整的婚姻；让孩子享受最好的教育，成为最有出息的人；努力工作以争取更高的社会地位；能买高档商品，穿名贵的皮革；跟上流行的大潮，永不落伍等等。为了满足内心的虚荣，可能于不知不觉中逐渐地拥有很多，但是却也负担了很多，纷繁的生活让生活反而没有了意义。其实，幸福与快乐源自于内心的简约，简单使人宁静，宁静使人快乐。

有位中年人觉得自己的日子过得非常沉重，生活压力太大，想要寻求解脱的方法，因此去向一位禅师求教。

禅师给了他一个篓子，要他背在肩上，指着前方一条坎坷的道路说："每当你向前走一步，就弯下腰来捡一颗石子放到篓子里，然后看看会有什么感受。"

中年人照着禅师的指示去做，他背上的篓子装满石头后，禅师问他这一路走来有什么感受。他回答说："感到越走越沉重。"

禅师于是说："每个人来到这个世上时，都背负着一个空篓子。我们每往前走一步就会从这个世界上捡一样东西放进去，因此才会有越来越累的感慨。"

中年人又问："那么有什么方法可以减轻人生的重负呢？"

禅师反问他："你是否愿意将名声、财富、家庭、事业、朋友拿出来舍弃呢？"那人答不出来。

禅师又说："每个人的篓子里所装的，都是自己从这个世上寻来的东西，但是你拾得的太多，如果不能放弃一些，你的生命将承受不起，现在决定了你的选择吗？丢下什么，留下什么？"

中年人反问禅师："这一路上，您又丢下了什么，留下了什么？"

禅师大笑道："丢下身外之物，留下心灵之物。"

常有人提着一个袋子，边走边拾。一路上拾起无数他不想要的东西。当他遇到真正想要的东西之时，袋子已经装满了。对于绝大多数人来说，功名利禄就像背篓里的石子，得到的越多步履越沉，反倒是心灵之物，装得越多，人就会越有智慧，越是通达，越容易感受到幸福。

人在世上，无时无刻不受到来自外界的诱惑，一旦有了功名，就会对功名放不下；有了金钱，就会对金钱放不下；有了爱情，就会对爱情放不下；有了事业，就会对事业放不下。当得到的东西太多了，超过生命的承载力，这个时候，你该怎么办？留下什么，舍弃什么，选择变得尤为重要。稍有不慎，就会背上沉重的枷锁，却与幸福擦肩而过。

人生不会一帆风顺，不如意事十之八九，得失随缘不要过分强求什么，不要一味地去苛求些什么。世间万事转头空，名利到头一场梦，想通了，想透了，人也就透明了，心也就豁然了。名利是绳，贪欲是绳，嫉妒和褊狭都是绳，还有一些过分的强求也是绳。牵绊我们的绳子很多，只有摆脱这些牵绊心的绳索，才能享受到真正的幸福，体会到做人的乐趣。

有些人，他们活着，却没有时间去多愁善感；爱着，他们却不懂怎么诠释爱情；他们满足，因为他们没有奢望生活过多地给予；他们简单，不用在人前掩饰什么。他们也许连幸福是什么都不知道，然而真正快乐的就是这么一群简单的人。

人之所以不快乐，就是因为不能够活得单纯。其实，不要去刻意追求什么，不要向生命去索取什么，不要为了什么去给自己塑造形象，简单本身就是一种幸福。

时时微笑，雨打芭蕉也无愁

“心无所累，意无所牵。”

——王阳明

“芭蕉叶上无愁雨，只是听时人断肠”，心外阳光明媚、鸟语花香时，内心却可能愁云密布，甚至没有任何阳光可以照进的缝隙。快乐时，“绿杨烟外晓寒轻，红杏枝头春意闹”；失意时，“泪眼问花花不语，落红飞过秋千去”。

宦海沉浮本就是很平常的事情，这一点王阳明很清楚，所以即使经历了大起大落他依然坚守内心的生活哲学。几次被贬他也沉默过、失望过，但他终究没有被困难、失意所俘虏，依然微笑着面对人生。他的微笑来自长期自省、为学、修身的自信和内心深入的平静。任何得失沉浮都是人生，都是生活所获的赐予。活了一辈子，却常常因为心中长满了烦恼杂草而愁肠百结，愁眉不展，到头来，还没有得到生活过程的乐趣，没有享受生命，这是生命当中自觉与自省的一种缺乏。

有两个见解不同的人在争论三个问题。

第一个问题：希望是什么？

悲观者说：是地平线，就算看得到，也永远走不到。乐观者说：是启明星，能告诉我曙光就在前头。

第二个问题：风是什么？

悲观者说：是浪的帮凶，能把你埋葬在大海深处。乐观者说：是帆的伙伴，能把你送到胜利的彼岸。

第三个问题：生命是不是花？

悲观者说：是又怎样，凋谢了也就没了！乐观者说：不，它能留下甘甜的果实。

突然，天上传来了一阵声音，也问了三个问题。

第一个：一直向前走，会怎样？悲观者说：会碰到坑坑洼洼。乐观者说：会看到柳暗花明。

第二个：春雨好不好？悲观者说：不好！野草会因此长得更疯！乐观者说：好，百花会因此开得更艳！

第三个：如果给你一片荒山，你会怎样？悲观者说：修一座坟茔！乐观者反驳：不！种满山绿树！

于是上天分别给了他们一样礼物：给了乐观者成功，给了悲观者失败。

乐观者和悲观者对于同样一个问题有截然相反的答案。可见，决定一个人心情的，不在于环境，而在于心境。当一个人的心情阴云密布的时候，看什么都不顺眼，当一个人欣逢喜事之时，连花儿都笑得灿烂。有个哲人曾说："当你一个人哭的时候，只有你一个人在哭；当你微笑的时候，世界在跟着你笑。"

很多人都知道境由心造的道理，但很多人常常被外境所困，以至于自己的心常常被困在围城中。明心见性，看清自己的本心，才能找到症结所在，扫除心中的杂草，剪掉心中的死结，走出围城，达到心神通畅。所以在面对人生烦恼的时候，最好的办法就是对身边的人时时微笑。

有一个人常常觉得生活没有任何意义，除了悲伤就是烦恼，所以，他渐渐地越来越颓废、越来越忧郁。一天，他听说在远方的深山里有一位得道高人，能够帮人答疑解惑，便跋山涉水地寻到这座山，向高人请教解脱之法。

忧郁者问："我究竟应该怎么做，才能够摆脱这悲观痛苦的深渊，得到充实而轻盈的快乐呢？"

高人回答："微笑，对自己微笑，也对他人微笑。"

忧郁者仍然困惑，又问："可是我没有微笑的理由啊！生活如此艰辛，我为什么要微笑呢？"

高人略微思索了一下，说："第一次微笑是不需要理由的，你只要尽情地绽放自己的笑容就可以了。"

"那么第二次、第三次呢？一直都不需要理由吗？"

"不要担心，到第二次、第三次的时候，微笑的理由就自己来找你了。"

忧郁者踏上了返乡的归程，高人微笑着目送他离去的背影。

与人相处时，善意的开始必然带来快乐融洽的结果。面带微笑，心存真诚，两人相对的第一个瞬间，必定能传达出最友好的信号。

其实，我们每个人的心灵都是一座种满花草的花园，它需要我们时时垦植翻耕。这个花园中有秽土，也有净土，所以不可能永远保持快乐与清净。作为自我心灵的园丁，我们绝不能放任杂草丛生，占尽花木所需的阳光雨露，否则这座花园就必须成为人生困顿的围城，而及时修剪，时时微笑，求得和谐美好的内心环境，围城之中也能过自在人生。

要活得轻快洒脱

“吾辈用功，只求日减，不求日增。减得一分人欲，便是复得一分天理，何等轻快脱洒，何等简易！”

——王阳明

王阳明从小熟读“四书五经”，对于宋代的程朱理学也有深刻的见解，这些都是他创立心学的基础。尤其对于朱熹提出的“存天理，灭人欲”，他更有着深刻的理解。

一次他路过道观问一位禅师是否想念自己的母亲，禅师想了想面露愧色地说：“想！”于是，王阳明开始思考所谓的“人欲”。谁都有母亲，想念自己的母亲为什么要感觉到羞愧呢？这不是人之常情吗？从这时开始，他对朱熹的“存天理，灭人欲”产生了质疑，进而将这个说法做了新的诠释。他认为，人应该“求减不求增”，减少自己的欲望，天地间便多了一分天理，这就是人生快乐、洒脱的法则。而这个法则也与“心学”相照应，其实天地间万事万物都是人心的写照。世间之风月景物本就没有烦恼、快乐之别，有别的是人的内心，内心繁复自然多了几分烦恼；内心简单快乐自然容易了许多。

唐代诗人张若虚的《春江花月夜》被称为是“孤篇盖全唐”的杰作，其中一句说：“江畔何人初见月？江月何年初照人？人生代代无穷已，江月年年只相似。”大自然中的月亮、太阳、风、山河，它们永远如此，古人看到的天和云，和我们现在看到的这个天和云是一样的，未来人看到的也是这个自然天地。江月虽一样，但情怀却不尽相同。快乐的人看到风景很高兴，痛苦的人看到一样的风景，却深感悲哀，其实这都是自己心境的照应。

生活中，很多人往往自寻烦恼，自己给自己套上枷锁，从而让自己疲惫不堪。每个人都不愿意让烦恼缠身。为此，有人试图通过酒精、尼古丁和大量的镇静剂来解除不安和痛苦，也有人把大部分精力用于消除外在表面上的痛苦，以获得一种暂时的解脱，或者是整日整夜地守在电视机前，嘴里还不停地咀嚼着零食。

而这些方法不是麻痹自己就是给自己带来另一种烦恼、痛苦或者伤害，与其这样倒不如给自己减压，解除这些束缚，从而让自己活得轻松、活得快乐。其实，人生的痛苦和悲哀皆由心造，人的心能大能小，痛苦和悲哀也源自于人心的不同。一个拥有快乐心情的人，就会远离痛苦、悲哀。

牛弘，字里仁，隋朝大臣。他不但学术精湛，位高权重，而且性格温和，宽厚恭俭。牛弘有个弟弟牛弼，他就没有哥哥那么谨言慎行了。一次牛弼喝醉了酒，竟把给牛弘驾车的一头牛用箭射死了。牛弘回家时，其妻就迎上去给他说："小叔子把牛射杀了！"牛弘听了，不以为意，轻描淡写地说："那就制成牛肉干好了。"待牛弘坐定后，其妻又提此事说："小叔子把牛射杀了！"显得非常着急，认为是件大事，不料牛弘随口又说："已经知道了。"他若无其事，继续读自己的书。其妻只好不再说什么。

明代著名作家冯梦龙评点此事说：冷然一句话扫却了妇道人家将来多少唇舌。想要摆脱琐事带来的烦恼，最好的办法就是放宽心胸，如牛弘一样，不问"闺"中琐碎之事。

人生的烦恼多半是自己寻来的，而且大多数人习惯把琐碎的小事放大。"月有阴晴圆缺，人有悲欢离合"，自然的威力，人生的得失，都没有必要太过计较，太较真了就容易受其影响。我们降落到这个尘世中并不是来寻找烦恼的，所以我们没有必要成日在忧伤和苦闷中度过，这样的人生又有什么意义呢？快活地奔走在眼花缭乱的世界，在杂乱中寻找宁静，在失意中追寻进取，做一个真正意义上的快乐者，这样的人生才活得有意义、有价值。

我们每个人的身体都好比是一个小小的院落，脸上的五官就是五个房间，而心脏则是大厅。想要生活在一个宁静的院落里，那么我们就必须保证这五个房间和一个大厅都处于安静的环境之中，尤其是大厅的宁静，显得尤其重要。心中的安宁是一切外在事物宁静的源头，因此心脏也理所当然地成为了五官的总领，只有当人们拥有一颗平静的心时，五官所听到的、所看到的、所闻到的以及所尝到的才有可能是甜蜜和幸福。

其实，魔鬼不在心外，魔鬼就在自己的心中。就像王阳明说的：“擒山中之贼易，捉心中之贼难。”这样看来，自己的敌人就在自己心里，自己的烦恼痛苦也都是自己心里的心魔，能将其降伏者，也只有我们自己。

第八章
决心：知行合一，言行一致

慎思之，笃行之

“知是行之始，行是知之成。”

——王阳明

常言道，三思而后行。意思是思考在前，行动在后，必须经过多番仔细周密的考虑才能有所行动，如此才能取得最好的效果，避免一些不必要的麻烦。

“三思而后行”，出自《论语·公冶长》：“季文子三思而后行。子闻之，曰：‘再，斯可矣。’”孔子对季文子三思而后行的评价，着实令人费解。有的人指出，孔子是赞同季文子的做法的，并且孔子认为三思还不够，还要再想一次才可以；有的人则持相反的观点，指出孔子实际上是反对季文子这种过多思虑的做法，认为只要“再”，即只要想两次就可以了。从字面的意思看来难免糊涂，然而从孔子的思想主张，从他周游列国游说各诸侯施行仁政的行事作风则不难看出，上述第二种观念更符合孔子的本意。

而王阳明对于思与行的关系则这样认为：知是行之始，行是知之成。意在强调知与行的统一。所谓知，便是对事情各方面的思考与了解，只有思考明白、了解清楚了才能开始行动；所谓行，便是将那些思考明白、了解清楚的东西付诸实践，如此才能有所成就。王阳明指出，圣人之学乃身心之学，其要领在于体悟实行，不可将其当作纯粹的知识，仅仅流于口耳之间。

三思而行，已成为对冲动气盛的年轻人最好的劝谏，一直颇受世人的推崇。人们相信，经过深思熟虑的决定才是最好的，经过反复思量的行动才能顺利地进行。不幸的是，由此而形成了一种重思考而轻行动的风气。或许是过于谨慎，过于追求万无一失，人们将大量的时间与精力用在了无限的沉思之中，结果越想越觉得准备不够充分，越想越觉得存在很大的问题，想着想着，本可以尝试的想法变成了不可能完成的任务，无疾而终。由于人的思维空间是无限宽广的，不受客观事物与能力的强行束缚，因此，想着想着便偏离正轨、越想越远而找不到重点的。当人们在思想的海洋中畅游太久而迟迟不上岸来付诸实践，结果无疑是窒息于其中，彻底失去付诸实践的机会与能力。

唐代，中原有一片山脉盛产灵蛇，蛇胆和蛇心都是很好的药材，虽然蛇毒剧烈，见血封喉，可是为了赚钱，很多人不惜冒着生命危险去捕蛇。有一天，有三个从南方来的年轻人来到附近的村子，准备进山捕蛇。

年轻人甲在村里住了一天，第二天清晨便收拾行装上山捕蛇，但是几天过去了，他都没有回来。他不懂得蛇的习性，在山里乱窜，惊扰灵蛇；而他又不懂如何捉蛇，最终因捕蛇而丧命。

年轻人乙见状，心中害怕不已，再三思虑要不要去山里捉蛇，他每天都站在村口，向大山的方向望去，时而向前走几里路，不久又走回来，终日惶惶然行走于村子与大山之间。

年轻人丙则充分考虑了如何找蛇穴、捕蛇、解毒等问题，并经常向村里人讨教，掌握寻找蛇穴、引蛇出洞等捕蛇的技术，学习制作解毒的药剂。经过半个月的准备，年轻人丙带着工具上山了。七天过去了，大家都以为他已经丧命，可是年轻人竟然背着沉重的箩筐回到了村里。他捕到了上百条灵蛇，赚了很多银两，之后还做起了药材生意，成为著名的捕蛇之王。

三个年轻人一起捕蛇，一个毫不考虑、鲁莽行动；一个思来想去、迟迟不动；一个经过深思熟虑之后付诸行动。三个人对待思与行的不同态度，注定了他们的际遇截然不同。思考与行动是相辅相成的。无论偏向于哪一方，都难成大事。诸如乱猜结果蒙对，想发财就捡到钱等意外、碰巧之事，不过是人生乐章中少之又少的特殊音符，难以用它来谱写一生的成就。

思考与行动，对于一个正常人而言，是人生至关重要的一件事，如人之生老病死，难以避免。小到处理家庭琐事，大到掌握国家命脉，不假思索地行动和多番思虑却不见行动的人，轻则败家，重则亡国。思与行，不可偏其一，这便是中国两千多年的历史积淀下来的沉痛教训，也是王阳明知行合一的观点所在。

把学问用在实处

“圣学只一个功夫，知行不可分作两事。”

——王阳明

古往今来，但凡做学问的大家，皆强调学以致用，主张在实际上发挥学问的作用。儒家圣贤孔子周游列国，欲以其学说劝谏各诸侯治国之道，虽受时势的阻碍未能成功，但在之后的太平盛世则成为占统治地位的思想学说，塑造着两千年封建王朝的文化根基和国民性格。北大第一任校长蔡元培先生对孔子的治学之道提出了独到的见解，他认为，一个人求学问就是为了经世致用，即使刚开始时有人不了解，还是要一如既往地去做，这样才能学得真学问。

何谓“经世致用”？“经世”就是要考察我们生活的社会，知道社会的问题，同时也要在社会中去寻找知识。“致用”就是要把所学的知识与社会中存在的问题联系起来，并通过学习知识来提出解决问题的办法。清朝末年，由于帝国主义的侵略日盛，国家处在生死存亡的紧要关头。在那种情况下，经世致用之学，再度兴起。魏源、龚自珍以及稍后的康有为都是这方面的代表。他们借经书的“微言大义”来发挥自己社会改革的主张，对警醒国人、救国图存起到了很重要的作用。

王阳明主张知行合一，认为知行的本体并不是先知后行或者可以将知与行分为两件完全不同的事来做。他认为，圣人的学说只有一个功夫，那就是认识和实践不可以分成两件事，也就是他所说的“知之真切笃实处即是行，行之明察精觉处即是知”。真正做到知与行的合一，就要在学习的过程中以实践来检验知识的正确与否，在实践的过程中更深刻地理解所学知识的内涵，如此才能将所学知识经世致用。晚清名臣曾国藩也特别注重“经世致用”，他强调将书上的学问要运用到当官和做人当中去。

曾国藩带兵十分注重筹饷工作，是因为兵书上说“兵马未动，粮草先行”。因此，湘军的饷银是当时最高的。如此一来，士兵自然愿意加入曾国藩的队伍。兵书上也说治军要“上下同心”，曾国藩就注重对士兵们信念的培养，他把“湘军”打造成了一支上下齐心的军队。曾国藩的手下大多是流落民间的知识分子。这些人得到了曾国藩不遗余力的提拔和重用，因此形成了以曾国藩、胡林翼、左宗棠、李鸿章为首的“湘军”政治集团。曾国藩成为“湘军”政治集团的事业领袖和思想领袖。

曾国藩强调的经世致用正是王阳明所说的知行合一。然而王阳明的弟子徐爱却未能领会王阳明关于知行合一的意思，与王阳明的另两位弟子黄绾、顾应祥反复辩论，始终未能得出明确的答案，于是向王阳明请教。

徐爱说：“比如现在的人都知道要孝顺父亲、尊敬兄长，然而却又不能做到，这就是说，‘知道应该怎样’和‘真正做到’分明是两件事。”

王阳明说：“你说的这种情况已经被人的私欲所阻碍，已经不是知行的本体了。圣贤教育世人知与行，正是要恢复知行的本体，不是只教人们如何知、如何行就算了。因此，《大学》里提到了一个真正反映知行本体的例子给世人看，即‘如好好色，如恶恶臭’。看见美色属于知，喜欢美色属于行；人在看见美色时自己本身就已经有喜欢之心，而不是见了之后又有个想法去喜欢。闻到恶臭属于知，厌恶恶臭属于行；闻到恶臭时自己就已经厌恶了，并不是闻到之后又另有个想法去厌恶。比如鼻塞的人，即使看到恶臭的东西在自己面前，但由于鼻子闻不到，也就不会太厌恶，这也只是因为他还没有在实践中认识到臭味……”

如果学问不能用来指导自己，我们就很难取得任何进步，这样的学习又有何意义呢？由此可知，我们学习知识，不能只知学习，不知联系实际。要做到知行合一，经世致用。倘若埋头苦读若干年却不知道学来有何用，便容易失去继续求学的动力，无法树立人生的目标，难以明确前进的方向。

成功不在难易，在于身体力行去做

“未有知而不行者，知而不行只是未知。”

——王阳明

获得成功的方法有很多种，然而不论是哪一种，即便是最简单、最投机取巧的成功之道，也无法在空想中实现。原因很简单，思想的力量只有在行动中才能发挥作用。为学如此，处世亦如此。要想收获成功，必须首先在身体力行上下功夫。

王阳明作为心学一派的代表人物，同样强调行动的重要性。他认为，知道一定的道理却不采取行动的人，并不算真正了解道理的人。正如现实生活中，那些妄想着坐享其成的人，并不知道“有付出才会有回报”的道理，就算他们知道，也并不了解其中的深意，否则便不会“知而不行”了。所以，当需要一样东西的时候，前提是必须行动和付出。

张溥是明代的大学者，他有非常独特的读书方法，那就是通过多次抄写、多次阅读、多次焚烧的办法，加深理解、熟读精思，所以叫“七焚法”或“七录法”。张溥的“七焚法”分三步。第一步，每读一篇新文章，就工工整整地将它抄在纸上，一边抄一边在心里默读；第二步，抄完后高声朗读一遍；第三步，朗读后将抄写的文章立即投进火炉里烧掉，烧完之后，再重新抄写，再朗读，再烧掉。这样反复地进行七八次，一篇文章要读十几遍以上，直至把文章彻底理解，背熟于心为止。张溥一直坚持这种读书法，他把自己的书房叫作“七焚斋”，也叫“七录斋”，并把自己的文集命名为《七录斋集》。

张溥反反复复练习，在不知不觉就把自己雕琢成器了。人们常说，我们生活在一个很现实的世界里。“现实”不仅仅体现在人情冷暖上，更体现在行动的力量上。行动，是一个人的知识、智慧、思想境界等“虚”的东西的现实载体。人们往往看重“知识就是力量、智慧就是财富”，却忽略了自己的行动，忽略了行动带来的无穷力量。实际上，只要开始行动，就算成功了一半。因为行动能够将知识、智慧、思想境界的力量切实发挥出来，从而形成一股强大的推动力，在方向正确的前提下，能够推动行动者更快地迈向成功。

世界上牵引力最大的火车头停在铁轨上，为了防滑，只需在它 8 个驱动轮前面塞一块一英寸见方的木块，这个庞然大物就无法动弹。然而，一旦这只巨型火车头开始启动，这小小的木块就再也挡不住它了；当它的时速达到 100 英里时，一堵五英尺厚的钢筋混凝土墙也能轻而易举地撞穿。

从一块小木块令其无法动弹，到能撞穿一堵钢筋水泥墙，火车头的威力为何变得如此巨大？原因不是别的，是因为它开动起来了。

俗语说，火车跑得快，全靠车头带。火车头不只是方向的象征，更是力量的体现。很多人往往因为低估了自身的能力或者惧怕了眼前的困难而放弃行动，殊不知，当人们行动起来，其威力往往超乎原有的想象，甚至能够轻松突破障碍，超越自我极限。前提就是，必须行动起来！

王阳明讲知行合一，经常拿“写字”来举例。他说：“我要写字”是“知”，而提笔写就是“行”，想要知道一个字真正是如何写，就需要付诸实践才行。所以有了“知”就一定要行动起来。

行动，是通往成功的必经之路。只有行动起来，才能真正把握成功的契机。有才之人最怕的，莫过于错失良机、大志难舒。要想把握那千载难逢的机会，等待是必不可少的，但行动最关键。成功不在难易，而在于“谁真正去做了”。这个世界不缺乏机遇，而缺少更多抓住机遇的手。只有在恰当的时机主动出击，才能把握成功的契机，成就人生的梦想。

磨盘只在转动时才能磨面；风车只在转动时才能发电；人，只有在行动的过程中才能获得成功、创造奇迹。只有身体力行，才能使人格魅力与办事能力达到完美结合，才能在展现自我的擂台上独占鳌头。要想得到他人的器重，就得有所表现；要想把握成功的契机，就得有所行动。为人处世，与其吹得天花乱坠，不如做到滴水不漏，方能日进千里，收获成功。

千里之行，始于当下

“我辈致良知，是各随分限所及，今日良知见在如此，只随今日所扩充到底。明日良知又有开悟，便从明日良知扩充到底，如此方是精一功夫。”

——王阳明

“活在当下”，所谓“当下”，就是现在正在做的事，现在所处的环境，现在遇到的人。“活在当下”就是要把关注的焦点集中在这些人、事、物上面，全心全意地认真去接纳、品尝、投入和体验这一切。活在当下是一种全身心地投入生活的人生态度。当你活在当下，而没有过去拖在你后面，也没有未来拉着你往前时，你全部的能量都集中在这一刻，生命因此更具一种强烈的张力。

“当下”之所以如此重要，因为它是千里之行的起点。人生漫漫长路，只从当下开始。无论是过去的，还是即将到来的，都不如当下的一切来得真切、来得实在。王阳明说过：“我辈致良知，是各随分限所及，今日良知见在如此，只随今日所扩充到底。明日良知又有开悟，便从明日良知扩充到底，如此方是精一功夫。”意思是，我们致良知，因各人的差异而达到不同的程度。今天到达这样的程度，就根据今天所能理解到的扩充下去，明天又有了新的理解，便从明天理解到的扩充下去，这才是专注于一个目标的功夫。王阳明认为，初学者对于修身养性的功夫，应当循序渐进，着眼于当下，而不是妄图将来。

活在当下，意味着要抛开往事的牵绊。人活一世，不可能不做错事，也不可能完美无缺。关键是能够改正错误，接受遗憾。倘若一味沉浸在过往的痛苦或对完美的觊觎之中，则难以关注当下的一切，更难以开启未来之门。

古时候，有户人家有两个儿子。当两兄弟都成年以后，他们的父亲把他们叫到面前说："在群山深处有绝世美玉，你们都成年了，应该做探险家，去寻求那绝世之宝，找不到就不要回来了。"

两兄弟次日就离家出发去了山中。大哥是一个注重实际、脚踏实地的人。有时候，即使发现的是一块有残缺的玉，或者是一块成色一般的玉，甚至那些奇异的石头，他都统统装进行囊。过了几年，到了他和弟弟约定的会合回家的时间，此时他的行囊已经满满的了，尽管没有父亲所说的绝世完美之玉，但造型各异、成色不等的众多玉石，在他看来也可以令父亲满意了。后来弟弟来了，两手空空，一无所得。弟弟说："你这些东西都不过是一般的珍宝，不是父亲要我们找的绝世珍品，拿回去父亲也不会满意的。我不回去，父亲说过，找不到绝世珍宝就不能回家，我要继续去更远更险的山中探寻，我一定要找到绝世美玉。"

哥哥带着他的那些东西回到了家中。父亲说："你可以开一个玉石馆或一个奇石馆，那些玉石稍一加工，都是稀世之品，那些奇石也是一笔巨大的财富。"

短短几年，哥哥的玉石馆已经享誉八方，他寻找的玉石中，有一块经过加工成为不可多得的美玉，被国王御用做了传国玉玺，哥哥因此也成了倾城之富。

在哥哥回来的时候，父亲听了他介绍弟弟探宝的经历后说："你弟弟不会回来了，他是一个不合格的探险家。他如果幸运，能中途醒悟，明白至美是不存在的这个道理，是他的福气。如果他不能早悟，便只能以付出一生为代价了。"

很多年以后，父亲的生命已经奄奄一息。哥哥对父亲说要派人去寻找弟弟。父亲说："不要去找了，如果经过了这么长的时间和挫折他都不能顿悟，这样的人即便回来又能做成什么事情呢？世间没有纯美的玉，没有完善的人，没有绝对的事物，为追求这种东西而耗费生命的人，何其愚蠢啊！"

弟弟不懂欣赏，不懂抓住当下，因此失去了本该收获的美好。其实，世界并不完美，人生一定会有遗憾。不完美是客观存在的，我们无须怨天尤人。

活在当下，意味着要踏踏实实地努力于眼前的事，把握眼前的时机，而不是寄希望于明天，寄希望于一个新的开始。无论人生的目标有多么明确，未来总是充满了诸多的未知因素，足以令计划赶不上变化。如果我们时时刻刻都将力气耗费在未知的未来，却对眼前的一切视若无睹，那就永远也寻找不到通往未来的道路。我们的努力只有从现在开始，才有可能获得成功。

现实生活中，很多人都无法专注于现在。他们总是若有所想，心不在焉，想着明天、明年甚至下半辈子的事。他们喜欢预支明天的烦恼，想要早一步解决掉明天的问题。然而，即便明天有问题，今天也是无法解决的。每一天都有每一天的人生功课要交，努力做好今天的功课才是关键。

由此可知，千里之行，始于当下。有志之人，必当从现在做起，日积月累，为实现伟大的理想奠定坚实的基础。那些连今天都把握不住的人，又何谈将来！

大胆尝试，实践出真知

"如人走路一般，走得一段，方认得一段；走到歧路处，有疑便问，问了又走，方渐能到得欲到之处。"

——王阳明

王阳明的父亲王华于成化十七年（1481年）的科举考试中高中状元，进京为官后不久便将王阳明接到京城生活。王华对儿子的起居生活以及学业都已经做了很好的安排，他认为王阳明应该和自己一样读书考科举，随后走入仕途，光宗耀祖。年少的王阳明虽然遵循父亲的安排，但是心中却是另有所想。在他看来读书考科举不一定是人生的第一大事，读书做圣贤才是第一等大事。立下大志后的王阳明便开始摸索成为圣贤的道路：十五岁试马居庸关、十七岁钻研宋儒朱学，之后又追求心学境界。在不断地尝试和突破中，王阳明渐渐有所领悟，最后创立心学。

在日常生活中，很多人从小就被“家长的期望”安排着。比如小时候在哪一所学校读书，长大了从事什么样的职业，建立怎样的家庭……前半生有太多的时间在人们还没来得及思考的时候，就已经被家长们安排好、规划好了。没有追逐，没有尝试，甚至也没有挫折和失败，一切都按部就班地进行着。可是，在这样的安排中，人们内心的愿望被忽略，心中的梦想被埋没，虽然走得很顺畅，却不真实。因为在这一路的顺畅中，人们缺少了一份尝试的失败，缺少了一份亲身经历的深切体悟。

五代时期的画虎名家厉归真从小喜欢画虎，但是由于没有见过真的老虎，别人总笑话他把老虎画成病猫，于是他决心进入深山老林，寻找真的老虎。他经历了千辛万苦，后来在猎户的帮助下，终于见到了真的老虎。他通过大量的写生临摹真虎，其画虎技法取得突飞猛进，笔下的老虎栩栩如生。他从画虎中得到启发，后来又用大半生的时间游历了许多名山大川，最后终于成为一代绘画大师。

实践出真知，画画也是如此，如果厉归真只是局限在书斋里，没有看到真正的老虎，不管他怎样努力也只能画出一只像猫的老虎。只有真正地去观察老虎，才能使自己所画的老虎具有生气。耳听不如眼看，实践能推进与成功的距离！

我们常常听到长辈们的劝告，那都是些经历了岁月的检验最终被证明为正确的人生智慧，都足以令我们的人生成为一条康庄大道。可是，我们的人生，难道不应该由我们自己去一步一步地走出来吗？吸取前人的经验教训是正确的，但没有经历过大胆的尝试，没有用自己的实践去摸索，则难以取得超越前人的成就，难以创造一番前所未有的事业。就像我们走路一样，走了一段才能认识一段，走到布满荆棘处才能深刻领悟战胜困难的艰辛，才能发掘自己的潜能，发现战胜困难的方法，以此为鉴，逐步积累地走下去，才能到达比前人更高更远的地方。

在一个村子里，有个渔夫有一流的捕鱼技术，被人们尊称为“渔王”，每次外出打鱼，总是他收获最多。然而渔王非常苦恼，因为他的三个儿子的捕鱼技术都很平庸。于是渔王经常向人诉说心中的苦恼：“我真不明白，我捕鱼的技术这么好，我的儿子们为什么这么差？我从他们懂事起就传授捕鱼技术给他们，从最基本的东西教起，告诉他们怎样织网最容易捕到鱼，怎样划船最不会惊动鱼，怎样下网最容易请鱼入瓮。他们长大了，我又教他们怎样识潮汐、辨鱼汛。凡是我长年辛辛苦苦总结出来的经验，我都毫无保留地传授给了他们，可他们的捕鱼技术竟然赶不上那些技术比我差的渔民的儿子！”每次，村里的人听完后都会表示遗憾。

有一天，一位路过的老人听了他的诉说后，问：“你一直手把手地教他们吗？”

渔王说：“是的，为了让他们学到一流的捕鱼技术，我教得很仔细、很耐心。”

老人又问：“他们一直跟随着你吗？有没有犯什么错误？”

渔王回答：“是的，为了让他们少走弯路，我一直让他们跟着我学。在打鱼的时候，他们的方法都没有问题，从没有出过差错，但是打上来的鱼却总是没有别人的多。”

老人想了片刻，感慨道：“如此看来，其中的原因就很明显了。他们只知道认真学习你传授给他们的技术，却没有在下海打鱼的过程中总结自己的失败教训和成功经验。这样学下去，不仅难以达到像你一样的水平，更难超越你而有更高的成就了！”

渔王的捕鱼技术固然高明，但他那一套方法并不一定适合他的三个儿子使用。学习基本的技能是必需的，然而更重要的，是在学习的过程中大胆尝试，在实践的过程中总结自己的经验和教训，如此才能有所觉悟，才能寻找到真正适合自己的一套方法，才能更进一步，有所成就。别人的经验只能用来借鉴，而非生搬硬套在自己身上。只有自己去尝试，自己去实践，才能有更深刻的体会，才能掌握对自己而言最有用的方法。

现实生活中，很多人难以摆脱父母的期望，在既定的生活框架中遵循着前人的步子平稳地前进。然而，生命的最高意义并不在于一代又一代的重复，而在于前所未有的超越与突破。正如王阳明所言："如人走路一般，走得一段，方认得一段；走到歧路处，有疑便问，问了又走，方渐能到得欲到之处。"每一个人都可以走出一条不一样的人生道路，都有能力去创造不同于前人的精彩。困惑是在所难免的，遇到了便自己去寻找答案，方能渐渐弄清自己人生的方向所在。前提就是，敢于大胆尝试，在实践中体悟一份真正属于自己、适合自己的人生智慧。

不逆不臆，言行一致

"不逆、不臆而为人所欺者，尚亦不失为善，但不如能致其良知，而自然先觉者之尤为贤耳。"

——王阳明

儒家思想自古强调诚信的重要性。王阳明在给弟子的回信中曾谈道："不逆不臆而先觉，此孔子因当时人专以逆诈、臆不信为心，而自陷于诈与不信；又有不逆、不臆者，然不知致良知之功，而往往又为人所欺诈，故有是言。非教人以是存心，而专欲先觉人之诈与不信也。以是存心，即是后世猜忌险薄者之事。而只此一念，已不可与入尧、舜之道矣。不逆、不臆而为人所欺者，尚亦不失为善，但不如能致其良知，而自然先觉者之尤为贤耳。"

由此可见，不事先怀疑别人的欺诈、怀疑别人的不诚信，并以“致良知”的功夫而不受人所欺，是待人以诚的一个极为重要的方面。而另一个方面，则是“示己之诚”——以自己的实际行动履行诺言，以示诚信之心。诚实守信，既是中华民族流传千年的传统美德，更是做人的基本准则。

曾子是孔子的学生。有一次，曾子的妻子准备去赶集，由于孩子哭闹不已，她便答应孩子回来后宰猪给他吃。曾子的妻子从集市回来后，曾子便要捉猪来宰，妻子阻止说：“我不过是跟孩子闹着玩的，你怎么还真动手了呢？”曾子说：“答应孩子的事是不可以说着玩的。小孩子不懂事，凡事跟着父母学，听父母的教导。现在你哄骗他，就是教孩子骗人啊。”于是曾子坚决把猪宰了。

倘若曾子因可惜那头猪而失信于孩子，那么家中的猪是保住了，可孩子纯洁的心灵上却会留下不可磨灭的烙印。曾子用他的实际行动向孩子证明他是信守承诺的，也给后世之人留下了千古传颂的佳话。

近代学者梁漱溟先生曾说，中国文化的最大特征是“人与人相与之情厚”，也就是说人和人之间感情非常深厚。这种深厚的感情唯有以互信为基础方能长久。世人常言“说到做到”，真正的行动才是对诺言最好的证明。倘若只在口头上夸下海口、许下诺言，却无法以实际行动去证明，即便能够蒙蔽一时，最终也难欺骗一世。

王阳明提倡知行合一，真知就必须要行动，而真正的行动也必须要达到知的目的。所谓，言必信，行必果，以实际行动对自己的诺言负责，这是先贤们留给我们的人生智慧，这不仅仅是个人道德修养问题，更关乎社会责任感。现如今，人人都希望建立一个诚信的社会，却甚少有人能够一生都遵循“言必信，行必果”的原则，有的甚至以善意的谎言作为信口开河、言而无信的幌子。人类社会发展至今，虽已进入高度文明的时代，无论治国安邦还是学术科研领域，都取得了比过去更为显著的成就。然而，人与人之间的信任程度却开始降低。反观历史，古人十分看重诚信，认为“言必信，行必果”才是君子所为，“一言既出，驷马难追”才堪称大丈夫之举。

张劭和范式同在太学学习，二人脾气相投，结拜为兄弟，后来两人分别返乡，张劭与范式约定第二年重阳将到范式家拜见他的父母，看看他的孩子。当约好的日期快到的时候，范式把这件事告诉他母亲，请他母亲准备酒菜招待张劭。

然而，范式左等右等，直到太阳西坠，新月悬空，仍不见张劭来赴约，母亲问:“你们分别已经两年了，相隔千里，你就那么相信他吗？”范式回答:“张劭是一个讲信用的人，他一定不会违约的。”范式一直候在门外，直至深夜时分，才见一黑影隐隐飘然而至，仔细一看，来的却是张劭的鬼魂。原来为了养家，张劭忙于经商，不知不觉忘了二人重阳之约，直到当日早上才回想起来。可是从张劭所在的山阳到这里足有一千里路，一天之内无论如何都走不到了。为了守约，他想起古人曾说过：人不能一日千里，而鬼魂可以。于是挥刀自刎，让鬼魂来赴约。

“请兄弟原谅我的疏忽。看在我一片诚心上，你去山阳见一见我的尸体，那我死也瞑目了。”张劭的鬼魂话音未落，便飘走了。而范式在赶到山阳见了张劭灵柩后，自愧张劭为己而死，也挥刀自刎来回报张劭的信义！众人惊愕不已，后来就把二人葬在了一起。汉明帝听说此事，非常赞赏二人之间的真诚与心意，在他们墓前建了一座庙，称为“信义祠”。

为了以行动来履行一年前的承诺，张劭不惜以放弃生命为代价；范式为回报故友的一片赤诚之心，同样以命相陪。虽然此事未必属实，然张、范二人之间的故事能够流传至今，备受推崇，可贵之处便在于那份“生命诚可贵，诚信价更高”的为人处世之道。

生活中，我们经常需要用承诺来取信于他人，与此同时，我们更需要用实际的行动来支撑我们的承诺。没有行动的证明，一切口头承诺都只是空谈。倘若将一时的失信于人看作无伤大雅的小错，那么，最终将铸下一生都无法弥补的遗憾。失信于人，不仅会侵蚀一个人的良知，更会令其失去他人的信任，生命因此变得暗淡无光。只有能够坚持言必信、行必果的守信之人，才能够得到他人的信任与器重，才有可能站到巨人的肩膀上，成就一番丰功伟业。他的人生，将会因此而绽放出灿烂夺目的光芒。

第九章
忍耐心：岁寒，然后知松柏之后凋也

苦是乐的源头，乐是苦的归结

“哑子吃苦瓜，与你说不得。你要知此苦，还须你自吃。”

——王阳明

生活的波浪在高峰时，人即显得快乐，在低谷时，人便显得痛苦。而波浪永远都是忽高忽低，没有永恒的上扬，也没有永恒的倾泻，所以人生是痛苦与快乐交织并行，二者相伴相生，既矛盾又联系。所谓“没有痛苦也就无所谓快乐”，就是告诉我们要正确对待人生的苦乐。

王阳明二十八岁举进士，之后他担任过刑部主事、兵部主事。正当他要为朝廷出力的时候，政治劫难降临到他头上。正德元年（1506 年），因营救南京科道戴铣、薄彦徽等人，王阳明抗疏，触犯了刘瑾，被罚廷杖，因此下狱，再贬谪贵州龙场做驿丞。在赴任的路上，刘瑾又派人跟踪追杀。他侥幸逃过一死，之后他又乘坐一只商船游舟山，却不料遭遇飓风，船漂流至福建的武夷山。王阳明本想隐居在武夷山，却又担心刘瑾找父亲麻烦，于是他到南京探望父亲之后，便辗转到达龙场。

逆境对个人的发展不利，但是却能磨砺人的意志，使之由脆弱变得坚强，变得有韧性。王阳明历经了磨难，心性比以前更坚强了。他开始了解群众疾苦，为生民立命，在艰苦的环境中成长着自己，最终构建了心学理论的大厦。

其实，从长远来看，挫折和失败才是人生最宝贵的精神财富。没有苦中苦，哪有甜中甜？正如哈密瓜比蜜还要甜，人们吃在嘴里乐在心上；苦巴豆比中药还要苦。然而，种瓜的老人却告诉我们：哈密瓜在下秧前，先要在地底下埋上半两苦巴豆，瓜秧才能茁壮成长，结出蜜一样的果实来。

苦是乐的源头，乐是苦的归结。“不经风霜苦，难得腊梅香。”成功的快乐，正是经历艰苦奋斗后产生的。吃得苦中苦，方能得成果。古人“头悬梁，锥刺股”，苦则苦矣，但他们下苦功实现上进之志，本身就是一种快乐，以苦为乐，苦中求乐，其乐无穷。

人生就是一个过程，航行在人生之船上，我们可能经历波涛汹涌，也会感受风平浪静。喜悦和幸福充溢在航行的途中，苦难和挫败也是航向的一部分，只有痛饮过航行中的所有感觉，人生才会完整。然而，在“痛饮人生的满杯”的过程中，悲苦从来都是无法逃避的，多苦少乐是人生的必然。

有一群弟子要出去朝圣。师父拿出一个苦瓜，对弟子们说：随身带着这个苦瓜，记得把它浸泡在每条你们经过的圣河，并且把它带进你们所朝拜的圣殿，放在圣桌上供养，并朝拜它。

弟子朝圣走过许多圣河圣殿，并依照师父的教言去做。回来以后，他们把苦瓜交给师父，师父叫他们把苦瓜煮熟，当作晚餐。晚餐的时候，师父吃了一口，然后语重心长地说：奇怪呀！泡过这么多圣水，进过这么多圣殿，这苦瓜竟然没有变甜。弟子听了，好几位立刻开悟了。

苦瓜的本质是苦的，不会因圣水圣殿而改变；人生是苦的，修行是苦的，生命本质也是苦的，这一点即使是圣人也不可能改变，何况是凡夫俗子！去看过著名油画大师梵高的故居的人都知道，那里只有张裂开的木床和一双破皮鞋。梵高一生潦倒困苦，没有娶妻，但也许正是生活上的困窘，帮他完成了在艺术上的造诣，使他成为大师中的大师，使他的作品成为经典中的经典。

对待我们的人生也应该是这样的，时时准备受苦，不是期待苦瓜变甜，而是真正认识那苦的滋味，这才是有智慧的态度。苦瓜本来就是苦瓜，是连根都苦的。这是一个苦瓜的实相、真相。变甜只是我们虚幻的期待而已，唯有真正面对事物的真相，我们才能从中解脱。所有的事情都是当下去面对它、解决它。

圆满的人生并不是一辈子没有吃过苦、没有失过恋，而是经历过、体验过、面对过那苦的滋味、超越那苦的感觉。苦与乐是生命的盛宴，是生命的波峰波谷，高低起伏，因而才会波澜壮阔。

当我们接纳苦，把苦看作是人生的必然历程时，苦便不再是世俗的“苦”。同样，接受乐，把乐当作是生命的历程，乐也不再仅仅是世俗的“乐”。去享受生命的盛宴，享受所有的高潮与低谷，活在生命的苦乐之中，由此生命的乐趣便已被我们掌握在手中。

面对成败淡定处之

“譬如行路的人，遭一蹶跌，起来便走，不要欺人做那不曾跌倒的样子出来。”

——王阳明

辉煌与低谷、成功与失败都只是人生的一段旅程。今天的辉煌不代表日后的成功，今天的成功也不能代表日后的低谷。正是这一段段不同的旅程才成就了此时此刻的我们，塑造着以后的我们。然而在低谷和辉煌、失败和成功转化的过程中，每个人的人生航线都会发生转折，而每一个转折都需要我们从容面对，淡然处之，勇敢继续下一段旅程。

贬谪龙场是王阳明人生的一重大转折。他没有逃避，也没有自暴自弃，而是思考儒佛道思想，于艰难的生命波涛中寻找立身之本。他针对程朱理学越来越脱离人的生命而知识化、外在化的倾向，尤其是其末流暴露出来的支离破碎的弊病，以更加简易直截的功夫与“先立乎其大”的方法入手，开辟了另一条与朱子不同的成德之学，拓宽了主体自立自主的精神价值世界，展示了道德自律与人格挺立的实践精义及具体路径。

转折是我们每个人都必须面对的。如意或不如意，起决定作用的，并不是人生的际遇，而是思想的瞬间；成功或不成功，有时候也不是由个人的努力所决定，而是取决于意念的转换。当生活与感情皆陷入泥潭，倘若连迈出下一段旅程的勇气都没有了，那岂不是自讨苦吃，苦上加苦吗？

一个秀才模样的人悠闲地走在满是尘土的路上，这个秀才背着诗词，摇着脑袋，满是惬意的模样。

秀才出门已经一年多了，他原先是进京赶考的，但是考场失利，名落孙山，心情暗淡中度过了几个月的黑色时光，整日借酒消愁，以泪洗面。两个月前，他和几个朋友共游，与一老者相谈，秀才倒出了心中的苦闷，老人听后，说道：“昨天早上与你说话的第一个人是谁？”

秀才回道：“这个已经忘了。”

老人问：“那明天你会遇到什么人？”

秀才回道：“这个我哪里知道，明天还没来。”

老人问：“此时此刻，你面前有谁？”

秀才愣了一下，说：“我面前当然是您啊。”

老人轻轻点头道：“昨天之事已忘却，明日之事尚未来，未能把握唯在此刻，你又何必对过去之事耿耿于怀，因为明天不可知，昨日已过去，不如放下挂念，平淡对之，你并没失去什么，不过是重新开始。”

秀才瞪大双眼，等着老人继续说下去，他似乎听懂了老人话中的意思。

老人说道：“既然又是新的开始，又何来执着于以前？如潺潺溪水，偶被沙石所阻，但其终究万里波涛始于点滴。你可曾明白了？”

秀才微笑着点点头，此刻的他，已经有了新的打算。在京城办完了一些事情后，这个秀才告别朋友，踏上了回家的路途。他决定三年之后，自己还要再考一次。

常人说，害怕失败，是因为想得太多，想得太多是因为情绪太盛。秀才考场失败后，人生顿觉颓唐，也是同样的道理，好在他及时醒悟——心境归于平淡，目标得以重新确立。在这个秀才身上，看到的并不是放弃后的心如止水，两眼迷离，而是再度追逐后的豁然，因为这种豁然，不再对过去的遗憾耿耿于怀，不再对未知的将来作不肯定的畅想，心落在了此时此刻的“老人”面前，这个“老人”就是现在需要做的事以及如何将其做好。

成功和失败都是生活的转折点，每一个成功都是一个新的开始，每一次失败也都是为成功做准备。当面对成功与失败时，没有比迈出下一段旅程的勇气更重要的了，无论再怎么好的计划与机会，不往前迈一步，那就永远都无法成功了。

有位作家曾说：“生命是个橘子，自己决定了生命，就像你选择买了这只橘子，酸甜就要自己负责了。生命是个橘子，一瓣跟着一瓣，有时一瓣瓣是甜的，也有时是酸的，但也要亲自尝了才酸甜自知。”生命本是一段路，每一段旅程，都需要一个开始，都需要你自己去生活、去体验、去锻炼，去接受成功与失败。

事实上，成功者能够不断获取成功不在于他们有多高的智慧，而是在于他们无论是成功或失败都敢于往前迈一步，哪怕只是小小的一步，都是迈向成功的必经之步。王阳明在回答学生的问题时说，走路摔跤是正常的，跌倒了便要起来继续走，不要做出一副从来没有跌倒过的样子，也不要站在原地不敢动。

在人生的过程中，可以累积小冒险、小失败、小挫折、小成功、小胜利，唯有小小的尝试，你才能让自己找到目标、找到方法。学习开始练习小步前进，体验小小的风险和小小的冒险，直到冒险的经验已够多，让你有信心去实践更大的梦想，到了那个时刻，你会认为它只不过是稍微有点危险的一小步而已。绽放生命，需要你勇敢迈向下一段旅程。

耐住等待，才能苦尽甘来

“诸君只要常常怀个‘遁世无闷，不见是而无闷’之心，依此良知，忍耐做去。”

——王阳明

“沧浪之水清兮，可以濯吾缨；沧浪之水浊兮，可以濯吾足。”当年渔父的一首《沧浪歌》，虽隔了千年，音犹在耳。从中我们可以悟出一个道理，一个人无论身处清世抑或浊世，都要刚直进取，要有豁达的心胸，只有耐得住等待，才会苦尽甘来。

面对无道昏君和奸佞小人，很多贤者要么选择迎面直对，要么选择委曲求全。然而王阳明却选择了等待。他并未向奸臣屈从，也没有速死以求解脱，他选择了坚持和忍耐。

王阳明一心为国，却忍受莫大屈辱。“何玄夜之漫漫兮，悄予怀之独结。严霜下而增寒兮，皦明月之在隙。风呶呶以憎木兮，鸟惊呼而未息。魂营营以惝恍兮，目窅其焉极！懔寒飚之中人兮，杳不知其所自”，“夜辗转而九起兮，沾予襟之如泗”，在这些诗句中能够看出王阳明内心之苦楚与郁结，自己一片衷心，却无人理解。“何天高之冥冥兮，孰察予之忠？”然而也正是这份等待和坚持，王阳明扼守着自己的良知，以平和心态执着一份信念，最终在孤寂决绝中省悟：“圣人之道，吾性自足，向求理于事物者误也。”

欲成事业就要耐得住挫折和落寞，潜心静气，才能深入“人迹罕至”的境地，汲取智慧的甘饴，如果过于浮躁，急功近利，就可能适得其反，劳而无功。

《庄子·内篇·逍遥游第一》说：“北冥有鱼，其名为鲲。鲲之大，不知其几千里也；化而为鸟，其名为鹏。鹏之背，不知其几千里也；怒而飞，其翼若垂天之云。”北冥之鲲化身为鹏的过程虽然只是转瞬，但在此之前力量的累积却非一朝一夕能够完成。

“鲲化鹏”包含着两个方面：沉潜与腾飞。在人生的某个时刻，或是耽于年幼，或是囿于困境，都只能沉潜在深水之中，动都不要动，而一旦时机成熟，或自身储备了足够的能量，就能摇身一变，展翅腾飞了。

等待既是为了使自己能够安心地韬光养晦，更是为了有朝一日能够一怒而飞。

春秋时代楚国著名的贤君楚庄王，少年即位，面对混乱不堪的朝政，为了稳住事态，他表面上三年不理朝政，声色犬马，实则在暗地里等待时机，旁人问他，他说："三年不飞，飞将冲天；三年不鸣，鸣将惊人。"

果然，其后楚庄王励精图治。他在位的二十二年间，知人善任，整顿朝纲，兴修水利，重农务商，楚国国力日渐强盛，先后灭庸、伐宋、攻陈、围郑，陈兵于周郊，问鼎周王朝，成为历史上著名的春秋五霸之一。

楚庄王可谓"厚积薄发"的典型，他并不惧怕蛰伏期间的碌碌无为所招致的质疑与轻蔑，而是心平气和地选择了等待的姿态。事实上，人生绝大多数时间都是在蛰伏，在积蓄，在等待。这种淡然、平静的姿势并非无为，而是以一种示弱的、最不易引起警觉和敌意的状态为自己争取到一种好的氛围，让人能够在静如止水、乐山乐水的淡然中获取自己想要的东西。

"世上无难事，只怕有心人。"熬不过等待的人得不到幸福。那些不愿意在寂寞中充实自我、等待机遇的人，多数会成为小打小闹的投机者。在一个著名的投机者的墓碑上写着这样的墓志铭："他曾经生活、投机、失败。"生活与商海一样，投机所得也会因投机而失去。故而，不如与等待为友，有了长长久久的等待，才会有精钢出鞘的绝响。

苦不入心，生命自有芳华

"凡劳其筋骨，饿其体肤，空乏其身，行拂乱其所为，动心忍性以增益其所不能者，皆所以致其良知也。"

——王阳明

幸福之于人，就像尾巴之于狗，怎么转圈都咬不到，但是只要你向前走，它就会乖乖地跟在后面；苦恼之于人，像运动员握在手里的铅球，除非尽全力抛出去，否则就是沉甸甸的负担。倘若一直把那些不幸的或者痛苦的经历捧在手里，势必身心俱疲。而如果不把苦楚与悲痛放入心间，生命也自然会绽放芳华。

王阳明初到贵州，便遭遇到意想不到的困难。那里的生活非常艰难，而且瘟疫肆虐。从中原流放到这里来的人，很多都死在半道。即使到了流放地，也很难融入当地的生活，他们或者没有生活来源，或者生病无法医治，直至饿死病死。

在艰难困苦之中，王阳明以圣人对待困境的态度作为精神支撑，苦不入心。他在《初至龙场无所止结草庵居之》中说："缅怀黄唐化，略称茅茨迹。"他沉湎在儒佛道思想之中，并渐渐感悟。他将思想的粗略处与生活的精微处相结合，用内心的意志抵抗物质的贫瘠，对待凶险像对待坦途那样平静，而不在意谪居龙场的困苦。他曾感叹说：啊，这就是古圣人当囚徒而忘了自己是囚徒，老了也不以为意的原因了，我知道我也该这样度过自己的一生。

苦不入心，生命自有芳华。这样的逻辑思维，对于指导人们应对种种挫折、变故，无疑有极大的好处。人生好似一场考验，任何通向成功的道路上都布满了荆棘，充满了数不清的艰难与困苦、辛酸与煎熬。只有经得起考验的人才能体验到生命的价值，才能最终绽放生命的芳华。在著名的佛学大师弘一法师的房间里，挂着他的一幅书法作品，上面有一句偈语：花繁柳密处拨得开，方见手段；风狂雨骤时立得定，才是脚跟。意思是说，只有经得起考验的，才是最好的。

车胤，字武子，东晋南平（今湖北公安一带）人。车胤自幼好学，可是由于家境贫困，没有钱买灯油在晚上读书。因此，到了晚上他只能背诵诗文。

一个夏夜，他在屋外诵书，忽然看到原野里如星星一样的萤火虫在空中飞舞。他突发奇想，萤火虫的光亮在黑夜里不正如灯一样吗？这样我就能够彻夜苦读了！想到这，兴奋的他立即找来了白绢扎成一个小口袋，并抓了几十只萤火虫放在里面。果然，还真的管用。

车胤就这样用功苦读，终于成了一个很有学问的人，后来做到吴兴太守、辅国将军、户部尚书等职位。

“读书莫畏难”，一个有志于学的人应该早早有心理准备，经得住各方的考验，才能够读有所成。不仅读书学习要经得住苦楚，生活也是如此。生活在给我们期待和欢乐的同时，也给我们很多的失望和伤心，很少有人能够生活得一帆风顺。但是当走过一段经历时，我们会发现那些你曾经跋涉的足迹多多少少都会留下成长的痕迹，而每一段的成长都是真实而亲切的，故而相信一切都是最好的安排！当我们沉溺在暗河时，如果能拥有一汪名为“乐在其中”的心湖，就不会再因生活的坎坷郁郁寡欢了。

初入仕途的王阳明因为伸张正义而被贬下狱，他虽然被关在破败而又黑暗的监牢中，而且身体也遭受了严重的摧残，但是他的心却更加坚定，好像沐浴在春风中，洒脱，浩荡。他说：“俯仰天地间，触目俱浩浩。”足以可见王阳明坦荡无私的胸怀。

生活固然不易，但我们不能总以苦脸回应苦脸。生活艰苦如何，衣衫破旧又如何，只要有一个发光的微笑，这些灰暗的色调就会全部被照亮。

一位哲人曾说过：“人的生命似洪水在奔腾，而遇到岛屿与暗礁，便难以激起美丽的浪花。”苦难并不可怕，它如咸盐，有了它的调剂，生活的满汉全席才不会显得缺少滋味，苦难如烈酒，麻木过后的人会体验到释放的快乐，醉酒之后方知清醒的可贵。喜悦与悲伤、顺利与坎坷、幸运与不幸、得到与失去交织在一起，让生命显得更加多姿多彩，也让人在垂暮之年拥有了更多可供回首的往事。

生活本身就是一道难题，最艰难的是破解的过程。波澜不兴的生活对人们心灵的成长并没有多少益处，若想变得更加勇敢，更加坚强，反倒需要依靠苦难来给我们的心灵淬淬火，加点钢。

忍得一时方能成就伟业

“岂能‘以不忍人之心，而行不忍人之政’，则虽茅茨土阶，固亦明堂也；以幽、厉之心，而行幽、厉之政，则虽明堂，亦暴政所自出之地邪？武帝肇讲于汉，而武后盛作于唐，其治乱何如邪？天子之学曰辟雍，诸侯之学曰宫，皆象地形而为之名耳。然三代之学，其要皆所以明人伦，非以辟不辟、泮不泮为重轻也。”

——王阳明

正德十六年（1521年），明武宗去世，明世宗继位。因为平定朱宸濠叛乱有功，王阳明被封授“新建伯”爵位。但是他坎坷的境遇并未因此而停歇，爵位只是一个虚名，没有任何实质性的待遇。这时，王阳明的父亲王华病逝。

对手的诽谤、朝廷的无视、父亲的离世，都压得王阳明透不过气来，最终病倒。身体虽然倒下了，但是王阳明那颗竭尽全力的心却还在喘息着，他深知悲痛已无济于事，只能够忍耐，坚持下去。在这种心念之下，王阳明的病情渐渐好转。远离政治的烦扰，他将精力全部投入到讲学当中去，在这段日子里，王阳明感受到了从未有过的幸福和满足。

弹劾王阳明、非难他的学说的对手仍然有所举动，但是这些都不妨碍王阳明学说的发扬，以及越来越多的人前来听学。

王阳明忍耐当下、豁达乐观的精神，让他拥有了面对生活的勇气，并且使得心学大告于天下。其实，每个人在降生到这个世界的时候，就注定要背负起生命中的各种困难和折磨。灰心丧气、抱怨失望是人们面对苦难最常见的态度；忍耐、等待是另一种态度，他们坚信事物是变化的，三十年河东，三十年河西，说不准哪一天时来运转，就可以东山再起了。

从某种程度上说，忍耐是成就一项事业必备的品质，人要获得某方面的成就，必须学会忍耐。正如一位西方学者曾经说过：“忍耐和坚持是痛苦的，但它会逐渐给你带来幸福。”

那么，究竟“忍”是如何的呢？中国人对于“忍”有特殊的理解，通常认为，所谓的“忍”是“忍辱”。没有忍辱，就不能负重，没有忍耐，就什么事情都不能成就。“忍”是一个人获得成就不可回避的过程。

汉更始元年（23 年），刘秀指挥昆阳之战，震动了王莽朝廷。然而，刘秀兄弟的才干也引起了更始皇帝刘玄的嫉妒。

刘玄本是破落户子弟，投机参加了农民起义军，没有什么战功，自当上更始皇帝后，又整日饮酒作乐，不事朝政。刘玄怕刘秀兄弟夺取了他的皇位，便以“大司徒刘縯久有异心”的莫须有罪名，将立有战功的刘縯杀害了。刘秀接到兄长刘縯被杀害的消息，几乎昏厥，但当着信使的面仍极力克制自己，说道：“陛下至明。刘秀建功甚微，受奖有愧，刘縯罪有应得，诛之甚当。请奏陛下，如蒙不弃，刘秀愿尽犬马之劳。”转而，刘秀又对手下众将说：“家兄不知天高地厚，命丧宛县，自作自受。我等当一心匡复汉室，拥戴更始皇帝，不得稍有二心。皇帝如此英明，汉室复兴有望了。”刘秀的这种虔诚态度，感动得众将纷纷泪下。刘秀突然遭此打击，自然难以忍受。然而他心里清楚，刘玄既然杀了兄长，对他刘秀也难容。

此后，刘秀对刘玄更加恭谨，绝口不提自己的战功。刘秀的行动，早已有人密报给刘玄。刘玄在放心的同时，觉得有些对不起刘秀，便封刘秀为破虏大将军，行大司马之事，并令刘秀持令到河北巡视州郡。刘秀借机发展自己的力量，定河北为立足之地。更始三年初春，刘秀实力已壮，便公开与刘玄决裂。

更始三年（25 年）六月己未日，刘秀登基，是为光武帝，复国号汉，史称东汉。此时，刘秀只有三十二岁，正是年轻气盛、成就大业的时候。以屈求伸，“忍小愤而就大谋”，终使刘秀化险为夷，创建了东汉王朝。

细观刘秀的处世之态，你会发现一切成就也都来源于“忍”。小不忍则乱大谋。忍不是懦弱无能，忍是不屑堕入无间地狱的诱惑。忍是以退为进，忍耐是上善，老子曰，上善若水，水是最温柔的，水却又是最强大的。忍就是相信时光的力量，不是依靠自己，而是相信冥冥之中自有公道。

能屈能伸，大丈夫之道也。忍得一时方能成就伟业，相反，不能忍耐、毛毛躁躁，最终只能错失良机、遗恨千古。莫大的祸患，都来源于不能忍耐一时。刘邦在取得基本胜利后按兵不动、将功劳经常赠与项羽是忍耐，终厚积薄发成汉高祖一代帝业；项羽急不可待，最终却是霸王别姬、饮恨乌江；韩信甘愿受胯下之辱是忍耐；司马迁受到宫刑而写出《史记》是忍耐；刘备与曹操青梅煮酒论英雄是忍耐，之后韬光养晦，才有与曹操、孙权三足鼎立之局。

事业失败需要忍耐，感情受挫需要忍耐，人生磨难需要忍耐，经济合作需要忍耐，人际关系需要忍耐，家庭生活需要忍耐。在人生的历程中，我们会遇到一些需要忍耐的事情，借以历练自己的心智。学会忍耐，在生命历程中实践忍耐，你就能够在不久的将来成就你的人生。

人生需要经过反复磨炼

“常人之心，如斑垢驳杂之镜，须痛加刮磨一番，尽去其驳蚀，然后才纤尘即见，才拂便去，亦自不消费力。到此已是识得仁体矣。”

——王阳明

《诗经》中说：“如切如磋，如琢如磨。”人生犹如一块璞玉，必须在切、磋、琢、磨中精心打磨，只有自己努力来雕琢这块璞玉，才能使它成为完美无瑕的艺术品。

王阳明讲圣人之心与常人之心时说：圣人的心如镜子般明亮，丁点纤尘都无所容。而常人的心，则需要经过一番痛加刮磨，其表面的污垢杂质才可拂去。王阳明的一生历经了种种艰难险阻，在他看来，都是磨炼心性的过程。

《传习录》中记载：王阳明的学生陆澄暂居鸿胪寺时，突然接到家中的来信，说是儿子病危。听到这个消息后，陆澄甚是担忧。

王阳明开导陆澄：这正是一个磨炼的机会，平日讲学探讨都没有什么用。只有在遇到困难的时候用功夫，才能够真正提升自己的能力。

王阳明就是抱着这种要到达更高的人生境界，就得经历千苦百难的磨炼的心态，慢慢磨炼自己的心性，慢慢体味人生的味道，慢慢雕琢粗糙的自我，渐渐将心性打造成了美玉。像王阳明这般，如果仔细切磋琢磨自己的人生，会发现顽石中隐藏的是连自己都不曾察觉的美玉。如果不精雕细琢，安于粗陋的人生，那么终将平庸一世。

当然并不是每一块石头都能成为璞玉，不是每一个贝壳都可以孕育出珍珠，也不是每一粒种子都可以萌生出幼芽。一个人的思想和意志得不到磨炼，就不可能有积极向上的动力。那些遇到挫折而不退缩的人，才能活出生命的意义。

很久很久以前，有一个养蚌人，他想培养一颗世上最大最美的珍珠。

他去海边沙滩上挑选沙粒，并且一颗一颗地问那些沙粒，愿不愿意变成珍珠。那些沙粒都摇头说不愿意。养蚌人从清晨问到黄昏，他都快要绝望了。

就在这时，有一颗沙粒答应了他。

旁边的沙粒都嘲笑起那颗沙粒，说它太傻，去蚌壳里住，远离亲人、朋友，见不到阳光、雨露、明月、清风，甚至还缺少空气，只能与黑暗、潮湿、寒冷、孤寂为伍，不值得。

可那颗沙粒还是无怨无悔地随着养蚌人去了。

斗转星移，几年过去了，那颗沙粒已长成了一颗晶莹剔透、价值连城的珍珠，而曾经嘲笑它傻的那些伙伴们，依然只是一堆沙粒，有的已风化成土。

也许我们只是众多沙粒中最平凡的一颗，但只要我们有要成为珍珠的信念，并且忍耐着、坚持着，当走过黑暗与苦难的长长隧道时，我们就会惊讶地发现，在不知不觉中，我们已长成了一颗珍珠。每颗珍珠都是由沙子磨砺出来的，能够成为珍珠的沙粒都有着成为珍珠的坚定信念，并为之无怨无悔。

提到正身做人，想到了雕砚。砚石最初都是工匠从溪流里涉水挑选而来，石块呈灰，运回后首先需要暴晒，因为许多石头在溪流里十分精致，却有难以察觉的裂痕，只有经过不断地日晒雨淋才能显现。未经打磨的石头，表面粗糙，不容易看出色彩和纹理，只有在切磨打光之后，才能完美而持久地呈现。雕砚最重要的一步就是修底，因为底不平，上面不着力，就没有办法雕好，无论多么细致的花纹与藻饰，都要从最基础开始。

做人也是如此，无论表面怎样，经过琢磨，都会呈现美丽的纹理。从生活中历练，正如同在雕砚时磨砺，外表敦厚内心耿介的君子，经过心志与机体的劳苦之后，方能承担大任。修底与磨砺都是正身的过程，戒与慎则是正身的方法。

王阳明注重的是将受束缚的常人之心变换圣人之心，这虽然是一个很艰难的改变过程，但是只要有着永不退缩的勇气和毅力就可以完成。人生是要经过磨炼的，不经过反复磨炼，就会使自己永远停留在原始的状态，无论在怎样的环境里都要精心琢磨，否则就不可能改变自己的人生，创造自己的价值。

深陷逆境，其实“别有洞天”

“困知勉行，学者之事也。”

——王阳明

里希特在《长庚星》里曾经这样描述苦难：苦难犹如乌云，远望去但见墨黑一片，然而身临其下不过是灰色而已。苦难并不可怕，可怕的是面对苦难缺乏一种从容的健康心态。只要心情有阳光，苦难永远也不能统治我们的生命，只要梦里有美景，冬天就永远也不会来临，只要在关爱中相互扶持，“黑夜”里也有最美丽的童话。

苦难可以使人更严肃地思索人生，启迪智慧。王阳明就是在不断地追求真理、维护真理，历经艰难，走出困境的过程中，逐渐明白了一些百思不得其解的难题之后，悟出了“心”能左右一切的道理。

他在龙场附近的一个小山洞里品读《易经》，在沉思中“穷天人之际，通古今之变”，心境由烦躁转而为安然，由悲哀转为喜悦，一种生机勃勃的情绪油然而生。在和当地农民的相处过程中，他体会到农民的朴质无华和真诚善良。他们为他修房建屋，帮助他渡过了难关，使他感受到人间“真情”，深感“良知”的可贵，从中得到很多新的启示和灵感。

不经历巨大的痛苦，就不会有伟大的事业。我们每做一件事，都会在心中构筑一道障碍，直至完成，这些障碍都会一直存在。然而只要心中怀有美丽的“童话”，以积极乐观的态度应对发生的一切，“黑夜”里照样会开放出最美丽的花。

苦难是炼狱，我们应该勇敢地面对苦难，在苦难的磨砺中不断地练就自己，而不是将苦难看作是人生不可逾越的鸿沟。为什么在各种灾难之中会有人奇迹般地活下来，不仅仅是因为他们比别人更幸运一些，更是因为他们有着别人没有的意志力，他们相信自己可以挺过去，于是咬紧牙，最终渡过了难关。

人处逆境之中，可以明智，处顺境之中，刀光剑影立于前犹不自知。人往往身处逆境，人格、本领才会得到提高，此时的磨难反而不是一种苦果，而成了锤炼人心的工具。一切的磨难、忧苦与悲哀，都是铸就优秀品质的资本。正像田单处逆境而成功，居顺境而无所作为一样。我们在面对苦难与忧患的时候，如果能保持一颗平常心，对任何事情都清楚明净，居安思危，那么就没有什么事情是做不成的。

在平凡的日子里，一杯茶、一本书甚至偶尔邂逅的一抹绿都能带给我们无限的感动和惊喜。而当我们深陷“黑夜”的时候，我们也要相信自己会有开花的季节，因为生命在达到某一沸点之前注定要享受很多的煎熬和等待、痛苦和折磨。然后，在某一刻，我们就会突然明白：这样的生活其实才是对生命最真实的追求。你活的每一天都是值得的，都是精彩的。

曾看到一句话：“生活有多难，就有多勇敢。”走过的，不只是经历，更多的是心的满足。从薄脆到丰盈，亦如春，万物复苏，生命经历轮回而重新绽放，但是人的生命只有一次，所以我们要在有限的日子里完成无限的自我超越和前进，故而我们需要倍加珍惜当下的每一步、每一个选择。正如王阳明提倡“本心”，只要依照本心做事，积极地履行自己的使命和责任，那么自己的世界便是光明的。

每个人的人生都有“黑夜”，然而只要你在“黑夜”里种一颗光明的种子，相信它总会生根、发芽，最后开出光明的花朵。

寂寞是最大的考验

“何处花香入夜清？石林茅屋隔溪声。幽人月出每孤往，栖鸟山空时一鸣。草露不辞芒屦湿，松风偏与葛衣轻。临流欲写猗兰意，江北江南无限情。”

——王阳明

一位西方哲学家说：“世界上最强的人，也就是最孤独的人。只有最伟大的人，才能在孤独寂寞中完成他的使命。”每个想要突破目前困境的人首先都需要耐得住寂寞，只有在寂寞中才能催生一个人的成长。

王阳明在贬谪期间饱尝各种人生摧残与折磨。为了摆脱寂寞和苦楚，他兴办书院、传递文化。他还经常和当地人交流，深刻感受到边地民众质朴人性的可贵和可爱。譬如彝族首领安贵荣知道他在龙场的艰难处境后，便主动给予他生活上的照顾，使他通过与少数民族“礼益隆、情益至”的密切交往，激发了悟道传道的生命热情。

虽然王阳明在贵州的时间不长，但贵州人对他的感情却十分深厚。在修文阳明洞，有彝族土司安国亨的题字，大书“阳明先生遗爱处”。《与安亘慰》的两封书信表达了他与少数民族之间情真意深，永志难忘。他所写的《居夷诗》百余首，还有《玩易窝记》《何陋轩记》《君子亭记》《宾阳堂记》，记述了他在贵州期间的心迹，是王阳明思想转变的历史见证。

一个人一生中的际遇肯定不会相同，但是当面对寂寞的时候，你要善于寻找方法帮助自己度过这人生最大的考验。只要你耐得住寂寞，不断充实、完善自己，当际遇向你招手时，你就能很好地把握，获得成功。

李忱是唐宪宗李纯的第十三个儿子，于长庆中期被封为光王。在他即位之前，贵为王爷的李忱不得不离京出走，这得从他当时的处境说起。李忱的母亲并不是一个有身份地位的妃子，她作为当时叛臣的罪孥进宫，结果邂逅了当朝皇帝，生下了李忱，可惜在李忱的幼年，宪宗皇帝就被宦官暗杀了，留下这一对母子，既不能母凭子贵，也不能子凭母达。

820 年，李恒（李忱之兄）被宦官扶上皇位，是为唐穆宗。四年后穆宗服长生药病逝，其子敬宗李湛接任，但他只活到十八岁，驾崩后由其弟文宗李昂、武宗李炎相继接任。

在这长达二十年的时间里，三朝皇叔李忱的地位既微妙又尴尬，他只能以黄老之道，韬光养晦，装傻弄痴。尽管他为人低调，不事张扬，但光王的特殊身份，还是让他逃避不了侄儿们猜忌、排斥、挤压的命运。文宗、武宗两位皇帝更是对他心存芥蒂，非但不以礼相待，还想方设法地迫害他。841 年，唐武宗登基时，李忱为避祸全身，便“寻请为僧，行游江表间”，远离了是非之地。应该说，李忱当时作出的这一抉择，当属达人知命的明智之举。而流放底层，阅尽人世沧桑，也为他将来修成大器提供了一个难得的机会。

法号“琼俊”的李忱虽然隐居于与世隔绝的深山之中，并没有一心向佛，忘却心中之志。握瑾怀瑜的他效法孔明，抱膝于隆中，准备待时而动。在唐武宗统治的六年间，他不停地通过秘密渠道打探宫内情况，积极从事夺权的活动，以实现“归去宿龙宫”的宿愿。

虽然他一直隐藏自己的这一志向，在福建境内的天竺山真寂寺的三年间，他言行谨慎，不露端倪。但在一次与黄蘖和尚观瀑吟联时，他那深藏于心的雄才大略却通过一副对联表露无遗。一日，他与当时的名僧黄蘖和尚在山中闲话，面对悬崖峭壁上的一条飞瀑，黄蘖来了雅兴，对李忱说道：“我得一上句，看你能否接下句？”李忱也兴致盎然，说道：“你道来我听，我必对得上。”黄蘖于是吟道：“千岩万壑不辞劳，远看方知出处高。”李忱几乎是脱口而出：“溪涧岂能留得住，终归大海作波涛。”黄蘖听了，赞赏有加。

没有深沉的寂寞，哪有动地的长歌？李忱就像那瀑布，经历“千岩万壑不辞劳”的艰险后，终将飞珠溅玉、石破天惊。846 年，深谙权谋、忍辱负重的李忱果然在太监们的拥戴下，从侄儿手中夺过大位，成为唐宣宗，时年三十七岁。由于他长期在民间阅世读人，深知黎民疾苦，故躬行节俭，虚怀纳谏，颇有作为，号称“大中之治”。

耐得住寂寞，是所有成就事业者都遵循的一种原则。它以踏实、厚重、沉思的姿态作为特征，以一种严谨、严肃、严峻的表象，追求着一种人生目标。当这种目标价值得以实现时，不喜形于色，而是以更寂寞的人生态度去探求另一奋斗目标和途径。而浮躁的人生是与之相悖的，它以历来不甘寂寞和一味追赶时髦为特征，有着一种强烈的功利主义驱使。浮躁的向往，浮躁的追逐，只能产出浮躁的果实。这果实的表面或许是绚丽多彩的，但绝非具有实用价值和交换价值。

其实，寂寞不是一片阴霾，寂寞也可以变成一缕阳光。如果你勇敢地接受寂寞，拥抱寂寞，以平和的爱心关爱寂寞，你会发现：寂寞并不可怕，可怕的是你对寂寞的惧怕；寂寞也不烦闷，烦闷的是你自己内心的空虚。寂寞的人，往往是感情最为丰富、细腻的人，他们能够体验人所不能体验的生活，感悟人所不能感悟的道理，发现人所不能发现的思想，获取人所不能获取的能量，最后成就人所不能成就的事业。

耐得住寂寞是一种人生品质，不是与生俱来，也不是一成不变的，它需要长期的艰苦磨炼和凝重地自我修养、完善。耐得住寂寞是一种有价值、有意义的积累，而耐不住寂寞往往是对宝贵人生的挥霍。

一个人的生活中有可能会有这样、那样的挫折，会有这样、那样的机遇，但只要你有一颗耐得住寂寞的心，用心去对待、去守望，那么，成功一定会属于你。

第十章
反省心：静察己过，不论他人是非

静察己过，勿论人非

“是非之悬绝，所争毫厘耳。”

——王阳明

谈论他人是非并不是一个好的行为方式，古人曾如此告诫世人：“时时检点自己且不暇，岂有工夫检点他人。”圣人孔子也曾说过：“躬自厚而薄责于人。”其意思无非是，在静察己过的同时勿论人非。

而“勿论人非”体现出的是古人对于为人处世的另一层哲理性的思考与智慧。的确，有是非之言的地方便成了是非之地。人生在世，你有你的是非，他有他的是非，是非总是讲不清的，而人往往容易为是非所累。

祖孙俩买了一头驴，爷爷让孙子骑着走时，别人议论孙子不懂得孝敬爷爷；孙子让爷爷骑着走时，有人指责爷爷不疼爱孙子；祖孙俩干脆都不骑了，又有人笑话他俩放着驴不骑是傻瓜；祖孙俩同时骑在驴背上又有人指责他们不爱护动物。结果，不知所措的爷孙俩只好绑起驴扛着走了。

祖孙两人最后不知所措，是因为他们深为那些“是非”所累。“是非”本身就是极其无聊的谈资，没有任何的意义。而且那些喜欢在背后议论他人、搬弄是非的人往往也是最可恶的人。其实，背后议论别人并非是什么好事，也不是正人君子的作风，做人就应该做得光明磊落，有话就当面说，不要在背后搞任何的小动作。要知道，一味地去搬弄是非不仅害人，同时也是害己，对于自身而言没有任何好处，反而会让人看不起。

喜欢议论别人，对别人能够明察秋毫，而对自己却不能有个清醒的认识。越是喜欢议论别人的人，他本身也就存在着许多缺点，他们从不正视，不作自我批评。越是这样，缺点越是得不到改正，长此以往，缺点就会越来越多，到头来对自己没什么好处，对他人来讲也不会有什么好的影响。“正己才能正人”，不能律己，又何以要求别人呢？

在王阳明看来，是与非相差并不遥远，“所争毫厘耳”。的确，只差毫厘就有本质的变化了。正所谓“差之毫厘，谬以千里”，好与坏、对与错、是与非只在一念之间。既然是这样，那么莫不如少谈论一些是非，多一些对自己的省察。

自省是涤荡心灵的清泉

“学须反己。若徒责人，只见得人不是，不见自己非。若能反己，方见自己有许多未尽处，奚暇责人？”

——王阳明

年少时候的王阳明曾到居庸关去“见世面”，他深深地被大漠风光吸引，回来之后并向父亲表达了以几万人马讨平鞑靼的志向，当时父亲批评他太狂傲。之后，王阳明经过一番思考、自省，向父亲承认了自己的错误。王阳明善于自省，在他立志成为圣贤的那一天起，“格物穷理”成了他每天必备的任务。但是格物并不是一天两天就能见成效的，在“格物”的过程中，王阳明也通过自省、反思一次次地思考、一次次地推翻自己的理论，最后才得以创立了心学。可以说，王阳明的成功与他善于反躬自省是分不开的。

自省在于不断地反省自我，善于承担生命给你的那一部分责任。王阳明认为：人要经常自省，若老是去指责别人，看到的只能是别人的错误，就不会看到自己的缺点。反身自省，才能看到自己的不足之处，也就不会去指责别人了。一个不善于反省自己过错的人，总是把过错推给别人，推给上天，反省自己却比登天还难。这样的人是不会成功的。

有人怀疑反省自己的作用，认为反省了半天也不见得能改变什么。其实，经过它的荡涤，就能让俗世纷纷扰扰的尘埃从我们心中流走。

一位老人和他的小孙子住在一块儿。每天早上，老人都坐在厨房的桌边读一本书。

一天，他的孙子问道："爷爷，我试着像你一样读书，但是我不懂得书里面的意思。我好不容易理解了一点儿，可是我一合上书便又立刻忘记了。这样读书能有什么收获呢？"老人安静地将一些煤投入火炉，然后说道："用这个装煤的篮子去河里打一篮子水回来。"

孩子照做了，可是篮子里的水在他回来之前就已经漏完了。孩子一脸不解地望着爷爷。老人看看他手里的空篮子，微笑着说："你应该跑快一点儿。"说完让孩子再试一次。

这一次，孩子加快了速度。但是篮子里的水依然在他回来之前就漏光了。他对爷爷说道："用篮子打水是不可能的。"说完，他去房间里拿了一个水桶。老人说："我不是需要一桶水，而是需要一篮子水。你能行的，你只是没有尽全力。"接着，他来到屋外，看着孩子再试一次。

现在，孩子已经知道用篮子盛水是行不通的。尽管他跑得飞快，但是，当他跑到老人面前的时候，篮子里的水还是漏光了。孩子喘着气说："爷爷，你看，这根本没用。"

"你真的认为这一点儿用处都没有吗？"老人笑着说，"你看看这篮子。"孩子看了看篮子，发现它与先前相比的确有了变化。篮子十分干净，已经没有煤灰沾在篮子上面了。"孩子，这和你读书一样，你可能什么也没记住，但是，在你读书的时候，它依然在影响着你，净化着你的心灵。"

其实，我们每一个人都应该有一本心灵的书，即使我们未曾记住一句话、一个字，却依然会受益终生。因为，它会让我们的心灵如泉水般清澈、纯净，这就是自省的作用。

自省是道德完善的重要方法，是涤荡心灵的一股清泉，它能给我们混沌的心灵带来一缕光芒。在我们迷路时，在我们掉进了罪恶的陷阱时，在我们的灵魂遭到扭曲时，在我们自以为是沾沾自喜时，自省就像一道清泉，将思想里的浅薄、浮躁、消沉、阴险、自满、狂傲等污垢涤荡干净，重现清新、昂扬、雄浑和高雅的旋律，让生命重放光彩，生气勃勃。

自省的主要目的是找出过失及时纠正，所以自省绝不可以陶醉于成绩，更不可以文过饰非。以安静的心境自查自省，才能克服意气情感的干扰，发现自己的本来面目，捕捉到平时自以为是的过失。

只有善于发现并且敢于承认自己的过失，才可以进一步纠正过失。我们常常看不到自己的短处，很多缺点都是通过旁人的指出才知道。这就要求我们有一颗平常心来对待别人善意的规劝和指责，反省自己的过失。

俗话说，忠言逆耳利于行，那些逆耳忠言常常能照亮我们不易察觉的另一面。唐太宗李世民就有一面镜子——宰相魏徵。倚助这位忠臣的当面进谏，唐太宗改正了自己的许多缺点，完善了治国之道，迎来了国家的空前繁荣。这个辉煌业绩的取得，不仅得益于魏徵的敢于直言，更应归功于李世民的宽宏胸怀，试想，如果他是一个听不进意见的昏君，魏徵可能早就人头落地了。正是由于他在听了魏徵的谏言之后，能够认真地检讨自己、反省自身，才使得表面上听起来很刺耳的意见变成了治国安邦的金玉良言，而李世民的人格也因此变得崇高。

自省是一次自我解剖的痛苦过程。它就像一个人拿起刀亲手割掉身上的毒瘤，需要巨大的勇气。认识到自己的错误或许不难，但要用一颗坦诚的心灵去面对它，却不是一件容易的事。懂得自省，是大智；敢于自省，则是大勇。割毒瘤可能会有难忍的疼痛，也会留下疤痕，但它却是根除病毒的唯一方法。只要“坦荡胸怀对日月”，心地光明磊落，自省的勇气就会倍增。王阳明的良知之说，即明心见性，就是以心为理，一切都在心中，所以只要心下自省，就是致良知。

孔子说："君子之过也，如日月之食焉。过也，人皆见之；更也，人皆仰之。"这句话的意思是，日食过后，太阳更加灿烂辉煌；月食复明，月亮更加皎洁明媚。君子的过错就像日食和月食，人人都看得见，但是改过之后，会得到人们更崇高的尊敬。

终日不忘反省

"悔悟是去病之药，然以改之为贵。若留滞于中，则又因药发病。"

——王阳明

一个东西，用秤称过，才知道它的轻重，用尺量过，才知道它的长短。世间万物，都要经过某些标准的衡量，才知道究竟。而一个人更应该如此，经常反观自省，才能认识自己、改善自己。

关于自省，在王阳明看来，不是目的，而是一个办法。人要学会自省，才能有所悔悟，然而悔悟就像是治病的药，如果握在手里看着，不吃下去，病还是不会医好。所以人应该通过自省、悔悟来不断地超越过去的自己，这样才有可能走向成功的道路。

从前有座山，山上住着师徒两人。师父经常模仿徒弟，徒弟做什么，他也做什么。徒弟浇水种地，他也浇水种地；徒弟玩石子抓麻雀，他也玩石子抓麻雀。甚至徒弟偷跑出去到集镇上玩，他也跑到集镇上玩。

终于有一天，徒弟说："师父，您这么大岁数了，为什么总和我做一样的事情啊？"

师父说："我从四十岁起，就把年轻时候的事情重新做了一遍，我现在八十岁了，年轻时的我早就没有了。可是，我每天还能过年轻的生活，还能找到年轻的心态，所以我这四十年，等于过了两个四十年，一个从四十岁到八十岁的变老的四十年，一个从一岁到四十岁的重新年轻的四十年。如果这么说，我已经一百二十岁了。”

师父又说：“况且小时候做过的事，肯定有很多荒谬可笑的，现在我知道哪些是对的，哪些是错的；哪些是宝贵的，应该保持，哪些是可笑的，应该一笑置之。就算保留的和抛弃的各占一半吧，那么我这重新年轻的四十年，节省了一半过去被荒废的时间，就相当于延长了一倍，要是这么说，我已经一百六十岁了。

“回顾过去，对现在是有好处的。它可以使现在的我避免错误、节约时间，在现实的路上走得更稳，让我这变老的四十年避免走许多弯路。所以这样算来，我恐怕还不止一百六十岁呢。”

故事中师父的年龄到底多大，没有深究的意义，重要的是要和他一样保持一颗年轻的心，时时自省。正如《菜根谭》里所说的：为人修身，应该时时自省。这一点做起来并不难，但总是被大家忽略。人生就像走路，有走得顺畅的时候，也有绕弯路的时候，甚至还有走入迷途的时候。如果不管以前走过什么路，不知反省，仍然照感觉行事，就像一只掰玉米的熊，掰下一根，丢了一根，最终腋下永远只夹着一根玉米。

人必须懂得反省，通过反省来发现问题、解决问题，从而提高自己。正如老和尚所说的，反省可以延长我们的生命，更重要的是，它让我们在以前的基础上有了提升，让我们超越了之前的那个自己。

有位哲学家在晚年的时候刺瞎了自己的双眼。别人都不理解他的这一举动。他说，我只是为了更好地看清自己。“知人者智，自知者明。”真正的聪明人必须具备自知之明。何谓自知之明？圣人都有自知之明，是因为他们时刻审视着自己。能够时时审视自己的人，一般都很少犯错，因为他们会时时考虑：我到底有多少力量？我能干多少事？我该干什么？我的缺点有哪些？为什么失败了或成功了？这样做就能轻而易举地找出自己的优点和缺点，为以后的行动打下基础。

人生最大的敌人是自己。那些认真审视自己、时刻反省自己的人，才可能真正觉悟。反省是一棵智慧树，只有深植在思维里，它才能与你的神经互联，为你提供源源不断的智慧，让人生这条路变得简单、精彩起来。可见，在工作中，只有不断自我反省，才能使自己不断进步。

不断做自我反省，才可以令自己立于不败之地。一直探索格物致知的王阳明在一次同友人的对话中说，要达到真正的格物致知，就必须要仔细省察克制，不要让心中有丝毫的偏离。能够时时审视自己的人，一般很少犯错，因为他们会时时分析自己的优点和缺点，跳出自己的局限来重新观看、审察自己的所作所为是否正确，从而为以后的行动打下基础。

静时存养，动时省察

“省察是有事时存养，存养是无事时省察。”

——王阳明

老子在《道德经》中说：“知人者智，自知者明。”只有自知，才能知人。确实，人需要有自知之明。特别是在身处困境，地位低下的时候，一个人更应该反省自身，多思考一下自己的缺陷和不足，才能借由不断的自我调整而进步。

王阳明也很看重自我省察，他说省察是有事的时候存养天理，存养天理是无事的时候省察。通过省察看清自己是成功的基础，不能因为境况的不如意而迷迷糊糊，混了天日。

如果无法认清自己，容易骄傲自满，就像装满了水的容器，稍一晃动，水便会溢出来。一个人若心里装满了骄傲，便很难听取别人的忠告，吸取别人的经验，接受新的知识。长此以往，必定故步自封，或止步不前，或猝然受挫。

大禹时代，一个背叛的诸侯有扈氏率兵入侵，夏禹派他的儿子伯启抵抗，结果伯启被打败了。他的部下很不服气，要求继续进攻，但是伯启说："不必了，我的兵比他多，地也比他大，却被他打败了，这一定是我的德行不如他，带兵方法不如他的缘故。从今天起，我一定要努力改正过来才是。"从此以后，伯启每天很早便起床工作，粗茶淡饭，照顾百姓，任用有才干的人，尊敬有品德的人。过了一年，有扈氏知道了，不但不敢再来侵犯，反而主动投降了。

像伯启这样，肯虚心地检讨自己，马上改正有缺失的地方，那么最后的成功，舍他其谁呢？伯启的经历，与孔子的一句话很是契合，孔子说："已矣乎！吾未见能见其过而内自讼者也。"孔子说："完了啊！我没见过能看到自己过失而深切自责的人。"孔子教育学生们要"修持涵养"，也就是注重修养。而"内讼"正是修养的一个不可缺少的部分。所谓"内讼"，说简单些，就是由内心对自己进行自我审判。怎么审判呢？就是，内心进行情感与理性、天理与人欲的权衡，找出自己的缺点，时时进行自我反省。

学到一点东西就自满自足，甚至不可一世、盲目骄傲，这都是可笑而且可怜的。对自己心存不满的人就像那个不断装入石子、沙子、石灰及水的木盆，它总是能放下更多的东西，人生也便在日积月累中向上提升。

对自己心存不满的人会随时随地为自己充电，他们从不会为了已有的知识和成绩感到骄傲，因为他们知道容器的容量虽然有限，心胸却可以无限扩展，他们总会把自己摆在最低的位置，实际上却能与伟大无限接近。

人生如秤，对自己的评价称轻了容易自卑；称重了又容易自大；只有称准了，才能实事求是、恰如其分地感知自我，完善自我，对自己了然于心，知道自己能吃几碗干饭，有几许价值，才能做到自知之明。《吕氏春秋》中说："物固莫不有长，莫不有短，人亦然。"一个人不仅要了解自己的能力有多少，也要知道自己的长处和短处在哪里，才能借由不断的自我调整而进步。

现实中人们常常称重自己，有些人过于自信，总觉得高人一等，办事忽左忽右、不知轻重，造成不必要的尴尬和悲剧。当然也有称轻自己的人，其表现为往往自轻和自贱，多萎靡少进取，总以为自己不如人，而经常处于无限的悲苦之中。

自知之明来源于自我修养和自我慎独。因为自省才能自制自律，自律才能自尊自重，自重才能自信自立。自尊为气节，自知为智慧，自制为修养。人具备了自知之明的胸臆和襟怀，其人格顶天立地，其行为不卑不亢，其品德上下称道，其事业左右逢源。

自知之明与自知不明一字之差，两种结果。自知不明的人往往昏昏然，飘飘然，忘乎所以，看不到问题，摆不正位置，找不准人生的支点，驾驭不好人生命运之舟。自知之明关键在“明”字，对自己明察秋毫，了如指掌，因而遇事能审时度势，善于趋利避害，很少有挫折感，其预期值就会更高。所以，王阳明说懵懂的人，要是真的能在事物中省察，那么，愚蠢也会变得聪明，柔弱也会变得刚强。

君子改过，人皆仰之

“一念改过，当时即得本心。人孰无过？改之为贵。”

——王阳明

人在这个世界上生活、工作，就难免会犯错误，错了并没有什么，勇敢承认自己的错误反而会受到人们的敬仰和尊重。而生活中、工作中我们往往碍于面子，对自己的错误避而不谈，将错就错。其实，真正的自省是完全袒露内心，是灵魂从里到外对每个细胞的审视，是站在宇宙之上思维广阔的思考，是停下脚步仔细查看前后左右的条条道路。

在《寄诸弟》中，王阳明说了这样一句话：“一念改过，当时即得本心。人孰无过？改之为贵。”意思是，很多错误都是一念之差造成的，“人非圣贤，孰能无过”，但只要是将一念之过改正了，就可以得到“本心”，找回真正纯洁的灵魂。肯改正错误就是最可贵的，这样说来，敢于承认错误，改正错误的人就可以称得上是令人尊敬的君子了。

战国时期，赵国有一文一武两个得力的大臣。武的叫廉颇，他多次领兵战胜齐、魏等国，以英勇善战闻名于诸侯。文的叫蔺相如，他有勇有谋，面对强悍的秦王能够临危不惧。他两次出使秦国，第一次使国宝“和氏璧”得以完璧归赵，第二次是陪同赵王去赴秦王的“渑池之会”，两次都给赵国争回了不少面子，秦王也因此不敢再小看赵国了。于是，赵王先封他为大夫，后封他为上卿，地位在大将廉颇之上。

廉颇对蔺相如很不服气。他想：蔺相如有什么能耐，无非是会耍几下嘴皮子，我廉颇才是真正的功臣呢！他对手下的人说：“我要是见到了蔺相如，一定要让他尝尝我的厉害，看他能把我怎么样！”

这话传到了蔺相如的耳朵里，他干脆装病不去上朝，避免与廉颇发生冲突。他还吩咐手下的人，叫他们以后碰着廉颇的手下，千万要让着点儿，不要和他们争吵。一次，蔺相如出门办事，正碰见廉颇远远地从对面过来，蔺相如就叫马车夫把车子赶到小巷子里，让廉颇的车马先过去。

蔺相如的手下气坏了，纷纷责怪蔺相如胆小，害怕廉颇。蔺相如笑一笑，说：“廉颇和秦王哪个厉害呢？”手下说：“当然是秦王厉害了。”蔺相如接着说：“我连秦王都不怕，还会怕廉颇吗？要知道，秦国现在不敢来打赵国，就是因为国内文官武将一条心。我们两人好比是两只老虎，两只老虎要是打起架来，难免有一只要受伤，这就给秦国制造了进攻赵国的好机会。你们想想，国家的事要紧，还是私人的面子要紧？所以，我宁可忍让一点儿。”

这话传到了廉颇耳朵里，他感到非常惭愧。这日，他裸着上身，背着荆条，跑到蔺相如的家里去请罪。从此，两人成了最要好的知心朋友，一文一武，共同保卫赵国。

廉颇不仅是一员猛将，还是一个勇士，一个勇于面对错误、承认错误和改正错误的勇士。知错能改，这是我们从小便接受到的教育，但碍于面子，很多时候，即使明知自己犯了错，还是很难主动去认错。一味地回避自己所犯的错，是需要花费很大力气的，与其浪费这么多的时间与精力，不如直接为自己的错“埋单”，并将它看作一次深刻的教训。人总是在不断的磕磕碰碰中长大的，错误只是一个小水坑，许多人都是被水溅湿过，才知道以后要小心地避开。所以，前进的路上不要害怕犯错，只要在犯错之后坦诚地接受并注意改正，之后的小水坑便会越来越少，前进的道路便会越来越顺畅。

西汉时期，汉中有个叫程文矩的，他的妻子不幸去世，留下四个儿子，之后又娶李穆姜为妻，女生了两个男孩。程文矩死后，繁重的家务和教育孩子的责任都落在了李穆姜身上。作为后母的李穆姜对程文矩前妻生的孩子无比慈爱，甚至比对自己的亲生儿子还要好。但是，这四个孩子却一点都不尊敬她，还处处为难她，认为李穆姜是假仁假义。

久而久之，有邻居劝李穆姜不要再管这些了。李穆姜却说：“我要用礼仪劝导他们，不让他们走向邪路。”有一次，程文矩前妻的大儿子程兴重病卧床，李穆姜十分难过，她不仅到处访求名医，还亲自熬药，将程兴照顾得无微不至。在李穆姜的精心照料下，程兴的病慢慢得以痊愈。而李穆姜的行为也深深感动了程兴。他不仅向李穆姜道歉，还对三个弟弟说：“继母仁慈，我们兄弟却置她的养育之恩于不顾，真连禽兽都不如。虽然母亲并不怪我们，对我们越来越好，但我们的罪过是不可宽恕的。”四兄弟感到非常悔恨，便跑到掌管刑罚的官员面前请求治罪。事情传到了汉中太守那里，太守不仅表彰了李穆姜，还让四子改过自新。在李穆姜的严格教育下，四子也都各有建树。

程文矩前妻的四个孩子认识了自己的错误，并且改过自新，才有了后来的建树。人的一生总是难免会犯这样或者是那样的错误，而问题的关键则在于该如何去面对我们的过错。首先是知错，若连自己的错误都不承认，就无以说到下一步，其后果也必定会是一错再错。但若能去正视并且承认自己的过错，并且能在此基础之上对其错误进行改正，那么，错误对于我们而言便是一笔财富了，要知道，犯了错误改得早，就进步快。

反观自身，不断自我提升

“见贤思齐焉，见不贤而内自省，则不至于责人已甚，而自治严矣。”

——王阳明

自省是一面莹澈的镜子，它可以照见心灵上的玷污，继而照亮前进的路途。工作中，有很多人经常怨天尤人，就是不在自身上面找原因。实际上，一个人失败的原因是多方面的，只有从多方面入手寻找失败的原因，并有针对性地进行自省，才能起到纠错的作用。

“见贤思齐焉，见不贤而内自省也。”王阳明十分赞同孔子的这句箴言。看到比自己好的人就要争取进步与之齐头并进，见到不好的就要反思自己是否也有这样的错误或者坏习惯。这样才不至于严于待人，宽以待己；如果要想成为一个成功的人、伟大的人，恰恰要严于律己、宽以待人，从反躬自省中完善自己，发现、发展自己的优势力量。

陈子昂是我国初唐著名诗人。他的老家是梓州射洪（现在的四川省射洪县），幼年时他就随父亲一起来到了京城长安。由于父母平时对他非常娇惯，所以他长到十几岁时仍然不爱读书，每天只知道跟他的朋友出城打猎、游玩，要不就是四处找人斗鸡赌钱。

随着时间的流逝，陈子昂渐渐长大了，这时他的父母才发现自己的宝贝儿子不学无术，一无所长，并开始为他的前途担忧。父母对他平日里的行为也看不下去了，多次劝他除掉身上的恶习，潜心攻读。可陈子昂早就游荡惯了，哪里听得进去。

有一天，他在游玩途中路过一处书塾，在窗外无意中听到老师在说这样一段话：“一个人是否能够享有荣誉或蒙受耻辱，完全取决于他本人的品德。品德好的人，自然会享受荣誉；品德坏的人，也自然会蒙受耻辱。一个人如果放任自流，行为举止傲慢，身上具有邪恶污秽的东西，就无法得到他人的尊敬。要想成为一名君子，就要让自己博学多才，还要经常用学来的道理对照自身进行检点。如果坚持这样做下去，你的学问和知识就会越来越多，行为上也很难有什么过失了。俗话说得好：‘少壮不努力，老大徒伤悲。’在生活中，我们看到别人能做一番大事业时总是非常羡慕人家，可是你哪里知道，人家之所以能够取得成功，是下了一番苦功夫的！不经过自身的努力就想得到学问，那就如同缘木求鱼一样幼稚得可笑。”无意中听到的这一番话，使陈子昂的内心受到很大的触动。他忘记了游玩，马上赶回家，在自己的屋中反思起来，回首自己以前做过的荒唐的事情，心里追悔莫及。

从那一天起，陈子昂毅然跟原来那些朋友断绝了来往，把在家中饲养的各种小动物也都放掉了，从此和书本成了朋友，每天书不离手，勤奋刻苦地学习，直至最后成为一名伟大的诗人。

每个人都需要反思自己的行为，陈子昂如果没有反思想必也很难成为留名千古的大诗人。要想取得成功，必须适时清理一下内心的“乌云”，经常自查自省，把负面的因素扔进“垃圾桶”，吸取过往教训，总结经验，以免以后发生类似的事件。

王阳明和学生讨论“中”，他认为“中”不是物，而是学者涵养省察时的景象。君子修德，学者求学，圣人得道，乃至君主治国，都要在时时寻找和守定这种自省的景象。背离这种景象，就会落于私欲的俗套。

一个人只有不断地反省，才会不断地提高。一个人进步的能力、学习的能力，就体现在他反省的能力上。若能通过自省找到自己的优势，并将优势发挥到极致，他就能够在该领域中取得非凡的成就，获得人生的成功。

生活的真正悲剧并不在于我们每个人都没有足够的优势，而在于未能使用我们的优势。王阳明为实现圣人之志亲身实践探索的过程，告诉我们人人都可以成为圣人。虽然世界上没有两片完全相同的树叶，每个人的天赋都是不同的，但是每个人都有表现突出的一个方面，只是我们不够相信自己。

我们的时间有限、精力有限，不可能把所有的事情做到最好，但是我们一定可以把其中的一件事做到最好。也就是说，一个人，必须首先找到自身的优势所在。做最好的自己，你就能在不知不觉中超越众人，跨越平庸的鸿沟，从众人中脱颖而出。

第十一章
谨慎心：三思而后言

有糖衣的逆言易被接受

“真言求功。”

——王阳明

说话是一门艺术，懂得如何说话，在何种场合说话，往往能够转祸为福。有句俗语称：“见什么人，说什么话。”这确实是一种说话的策略，但是这个话却又有一个标准，那就是都要讲真话。王阳明说讲真话是很难得的，特别是在一些特定的时候和场景更加显得宝贵。讲真话能够求得功名，真正能够打动人心的也还是真话。不过，在某些场合讲真话要懂得方式方法。

有这样一个幽默故事，说有个外国的留学生赞美中国的男同学很帅时，那男同学谦虚道：“哪里，哪里。”这个学了一点中文的外国留学生感到不知所措：“我只不过客套地赞美他，他还要问我具体美在哪里。”这个留学生当然不知道这是我们中国人的含蓄。

其实在某些特定的场合，含蓄一点也未尝不好，如果把话说得太直、太透，可能会引起对方的不满，或者对自己产生不利的影响，但意思又不能不表达。这时，如果采用“借他人之言，传我腹中之事”的方法，借用一个并不在场的第三者之口说出，便可以弱化对方的不满和对我方的不利影响。

在语言策略上，这种方法被称为近话远说。运用此法，能够人为地拉开话题与现场之间的距离，给双方留下一个缓冲带。

说话转个弯儿，在表达自己意见的同时，也为自己留了条后路。顾及了双方的面子，使自己和对方都有台阶下。对于不宜直言的问题，绕个弯儿说话，有时会让自己化险为夷。说话绕弯子在中国历史上屡见不鲜，有时的确能化解过激的行为。

我国古时候，有一个县官很喜欢附庸风雅，尽管画艺不佳，但画画的兴致很高。他画的虎不像虎，反而像猫。并且，他还每画完一幅画，都要在厅堂内展出示众，让众人评说。大家只能说好话，不能说不好听的话，否则，就要遭受惩罚，轻则挨打，重则流放他乡。

有一天，县官又完成了一幅“虎”画，悬挂在厅堂，召集全体衙役来欣赏。

县官得意地说：“各位瞧瞧，本官画的虎如何？”

众人低头不语。县官见无人附和，就点了一个人说：“你来说说看。”

那人战战兢兢地说：“老爷，我有点怕。”

县官：“怕，怕什么？别怕，有老爷我在此，怕什么？”

那人：“老爷，你也怕。”

县官：“什么？老爷我也怕。那是什么，快说。”

那人：“怕天子。老爷，你是天子之臣，当然怕天子呀！”

县官：“对，老爷怕天子，可天子什么也不怕呀！”

那人：“不，天子怕天！”

县官：“天子是天老爷的儿子，怕天，有道理。好！天老爷又怕什么？”

那人：“怕云。云会遮天。”

县官：“云又怕什么？”

那人：“怕风。”

县官：“风又怕什么？”

那人：“怕墙。”

县官：“墙怕什么？”

那人："墙怕老鼠。老鼠会打洞。"

县官："那么，老鼠又怕什么呢？"

那人："老鼠最怕它！"那人指了指墙上的画。

故事中，被点名的差役没有直接说县太爷画的虎像猫，而是接二连三地抬出第三方，绕着弯说话。让县官在众人面前保住了脸面，又让自己避免了一场灾难。

人常说："良言一句暖三冬，恶语伤人六月寒。"一言可以兴邦，一言可以丧邦；一句话可以把人说笑，一句话也可以把人说恼。人与人之间性格各方面都有差别，生活中也常常遇到一些不便于直言的场合和事情，说话曲折一点、绕一点弯儿，让逆言裹着糖衣，自然可以生出迂回进言的效果，让人思考以后才知道，揣摩之后才明白。

善言的高手，即使遇到棘手的话题或难以回答的问题，也能够巧妙地运用一些方法，如近话远说，从而避免恶语伤人，更能有效地保全自身。

言辞不可太露骨

"言不可尽善。"

——王阳明

当代著名学者季羡林老先生曾说过一句话：假话全不说，真话说一半。这句话是季老先生从大半生丰富的阅历中总结出来的经验。前半句警告那些喜欢吹嘘、撒谎的人，一个假话总要十个假话来圆，假话越说越多只能给自己带来更多的麻烦，所以还是不说为好；后半句就更微妙了，真话为什么要说一半呢？因为很多时候，说得越多错得也越多，少说话不仅能够避免传播谣言也能够给人留下处事谨慎的好印象。

王阳明也曾说过一句话：言不可尽善。意思是讲话不可以只讲好话、亲善的话。因言招祸的事情常常发生，王阳明自己就是一个很好的例子。因为不满刘瑾等宦官为非作歹，王阳明上书朝廷，为受害同僚讲话，最终导致自己也遭受迫害。所以，王阳明说这句话的意思是警示人们在讲话上要十分谨慎小心。

有一篇文章叫作《说话的温度》，它这样写道：

“急事，慢慢地说；大事，清楚地说；小事，幽默地说；没把握的事，谨慎地说；没发生的事，不要胡说；做不到的事，别乱说；伤害人的事，不能说；讨厌的事，对事不对人说；开心的事，看场合说；伤心的事，不要见人就说；别人的事，小心地说；自己的事，听听自己的心怎么说；现在的事，做了再说；未来的事，未来再说。”

话语本身是有温度的，说话也是有技巧的。只有技巧拿捏得恰到好处，才能赋予语言适合的温度，不会把聆听者灼伤，也不会让他感觉到冷漠。

王阳明强调讲话要谨慎，但是也主张要有讲真话的勇气。在各项与说话相关的原则中，讲真话一直被视为正直人士的标签，似乎一个人不说真话就算不得真诚。不过，讲真话有时候也得分聆听对象，分地点场合。

早在两千多年前，孔子就曾告诫我们：“可与言之而不与之言，失人；不可与言而与之言，失言。”说话之前，先得想清楚“可与言”和“不可与言”这两种人和两种情况，对那些有诚意、可信赖的“可与言”的人，如果“不与之言”，不说真话，那就是我们的失理、失礼，可能会因此失去难得的朋友或师长；但如果对方是不可信赖的“不可与言”者，你仅凭听了几句漂亮说辞或慷慨承诺，就“与之尽言”，向他掏出了所有心里话，那你就可能失言或上当。

心与心的距离就像硬币的两面，有时候很近，近得似乎融为一体；但有时候又很遥远，远到永远不可能达到对面。没有人能完完全全地理解另一个人，也没有一个人能被人完完全全地理解。我们每个人内心里都有一片私人领域，在这里我们埋藏了许多心事。心事是自己的秘密，一般时候都只可留给自己，不要轻易说出口。

很多人有一个共同的毛病：心里藏不住事，有一点点喜怒哀乐之事，就总想找个人谈谈；更有甚者，不分时间、对象、场合，见什么人都把心事往外吐。其实这也没有太大关系，每个人都有与他人分享心情与感想的欲望，这些都再正常不过。

真话可以说，但不能“随便”说。因为我们的每个倾诉对象都是不一样的，所以要学会有所鉴别，有所取舍。

“假话全不说，真话不全说。”这句话中其实蕴含着传统的中庸观念，看似有些“明哲保身”的意味，但我们不得不承认这种态度更接近现实生活的原貌。

在中国古代，诸多饱学之士莫不把这中庸之道当成确保自身“不倒翁”地位的经验之谈，这与传统观念提倡的忠孝仁义、君臣之纲，缺少反叛意识有莫大关联。虽然历史上也有知名的谏臣，比如唐朝的魏徵、明朝的海瑞，但毕竟只是少数。忠言逆耳，更何况很多时候，与我们相交的人嘴中吐露的也未必就是心中所想，而且他也未必愿意听我们的实话，所以，有人愿意披着“皇帝的新装”，自然也就有人愿意充当“不明真相”的围观者。

打折的真话并不全然意味着胆怯或软弱，在说话的时候有所隐瞒，说些折中的话、弹性的表述、搁置敏感点，有时候也是实现目的的变通之策。减少真话可能带来的无意义的口舌之争，用实践去检验真理，或许是一种更好的方法。

嘴巴闭关，舌头收箭

“以言语谤人，其谤浅。”

——王阳明

外交官在传达两方面意见的时候，翻译官也一样，传其原意，过分的话不能传，也不能添油加醋，做到了这一步，才算完成使命，也才能够保全自己。这虽然是讲外交官的修养，做外交的哲学，但也是告诉我们做人的道理，应该怎么做，不应该怎么做。王阳明在回复学生周道通的信中说：“以言语谤人，其谤浅。”意思是用言语诽谤别人，这种诽谤是很肤浅的。尽管舌头没有骨头，但也应该特别小心它的厉害。因为话一旦说出口，就像射出的箭，再也不能收回了。因此，管好自己的舌头，学会说话处世很重要。

在为人处世时，要学会对人的性格作具体分析，要见什么人说什么话，对傲慢无礼的人说话应该简洁有力，最好不要跟这种人多谈，所谓“多说无益”；对沉默寡言的人就要直截了当；对深藏不露的人，你只把自己预先准备好的资料拿给他看就可以了；对于瞻前顾后、草率决断的人，说话时要把话分成几部分来讲。

徐文远是名门之后，他幼年跟随父亲被抓到了长安，那时候生活十分困难，难以自给。但他勤奋好学，通读经书，后来官居隋朝的国子博士，越王杨侗还请他担任祭酒一职。隋朝末年，洛阳一带发生了饥荒，徐文远只好外出打柴维持生计，凑巧碰上李密，于是被李密请进了自己的军队。李密曾是徐文远的学生，他请徐文远坐在朝南的上座，自己则率领手下兵士向他参拜行礼，请求他为自己效力。徐文远对李密说：“如果将军你决心效仿伊尹、霍光，在危险之际辅佐皇室，那我虽然年迈，仍然希望能为你尽心尽力。但如果你要学王莽、董卓，在皇室遭遇危难的时刻，趁机篡位夺权，那我这个年迈体衰之人就不能帮你什么了。”李密答谢说：“我敬听您的教诲。”

后来李密战败，徐文远归属了王世充。王世充也曾是徐文远的学生，他见到徐文远十分高兴，赐给他锦衣玉食。徐文远每次见到王世充，总要十分谦恭地对他行礼。

有人问他：“听说您对李密十分倨傲，对王世充却恭敬万分，这是为什么呢？”

徐文远回答说：“李密是个谦谦君子，所以像郦生对待刘邦那样用狂傲的方式对待他，他也能够接受；王世充却是个阴险小人，即使是老朋友也可能会被他杀死，所以我必须小心谨慎地与他相处。我察看时机而采取相应的对策，难道不应该如此吗？”

等到王世充也归顺唐朝后，徐文远又被任命为国子博士，很受唐太宗李世民的重用。

徐文远之所以能在隋唐之际的乱世保全自己，屡被重用，就是因为他针对不同的人有不同的应对之法，懂得灵活处世，懂得管好自己的嘴巴。到哪山唱哪歌。掌握说话的技巧，把人说活了，做事就能达到意想不到的效果。

愚者常常暴露出自己的愚昧，贤者却总是隐藏自己的知性。因为善于听话的人，易表露知性；而喜欢表现自我、喋喋不休的人，通常都是些傻瓜。基于这样，请记住这么一句忠言："假如你想活得更幸福、更快乐的话，就应该从鼻子里充分吸进新鲜空气，而始终关闭你的嘴巴。"

平常做人就是如此，你说过分的话，结果倒霉的是你。当你时时意识到这个问题，不说闲话也就成了一种习惯，并进而改变了自己的心态，从耻笑别人转为审视自己。王阳明被封"新建伯"爵位，表面上十分光鲜，但只是挂了一个空名，对王阳明没有半点实质性的帮助，本有怨言的他被老父亲王华的一句"我以为惧"说得心服口服。父亲去世之后，他不再抱怨，不再说一些闲话，而是潜心学习。

警惕自己的舌头，如同慎重地对待珍宝一样，使自己的舌头保持沉默，人生将会得到很大的好处。人之所以有两个耳朵、一张嘴巴，是为了让人多听少说，听的分量要有说的两倍。于是，那些懂得此理的人总是让人尊敬，而那些喋喋不休之人只能让人更厌恶。

好话说过了不如不说

"善不可尽言。"

——王阳明

王阳明所在的封建官场，形势变幻莫测，人心叵测。王阳明虽然不是一个奉承的人，但是走进官场，也不得不摸索一些生存的门道。王阳明认为赞扬的话不能够全部说出。就算真的是发自内心的好意，有时可能会弄巧成拙，甚至被人抓住辫子，要想有回旋的余地那就难了。

每个人都希望受到别人的称赞，希望自己的真正价值被认可，尤其是希望得到同仁的认可。尽管人人都喜欢受到赞扬，但赞扬也必须恰如其分，恭维人的话不能过了头，这样对方会不自在，觉得你是虚情假意、逢场作戏，因此而不信任你。

清朝的重臣李鸿章，位高权重，文武百官都想讨他欢心，以便使他多多提携自己，能升个一官半职。这一年，他的夫人要过五十大寿，这自然是个送礼的大好时机，寿辰未到，满朝文武早已开始行动了，生怕自己落在别人后面。

合肥知县也想送礼，因为李鸿章祖籍合肥，这可是攀附中堂大人的绝好时机。无奈小小的一个知县囊中羞涩，礼送少了等于没送，送多了又送不起，这下可把知县愁坏了，思来想去拿不定主意，于是请师爷前来商量。

师爷看透了知县的心思，满不在乎地说："这还不好办，交给我了。保准你一两银子也不花，而且送的礼品让李大人刮目相看。"

"是吗？快说送什么礼物？"知县大喜过望，笑成了一朵花。

"一副寿联即可。"

"寿联？这，能行吗？"

师爷看知县还有疑虑，便安慰他："你尽管放心，此事包在我身上，保你从此飞黄腾达。这寿联由我来写，你亲自送去，请中堂大人过目，不能疏忽。"

知县满口答应。

于是第二天，知县带着师爷写好的对联上路了。他昼夜兼程赶到北京。等到祝寿这一日，知县报了姓名来到李鸿章面前，朝下一跪："卑职合肥知县，前来给夫人祝寿！"

李鸿章看都没看他一眼，随口命人给他沏茶看座，因为来他这里的都是朝廷重臣，区区一个七品知县，李鸿章哪能看在眼里。

知县连忙取出寿联，双手奉上。

李鸿章顺手接过，打开上联：

“三月庚辰之前五十大寿。”

李鸿章心想：这叫什么句子？天下谁人不知我夫人是二月的生日，这“三月庚辰之前”岂不是废话。于是，李鸿章又打开了下联：

“两宫太后以下一品夫人。”

“两宫”指当时的慈安、慈禧两位皇太后，李鸿章见“两宫”字样，不敢怠慢，连忙跪了下来，命家人摆好香案，将此联挂在《麻姑上寿图》的两边。

这副对联深得李鸿章的赏识，自然对合肥知县另眼相待，称赞有加，而这位知县也因此官运亨通了。

一副对联既抬高了李鸿章夫人的地位，同时又做到了不偏不倚，没有盲目哄抬，自然深得被赞的人喜欢。好话说得多了，听话的人会觉得讲话的是虚伪不真实，不但没有达到讲话的目的，甚至还会为自己带来不必要的麻烦。

据说有一个年轻人曾经给恩格斯写了一封热情洋溢的信，信中称赞恩格斯是一位无与伦比的革命导师，一位伟大的思想家，甚至称其为马克思的再现等。恩格斯并没有因为这封信而有丝毫的感动，反而生气地回信说：“我不是什么导师、思想家，我的名字叫恩格斯。”恩格斯作为一位杰出的思想家，他不喜欢别人在赞美他时用夸张的词汇，又因为他和马克思有着几十年的友谊，他是非常尊敬马克思的，当然会忌讳别人称他为“马克思的再现”。

此人本意在于表达对恩格斯的赞扬，却达到了不好的效果。的确，有时候，赞美别人也要有个度，在事实的基础上略有拔高就可以，如果不顾实际情况只是一味地表扬，别人不但不会感激，反而会心生厌烦。

恭维人的话不能过了头，过多了也不利于交谈，在谈话中频频夸对方“好聪明”“好有能力”，对方频频表示客气，往往使谈话无法顺利进行。所以，我们平日就要把握赞美别人的度，点到为止，让别人心里高兴，也不会觉得你另有所图。

少妄言，多好话

“凡今天下之论议我者，苟能取以为善，皆是砥砺切磋我也，则在我无非警惕修省进德之地矣。”

——王阳明

王阳明在一封书信中曾经写道：“凡今天下之论议我者，苟能取以为善，皆是砥砺切磋我也，则在我无非警惕修省进德之地矣。”世事纷繁复杂，真真假假，当是非降临时，我们也不必害怕，人间最大的力量不是枪炮或者拳头，而是忍，忍最终能将流言在真理面前击碎。做人应该以恕己之心恕人，以责人之心责己，一个真正的忍者，对待恶骂、打击、毁谤都要有承担、忍耐的力量。

一个人心地再好，如果嘴巴不好，也不能算是好人。言语谨慎是十分必要的。如果一个人总是滔滔不绝地讲话，说得多了，话里自然而然便会暴露出来很多问题。诗曰：不智之智，名曰真智。蠢然其容，灵辉内炽。用察为明，古人所忌。学道之士，晦以混世。不巧之巧，名曰极巧。一事无能，万法俱了。露才扬己，古人所少。学道之士，朴以自保。在生活的谈判桌上，“讷者”有时才是最杰出的谈判家。

南唐广陵人徐铉以学识渊博和通达古今闻名于北宋朝廷。

有一次，江南派徐铉来纳贡，照例要由宋廷派官员去做陪伴使。宰相赵普不知究竟选谁为好，就去向宋太祖请示。

太祖想了想，令殿前司写出十个不识字的殿中侍者的名字，太祖御笔一挥，随便圈了其中一个名字说：“这个人就可以。”

这使在场的所有官员都大吃一惊。赵普也不敢再去请示，就催促那侍者马上动身。那位侍者得不到任何明确指示，只好莫名其妙地前去执行命令。

一见面，徐铉就滔滔不绝，口若悬河，所有人都叹服他的能言善辩。那位侍者大字不识，当然无言以对，只好频频点头称是。徐铉不知他深浅，更加搜索枯肠喋喋不休地想和他辩论。但是在一起住了好几天，那个侍者无一言相对。徐铉口干舌燥，疲惫不堪，只好闭嘴不说了。

实际上，当时宋廷上有陶毅和窦仪等博览群书的大儒，说起论辩之才，未必就输给徐铉。但宋太祖作为大国之君，接待小国使臣，没有派他们去争口舌之长短。因为两强相争，谁也不会服谁，反而有失大国体面。

人们常说沉默是金，不仅是保住自己不惹祸端的好方法，更是一剂绝妙的做事药方。当我们面对自己不熟悉的或不擅长的事务之时，不如以沉默之精神以待，反而能更好地达成任务。

如王阳明所说，面对讥谤、无礼要做到不发怒不怨恨，而这又需要多么博大的胸怀。总是对别人吹毛求疵的人，一定不是个受欢迎的人；能容天下者，方能为天下人所容。你想要彩虹，就得宽容雨点，如果雨点滴到身上的那一刻便勃然大怒，又怎么能在彩虹出现的时候以一份怡然自得的心情去观赏那美丽的风景呢？

与讥谤相反的是赞美，赞美是一种良好的修养和明智的行为，诗人布莱克曾经说过：“赞美使人轻松。”赞美是一种精明、隐秘和巧妙的奉承，它从不同的方面满足给予赞美和得到赞美的人们。当我们赞美别人的时候，就是把自己和别人放在同一条水平线上了。不要吝啬对他人的赞美，每一个人的身上都有其自身的闪光点，都有值得别人赞美的地方。而在赞美他人的时候，你的心情也同样是愉快的，经常去赞美他人的人往往也容易得到他人的赞美，正所谓赠人玫瑰，手留余香。

世上只要有人的地方就有纷争，尤其是有“我”有“你”再加个“他”，你、我、他之间的纷争就更多了。想在这种复杂的环境中营造和谐的人际关系，一要少言，二要多说好话。

言满天下无口过

“夫言日茂而行益荒，吾欲无言也久矣。”

——王阳明

作为官场中人，王阳明并不热衷于权力的明争暗抢，也不想多拿国家一分一厘，虽然不争名不争利一心想着报国救民，但也难免成为官场中人暗伤的对象。王阳明在多次的起伏中证明最好的明哲保身的办法就是少说话、多做事，话说得越多行为就会越来越少，要注重实行，就得少说假、大、空的话，多做一些实在的、有益于国家、有利于人民的事情。

老子说“多言数穷，不如守中”，王阳明对此也是十分的赞同。但是有人认为“多言数穷，不如守中”只是明哲保身、与世无争的教条，因为为人处世终究是“是非只为多开口，烦恼皆因强出头”，这样理解有些浅显，只是抓住了这句话的一层含义而已。天地好比是一个大风箱，当用的时候，便鼓动成风，助人成事；当不需要的时候，便戛然而止，缄默无事。因此，“多言数穷，不如守中”，并非让人完全不开口说话，只是说所当说的，既不可多说，也不可不说。所谓“言满天下无口过”，才是守中的道理。

宋人张邦基在《墨庄漫录》中曾录有一则与苏轼有关的乡谈趣闻。

苏轼在翰林院供职时，他的弟弟苏辙在处理政务的机构为官。有个早年与苏轼兄弟有往来的旧交，写信求苏辙在任内为他谋份差事，久而未遂。一天，这人找到苏轼，说：“鄙人想托学士为我的事情跟令弟打个招呼。”苏轼沉吟片刻，跟他说了个故事：“过去有个人很穷，无以为生，就去盗墓。他挖开一座古墓，见有个全身赤裸的人坐在棺内对他说：‘我是汉代的杨王孙，提倡裸葬，没有财物可接济你。’盗墓人无奈，又费了好一番力气挖开了另一座古墓，见有个皇帝躺在棺内对他说：‘我是汉文帝，墓里没有金银玉器，只有陶瓦器皿，无法接济你。’盗墓人颇为丧气，见有两座古墓并排在一起，就去挖左边这座墓，直挖到精疲力竭方才挖开。只见棺内有个面带菜色的人对他说：‘我是伯夷，被饿死在首阳山下，没办法帮到你。’接着，伯夷又说：‘我劝你还是别费力气再挖了，还是另找个地方吧，你看我瘦成这样，我弟弟叔齐也好不到哪儿去，也帮不了你。’”

听完苏轼所说的故事，旧交顿悟，大笑而去。

苏轼以讲故事的形式，巧妙地运用了三个典故，将自己兄弟俩严于律己、不谐流俗的意思，逐层循次地表达了出来，语言生动流转，妙趣横生，取得了非常好的婉拒效果。既说出了自己的原则，又让故人会心而去，言满天下，不留罅隙。

鬼谷子也曾说过：“与智者言，依于博；与博者言，依于辩；与辩者言，依于要；与富者言，依于豪；与贫者言，依于利；与勇者言，依于敢；与愚者言，依于锐。”意思是告诉人们，和聪明的人说话，须凭见闻广博；与见闻广博的人说话，须凭辨析能力；与有钱的人说话，言辞要豪爽；与穷人说话，要晓之以利；与勇敢的人说话不要怯懦；与愚笨的人说话，可以锋芒毕露。

可见，言满天下无口过，是智慧，也是艺术，是一门语言艺术，做人艺术。正如王阳明所言“夫言日茂而行益荒”，话多而行为少时要遵循“多言数穷，不如守中”的原则，做人懂得把握言语的机妙，何时该说，该说什么，如何说，自然做人无过，这个时候即便多言也自何妨了。

第十二章 包容心：能容能恕，厚德载物

待人处世，忍让为先

“一起一伏，一进一退，自是功夫节次。”

——王阳明

在明朝正德年间，朱宸濠起兵反抗朝廷。王阳明率兵征伐，一举擒获了朱宸濠，为朝廷立了大功。但是当时受正德皇帝宠信的江彬十分嫉妒王阳明的功绩，以为他夺走了自己建功立业的机会。于是，就四处散布流言：“最初王阳明和朱宸濠是同党，后来听说朝廷派兵征伐，才抓住朱宸濠自我解脱。”

王阳明听到这个消息之后，就与身边的人商议道：“如果退让一步，把擒获朱宸濠的功劳让出去，就可以避免不必要的麻烦。假如坚持下去，不作妥协，江彬等人很可能狗急跳墙，做出伤天害理的勾当。”为此，他将朱宸濠交给太监张永，使之重新报告皇帝：“擒获朱宸濠，是总督军门和士兵的功劳。”如此一来，江彬等人也就无话可说了。

王阳明称病到净慈寺休养。张永回到朝廷之后，大力称颂王阳明的忠诚和让功避祸的高尚之举，正德皇帝终于明白了事情的始末，就免除了对王阳明的处罚。王阳明以退让的方法，避免了飞来的横祸。

努力进取、坚持不懈的行为无疑是值得肯定的。然而，在复杂的人生道

路上，既需要勇敢拼搏，也需要有卫有守。退让不仅是一种机智，也是一种坚忍的毅力和顽强的意志。瞬间的忍耐，有限的退让，将使狭隘的人生之路变得无限广阔。

唐朝娄师德性格稳重，很有度量。他弟弟当上代州刺史，临行向他告别，并征询他的建议。娄师德对弟弟说："我现在辅助丞相，你现在又承皇上厚爱，得以任州官，我们真是受皇上恩宠太多了。而这正是别人所嫉怒的，你如何对待这些妒忌以求自免家祸呢？"娄师德弟弟说："自今以后，若有人朝我脸上吐唾沫，我自己擦去唾沫，决不叫你为我担忧。"娄师德说："这正是我所担忧的地方。别人向你吐唾沫，是对你恼怒，如果你将唾沫擦去，那岂不是违反了吐唾沫人的意愿吗？别人会因此而增加他的愤怒。不要擦去唾沫，让它自己干了，应当笑着去接受它。"

任唾沫自干，笑着忍耐接受，娄师德想要告诉我们的无非是"忍一时风平浪静，退一步海阔天空"的道理。能够将别人的愤怒化为无形是很不容易的事情，能够称赞挖苦过你的人，那真令人敬佩；能够用智慧、品行战胜狭隘的嫉妒，可以说更是很了不起的本事了。如果一个人平常为人在语言上肯吃点亏，让人一句，在事情上留有余地，肯让人一步，也许收获就能更大。

对于隐忍退让，王阳明也曾说过，起伏、退让都是功夫。就像海上波浪一样，有起就有伏，人生际遇有进也必然有退。

人之形形色色，事之千变万化。在现实生活中，常常遇到不如意的事，如不能处之泰然，就很容易引起心理上的不平衡，并进一步导致身体上和精神上的疾病。为了保持心理上的平衡，必须学会自己欣赏自己，对他人期望不要过高，以免对方达不到自己的要求，而感到失望。要及时疏导自己的愤怒情绪。在小的地方无须过分坚持，必要时应做出适当的让步。暂时回避，等情绪稳定后再重新面对。不要处处与人竞争，对人多存善意，心境自然会变得平衡。

更多时候，有限的退让是一种自保的策略，更是一种为人处世必备的心理素质。因为只有退让才能换来更大的生存空间、发展空间；只有退让才能换来以后更长足的进步、更辉煌的前程。

待人处世，凡事要忍让为先。常言道："忍得一时之气，免得百日之灾。"对长辈容忍则孝，夫妻间容忍则和，对朋友容忍则善，对年幼者容忍则美。能容忍别人的人，别人自然会容忍你。忍字头上一把刀，一忍万事消。宁可人负我，绝不我负人。万一跟人有了争执，一定要这么想："小不忍则乱大谋。"对人应宽其胸，明其理，知其道，以嫌为上，切勿以己之心，度他人之腹。要知道："能忍耐终身受益，大学问安心吃亏。"

退一步，得饶人处且饶人

"不管人非笑，不管人毁谤，不管人荣辱，任他功夫有进有退，我只是这致良知的主宰不息，久久自然有得力处，一切外事亦自能不动。"

——王阳明

王阳明不仅是著名的哲学家，更是一名出色的军事家。而王阳明的用兵之道往往与众不同，在别人认为应该进攻的时候，他却认为应该退守。宁王朱宸濠叛乱时期，朱宸濠久攻安庆不下，集结兵力的王阳明不顾众人从背后攻击叛军的意见，坚持认为应该退而攻南昌。结果证明他的判断是对的，南昌城攻下之后，朱宸濠彻底失去了反击的根据地。

其实，王阳明的军事思想和用兵之道也适用于我们的生活。人生是一场华丽的舞会，聪明人往往选择跳探戈，自始至终保持着优雅奔放、进退自如的姿态。我们无论处于何时何地，都会遇到各种各样的人，都要与各种各样的人相交相处。在人际关系中，难免会出现磕磕碰碰，难免会发生问题。有人说：只要有人的地方，就会有争斗。若想与他人和平相处，就要拥有一个良好的人际关系网，在原则范围内，偶尔的吃亏，偶尔的退让，既是一种包容的胸怀，也是一个友好的讯号。若太过计较，双方都将陷入泥潭而难以挣脱，就像是那些在篓中互相钳制难以逃生的螃蟹。

一个青年到河边钓鱼，遇到一捕蟹老人，身背一个大蟹篓，但没有盖上盖子。他出于好心，提醒老人说："大伯，你的蟹篓忘了盖上。"

老人回头看了他一眼，微微一笑："年轻人，谢谢你的好意。不过你放心，蟹篓可以不盖。要是有蟹爬出来，别的蟹就会把它钳住，结果谁都跑不掉。"

那一篓互相钳制的螃蟹是否曾想到，钳住别人也就堵住了自己的出路。在现实生活中，留三分余地给别人，就是留三分余地给自己，就像跳探戈一样。

探戈是一种讲求韵律节拍，双方脚步必须高度协调的舞蹈。探戈好看，但要跳好探戈绝非一件轻而易举的事，很多高手均需苦练数年才能练就炉火纯青的舞技。跳探戈与处世，有着许多异曲同工之处，亲子、朋友、同事、上下级之间，如果能用跳探戈的方式彼此相处，彼此协调，知进知退，通权达变，不但要小心不踩到对方的脚，而且要留意不让对方踩到自己的脚。这样，人与人之间才能和睦相处。

与人方便就是与己方便，在人生中，将别人渴望的东西主动送上门去，能免愤恨、招感激，为自己赢得一份宝贵的人情，给自己以后的人生留下了余地。因为世事艰险，谁也说不准会遇到什么天灾人祸，如果不注意在人生的点滴处留人情，就会无形中给自己埋下不少可怕的定时炸弹！而如果得饶人处且饶人，适当地网开一面，也许就在无形中消除了很多危险。

宰相肚里能撑船

"凡人言语正到快意时便截然能忍默得，意气正到发扬时便翕然能收敛得，愤怒嗜欲正到胜沸时便廓然能消化得，此非天下之大勇者不能也。"

——王阳明

"宰相肚里能撑船"不是一句虚话，但凡真正的大人物，都有相对广阔的胸襟，斤斤计较之辈，一般难有太大的出息。

王阳明虽然没有做过宰相，却比一般宰相还要大度。平定了叛乱，俘虏了宁王朱宸濠之后，他先是把功劳全都让给了别人。而之后，朝中太监张永向王阳明索要朱宸濠筹备造反时打通关系送礼行贿的账本，张永本想借此账本修理修理那些平时跟王阳明唱反调的人，但王阳明却声称把这个账本给烧了。在他眼中，叛乱已经平定，再没有理由大动干戈，就到此为止吧!

一个真正成功的人，必须要有博大的胸襟。一个胸襟宽广的人，才能不被狭隘偏私所限制，才能认识生命真正的意义，成为识人才的伯乐，眼光高远，千金买马骨。

曹操在诗中所说:“青青子衿，悠悠我心。但为君故，沉吟至今。”无论在什么时代，人才永远都是最重要的。人才难得，所以很多政治家对冒犯自己的人才往往能既往不咎，收为己用。这也是他们能成就霸业的关键。

齐桓公即位后，即发令要杀公子纠，并把管仲送回齐国治罪。因为管仲做公子纠的师傅时，想用箭射死齐桓公。结果齐桓公假死逃过一劫。管仲被关在囚车里送到齐国。鲍叔牙立即向齐桓公推荐管仲。齐桓公气愤地说:“管仲拿箭射我，想要我的命，我还能用他吗？我恨不得杀之而后快！”鲍叔牙说:“以前他是公子纠的师傅，所以他用箭射您，这不正好体现了他对公子纠的忠心吗？而且要是论起本领来，他比我强多了。主公如果要干一番大事业，我看管仲可是个用得着的人。”

齐桓公也是个豁达大度的人，听了鲍叔牙的话，不但不治管仲的罪，还立刻任命他为相，让他管理国政。管仲帮着齐桓公整顿内政，开发富源，大开铁矿，多制农具，后来齐国越来越富强了。

齐桓公既往不咎，原谅了管仲的冒犯，原因在那儿呢？一是各为其主；二是管仲确有大才。还有最重要的一点是齐桓公确实是一个有胸襟的人。化敌为友，使其成为自己最得力的干将，这是古代领导者常见的戏码。

我们常说，滴水之恩，当涌泉相报，就是这个道理。对别人的好，以后都会反馈回来的。《孙子兵法》里最精妙的招数要数“攻心”。而要攻心，就得有一颗有容乃大的心。能够包容、忍受别人不能忍受的苦难甚至屈辱，才能成就别人无法成就的大业。

韩信是淮阴人，他幼年丧父，后来母亲也在贫病交加中死去了。韩信从小只好读书习武，不会种田、做生意，到了无以为生时，只得到邻里家中混饭吃。

一天，韩信遇到一群恶少，其中一个侮辱韩信说：“别看你长得又高又大，好佩刀剑，其实是个胆小鬼。你要是怕死，就从我的胯下钻过去。”韩信牢牢地盯着他看了好久，终于忍了气爬着从他的胯下钻了过去。市井人皆耻笑韩信，认为他胆小如鼠，这就是“胯下之辱”。后来，刘邦在韩信的帮助下终于打败项羽，平定了天下。

韩信可谓是一个聪明顾大局的人。如果当时韩信一怒之下杀了那个无赖，吃了官司置身于牢狱之中，还谈什么抱负。要想能屈能伸就得学会忍，忍气吞声是一种肚量，能够克己忍让，是深刻有力量的表现，也是雄才大略的表现；能够明白轻重，分清大小的人才具有成大业的潜质。

王阳明接受两广新命的时候，当朝的小人对其的诬陷仍然不断，朝廷没有对其给予任何的澄清，但是王阳明把天下百姓的安危放在最重要的位置，不顾病体，踏上了前往广西收拾残局的道路。没有私心也就自然能够容忍小人的不仁，生活中，我们虽然没有机会面对这样的重大选择，但也应该学学王阳明，凡事不要总考虑自己的利益，心自然就能容纳更多。

容人方能得人之心

“处朋友，务相下则得益，相上则损。”

——王阳明

嘉靖元年（1522年），一位泰州商人穿着奇装异服来到王阳明家里求学，想拜入王阳明门下，王阳明一口答应了。不久，这人就打算穿着奇装异服出去游历、讲学。王阳明问他为什么要穿成这样，这人便以反对理学陋规，讲究心学为借口。王阳明知道他是怕别人看不起，所以才穿着奇异的服装，打着王阳明的旗号出去讲学，便一口拆穿了他，说他只不过是想出名罢了。这人一听被老师看穿了，只想收拾起最后一点尊严离开，没想到王阳明没有计较，反而继续留他在家里。从此这个人洗心革面、一心向学，他就是王阳明最优秀的学生、泰州学派的创始人——王艮。

人们常说水至清则无鱼，人至察则无徒。如果你是别人的上级或者师长，不能容忍下属、学生的任何过错与不足，久而久之是很难在下属或者学生之中树立起威信的。

其实，历史上有很多明君，他们都是睁一只眼闭一只眼，在小事情上他们都无比糊涂，不会把下属逼得每日战战兢兢，如临深渊、如履薄冰。当然遇到大事情或者触犯大原则的时候，他们也毫不客气，一点也不手软。容忍别人的过错，是一个人心胸宽广的表现，同时也是一种生存的谋略。

楚庄王逐鹿中原，连续几次取得了胜利。庄王设宴款待群臣。席间，庄王命最宠爱的妃子为参加宴会的人敬酒。

这时，天色渐渐暗下来，大厅里开始燃起蜡烛。猜拳行令，敬酒干杯，君臣喝得兴高采烈，好不热闹。忽然，一阵狂风刮过，客厅内所有的蜡烛一下全被吹灭，整个大厅一片漆黑。庄王的那位美妃，正在席间轮番敬酒，突然，黑暗中有一只手拉住了她的衣袖。对这突然发生的无礼行为，美妃喊又不敢喊，走又走不脱，情势紧迫之下，她急中生智，顺手一抓，扯断了那个人帽子上的缨。那人手头一松，美妃趁机挣脱身子跑到楚庄王身边，向庄王诉说被人调戏的情形，并告诉庄王，那人的帽缨被扯断，只要点明蜡烛，检查帽缨就可以查出这个人是谁。

楚庄王听了宠妃的哭诉，出乎意料地表示出很不以为意的样子，趁烛光还未点明，便在黑暗中高声说道："今天宴会，盛况空前，请各位开怀畅饮，不必拘礼，大家都把自己的帽缨扯断，谁的帽缨不断谁就是没有喝好酒！"群臣哪知庄王的用意，为了讨得庄王欢心，纷纷把自己的帽缨扯断。等蜡烛重新点燃，所有赴宴人的帽缨都断了，根本就找不出那位调戏美妃的人。就这样，调戏庄王宠妃的人，不仅没有受到惩罚，就连尴尬的场面也没有发生。按说，在宴会之际竟敢调戏王妃，堪称杀头之罪了。楚庄王为什么蓄意开脱，不加追究呢？他对王妃解释说："酒后失态是人之常情，如果追查处理，反会伤了众人的心，使众人不欢而散。"

时隔不久，楚庄王借口郑国与晋国在鄢陵会盟，于第二年春天，倾全国之兵围攻郑国。战斗十分激烈，历时三个多月，发动了数次冲锋。在最后一场战斗中有一名军官奋勇当先，与郑军交战斩杀敌人甚多，郑军闻之丧胆，只得投降。楚国取得胜利，在论功行赏之际，才得知奋勇杀敌的那名军官，名叫唐狡，就是在酒宴上被美妃扯断帽缨的人，他此举正是感恩图报啊！

如果说当年楚庄王"三年不鸣，一鸣惊人"之举表现出他在诸侯中问鼎称霸的韬略和气魄的话，那么在宴会中绝缨之事，则表现了他宽容大度的襟怀。

容人之过，方能得人之心。有过之人非常希望看到他人的宽容和友谊，希望得到悔过自新的机会。这种需要一旦得到满足，其对立情绪便会立即消失，感恩戴德，"得人滴水之恩，必当涌泉相报"的情感很快在心理上占据主导地位。在这个基础上，稍加引导，就会产生像"戴罪立功"那样的心理效果。

一名统御者能宽宥属下的某些过失，宽大为怀，容人之过，念人之功，谅人之短，扬人之长，必然会得到部下的奋力相报，在客观上为自己留下了一条后路。

不急人怒，忍让内敛

"往年区区谪官贵州，横逆之加，无月无有。迄今思之，最是动心忍性砥砺切磋之地。"

——王阳明

世间什么力量最大？忍辱的力量最大。拳头刀枪，使人畏惧，但不能服人，唯有忍辱才能感化强者。诸葛亮七擒孟获，廉颇向蔺相如负荆请罪，此皆忍辱所化也。

王阳明也坦言，当时被贬谪贵州，逆来顺受、一无所有的境地，是最能锻炼自己忍耐力、最能够使他静心忍性的地方。在军事思想上王阳明最擅长的就是绝地反攻，在平定朱宸濠叛乱的时候，王阳明率领的义军几次陷入绝境却又几次奇迹般的获得胜利，最终打倒了朱宸濠。即使在自己占据兵力优势的时候，王阳明也善于忍耐、再忍耐，等到最佳时机用最少的损失获得战斗的主动权和最终的胜利。他善于忍耐，善于放低自己的位置，这样的军事思想源自他的自信和忍耐。

“自行本忍者为上。”做人要忍，尤其对那些性情暴躁之人，遇事不要轻易发火，要学会自制，否则，得罪的人多了不利于自己日后的发展。

富弼是北宋仁宗时一位品行很好的宰相，然而富弼年轻的时候，因能言善辩常常在无意间得罪了不少人，给自己的事业、生活带来了不利影响。

经过长期的自省，他逐渐变得宽厚谦和。所以，当有人告诉他谁在说他的坏话时，他总是笑着回答：“怎么会呢，他怎么会随便说我呢？”

一次，一个穷秀才想当众羞辱富弼，便在街心拦住他道：“听说你博学多识，我想请教你一个问题。”

富弼知道来者不善，但也不能不理会，只好答应了。

秀才问富弼：“请问，欲正其心必先诚其意，所谓诚意即毋自欺也，是即为是，非即为非。如果有人骂你，你会怎样？”富弼想了想，答道：“我会装作没有听见。”秀才哈哈笑道：“竟然有人说你熟读四书，通晓五经，原来纯属虚妄，富弼才智驽钝，充其量不过是个庸人而已！”说完，大笑而去。

富弼的仆人埋怨主人道：“您真是难以理解，这么简单的问题我都可以回答，怎么您却装作不知呢？”

富弼说道：“此人乃轻狂之士，若与他以理辩论，必会剑拔弩张、面红耳赤，无论谁把谁驳得哑口无言，都是口服心不服。书生心胸狭窄，必会记仇，这是徒劳无益的事，又何必争呢？”

几天后，那秀才在街上又遇见了富弼。富弼主动上前打招呼。

秀才不理，扭头而去；走了不远，又回头看着富弼大声讥讽道："富弼乃一乌龟耳！"

有人告诉富弼那个秀才在骂他。

"是骂别人吧！"

"他指名道姓骂你，怎么会是骂别人呢？"

"天下难道就没有同名同姓之人吗？"

他边说边走，丝毫不理会秀才的辱骂。秀才深感无趣，便走开了。

人的一生中，谁都难免会遇上像富弼这样难堪的局面，遭到他人不公正的批评甚至辱骂。富弼用行动告诉我们，不论是卑鄙的、恶毒的、残酷的，你千万不要被对方一句不公正的批评或难听的辱骂而变得像对方一样失去理智。获胜的唯一战术，就是保持沉默，不和别人发生正面冲突，就连多余的解释也没必要。如果别人骂你，你大可以把他当成空气，对他置之不理。因为在这种情况下，相互争吵、辱骂既不会给任何一方带来快乐，也不会给任何一方带来胜利，只会带来更大的烦恼、更大的怨恨、更大的伤害。退一步讲，在对骂中没有占上风的一方，当众出丑，带来的只是对自己的怨恨。占了上风的一方，虽然把对方骂得体无完肤，又能怎么样？只能加深对立情绪，加深对方的怨恨。

成功学家戴尔·卡耐基说："要真正憎恨对方的简单方法只有一个，即发挥对方的长处。"憎恶对方，恨不得剥他的皮、吃他的肉，而其结果则只能是使自己焦头烂额、心力交瘁。卡耐基的"憎恶"是另一种形式的"宽容"，憎恶别人不是咬牙切齿，而是把对方的长处化为自己强壮身体的钙质。

为了更好地保全自己、发展自己、成就自己，我们就要学会俯身，放低姿态，在社会生活中表现得谦逊、低调、圆融、平和。因为，许多时候，正是我们的"低姿态"、我们的"内敛"，才使我们的人生更加完满。

恕人之过，释人之嫌

“及至吾身与至亲，更不得分别彼此厚薄。盖以仁民爱物，皆从此出；此处可忍，更无所不忍矣。”

——王阳明

王阳明推崇心学之说，认为万事万物要从自己内心中去寻求。在当时宋儒理学流行的年代，心学是一种突破性的学说，让人在一片茫然中看到了希望，所以听王阳明讲心学的弟子逐渐遍布天下。王学的风靡，让朝中当权者们受到了威胁，于是非难王阳明及心学。弟子们为老师受到这样的待遇很是不满，纷纷为王阳明打抱不平。王阳明倒是宽宏大度，一如既往地进行着自己的讲学事业。

一个人若能有宽宏的度量，他的身边便会集结起大群知心朋友。大度，表现为对人、对事能“求同存异”，不以自己的特殊个性或癖好对待他人；大度，也表现为能听得进各种不同意见，尤其能认真听取相反的意见；大度，还要能容忍他人的过失，尤其是当他人对自己犯有过失时，能不计前嫌，一如既往；大度，更应表现为能够虚心接受批评，发现自己的过失，便立即改正，和他人发生矛盾时，能够主动检查自己，而不文过饰非、推诿责任。大度者，能够关心人，帮助人，体贴人，责己严，责人宽。王阳明曾说，自己和亲人之间都不应该分彼此薄厚，应该以仁爱宽容的心去对待人民和世间万物。这里可以忍耐，就没有别的不可以忍耐的地方了。

人与人在相处中，难免会发生矛盾，出现这样或那样的失误与差错，如果你不让我，我不让你，就很容易引发争斗。这时，我们就需要打造宰相的“肚子”，既宽容他人也宽容自己。

朝廷里有位高官这日在家中宴请宾朋，酒过三巡之后，高官向一旁的悬云观道士请教道：“怎样才能提高一个人的修养？”

道士说：“从最根本做起。”

高官道："愿闻其详。"

道士说："在你对别人求全责备的时候，想想自己是不是已经做到了，在指出别人不对的时候，看看自己是不是做正确了。所谓'严于律己，宽以待人'便是此理。"

按照这位道士的话，人最根本的修养就是用宽容之心对待别人。宽容是一门做人的艺术。宽容待人，首先要在心理上接纳别人、理解别人、体谅别人，在接受别人的长处时，也接受别人的短处。其次，当你遇到事情打算用愤恨去实现或解决时，不妨试着去宽容，或许它更能帮你实现目标，解决矛盾，化干戈为玉帛。

把自己当成别人，站在对方的角度去体会对方的情感；把别人当成自己，感同身受，亲身去体验别人的感受；把别人当成别人，我们无法强求别人改变，只能去理解别人；把自己当成自己，我们的一切理解和包容并非为了别人，而是为了自己，设身处地地宽容别人，其实也是在宽容我们自己！

容人之过、释人之嫌是一种为人的度量，也是一种谋略。大肚能容，方能得人之心。人非圣贤，谁能不犯错误呢？人犯了错之后，总是非常迫切地希望得到别人的宽容，给他一次悔过自新的机会。所以，对于一些不属于罪在不赦的错误，为什么不给对方一个改过的机会呢？对方一旦重新获得别人的宽容，就会产生感恩图报的心理，以期通过自己加倍的改过表现来获得对方的认可。

忍小事成大事

"其后谪官龙场，居夷处困，动心忍性之馀，恍若有悟。"

——王阳明

王阳明自言被贬谪龙场后，居住在蛮夷之地，处境贫困之极，但是自己“动心忍性”，最终有所领悟。那时候的王阳明初入官场，胸怀大志却被奸臣刘瑾暗算，贬谪到贵州，甚至在路上险些遭到杀害。但他还是忍下了这口气，巧妙地躲过了暗杀，走马上任。也正是因为他的隐忍，暂时打消了刘瑾的疑心，保住了性命；更是因为他暂时的隐忍才有了后来的“龙场悟道”，从此创立了心学。

王阳明虽被贬，心中志向也被扼杀，但他仍然不急不躁，不仅避免了杀身之祸，还成就了自己的前途。在现实生活中，性格急躁、粗心大意的人，难以办成大事；性情温和、内心安详的人，必然万事顺意。不掌握自己命运的人，必定要被命运所捉弄。

古时，有位妇人经常为一些琐碎的小事生气。她也知道这样不好，便去求一位世外高人为自己开阔心胸。世外高人听了她的讲述，一言不发，把她领到柴房中，上锁而去。妇人气得跳脚大骂。骂了许久，世外高人也不理会。妇人转而开始哀求，世外高人仍是置若罔闻。妇人终于沉默了。世外高人来到门外，问她：“你还生气吗？”

妇人说：“我只为我自己生气。我怎么会到这个地方来受罪。”

“连自己都不能原谅的人，怎么能心如止水？”世外高人转身而去。

过了一会儿，世外高人又问她：“还生气吗？”

“不生气了。”妇人说。

世外高人问：“为什么？”

妇人答：“生气也没有办法呀！”

“你的气并没有消逝，还压在心里，爆发后，将会更加剧烈。”世外高人又离开了。

世外高人第三次来到门前，妇人告诉他：“我不生气了，因为不值得生气。”

“还知道不值得，可见心里还有衡量的标准，还是有‘气根’。”世外高人笑道。

看到世外高人的身影迎着夕阳立在门口时，妇人问他：“什么是气？”

世外高人将手中的茶水倾洒到地上。

妇人看了一会儿，突然有所感悟，于是，她叩谢而去。

妇人问“什么是气”。高人想说的是：气，其实是一种需要上的失落。当我们容许别人来掌控自己的情绪时，本身就已经成为一个受害者，当对发生的现况无能为力的时候，抱怨与愤怒便成了唯一释放的选择。生气就是在用别人的过错来惩罚自己。既然如此，又何必生气呢？

莫生气，因为生气伤身又伤神。每个人都有自己的情绪，要学会控制，否则，有些过分的语言和行为，会误事更会伤人。要做大事，要成大事，关键在于一个“忍”字。人常说，忍字头上一把刀。忍耐是痛苦的，但是忍字也有一颗心。如果多一些容忍，不管是包容别人的人，还是被包容的人都会获得身心的愉悦。

明朝初期，宋儒理学占有统治地位，但是王阳明的学说问世后刮起一股新风，开辟了儒学新的局面。但是也遭到了不少学者的非议。如同朝为官的吴廷翰就“知行”的问题对王阳明的学说进行了批判。他认为，人所认识的是外界的客观存在，强调感性的知和行在认识中的作用，也就是说，知便是物的对应，“不可求知于物之外”“言知之物，乃知之着实处”，假如离开了外界事物，则只有“空知”，失去了认识的对象和来源等。王阳明对于他人的批判，指责，并没有表现出多么的不满，而是包容大度，他认为这是学术发展的正常现象。暂且不说学术上的对与错，只看王阳明的包容之心。

每位优秀人物的身旁总会萦绕着各种纷扰，对它们保持沉默要比寻根究底明智得多。我们应当保持一种温和平静的心态，从容地面对那些纷扰。

生活中有些事情或许你永远不会习惯，但这样的日子你还得一天一天地过下去，所以你必须学会忍耐。没有能力改变现实，那么你就必须忍耐、适应，等一切都过去了，剩下的就是美好的了。

心存厚道，宽容他人

“禽兽与草木同是爱的，把草木去养禽兽，又忍得？人与禽兽同是爱的，宰禽兽以养亲与供祭祀、燕宾客，心又忍得？至亲与路人同是爱的，如箪食豆羹，得则生，不得则死，不能两全，宁救至亲，不救路人，心又忍得？”

——王阳明

古人曾经咏叹零落成泥的落花，说：“碾我入尘土，依旧笼乾坤。”意思是说，虽然被千人车马犬彘践踏，却并不抱恨，依旧用自己的香气笼罩乾坤天地，这种气质和胸襟着实令人敬佩。

王阳明也曾经发出类似的感叹：草木与动物都是值得人去爱护的，人们应该心存厚道，拔掉草木去喂养动物，怎么能忍心呢？人和动物也一样值得爱护，杀了动物去祭祀或者宴请宾客，怎么能忍心呢？亲人与陌生人也一样值得爱护，两个都快饿死了，给点吃的便可以救活，宁可救自己的亲人而不救陌生人，又怎么能忍心呢？

正所谓“宽可容人，厚可载物”，涵养包容不仅是立业之道，也是待人处世的良方。人人以慈悲安住身心，包容与我不同思想、不同信仰、不同性别、不同种族的人，如此社会自然祥和。“当紫罗兰被脚踩扁的时候，却把芳香留给了它。”这是美国作家马克·吐温给宽容作的一个最为形象的注解。其实，宽容别人的同时，也是在升华自己。

一颗包容之心，既蕴含着善良的心意，又是一种人生智慧的体现。当包容心渐起的时候，人的自我观念就会减少，以一颗菩提心提升自我，关照他人。自古以来，宽厚的品德、宽容的性格就为世人所称颂，心胸狭窄被认为是一种缺陷。

唐代狄仁杰非常看不起娄师德，但实际上娄师德并不计较这些，并推荐狄仁杰当宰相。还是武则天捅开了这层窗户纸。

有一次武则天问狄仁杰说：“娄师德贤能吗？”

狄仁杰回答说：“作为将领只要能够守住边疆，贤能不贤能我不知道。”

武则天又说：“娄师德能够知人善任吗？”

狄仁杰回答：“我曾经与他共事，没有听到他能够了解人。”

武则天说：“我任用你就是娄师德推荐的。”

狄仁杰知道后非常惭愧，尽管自己经常对他嗤之以鼻，但是娄师德却仍然能以宽厚、公平的心来对待自己。他深深地感叹道：“娄公德行高尚，我已经享受他德行的好处很久了。”

娄师德不仅不计前嫌，反而向皇帝推荐狄仁杰，正所谓任人唯贤，这种品质非常难得。包容别人，也会给自己创造更大的心灵空间。学会宽容，意味着我们不再患得患失。宽容，也包括对自己的宽容。只有对自己宽容的人，才可能对别人宽容。承认自己在某些方面有不足，才能扬长避短，才能心平气和地工作与生活。人的烦恼一半源于自己，即所谓画地为牢、作茧自缚。芸芸众生，各有所长，各有所短。争强好胜达到一定程度，往往会受身外之物所累，失去做人的乐趣。懂得宽恕别人的人，自己也会得到真正的快乐。

《三国演义》中蜀国宰相蒋琬凭借其“以安定民众为根本，为政重实效，不做表面文章”的务实、稳重的作风，深得诸葛亮的赏识，留下遗言推荐他继任丞相一职。蒋琬上台后，有许多人不服气。蜀国另一位大臣杨仪，自认为做官的资历比蒋琬高，官阶却位于他之下，并且未得到重赏，所以经常口出怨言，对别人说要是在诸葛丞相初亡时，自己带着人马投靠魏国，就不会有如此抑郁不得志的下场了。后主刘禅听到此传言，大怒，要治他的罪问斩。蒋琬虽知杨仪不服自己，但罪不该死，反而替他求情。

蒋琬手下有个谋士杨戏，蒋琬和他讨论事务时，他常常一声不响。有人借机中伤杨戏，向蒋琬告密说他傲慢无礼，不把现任丞相放在眼里。蒋琬深知一个人若对另一个人没有好感，甚至怀有敌意的话，那么无论用何种方式都很难改变对方，而且，若计较一时一事，就有可能演变成门派斗争，不利于国家安定。于是他反过来替杨戏辩解说：“杨戏不过是性情内向，言语谨慎罢了。以后不许在我面前说人是非。”

蒋琬就是以其宽容大度、求同存异的处世气度，赢得了众人的敬仰，赢得了广泛的支持，在诸葛亮去世后的一段时间里，对稳定蜀国民心起了很大的作用。

有位作家曾说过：“宽宏大量是一种美德。它是由修养和自信、同情和仁爱组成的。一个宽宏大量的人快乐必多，烦恼必少。”宽容是一种俯瞰的姿势，是一种善与美的投入，更是一种智慧。这种智慧的源泉来自于文化的修养和思想的明智与深刻。

有了宽容，才有了人生的快乐和放松，这就是宽容的真谛。所以人生的宽容是一种建立在认识现实基础上的心安理得的生活方式。宽容是不抱怨，而不是虚假的开心、欺骗的宽容和不老实的异想天开。我们宽容了别人，自然就会放下情感的包袱，升华自己的心灵和人生。

王阳明指出，交朋友，要互相谦让宽容，这样就能从中受益，如果只会互相攀比，憎恶，自然就会受到损害。宽可容人，厚可载物。能宽容他人的人，也会心存厚道，在为人处世中注意为他人留情面，既顾及他人，也保全了自己的利益。

第十三章
利他心：己所不欲，勿施于人

善待别人就是善待自己

“君子贤其贤而亲其亲，小人乐其乐而利其利。”

——王阳明

王阳明带兵打仗，所到之处，都会站在当地百姓的立场来看问题，想问题。王阳明在作任何决定的时候，都会从良知出发。他认为天地万物本是一体的，人民困苦，也就相当于自己身受困苦。这个时候他不仅在当地采取措施帮助人民逃离苦海，还上书朝廷帮助解决困难。

金钱、地位、名声种种都是披着豪华的外衣，招惹了一批又一批的追逐者。这其中有追逐成功的，被我们叫作富人、成功人士；有失败的，就是我们常说的平民、穷人。但是，这些仅仅只是外在的，就算富可敌国，终有一天，它们都会离你而去。所以，拥有财富、拥有荣誉，不光是光环那么简单，更多的是一种责任。这个时候，顾及的不只是个人而已，造福社会才是长久的可行之道。

正像王阳明说的，君子尊重并赏识贤德的人，而小人只顾自己享乐，只顾贪图自己的利益。贪婪的本质是不安定，它像是长在人内心深处的一棵毒草，不断地腐蚀着本来清净的心灵。它时而蛰伏，时而膨胀，人若不能摆脱就只能受制，所谓人心不足蛇吞象，过于贪婪而没有节制只能招致生活的惩罚。无论是贫还是富，只要你能够帮助到别人，就不应该吝啬自己的善心。

两个同村的砍柴人相约去村西的山上砍柴，这两个砍柴人一个年长，一个少壮，都是砍柴的一把好手。但是相比之下，由于岁数和经验的差别，年长的这个砍柴人还是比少壮的这人显出更大的能力。

两人来到山上，拿出砍刀砍柴，村西的这座山，山势不高而且树木繁茂，一开始两个人的进度都相差不多，过了两个多小时，天气渐渐炎热起来，少壮的砍柴人躺在地上休息了一会，而年长的那位依然砍柴不止，并且已经从山的这边移到了山的那边。眼看就要比预计的时间提前一个多小时砍完柴。

这个时候，少壮的从梦中醒来，看看天色暗了下来，而自己还没有砍完今天的两捆柴，于是急忙起来，也不用砍柴刀，而是用手一根根地折断树枝。但是今天的天色不知怎的暗得比以往早，直到太阳落山，少壮的砍柴人也没有砍完今天所需用的柴火。

这时年长的喊他下山了，当这个年长的砍柴人看到他孤零零的一捆柴时，明白少壮的这人没有好好砍柴，他一声不响地拿过自己的一捆柴火，对少壮的说：“这下够你用一天的了。后天我们再来砍。”

少壮的说：“这些柴火都是用来卖钱的，你给了我，不是少了很多收入吗？”

年长的说：“钱今天少赚，明天可以多赚，但是烧火做饭却是一刻不能受影响的。我这些柴火够我用的了，而你也不会受饿，这不是两全其美的事情嘛。”

年长的砍柴人其实说出了我们很多人明白但又很难做到的真理——你是一个人享用此间的美好，还是将这种美好散播到每个人的身上，独乐乐不如众乐乐？其实，再平凡再普通的人只要有一颗爱心，一样能做出让所有人感动的善行。而那些只顾自己享乐的人大多是因为心中欲望太多，不能一一得到满足，于是产生烦恼，就会觉得苦。人为了摆脱这种感觉就会竭尽全力地再次索取，像是困在海上的水手，船仍在海上，彼岸遥遥而淡水枯竭，无边浩瀚的海洋就像是诱惑无数的花花世界，第一口海水本意为了解渴，哪知命运却也就此断送在了这一口海水中。

欲望是无穷的，贪婪像是一把利刃，不能丢下就不能踏上苦海之岸，心中揣着太多的贪念，行走尚且蹒跚，又怎么回头？不回头，哪里是苦海的岸呢？要想上岸，必须除去贪念，提起一颗爱心，将奉献当作一种快乐。

王阳明晚年在回答学生的书信中写道：择其善而从之。就是强调要做善行。善待别人、给予他人就是奉献，所奉献的不仅仅是物质财富，还包括精神和理念。这是抵制贪念的第一利器，是一个人充满爱心的具体表现，更是一个人有智慧和有责任心的表现。通过帮助别人可以体验到快乐，所以说，善待别人，也就是善待了自己。

自利则生，利他则久

“夫道有本而学有要，是非之辨精矣，义利之间微矣。”

——王阳明

王阳明很注重个体的社会责任，个体作为社会的存在，同万事万物是共存的关系，这个观念便具体化为以仁道的原则对待一切社会成员并真诚地关心、友爱他人。他那看似不容于世，其实又处于俗世的一生始终都坚持着通过仁爱来显现内心的良知。即便抱负冤屈，坎坷一生也是如此。

利他方能自利，害人实际是在害己。敬人者，人敬之；爱人者，人爱之；损人者，人损之；欺人者，人欺之。所以，我们应该做到自利利他，不可损人利己。我们每一个人都有两只手和两只脚，这本来就是为劳动而准备的，倘若我们不将它们用来劳动，不但让双手双脚发挥不了作用，而且对身体也没有任何好处。换句话说，倘若常常劳动，身体必定很健康。这样对双手双脚有利的同时也对身体有利，可谓是一举两得。而在王阳明看来，义与利之间的差别很小，也就是说，如果能做一些“义”事，对他人有益，自己也一定能获得利益。

利己是人与生俱来的本性，它归根结底源自生存的需要。但人是生活在群体之中的，单方的利己行不通，互相帮助更有利，帮助别人就是帮助自己，于是产生了群体中利他的行为准则。

雍正年间，京城有一家规模很大的药店，他们的药质地好，连皇上都信得过他们，并允许他们给皇宫供药。

有一年，由于前一年是暖冬，没怎么下雪，一开春的时候，气候反常，所以在三月里的会试能不能顺利进行，就成了朝廷最为担心的事情。因为当时清廷考试，都是在科场号舍举行的，号舍是为应付考试搭建的，里面空间狭窄，伸不开腿，也直不起腰。考生从开考到结束，三天不能出号舍，这样身体差一点的就会支撑不住，再加上天气的原因让很多考生的精神都变得萎靡。

根据这年的实际情况，那家药店赶制了一批治时气的药散，并托付内阁大臣奏明皇上，说要送给每个考生，让他们备不时之需。雍正帝正在为会考的事情发愁，见这家药店主动为皇上解忧，自然大加赞许。于是，这家药店派专人守在考场门口，给每个考生发药，并且附带一张宣传单，上面印上了他们药店最有名的药。结果，一半是因为药店的支持，另一半是由于当年考生的运气好，很少有人中场离席。由此一来，不管是考中的还是没考中的，人们纷纷来这家药店买药。由于考生们来自全国各地，自此以后，全国的人都开始知道了这家药店，并且都来支持他们的生意。

只用了很少的本钱，却换来了大生意。这家药店能够赢得这么大的成功，就是因为它懂得利他方能自利的原则。

一个人活在世上，虽然不能做到利人不利己，最少要能从利己想到利人，此所谓“自利利他”。利己与利他并不总是处于对立的位置，很多时候，二者完全可以统一起来，人都有利己的一面，这是由于每一个生命个体都有自己生存的各种各样的需求，人的一切行为都是为了满足自身的需要，因此，人的行为动机为利己。在利己的意识驱动下，人做出了种种行为，而这种种行为的客观结果产生了利他。

如果我们每个人都能做到利他，那么我们每个人也都会得到自利，这便是所谓的“我为人人，人人为我”。因为我们在别人眼中也是“他”，对别人来说是利他，对自己来说就是利己。如果人人都不管“他人”，而只顾自己，那么我们自己就成为了人人都不管的“他人”，而只有自己去关心自己。然而，在这个群体共生互助依存的社会上，只靠自己关心自己是远远不够的，一个人的能力是有限的，需要借助他人的力量。因此，对于我们每一个人而言，利他方能利己，所以，用一颗利他的心去对待他人才是生存之道。

爱出者爱进，福往者福来

“意在于仁民爱物，即仁民爱物便是一物。”

——王阳明

正德年间，宁王朱宸濠叛乱，时任赣南巡抚的王阳明手里既没有平叛的兵权也没有平叛的御旨，打倒朱宸濠的叛军对他来说不是责任也不是义务，但是他却毅然挑起了平叛的重任，为的不是别的，就是为了报国救民，为的就是使千千万万的无辜百姓免受硝烟战火的蹂躏和摧残。也正是因为王阳明对于百姓的爱和付出，当他义旗高举的时候在短短十几天内就获得了众多百姓的支持。平叛后，智勇双全的王阳明也自然受到了黎民百姓的爱戴。

“爱出者爱返，福往者福来。”为他人奉献善心，为社会造福祉，他人和社会必定会以善回报于我们。这就好比因果循环，我们种下了什么样的因，也将会收获什么样的果。

人们之所以不快乐，是因为不明白仁爱的道理。往往忽视了自己也是需要付出的，而去一味地寻求结果，结果只会导致不分青红皂白地怨天尤人，抱怨自己没有得到幸福和快乐。福往与福来间，我们都要为自己的举动负责，因果之间不只是简单的报应关系，而是一种对责任的深化。如果心中有爱，胸中有福，不是一人独享，而是与人分享，那人生又有什么苦恼可言呢？

孟子在与邹穆公对话时，引用了曾子的话，“出乎尔者，反乎尔者也”，这都是因果报应的观念。古今中外，一切事情都逃不开这个因果律。因果，最简单的解释，就是“种什么因，得什么果”，这是自然界的普遍法则，世界上没有任何一种结果不是从它的原因生成，正所谓“种瓜得瓜，种豆得豆”，福往者才能福来。关于因果之缘的古今逸事，实在不胜枚举。

春秋时期，秦穆公在岐山有一个王室牧场，饲养着各种名马。有一天几匹马跑掉了，管理牧场的牧官大为惊恐，因为一旦被大王知道，定遭斩首。牧官四处寻找，结果在山下附近的村庄找到了部分疑似马骨的骨头，心想，马一定是被这些农民吃掉了。牧官大为愤怒，把这个村庄的三百个农民全部判以死刑，并交给穆公。

牧官怕秦穆公震怒，押着这些农民向穆公报告说，这些农民把王室牧场里的名马吃掉了，因此才判他们死刑。穆公听了不但不怒，还说这几匹名马是精肉质，就赏赐给他们下酒吧。结果这三百个农人被免除了死刑，高兴地回家了。

几年后，秦穆公与晋惠公交战，陷入绝境，士兵被敌军包围，眼看快被消灭，穆公自己也性命堪忧。这时敌军的一角开始崩裂，一群骑马的士兵冲进来，靠近秦穆公的军队协助战斗，这些人非常勇猛，只见晋军节节败退，最后只得全部撤走，穆公脱离险境。到达安全地点后，穆公向这些勇敢善战的士兵表达自己的谢意，并问他们是哪里的队伍。他们回答说：我们是以前吃了大王的名马，而被赦免死罪的农民。

秦穆公的善举最终获得了好的回报。因果也就是这个道理，一念之善救人救己，人生就是如此。一个人在其漫长的一生中所走的每一步，都已为明天埋下了伏笔。我们所做的每件事，都如同我们撒下的一粒种子，在时光的滋润下，那些种子慢慢生根、发芽、抽枝、开花，最终结出属于自己的果实。我们自己所种下的因，遇到适合的条件就会产生一个结果。在这个世界上，因果自有定，做人不执着、不自私、不占有，为而无为，所得与所想，虽常不一致，但皆由人自己制造。

我们种了什么种子，自然结出什么果子。善得善果，恶得恶果。

世间的爱就犹如这因果一样可以循环。爱，给予别人，不见得有直接的回报，但最终也会循环到自己身上。如果每个人在爱护自己的同时，也去关爱别人，那么最终自己也能得到更好的爱护。

爱出者爱进，福往者福来。世间的爱与福皆在这因果当中，等着我们去播撒与收获。

与人为善，暖人暖己

“然爱之本体固可谓之仁，但亦有爱得是与不是者，须爱得是方是爱之本体，方可谓之仁。”

——王阳明

早年间王阳明立志于格物穷理，在他看来，明白善与恶的差别就是良知，而怀有善心做一些善事，反对和去除一切“恶人”“恶事”便是格物，便能穷理了。其实，无论我们做什么工作，如果能秉持多付出一点爱心的原则，成功就是必然的。

“人之初，性本善”是人所共知的《三字经》的开篇语，但是长大的我们心中是否还留有这一份善呢？也许我们有，也许我们的心里早就被不良诱惑挤满了，不再有善的踪迹。然而，善良依然是这个世界最感人的力量，它使我们充满力量与勇气，使我们赢得尊重和支持，帮助我们一步步走向成功。

东汉的开国皇帝刘秀精于谋略，智勇兼备。刘秀在征伐天下的过程中，十分注重御心之术，很多棘手的问题他都能轻松化解，最终战胜所有对手，拥有天下。

建武三年（27年），刘秀亲率大军前往宜阳，截断了赤眉军的退路。赤眉军无可奈何只好投降。

刘秀的手下深恐赤眉军再起叛乱，私下对刘秀说："陛下仁爱待人，只需安抚住赤眉军将士即可。刘盆子身为敌人头领，难保不生二心，此人不可不除啊。"

刘秀对手下人说："行仁之义，全在心诚无欺，如此方有效力。朕待他不薄，他若再反，那是他自取灭亡；朕若背信枉杀，乃朕之失，自不同也。"

刘秀对刘盆子赏赐丰厚，还让他做了赵王的郎中。

在刘秀的治理下，天下混乱的局面也平息下来，日渐安定。

刘秀懂得人心永远不是武力可以征服得了的，让人心服才是真正的征服。而善良仁爱的手段具有强大的力量，它在帮助别人的同时也帮助了自己。人的一生应该是施与爱的一生，只有这样，我们才能活出真正的自我，获得一个充实而美丽的人生。

善待社会、善待他人，并不是一件复杂、困难的事，只要心中常怀善念，生活中的小小善行，不过是举手之劳，却能给予别人很大帮助，何乐而不为呢？

心中有情有爱，世界才会风光无限。仁爱之心如一盏明亮的灯，它可以照亮我们的人生。所谓仁爱，就是先想到别人，能宽容别人，就是要与人为善。

楚惠王吃酸菜时，突然发现菜中有一条蚂蟥，他没有声张，不动声色地吞了下去，结果肚子痛得不能吃饭。令尹前来问候，关心地问道："大王怎么得了这种病？"

楚惠王说："我吃酸菜时见到一条蚂蟥，心想，如果把这事张扬出去，只是斥责庖厨等人，而不治他们的罪，就违反了法度，那样，今后我自己的威信就无法树立；如果追究他们的责任，就应该诛杀他们，这样，太宰、监食的人，按法律都将处死，我于心不忍啊。所以，我只好把蚂蟥悄无声息地吞咽下去。"令尹深深地施了一礼，祝贺道："我听说上天是铁面无私、六亲不认的，只是辅佐有德行的人。大王您大仁大德，正是上天保佑的人啊，这点小病是不会伤害您的。”当晚，楚惠王胃里的蚂蟥真的出来了，他也不用再忍受疼痛之苦。

古语云：“人生一善念，善虽未为，而吉神已随之。”意思是说一个人只要心存爱心，即使还没有去付诸实践，吉祥之神已在陪伴着他了。楚惠王为使他人免除灾难，而不惜自己忍受痛苦，这样的人怎么会得不到上天的眷佑呢？爱人者，人恒爱之；敬人者，人恒敬之。

说到底，慈悲是一种关怀，是无条件地爱一切生命。播种爱心，慈悲为怀不仅能够得到内心的安静祥和，达到美好的境界，而且能够让别人获益，记取你的那份善良与美好。上善若水，涓涓细流，润物无声。播撒爱心，幸福触手可及。

爱人者人爱之

“圣人一生实事，俱播在乐中。所以有德者闻之，便知他尽善尽美，与尽美未尽善处。”

——王阳明

王阳明一生立志做圣贤，虽然父亲反对，觉得他“做圣贤”的志向根本就是无稽之谈，因为历史上能够成为圣贤的人只有寥寥数位，父亲觉得王阳明只是痴人说梦罢了。可是，王阳明却从未停下过脚步，始终向着自己的目标迈进。他说，圣人一生要做的事情就是在人世间播种欢乐。他认为，生命因有了爱，而更加富有。善良是我们的灵魂所固有的一种感情，行善是一种美德。善行既可以帮助身处困境中的人，又可以使自己的心灵得到安慰，使自己的修养得到提升。

当我们将手中的鲜花送与别人时，自己已经闻到了鲜花的芳香；而当我们要把泥巴甩向其他人的时候，自己的手已经被污泥染脏。与其在自我中心导致的疏远冷漠中承受孤单，不如走出自我封闭的心门，在融洽的互相交往中感受快乐—— 彼此的快乐。

有一句话叫“生命不是用来自私的”，这是对人生的一种呼喊与渴求，自私的人，时刻在想着自己，而忽略了世间的其他人。他们总是认为整个世界就是为了他而存在，地球也是为了他而旋转的。

从前有一个人，经过长途跋涉，非常疲乏和干渴。他看见一条竹筒连成的水道淌出清清的细流，就赶紧跑过去捧水便喝。喝饱后，他满足地对竹筒说：“我已经喝够了，水就不要再流了。”他说完后，发现水依然细细地流着，心中发起了火，“我说我喝完了，叫你不要再流，为什么还流？”有人见到他这个样子，暗自发笑，上前开导说：“你真没有智慧。你自己为什么不离去，反叫水不要流呢？”

希望那些水只为自己而流，不过是自私心理在作祟。无论是谁，都会有私心，这是人类天性中的缺陷，但这种缺陷并非无药可救。即使我们无法做到“舍弃小我，成全大我”，但基本的仁爱也是应该有的，它可以帮助人们摒弃私心，它可以让人们明白：自己对别人的态度，就是别人对自己的态度。很多时候，我们无须专门地去为别人做些什么，只要在想到自己的同时能想到别人，那么私心就已经开始远离，而一种共赢的局面就开始进入人们的生活。

王阳明说，人能够将天地万物看为一体，并不是他们特意这样去想，而是他们本有的善性和仁心。他们爱他人、爱生灵万物，把他人和万物视如自己身体的一部分，都是这种仁心善性的表现。

所以，生活在这个世界上，每个人都可能是给予者同时也是接受者。每个人都有需要帮助的时候，那么不如在别人需要帮助的时候宽心地、毫不吝啬地给予，那么在接受别人帮助的时候也不会因为曾经的吝啬和高傲而愧疚、难堪。

每种善行都有回声

“善念发而知之，而充之。恶念发而知之，而遏之。”

——王阳明

慈悲不是出于勉强，它像甘露一样从天降下尘世，它不但给幸福于受施的人，也同样给幸福于给予的人。行善是一种幸福，当和尚出门化缘的时候，总是一家一家地敲门，其实这也是在提醒人们，时刻不要忘了做善事。

在平定了宁王叛乱之后，权奸江彬却依然怂恿贪玩皇帝朱厚照南下江西去平叛。王阳明知道，一旦江彬这些小人到了江西，江西百姓肯定逃不过一番烧杀抢掠，所以他作出了一个决定——抗旨将反王朱宸濠押往南京，迫使朱厚照在南京止步。王阳明的抗旨，就是为了江西的百姓。

生活中，我们虽然做不成像王阳明那样的大事，却可以多为他人着想，做一些高贵的善事来提升自己的灵魂，让心灵获得了丰收。与其说是为了爱别人而行善，不如说是为了尊敬自己。

隋侯珠与和氏璧是中国珠宝玉石文化中最重要的代表作。古有“得隋侯之珠与和氏璧者富可敌国”之说。由此可见，隋侯珠的价值与珍贵。隋侯珠的来历也非常有传奇色彩。

汉姬姓诸侯隋侯，有一次出使齐国，途中见一巨蛇，被困在热沙滩上打滚，头部受伤流血，隋侯怜悯，急忙用药敷治，然后用手杖将其挑入水边让它恢复体力后游去。

一天夜里，隋侯从梦中惊醒，发现那条巨蛇口里衔着一颗硕大溜圆的珍珠盘踞在他的床头。巨蛇见他醒来便放下珍珠离去。原来巨蛇为报答隋侯的救命之恩，特意从江中衔来一颗硕大的珍珠给他，这就是“隋侯之珠”。

“隋侯珠”直径一寸，纯白色，夜里发光，可以照耀全室，世称为隋侯宝珠。

举手的善行，有可能像隋侯一样得到价值连城的回报。所以，“勿以善小而不为”，人要让随时随地地行善成为一种习惯，在不断的行善的过程中会发现，人生的道路会越走越广。

王阳明反复强调心的本体是至善的，恶是不存在的，一旦受到外物的干扰动了恶的念头，就要及时制止，也就是他所说的为善去恶的功夫。所以，每个人都有一盏心灯。点亮属于自己的那一盏灯，既照亮了别人，更照亮了自己。善意地帮助别人，就好像一盏心灯。今天你帮助他人，给予他人方便，他可能不会马上报答，但他会记住你的好处，也许会在你不如意时给你以回报。

付出是一种精力，不但帮助了他人，还为付出的人创造了更多。这是一条真实的自然法则，不论付出的人想要什么或究竟发生了什么事。

左手阳明心学，右手稻盛哲学